Dorina Tessmann ▪ Melinda Simon
Sergej Schachow

Die große ZEICHEN BIBLIOTHEK

Mit über 800 Skizzen, Zeichnungen und Motiven

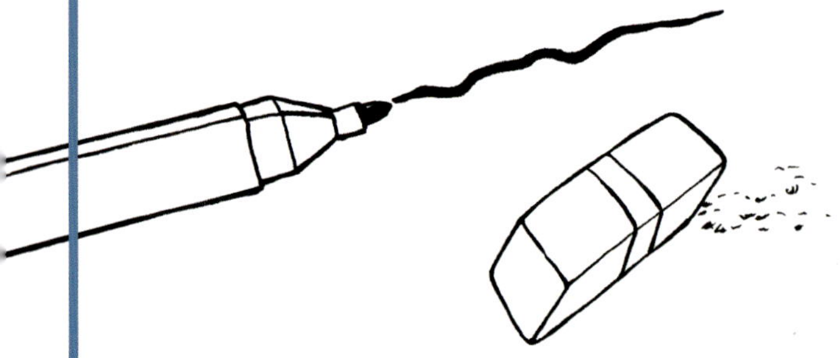

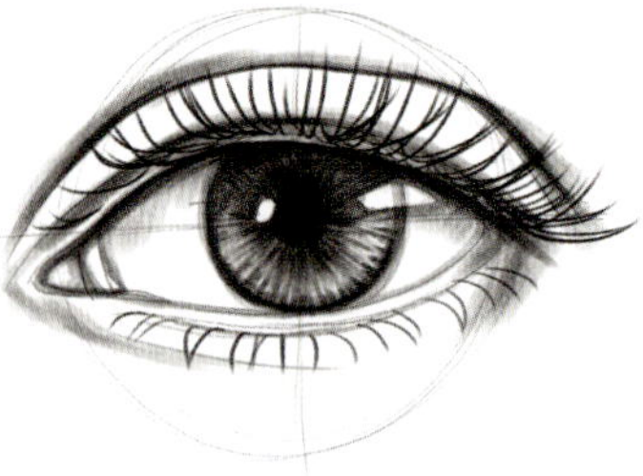

GESICHT/ MENSCHEN

TIERE

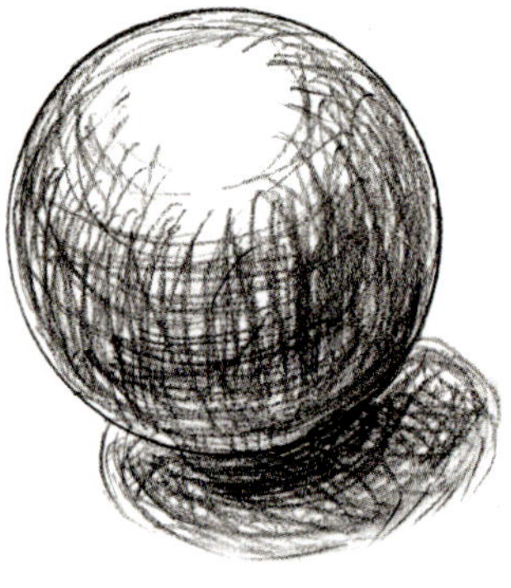

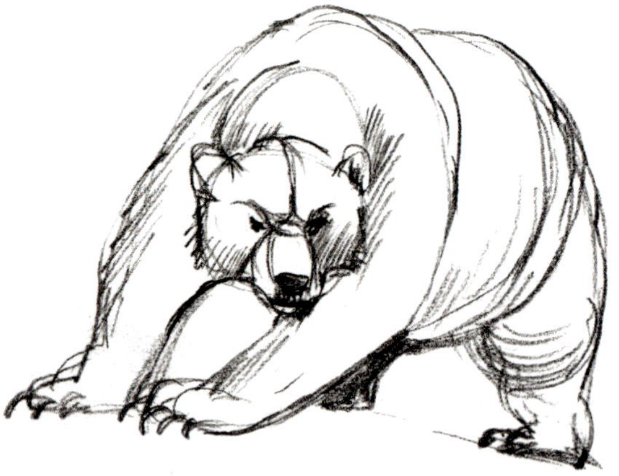

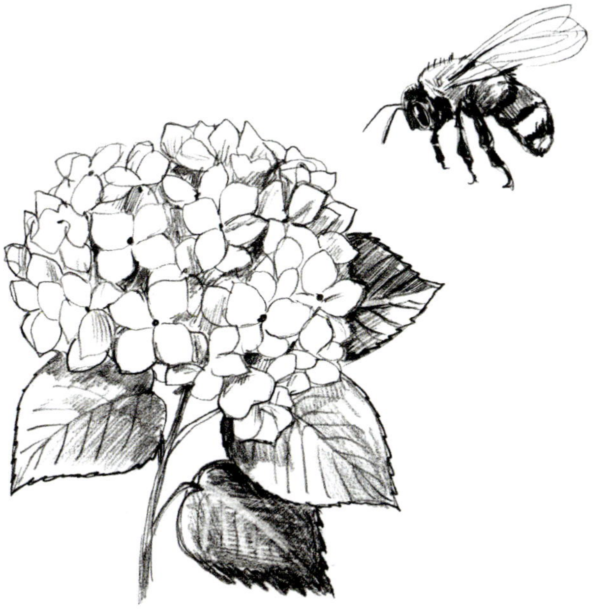

PFLANZEN

LANDSCHAFT

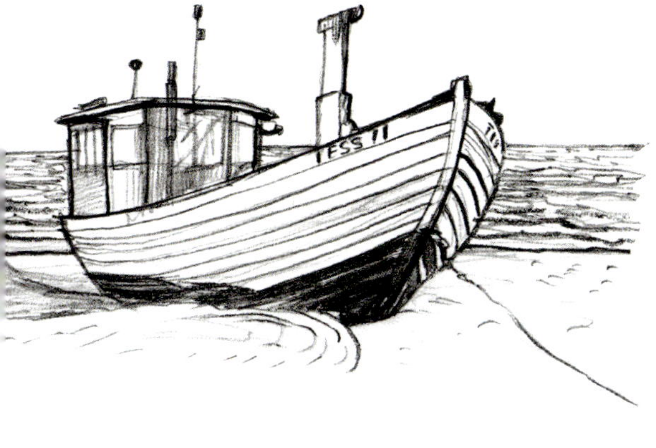

MOTIVE KOMBINIEREN

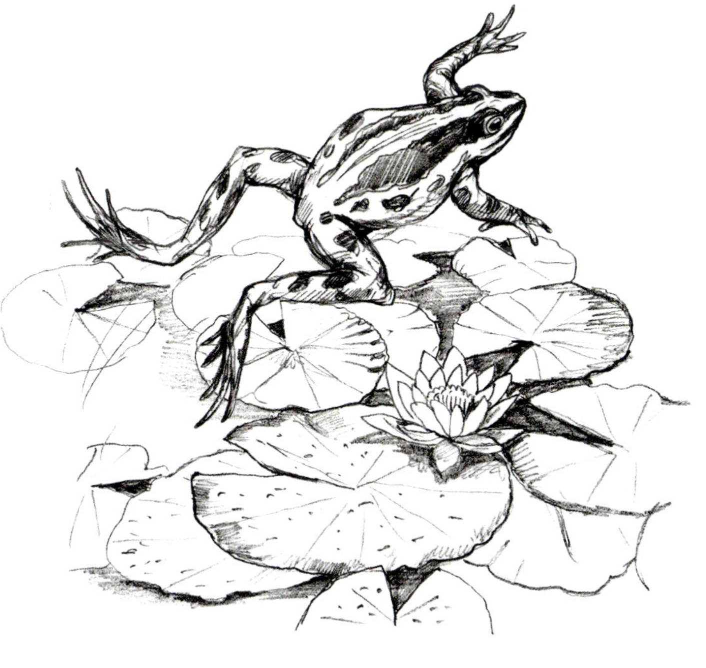

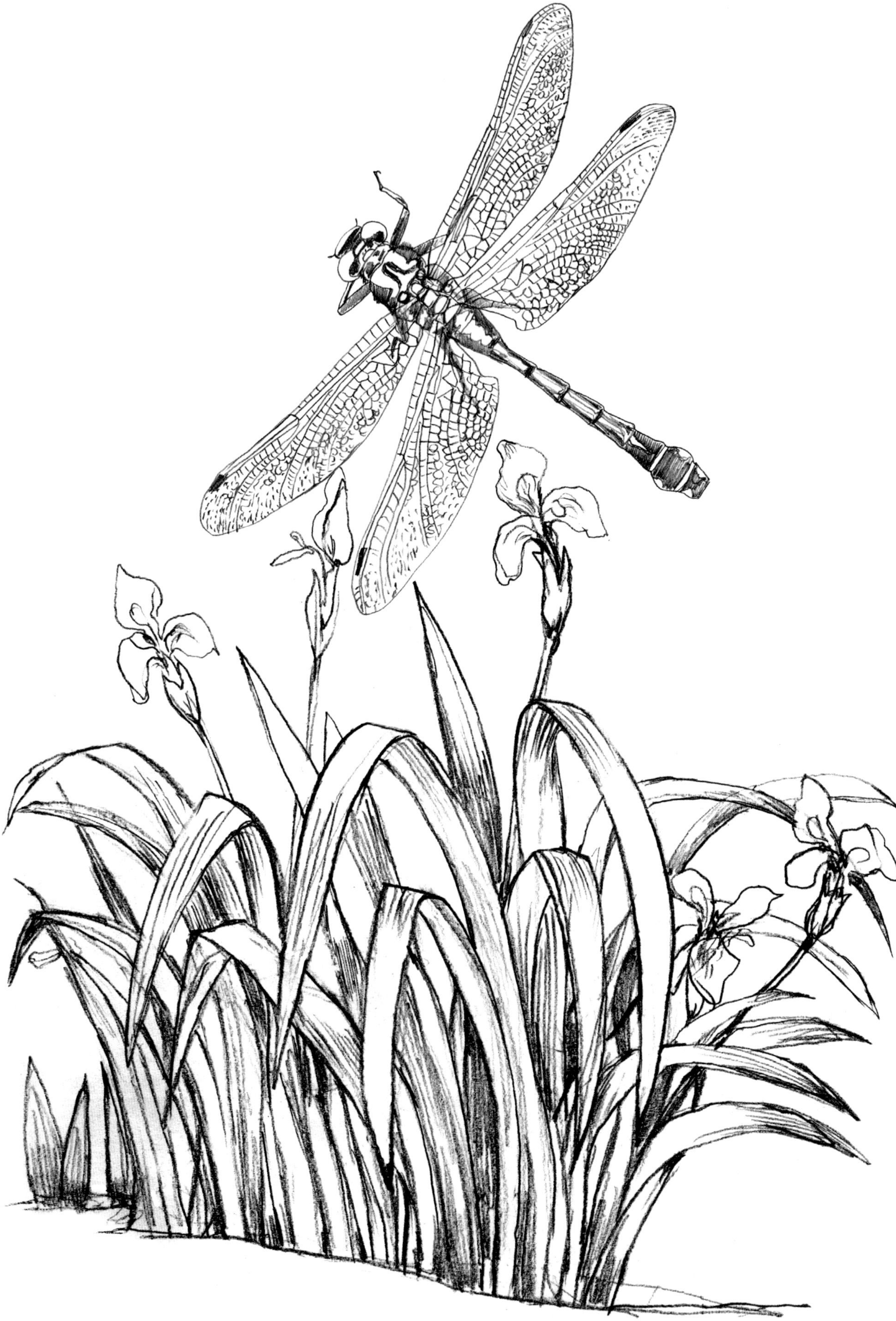

LIEBE ZEICHNERIN, LIEBER ZEICHNER,

Du zeichnest gern, aber dir fehlen Anregungen, Motive oder ganz einfach Bildvorlagen, nach denen du zeichnen kannst? Kein Problem!

Mit diesem Buch liegt dir ein umfangreicher Formenschatz vor, der deine Neugierde wecken soll und auf den du jederzeit zurückgreifen kannst, wenn du dich mit einem bestimmten Thema zeichnerisch auseinandersetzen möchtest.

Das Buch gliedert sich in vier große Themenbereiche: Menschen, Tiere, Pflanzen und Landschaften. Du findest dort mehr als 800 für deine ganz persönliche Nutzung gezeichnete Motive. Manche sind leicht nachzuzeichnen, andere erfordern mehr Aufwand und Zeit. Verliere nicht die Geduld – mit dem Zeichnen kommt die Übung und du wirst mit jedem gezeichneten Bild besser.

Einigen Bilder sind kleine, erklärende Detailzeichnungen beigefügt. Sie wollen, dass du etwas genauer hinschaust und das zugrundeliegende Prinzip des Bildmotivs oder auch den Weg seiner Entstehung verstehst.

Die in diesem Buch abgebildeten Bildvorlagen sind abstrahierte Bildideen, die von uns Zeichner:innen auf unsere ganz spezielle Art und Weise, in unserem Zeichenstil und Duktus, dargestellt sind. Du kannst mit ihnen dein zeichnerisches Potenzial erweitern und trainieren. Dazu kommen eine Menge Tipps zu den Zeichengrundlagen, zum Material und den Techniken, mit denen du arbeiten kannst.

Zu guter Letzt soll dich dieses Buch dazu anregen, eigene Bildideen zu entwickeln. Wie das gelingen kann? Indem du beispielsweise Bildmotive aus den verschiedenen Kapiteln miteinander kombinierst und so für die Betrachtenden deiner Werke eigene, individuelle Bildaussagen schaffst. Hier ist deine Fantasie gefragt und deine Bereitschaft, dich auf Neues einzulassen.

Also ran an die Stifte!

ZUM START

Welches Zeichenwerkzeug für dich am besten geeignet ist, hängt stark davon ab, welche Arbeit du in Angriff nehmen willst und wie deine Hand beschaffen ist. Nach Jahren der Übung erkennst du intuitiv, welches Zeichenmittel perfekt in deiner Hand liegt und womit du am besten die gewünschten Striche zeichnen kannst, um dein Anliegen zu Papier zu bringen. Natürlich spielt auch die Größe der fertigen Zeichnung eine nicht unerhebliche Rolle.

Wie man so schön sagt: Erfahrung macht den Meister. Und, nicht zu vergessen: Probieren geht über Studieren.

Ich stelle dir zum Ausprobieren einige Zeichenwerkzeuge vor und erkläre dir kurz ihre Besonderheiten und wie man sie nutzt. Du wirst diesen Zeichenmitteln in den folgenden Kapiteln immer wieder begegnen.

Einige Tipps zu Papierwahl und Zeichentechnik runden diese kleine Einführung ab. Du bist dann bestens darauf vorbereitet, das Angebot dieses Buches zu nutzen und zu zeichnen, zeichnen, zeichnen.

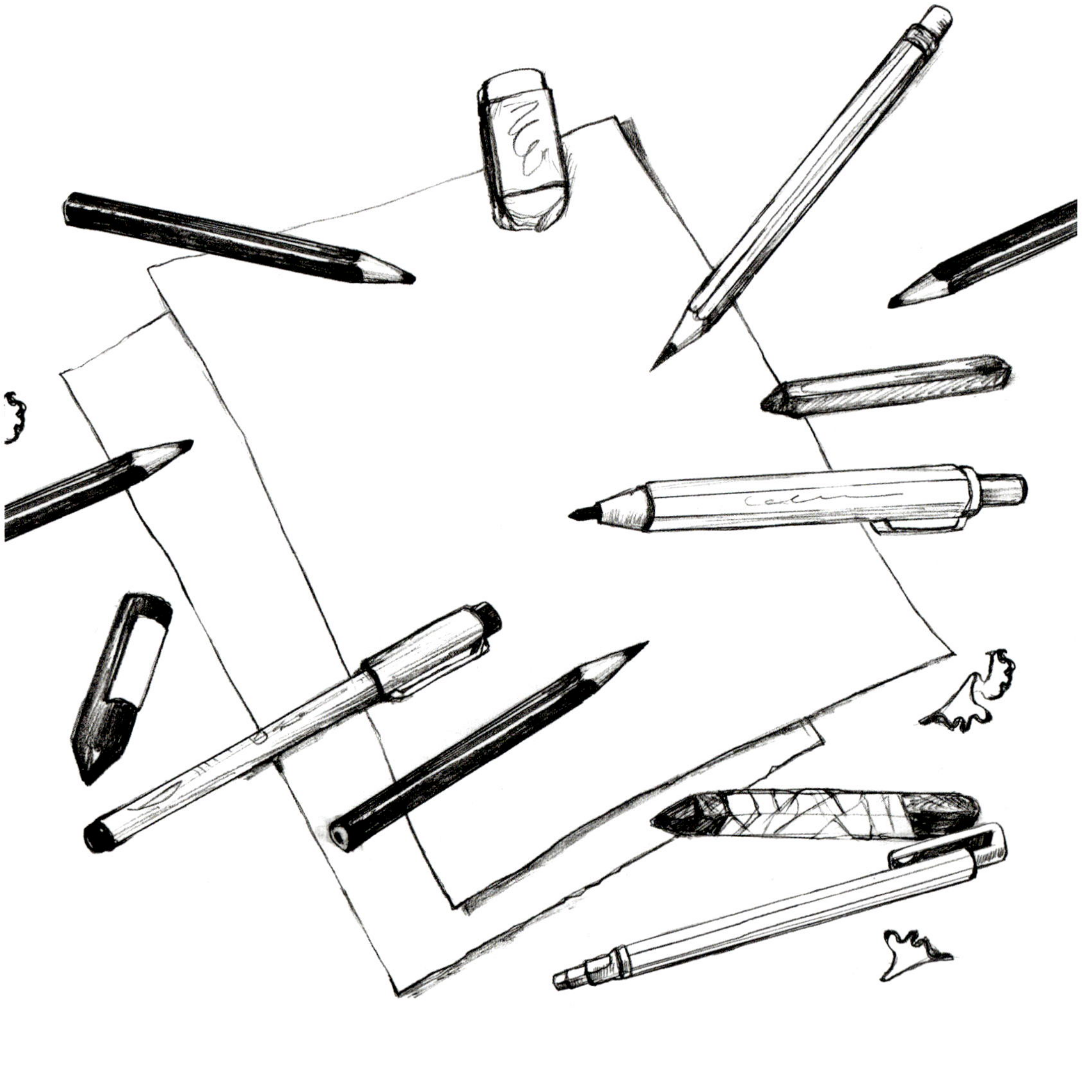

DEINE ZEICHENWERKZEUGE

ZEICHNEN MIT DEM BLEISTIFT

Es gibt eine unleugbare Gemeinsamkeit aller Bleistifte: Sie enthalten kein Blei. Ihr Mine besteht vielmehr aus einer Kombination von Grafit und Ton. Grafit ist eine der drei reinen Erscheinungsformen von Kohlenstoff – neben Kohle und Diamant.
Aus dem Mischungsverhältnis von Grafit und Ton ergeben sich die unterschiedlichen Härtegrade der Bleistiftminen. Sie werden nach dem bekannten, aus Großbritannien stammenden HB-System eingestuft. Das H steht dabei für „hard" (hart). Diese Mine enthält mehr Ton und weniger weichen Grafit. Umgekehrt ist der Anteil von Grafit bei Minen mit der Bezeichnung B für „black" (schwarz) höher als der von Ton. In HB-Minen sind beide Anteile ausgewogen, während der Härtegrad F = „firm" (fest) zwischen HB und H liegt. Bleistifte gibt es von 8B – der weichste – bis hin zum superharten 6H.

Am beliebtesten und gebräuchlichsten ist der HB-Bleistift. Er ist das ideale Zeichengerät im Alltag. Er hat einen mäßigen Abrieb, die Mine ist leichtgängig und sorgt für mittelkräftige Linien.

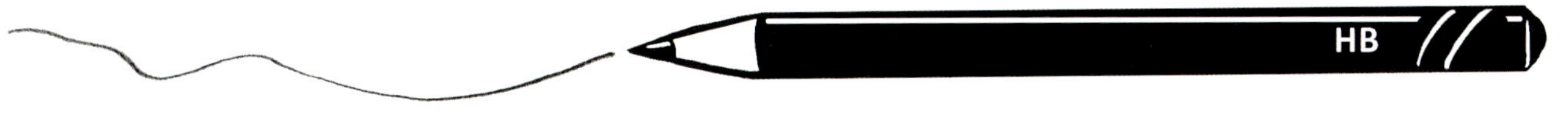

LINIE MIT DEM BLEISTIFT HB

Im Gegensatz dazu hat der 2H-Bleistift einen sehr geringen Abrieb. Mit ihm zeichnest du eine dünne, eher graue Linie. Er ist ideal für technische Zeichnungen und Vorzeichnungen.

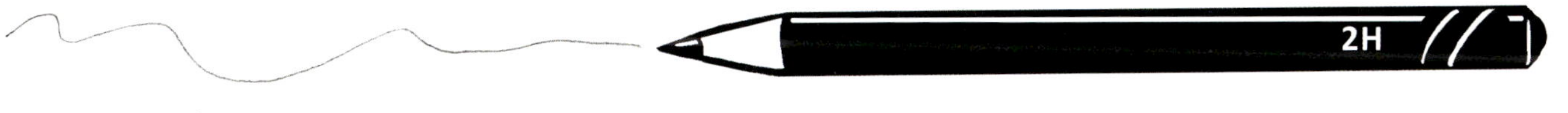

LINIE MIT DEM BLEISTIFT 2H

Ganz anders setzt du den 2B-Bleistift ein. Er ist mit seiner geschmeidigen Linienführung ideal für künstlerische Zwecke. Mit seinen tonsatten bis tiefschwarzen Linien gewährt er eine gute Lesbarkeit. Du solltest allerdings darauf achten, mit der Hand nicht auf die Zeichnung zu kommen. Seine Linien neigen zum Verschmieren.

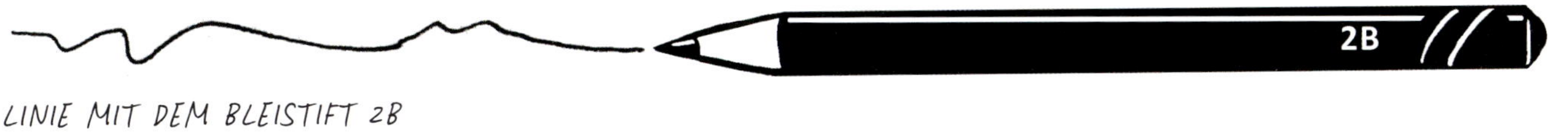

LINIE MIT DEM BLEISTIFT 2B

ZEICHNEN MIT DEM DRUCKBLEISTIFT

Das Zeichnen mit dem einem Bleistift gleicht nie dem Zeichnen mit einem anderen Bleistift. Wähle deshalb deinen Bleistift passend dazu aus, was du mit deiner Arbeit zum Ausdruck bringen möchtest oder was du für eine Art von Zeichnung schaffen willst. Möchtest du Störungen durch zwischenzeitliches Anspitzen vermeiden und legst überdies Wert auf eine gleichbleibende Linie, kannst du einen Druckminenbleistift nutzen. Beachte hier, dass die Auswahl an Härtegraden und verschiedenen Minenstärken nicht ganz so groß ist.

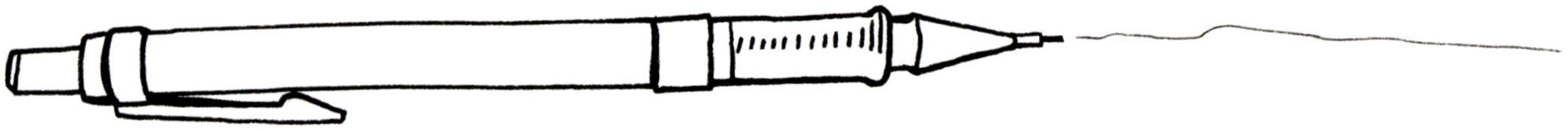

LINIE MIT DEM DRUCKBLEISTIFT

ZEICHENZUBEHÖR

RADIERER, SPITZER, FIXATIV

Ein guter, weicher Radiergummi ist unerlässlich, um unerwünschte Bleistiftstriche zu entfernen. Achte darauf, dass er deine Striche nicht verschmiert.

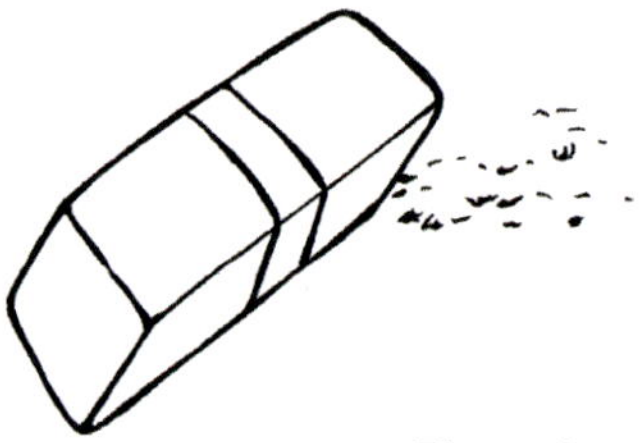

Es gibt ihn auch als Radierstift, was ich ganz praktisch finde. Hier hält eine Stiftumhüllung eine schmale Radiermine.

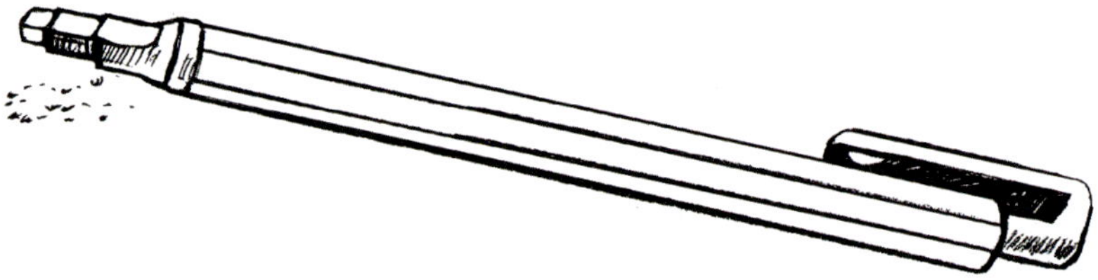

Einen Anspitzer brauchst du, um deinen Bleistift immer in Spitzenform zu halten.

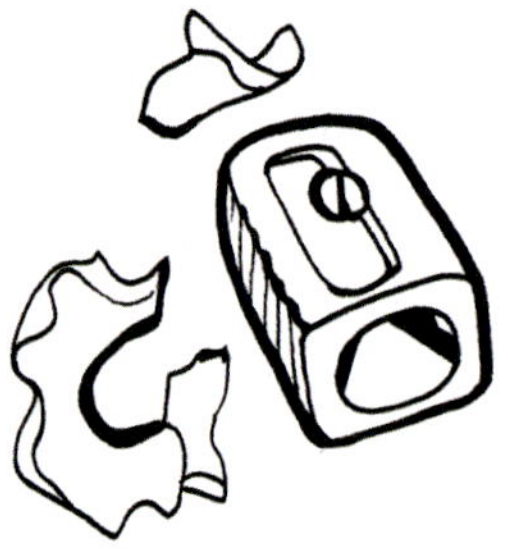

Ein Fixativ schützt deine Zeichnung abschließend vor dem Verschmieren. Du solltest es vor allem dann benutzen, wenn du mit sehr weichen Bleistiften, mit Kohle- oder Kreidestiften zeichnest. Ich benutze dafür immer Haarspray, das erfüllt bestens seinen Zweck.

KOHLESTIFT

Mit einem Kohlestift lassen sich wie mit dem Grafit in den Bleistiften verschiedene Tonwerte erzeugen, die aber einen deutlich dunkleren Ton ergeben und leichter zu verwischen sind. Er eignet sich gut für schwungvolle Zeichnungen, erfordert aber für die zufriedenstellende Arbeit mit ihm eine gewisse Fähigkeit und Übung. Seine Linie hängt stark vom Druck der zeichnenden Hand ab.

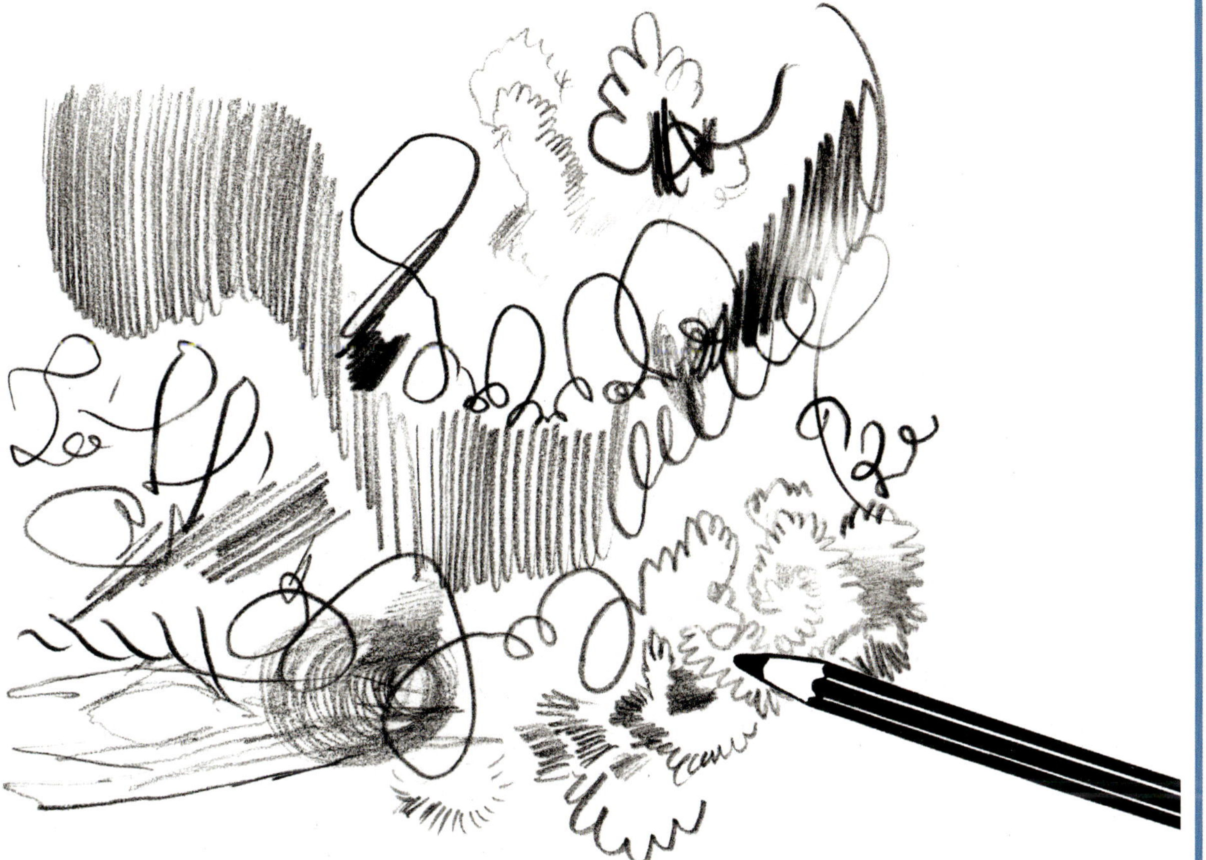

LINIEN MIT DEM KOHLESTIFT

HINWEIS: Was du auf keinen Fall für das Zeichnen benötigst, sind Lineal und Zirkel. Die Arbeit damit führt zu gleichmäßigen, ausdruckslosen Linien, die jeden Ausdrucks und jeder Kunstfertigkeit entbehren. Doch genau darauf kommt es beim Zeichnen an! Der Charakter einer Zeichnung wird auch zu einem Teil von einer künstlerischen Unberechenbarkeit und Zufälligkeit getragen. Ein bisschen Verwackeln hier und dort unterstreicht ihn nur.

ZEICHNEN MIT FINELINER, FILZSTIFT UND BRUSH PEN

Das Arbeiten mit diesen Zeichenmitteln orientiert sich im Großen und Ganzen an der Qualität der Linie, die sie erzeugen. Da du sie nicht einfach wegradieren kannst, lässt du bei einer Korrektur mutig Strich gegen Strich stehen. Durch das Einsetzen verschiedener Strichlagen schaffst du optische Hervorhebungen, die sich gegen eine mögliche „falsche" Linie durchsetzen. Diese Zeichenmittel sind auf alle Fälle nicht für zaghaftes Arbeiten gedacht. Du benötigst schon einiges an Übung und Geschick.

FINELINER, FILZSTIFTE, MARKER

Fineliner sind als wasserfeste oder wasservermalbare Stifte mit gleichmäßig fließender Tinte in verschiedenen Strichstärken von 0,05 bis ca. 1,3 mm erhältlich. Ab einer Linienstärke von 1,3 mm würde ich von Filzstiften oder Markern sprechen.
Alle diese Stifte bringen eine gleichbleibende dicke Linie hervor, die fast gar nicht auf den subtilen Druck der Hand beim Zeichnen reagiert.

LINIE MIT DEM FINELINER

LINIE MIT DEM FEINEN FILZSTIFT

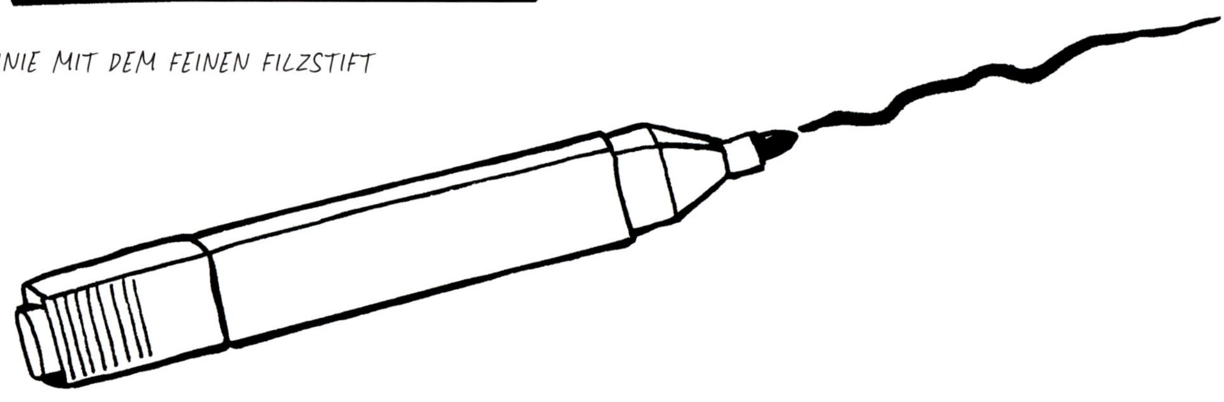

LINIE MIT DEM MARKER

BRUSH PENS

Ganz anders sieht das mit den seit einigen Jahren erhältlichen Pinselstiften oder Brush Pens aus. Es gibt sie in verschiedenen Strichstärken von hauchdünn bis pinselfett. Durch unterschiedlichen Druck beim Zeichnen können die vielfältigsten Linien, ob an- oder abschwellend, entstehen, ohne dass du beim Arbeiten an eine Tintenzufuhr denken musst. Sie trocknen nach dem Auftrag auf das Papier schnell und sind in der Regel wasserfest.

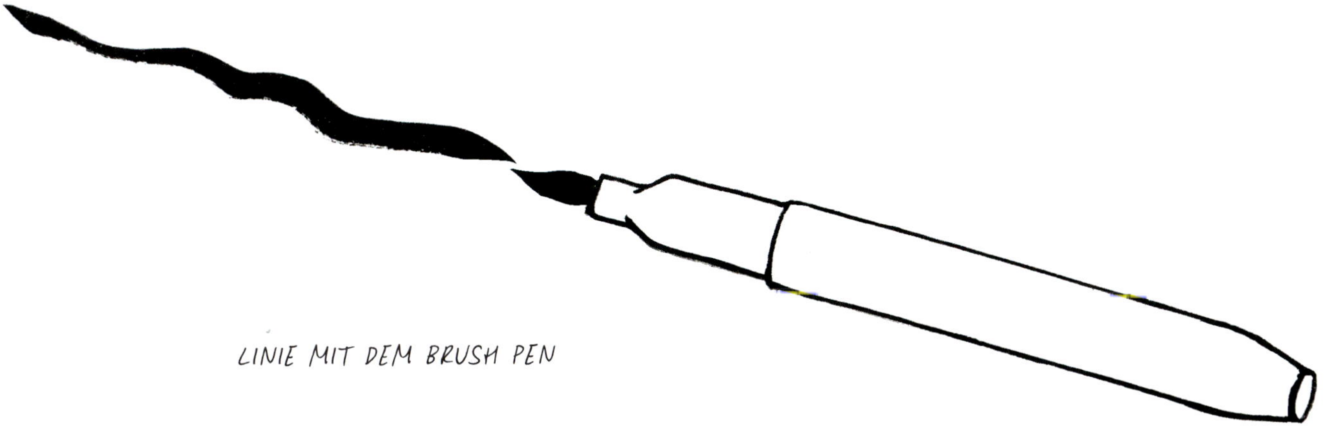

LINIE MIT DEM BRUSH PEN

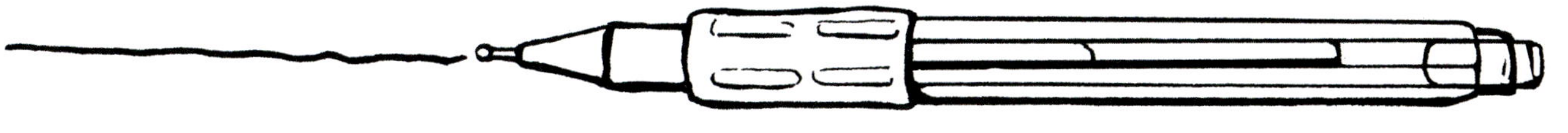

LINIE MIT DEM GELSTIFT

HINWEIS: Willst du das Zeichnen mit diesen Zeichenmitteln ausprobieren und hast noch keine Erfahrung damit, dann rate ich dir, zunächst eine kleine Auswahl von idealerweise wasserfesten Finelinern zu besorgen. Ideal wären Strichstärken von 0,1 mm, 0,4 mm und 0,8 mm. Ergänzen könntest du dein Set vielleicht noch mit einem Gelstift und einem Marker, vorzugsweise in Schwarz, und mit einem mittelbreiten Brush Pen.

DEIN PAPIER

Es gibt viele Arten von Papier für das künstlerische Zeichnen. Vom Kopier- bis zum Aquarellpapier, von alten Buchseiten bis hin zu handgeschöpften Papierbögen ist alles möglich. Bei der Wahl des richtigen Papiers solltest du vor allem auf das Gewicht und die Oberflächenbeschaffenheit achten.
Papiere sind unterschiedlich schwer. Gemessen wird hier in Gramm pro Quadratmeter (g/m^2). Kopierpapier hat eine Stärke von 80 g/m2, gutes Aquarellpapier von 300 g/m^2.
Stärkeres Papier hält einem größeren Druck stand. Auf ihm kannst du problemlos wiederholt radieren und nacharbeiten, ohne es zu beschädigen.
Auch die Oberflächenbeschaffenheit eines Papiers, auch Körnung genannt, ist sehr unterschiedlich. Es gibt sehr glatte Papiere, über die dein Bleistift mühelos gleitet. Aquarellpapier besitzt eine oft eher raue Oberfläche und bietet deshalb mehr Widerstand beim Zeichnen. Dadurch entsteht eine unruhigere Linie, die sich nicht immer genau vorausplanen lässt.
Ich empfehle dir zum Zeichnen ein Standard-Zeichenpapier ab 160 g/m2 mit mittlerer Körnung.
Glattes, weißes Papier eignet sich gut für kräftige Bilder mit klaren Linien.
So gewappnet kann dein Zeichenabenteuer beginnen!

ZEICHENTECHNIKEN

WAS IST EINE LINIE? WAS MACHT DIE LINIE?

Eine Linie sollte vor allem visuelle Energie ausstrahlen. Ihre Breite hängt von deinem gewählten Zeichenwerkzeug ab. Dessen Spitze, der Druck und das Tempo deiner Bewegungen beeinflussen die Qualität deiner Linien.
Hier möchte ich dir einige Übungen vorschlagen: um dein richtiges Zeichenwerkzeug zu finden und um das Zeichnen damit gut vorzubereiten.
Einen guten Einstieg in die Arbeit mit dem gewählten Zeichenwerkzeug stellt das Beurteilen der Strichqualität dar. Zeichne kleine Rastergitter auf ein Blatt Papier und fülle sie mit einfachen Strichzeichnungen.

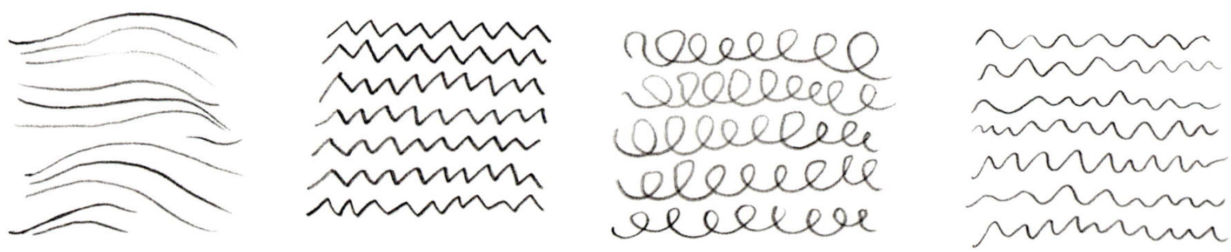

STRICHZEICHNUNGEN MIT BLEISTIFT 2B

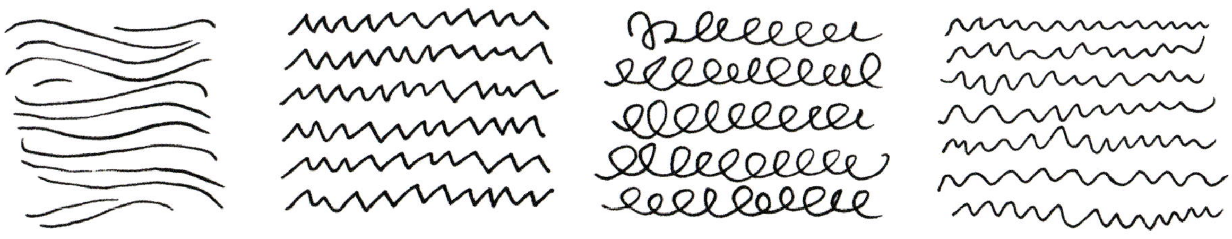

STRICHZEICHNUNGEN MIT FINELINER DER STÄRKE 0.7

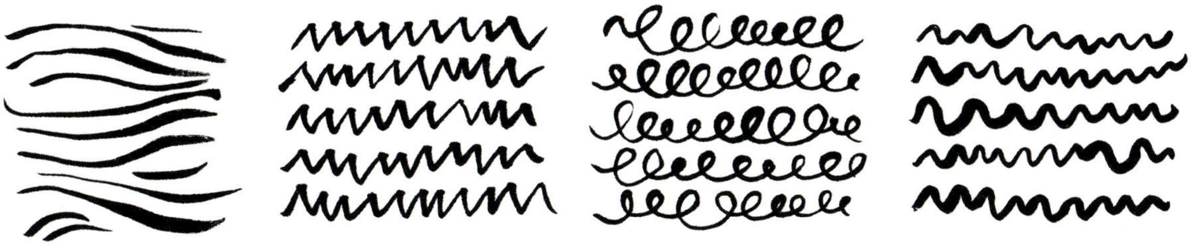

STRICHZEICHNUNGEN MIT BRUSH PEN MEDIUM

HINWEIS: Sobald du herausgefunden hast, welche Zeichenmittel für dich geeignet sind, machst du auf einem neuen Blatt weitere Versuche. Dieses Mal mit dem Fokus auf Lockerheit und unterschiedlichen Strichlängen und -lagen. Arbeite so lange, bis das Blatt voll ist. Dabei wirst du entdecken, wie du nach diesen einfachen Übungen im Anschluss viel lockerer und zielgerichteter weiterzeichnen wirst.

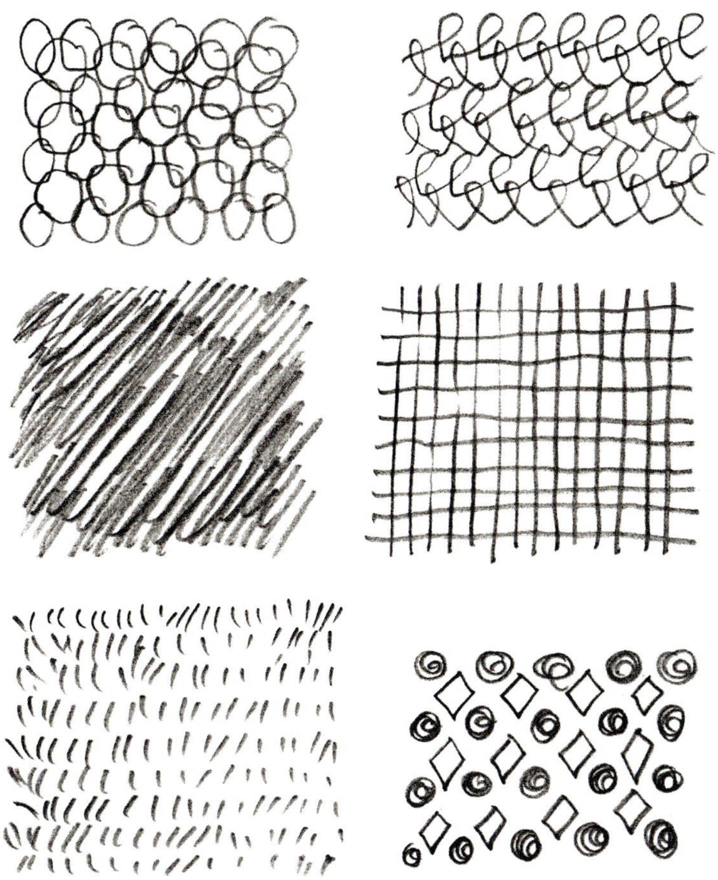

DEN STIFT RICHTIG HALTEN

Die Art und Weise, wie du den Bleistift hältst, wirkt sich enorm auf die Anmutung der Zeichnung aus. Deshalb kannst du durch eine Änderung des Griffs die Gestaltung der Linien oder Striche verändern, was deiner Zeichnung wiederum mehr Ausdruck verleiht.

DREIPUNKTGRIFF

Mit dem normalen Schreibgriff, auch Dreipunktgriff genannt, zeichnest du scharfe, genaue und kontrollierte Linien. Er ist die gängigste Art, einen Stift zu halten. Daumen und Zeigefinger halten den Stift gemeinsam mit dem Mittelfinger, der von Ringfinger und kleinem Finger gestützt wird. Je steiler du den Winkel wählst, desto mehr kommt die Spitze des Bleistifts zum Einsatz.

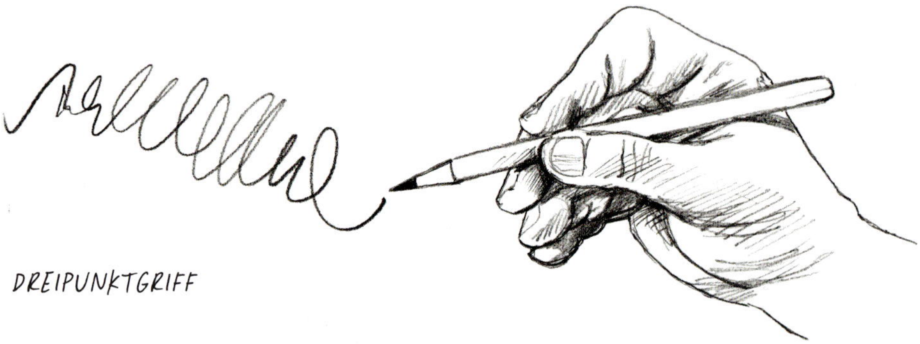

DREIPUNKTGRIFF

WEIT OBEN ANGESETZTER DREIPUNKTGRIFF

Wenn du den Stift weiter oben hältst, gibt dir das mehr Spielraum, um freiere Striche nach Gefühl zu zeichnen. Indem eher die Seite der Mine und nicht ihre Spitze das Blatt berührt, wirkt deine Zeichnung eher skizzenhaft, spontan, locker, plastisch und ausladend. Auch verwischst du deine Arbeit nicht so schnell mit dem Handballen.

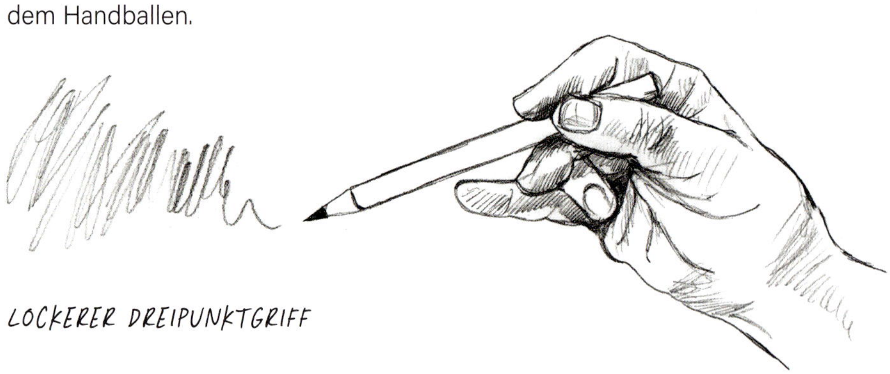

LOCKERER DREIPUNKTGRIFF

OBERGRIFF

Der Obergriff ist eine beim Zeichnen sehr beliebte Art der Stifthaltung. Du hältst den Bleistift seitlich und drückst die Daumenkuppe leicht gegen den Bleistift. Damit kannst du den Winkel der Mine so ausrichten, dass ihre komplette Breitseite und nicht nur die Spitze das Papier berührt. Es entsteht ein breiter Strich, der zum Schattieren und Abtönen geeignet ist. Der gesamte Arm sollte die Zeichenbewegung unterstützen.

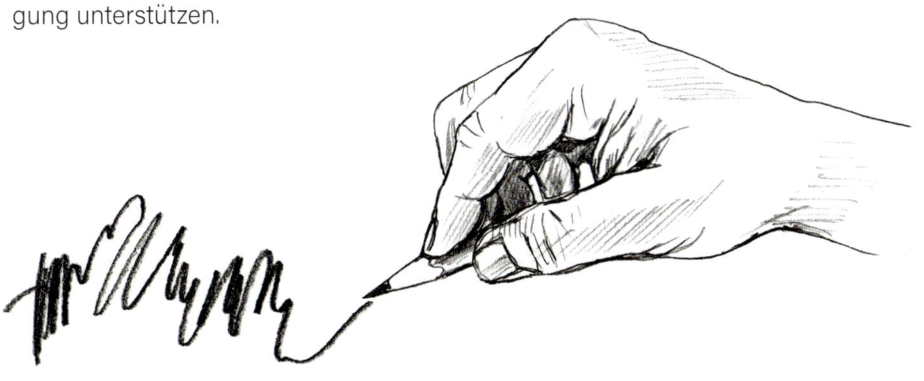

OBERGRIFF

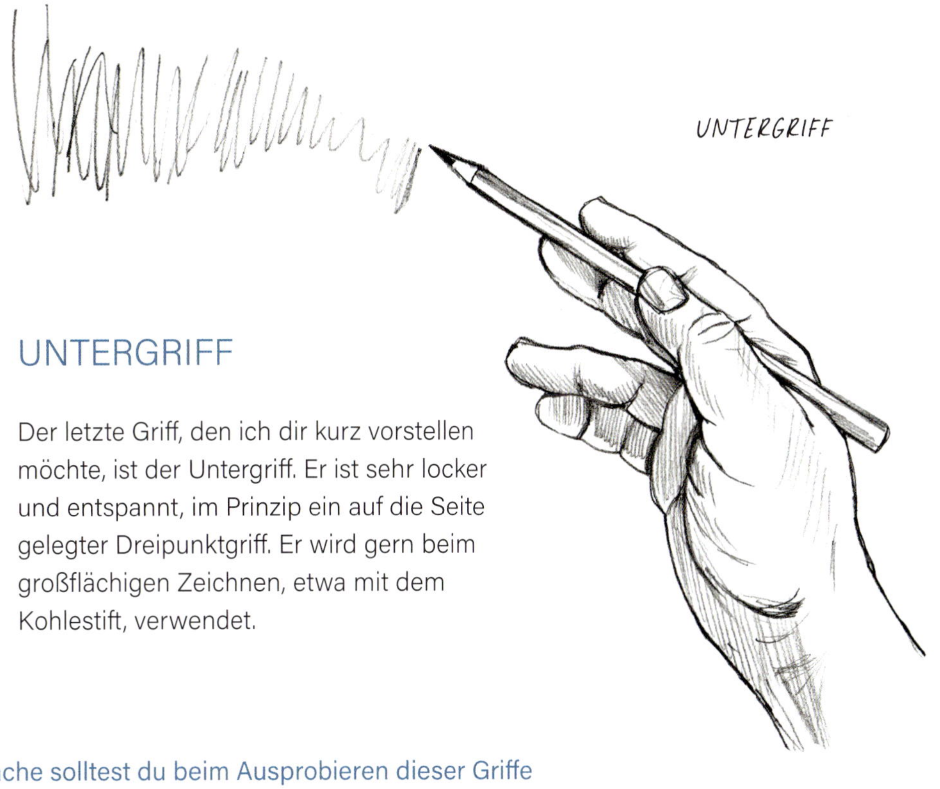

UNTERGRIFF

UNTERGRIFF

Der letzte Griff, den ich dir kurz vorstellen möchte, ist der Untergriff. Er ist sehr locker und entspannt, im Prinzip ein auf die Seite gelegter Dreipunktgriff. Er wird gern beim großflächigen Zeichnen, etwa mit dem Kohlestift, verwendet.

HINWEIS: Eine Sache solltest du beim Ausprobieren dieser Griffe berücksichtigen: Lass dir Zeit beim Austesten und höre auf dein Gefühl. Es nützt dir überhaupt nichts, wenn du dich zu einem Griff zwingst, der sich unnatürlich anfühlt und dich bei einer fließenden Linienführung hemmt.

SCHRAFFUREN

Das Schraffieren ist eine wichtige Zeichentechnik und bezeichnet eine Methode, bei der du durch das Auftragen von Linien einen bestimmten Tonwert erzeugst. Je nachdem, wie viele Linien du aufträgst, ergeben sich im Zusammenspiel mit dem Weiß des Papiers unterschiedliche Grautöne, mit denen du dein Motiv modellierst, ihm räumliche Tiefe verleihst oder seine Oberflächenbeschaffenheit charakterisierst.
Du kannst Schraffuren sehr unterschiedlich ausführen. Die Wichtigsten zeige ich dir hier am Beispiel einer Kugel, auf die von oben links Licht fällt – dadurch kannst du die typischen Licht- und Schattenbereiche gut erkennen.

PARALLELSCHRAFFUR

Bei der Parallelschraffur werden alle Schraffurlinien parallel zueinander gezeichnet. Sie wirkt häufig etwas mechanisch und steif, ist aber für den Einstieg in das Thema ganz gut geeignet.

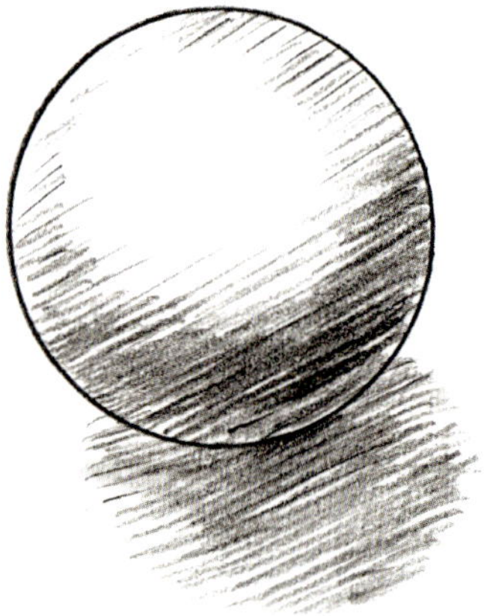

KREUZSCHRAFFUR

Hast du Parallelschraffuren mit mindestens zwei unterschiedlichen Winkeln übereinandergelegt, nennt man das Kreuzschraffur. Du kannst so viele verschiedene Winkel anlegen, wie du es für richtig hältst. Je mehr Schraffuren übereinanderliegen, desto dichter erscheint deine Zeichnung.

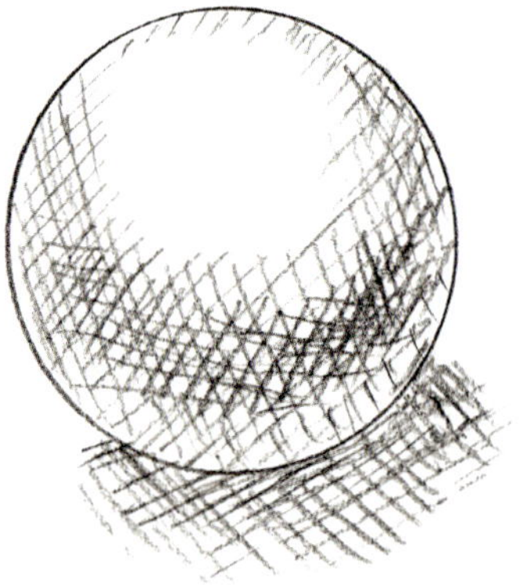

TIPP: Um den Überblick nicht zu verlieren, lege drei Grautöne an: hell = ein Winkel, mittel = zwei bis drei Winkel, dunkel = vier Winkel.

LINIENGRUPPEN

Sehr interessante und lebendig wirkende Schraffuren erhältst du, wenn du kleine Gruppen aus parallelen Linien in ständig wechselnder Ausrichtung zeichnest.

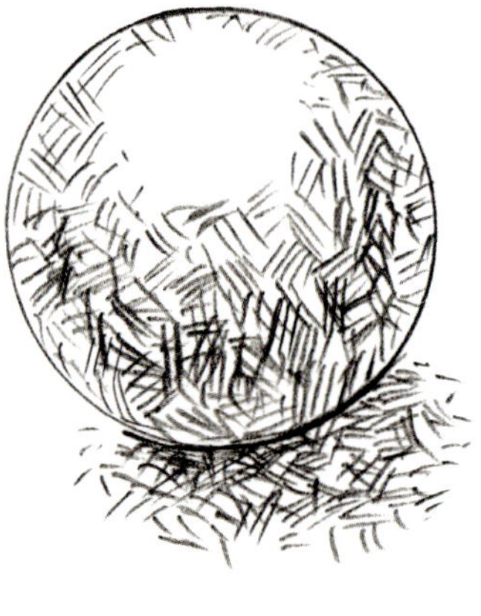

STRUKTURERZEUGENDES SCHRAFFIEREN

Bedenke immer, dass du mit jeder weiteren Schraffurebene dichtere und somit dunklere Tonwerte erzeugst. Hier siehst du ein Beispiel, wie du mit Schraffuren Strukturen erzeugen kannst, indem du mit gleichmäßigen Kringeln Grauwerte zeichnest. Hinzu kommt, dass du mit dieser Struktur eine bestimmte Oberflächenbeschaffenheit, wie zum Beispiel das Fell eines Tieres, andeuten kannst. Also eine Fellkugel? Warum nicht!

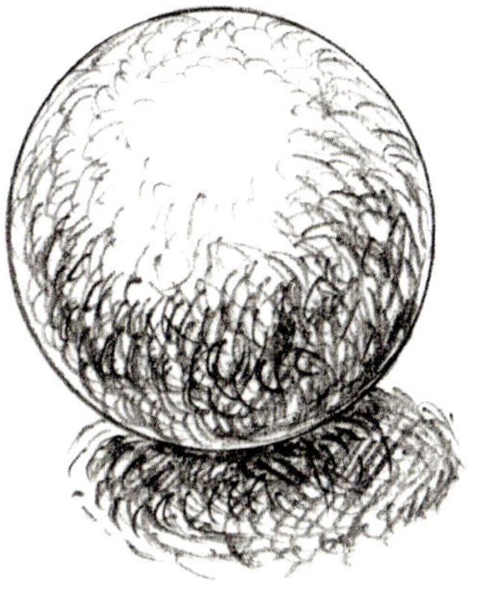

FORMLINIEN

Du kannst deine Schraffur aber auch „formbeschreibend" einsetzen. Das heißt, die Linien folgen der Form oder Innenzeichnung deines Motives. Sie verlaufen nicht parallel zueinander. Hier siehst du an zwei Beispielen, wie das aussehen könnte.

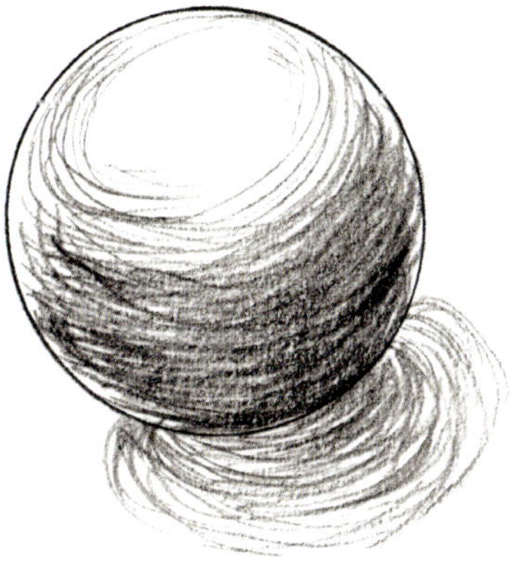

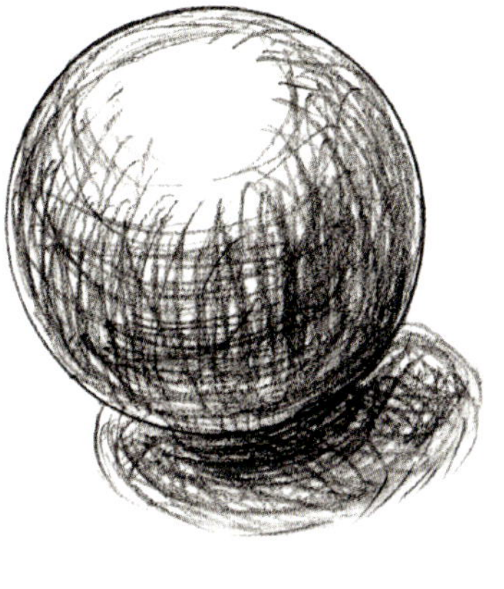

FREIE SCHRAFFUR-TECHNIK

Willst du deiner Zeichnung einen besonders charakteristischen Ausdruck geben, dann kannst du ihr mit Kritzellinien eine gewisse Dynamik verleihen und deinen persönlichen, unverwechselbaren Stil herausarbeiten.

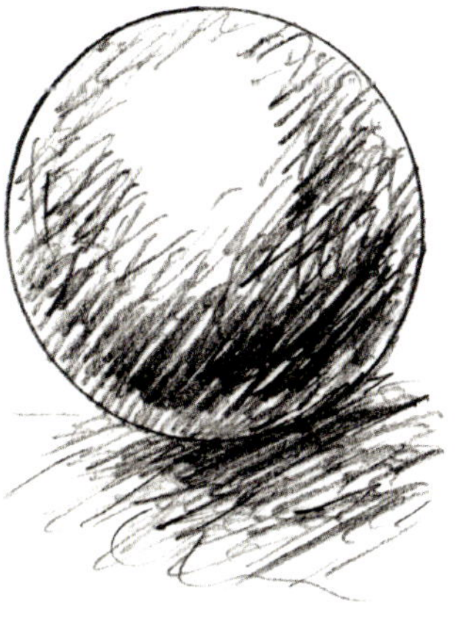

So, nun bist du dran. Probiere es aus!

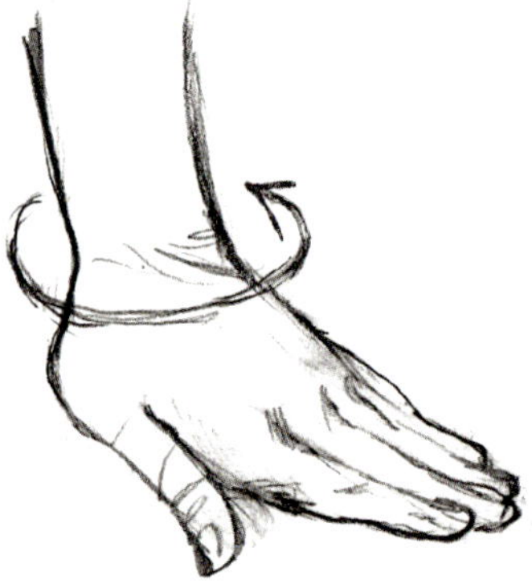

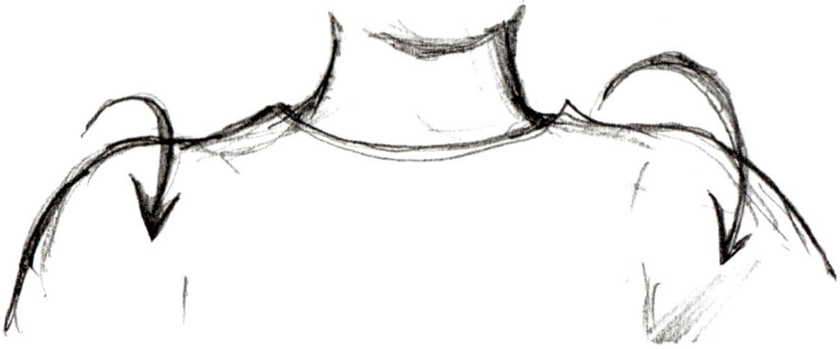

LOCKERUNGSÜBUNGEN

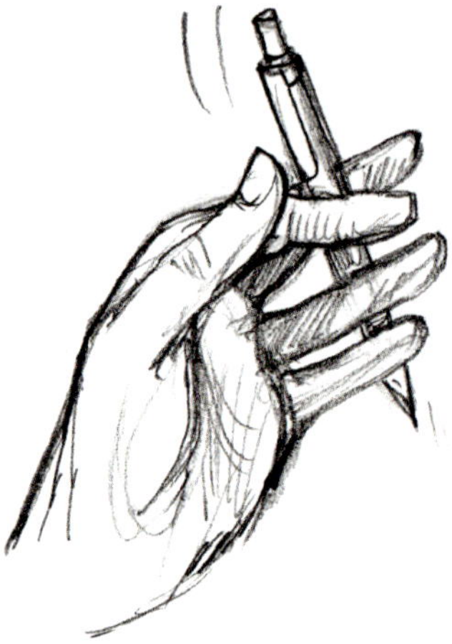

Zum Schluss möchte ich dir noch einen kleinen, aber wichtigen Tipp auf deinen Zeichenweg mitgeben: Ein entspanntes Handgelenk beugt einem verkrampften Griff der Finger um den Zeichenstift vor und führt in der Folge zu fließenden, natürlichen Linien. Mache es dir deshalb zur Gewohnheit, vor jeder Zeichenaufgabe mit dem Zeichenwerkzeug deiner Wahl und der dir am besten zusagenden Griffhaltung auf dem von dir gewählten Papier ein paar Übungen zur Lockerung deines Handgelenks zu machen. Dies können beispielsweise einige gerade oder geschwungene Linien, Schraffuren, Schnörkel, Schwünge, Kringel, Zickzacklinien oder, oder ... sein. Sei dabei frei, unkonventionell und vor allem experimentell!

Fühlst du dich schon locker genug im Handgelenk? Wenn das nicht der Fall sein sollte, habe ich noch einige Übungen für dich. Denn beim längeren Zeichnen kann es zu Verkrampfungen in deinen Hand-, Arm- und Schultergelenken kommen. Versuche zwischendurch diese mit kleinen Bewegungen zu entkrampfen. Die Hände entspannst du z. B. mit gleichmäßigen Drehbewegungen um die Handgelenksachse oder mit einem lockeren Stiftwandern durch deine Finger. Ein kurzes Schulterkreisen in beide Richtungen entspannt dich im Schultergelenk. Schüttle deine Arme kurz aus. Du wirst sehen, danach kannst du umso besser weiterzeichnen.

Ein Verkrampfen der Muskulatur kann auch zu einem verkrampften Bild führen. Dagegen hilft, ab und zu ein kleines Bild mit links (bei Linkshändern mit rechts) zu kritzeln. Schau dir die beiden Katzen an! Sie sehen schon sehr unterschiedlich aus, oder?

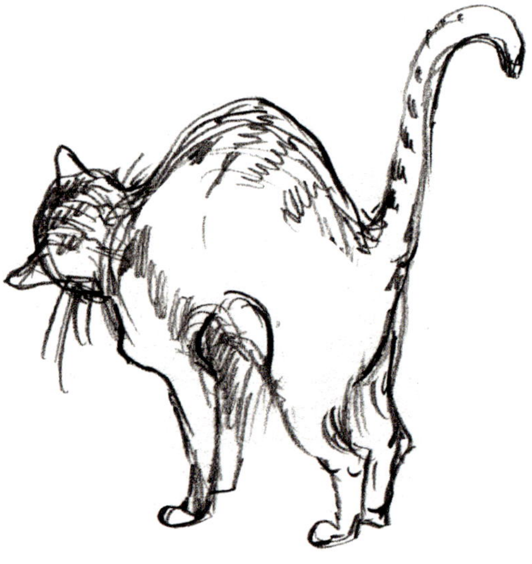

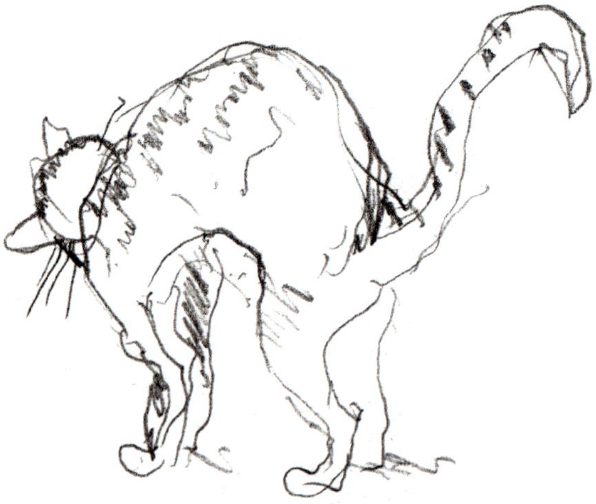

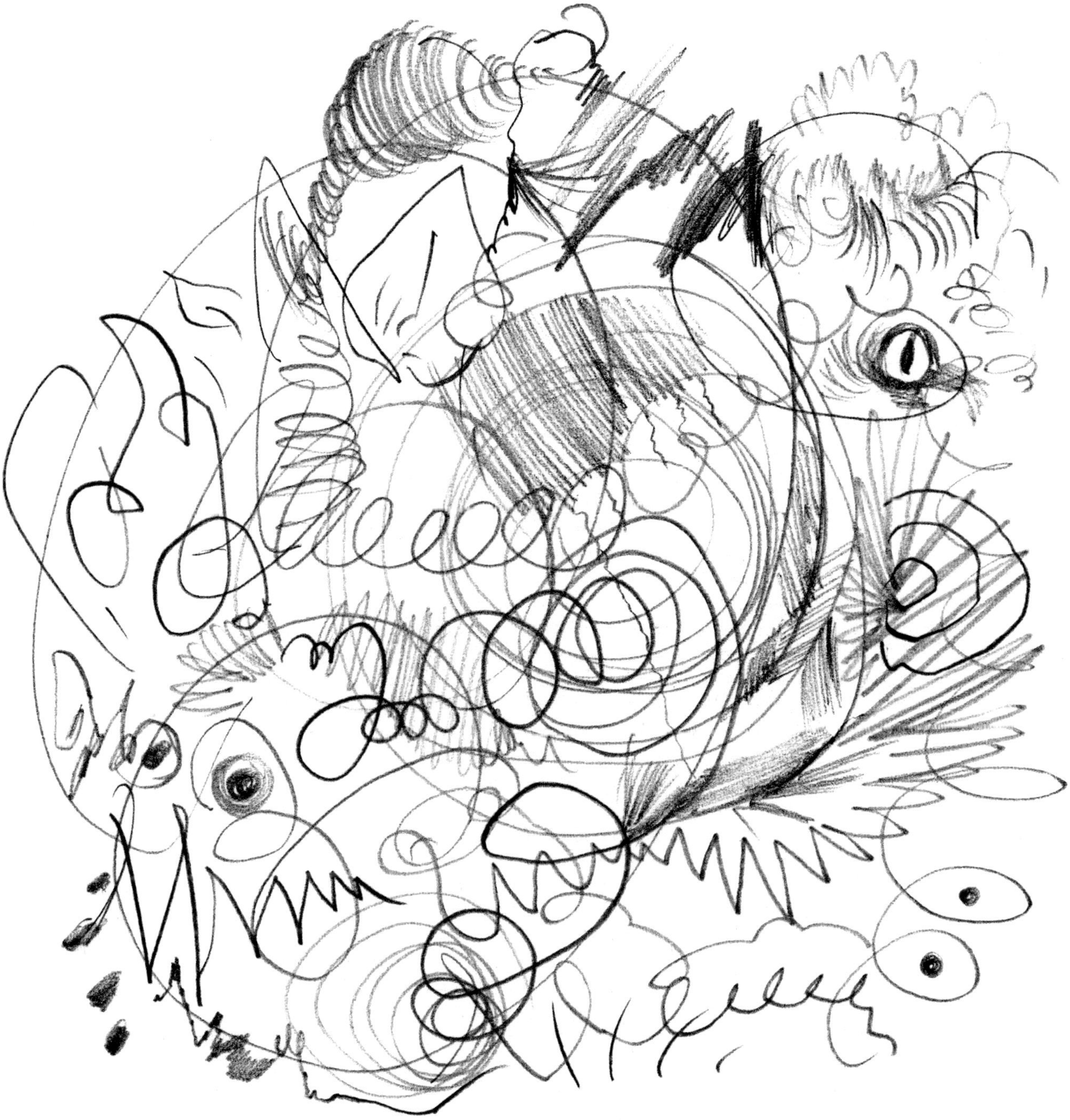

Nun kannst du loslegen, es gibt viel zu tun …

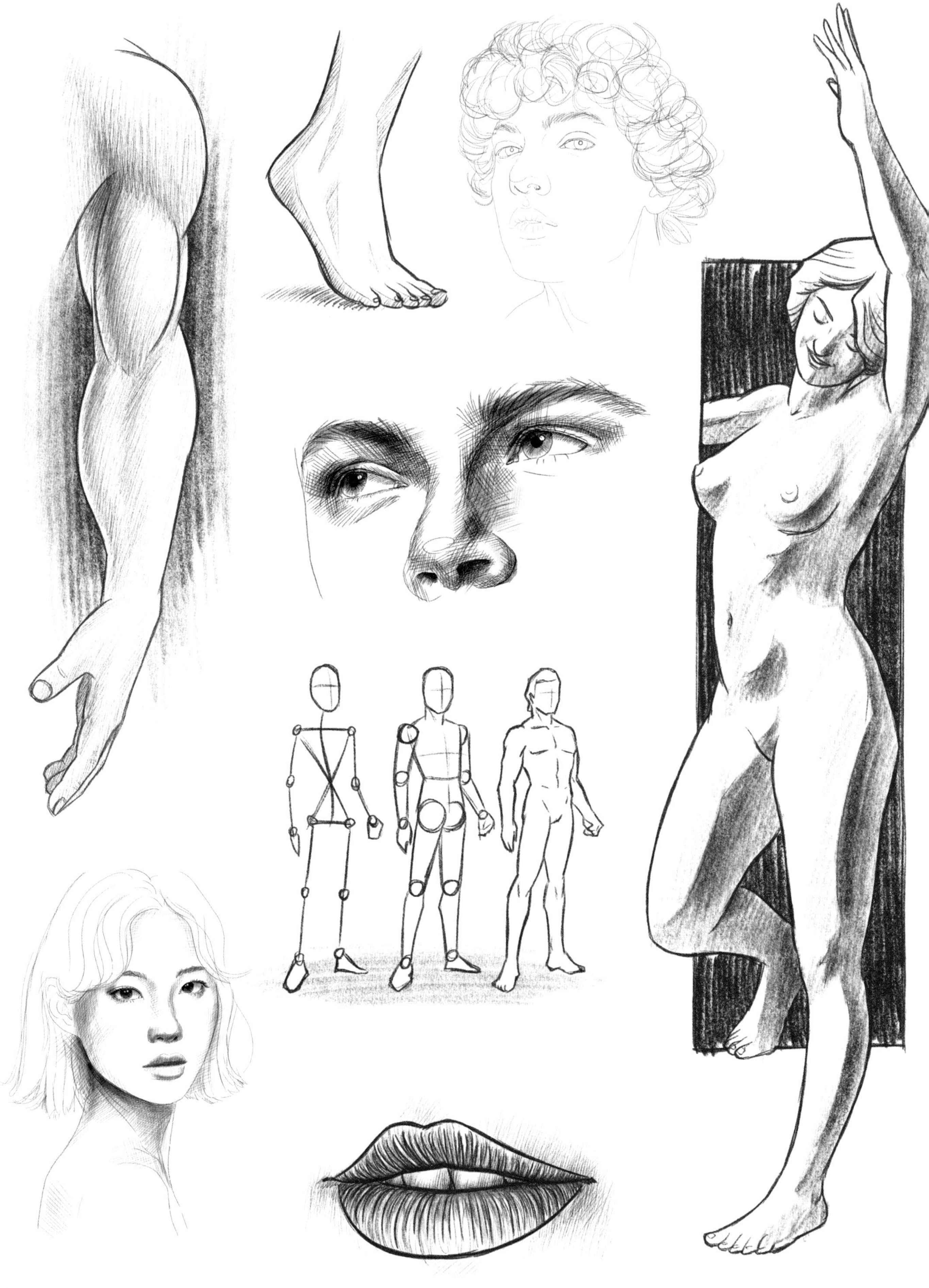

GESICHT/ MENSCHEN

Das Gesicht und der menschliche Körper – kaum eine zeichnerische Herausforderung bewegt Kunstschaffende und Betrachtende so sehr, ob in Vergangenheit oder Gegenwart. Denn das Zeichnen von Porträts oder Körpern ist immer auch Ausdruck einer tiefen Auseinandersetzung des Menschen mit sich selbst.

Es gibt viele unterschiedliche Arten, Gesichter in ihrer Einzigartigkeit festzuhalten oder Körper darzustellen. Der eigene Stil entsteht auf der Basis zeichnerischer Grundlagen, zu denen das Erfassen der grundlegenden Prinzipien des Gesichtsaufbaus, der Proportionen und der anatomisch richtige Aufbau des menschlichen Körpers gehören.

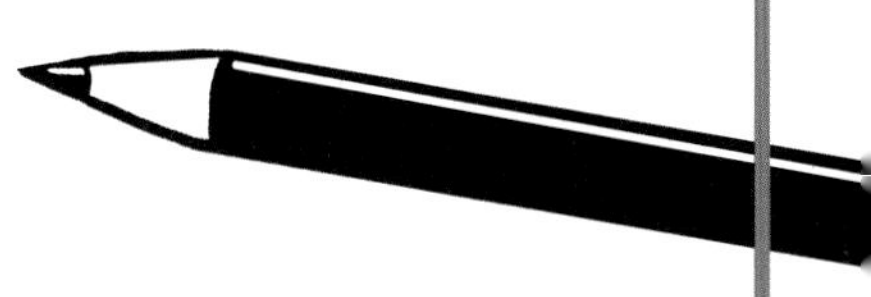

AUGEN, NASE, MUND – GESICHT

Gesichter zu zeichnen und Porträts zu kreieren gehören zu den faszinierendsten und anspruchsvollsten Aspekten in der bildenden Kunst. Gesichter sind nicht nur einfache anatomische Strukturen des äußeren Erscheinungsbildes eines Menschen; sie sind die unverwechselbaren Ausdrucksmittel von Identität, Persönlichkeit und Emotionen. In der Kunst des Porträtzeichnens geht es darum, die Seele der abgebildeten Person einzufangen.

Um ein Porträt anatomisch korrekt darzustellen, ist es wichtig, einige grundlegende Prinzipien des Gesichtsaufbaus zu verstehen. Jeder Mensch besitzt ein einzigartiges Gesicht, geprägt von einer Vielfalt an Formen, Linien und Ausdrücken.

Porträts erfordern Übung, Geduld und Beobachtungsgabe. Durch regelmäßiges Üben und Experimentieren mit verschiedenen Techniken können Künstler:innen ihre Fähigkeiten verbessern und ihren eigenen Stil entwickeln. Letztendlich bietet das Zeichnen von Gesichtern eine wunderbare Möglichkeit, die Schönheit und Individualität der menschlichen Form zu erkunden und auszudrücken.

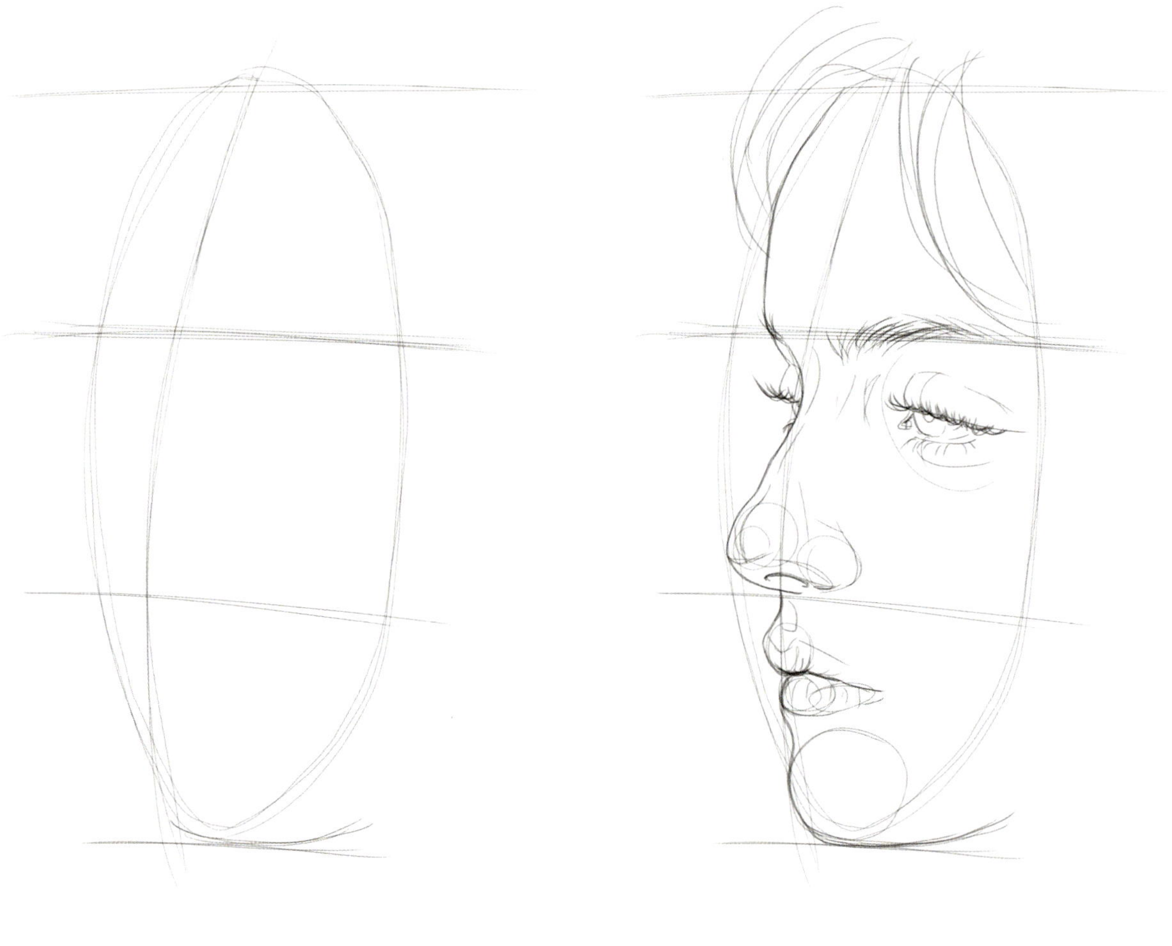

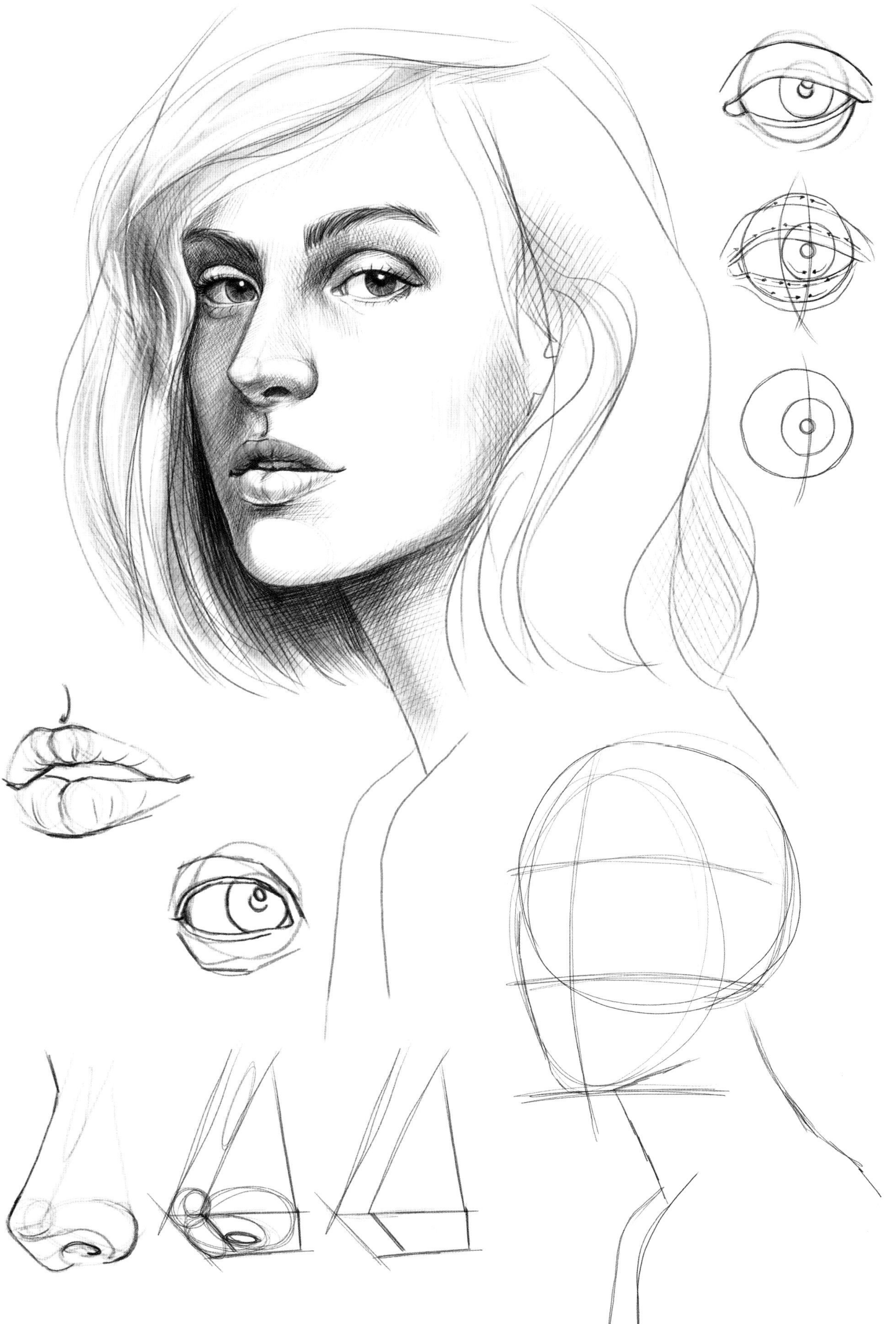

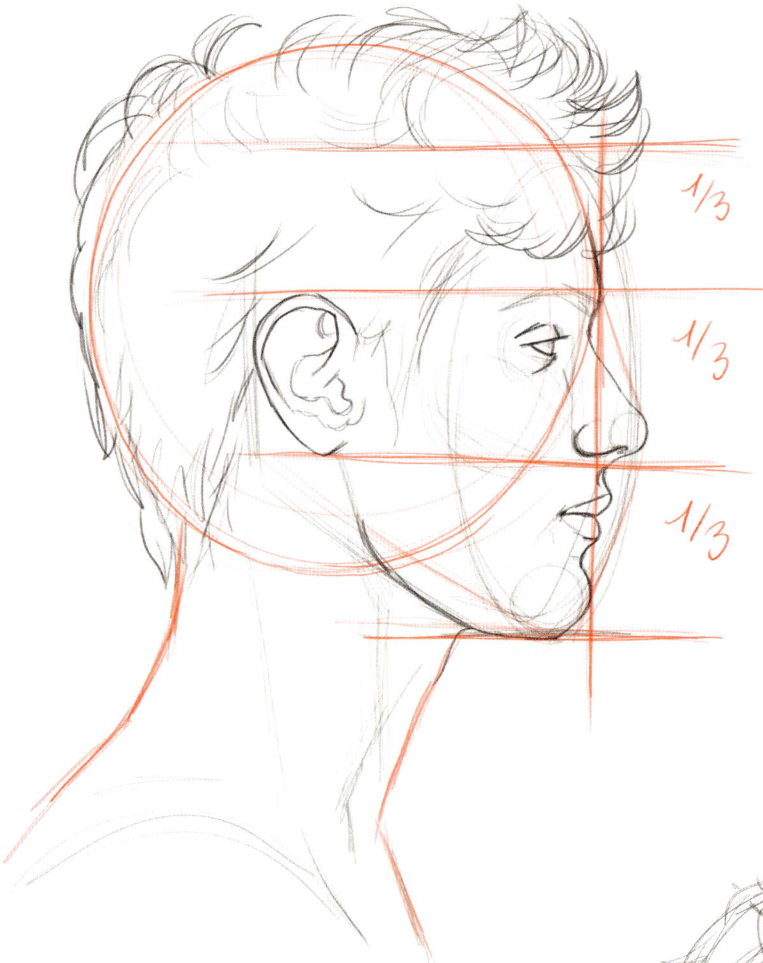

DAS GESICHT LÄSST SICH MEIST IN DREI GLEICH LANGE TEILE AUFTEILEN

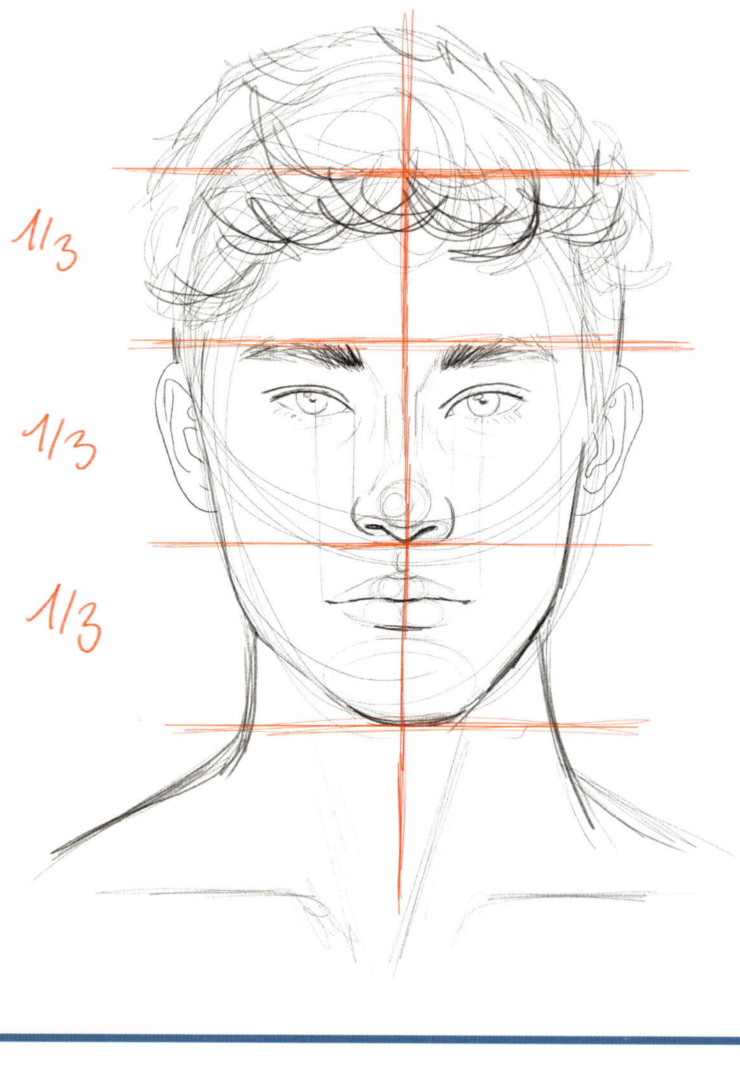

DIE HORIZONTALEN LINIEN DIESER TEILE VERLAUFEN PARALLEL ZUEINANDER, STARTEND AM HAARANSATZ BIS HERUNTER ZUM KINN

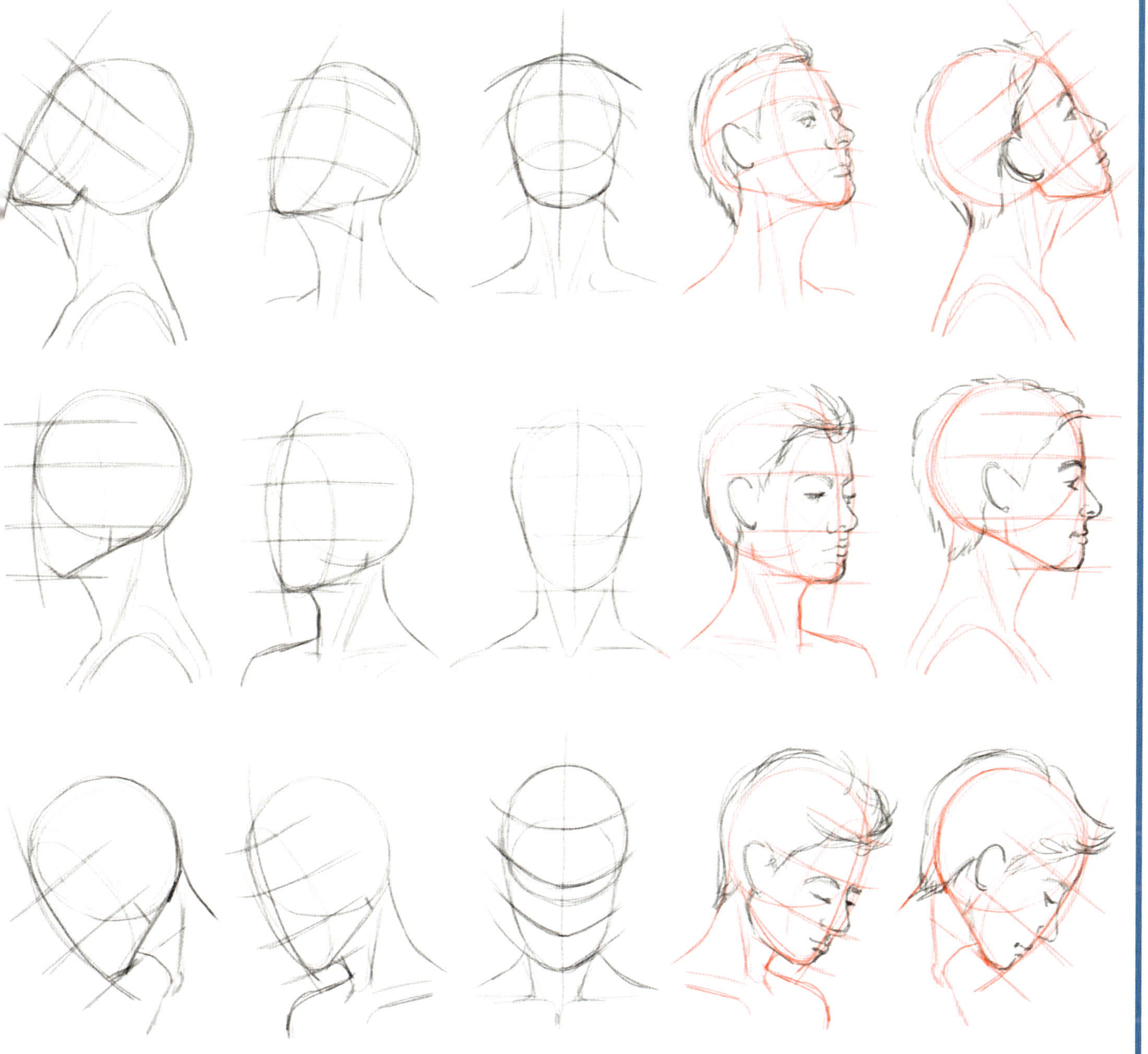

DER KOPF IN VERSCHIEDENEN AUSRICHTUNGEN UND POSITIONEN.
ACHTE DARAUF, WIE DIE LINIEN DENNOCH PARALLEL VERLAUFEN

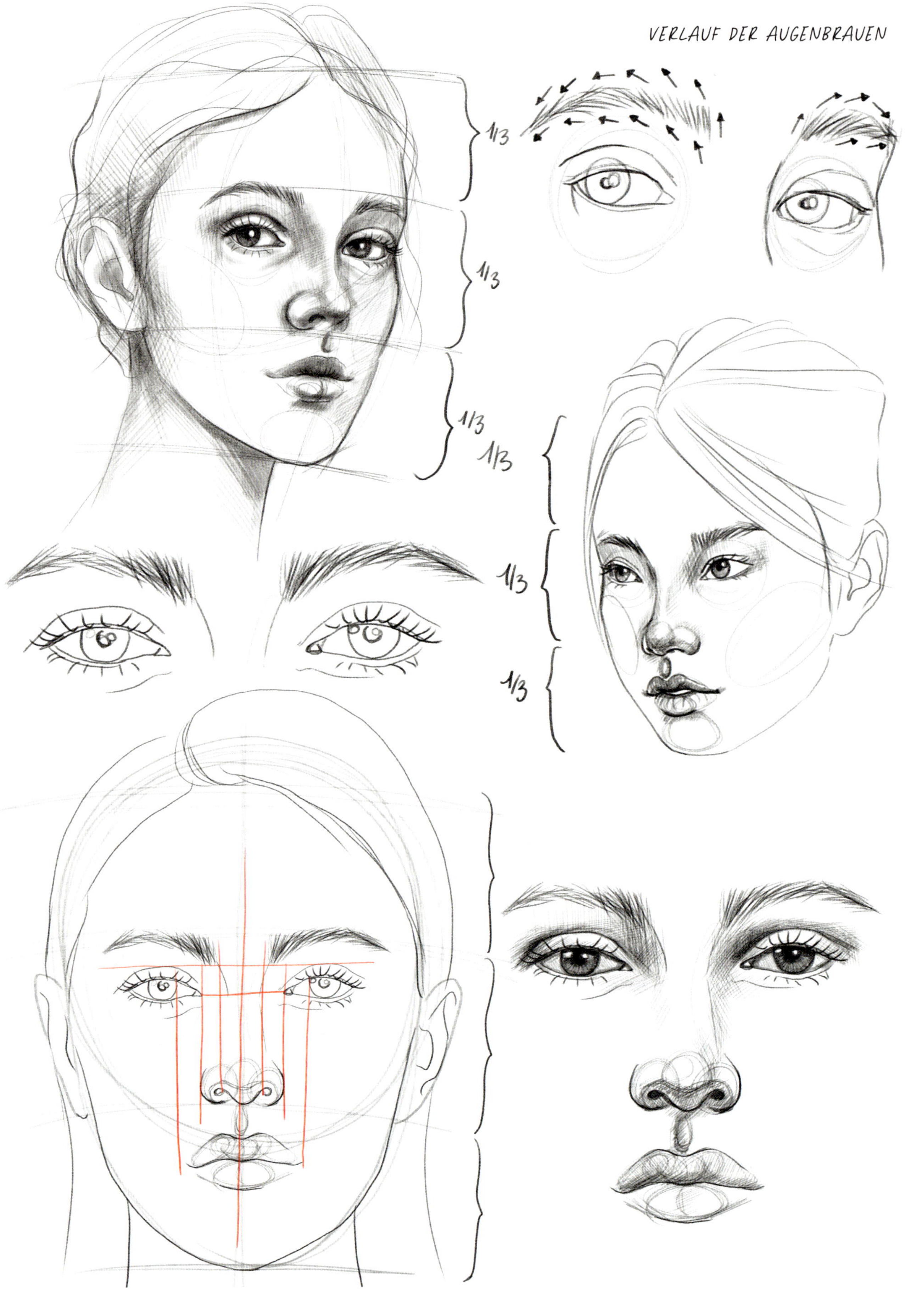
VERLAUF DER AUGENBRAUEN
1/3
1/3
1/3
1/3
1/3
1/3

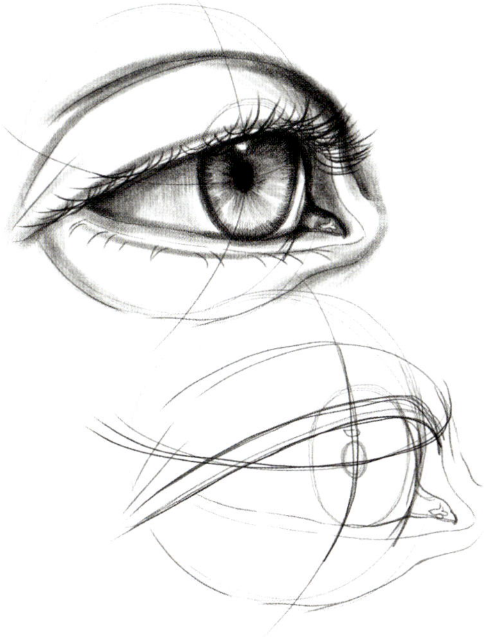

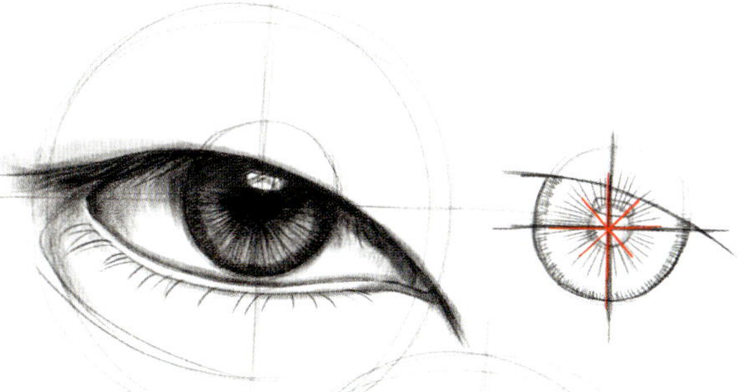

FÜR DIE IRIS EIGNET SICH, VOM KREUZ AUSGEHEND, EINE STRAHLENFÖRMIGE SCHRAFFUR

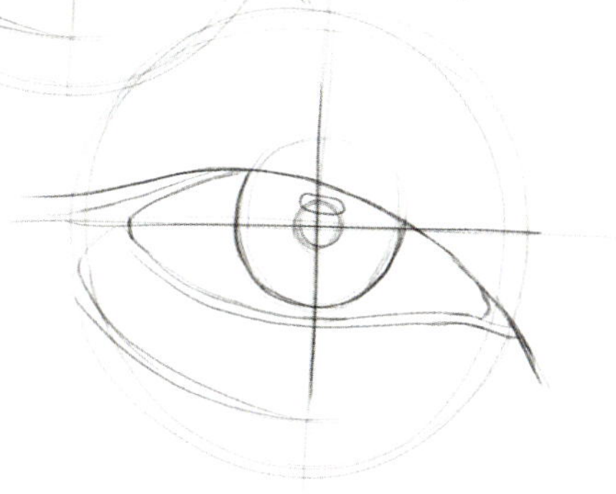

BEI ABGEWANDTEM BLICK VERÄNDERN SICH DIE MITTELACHSEN PERSPEKTIVISCH

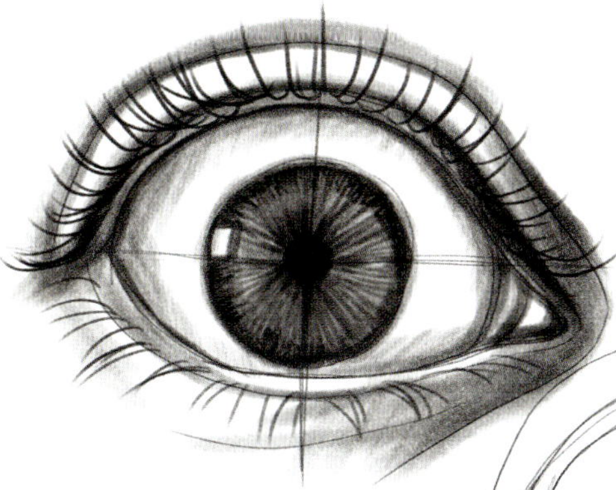

AUFGERISSENES AUGE – MAN SIEHT DIE IRIS NUR VOLLKOMMEN RUND, WENN DAS AUGE STARK GEÖFFNET IST

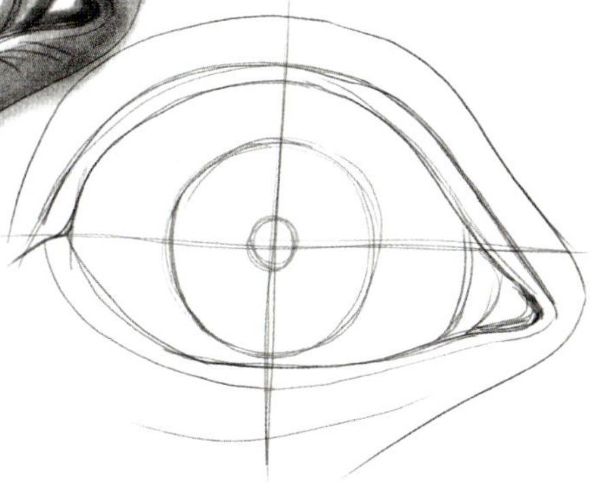

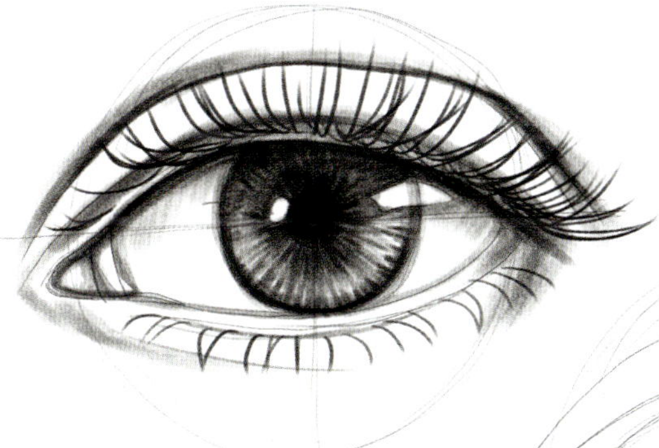

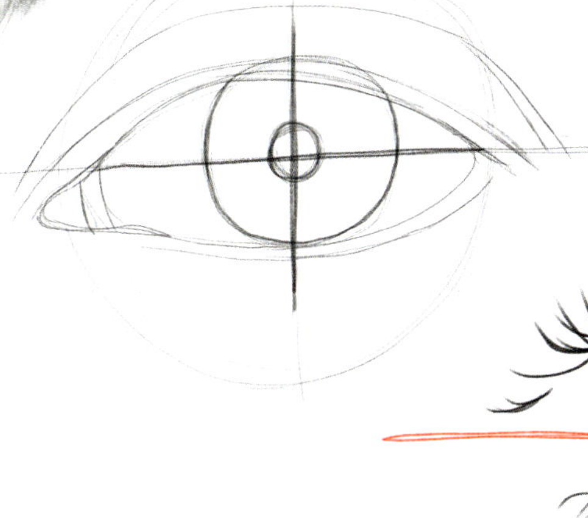

DIE WIMPERN VERLAUFEN, SPIEGELVERKEHRT GEBOGEN, AM WIMPERNKRANZ DES AUGENLIDES NACH OBEN UND NACH UNTEN. OBEN SIND DIE WIMPERN TENDENZIELL LÄNGER ALS UNTEN

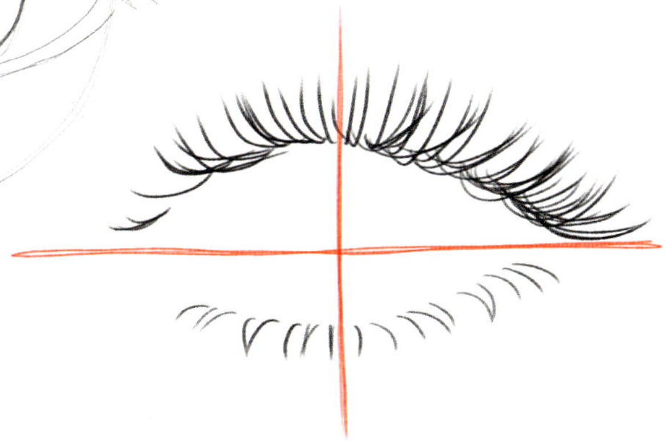

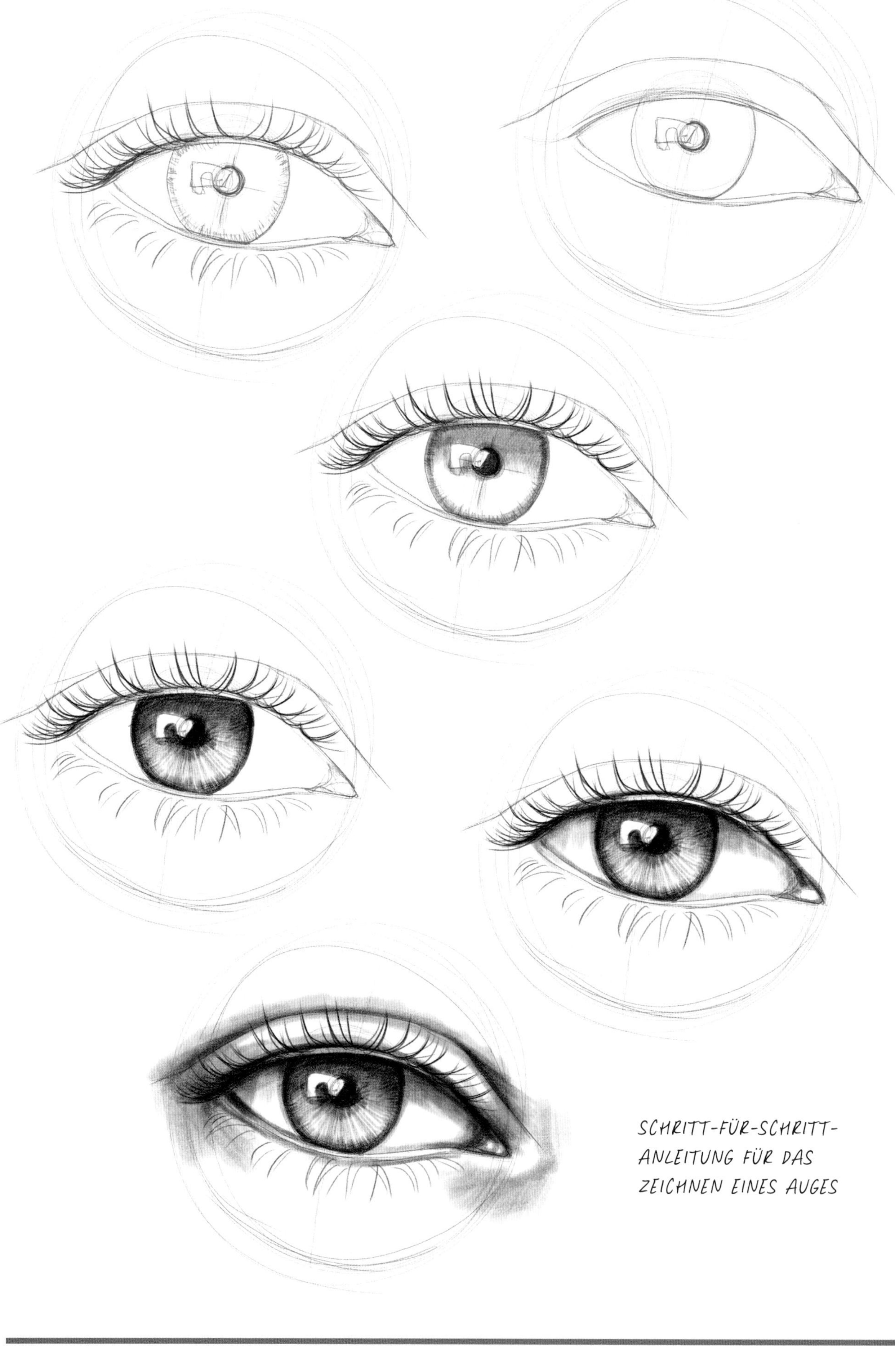

SCHRITT-FÜR-SCHRITT-
ANLEITUNG FÜR DAS
ZEICHNEN EINES AUGES

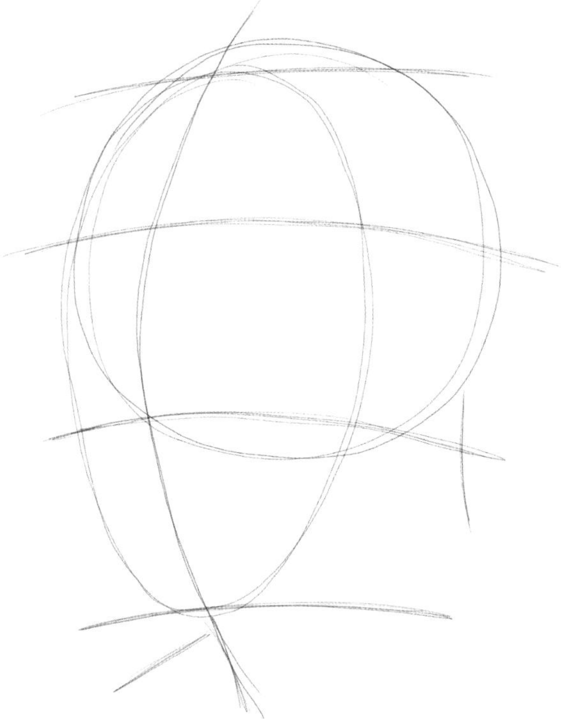

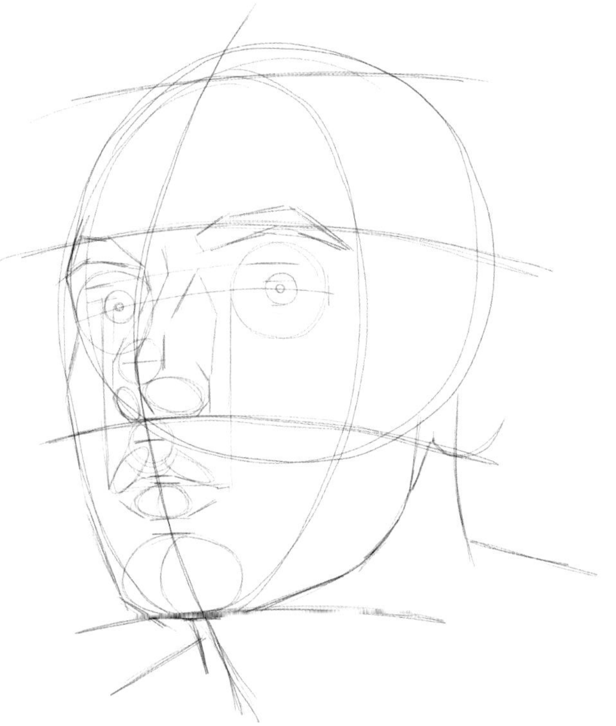

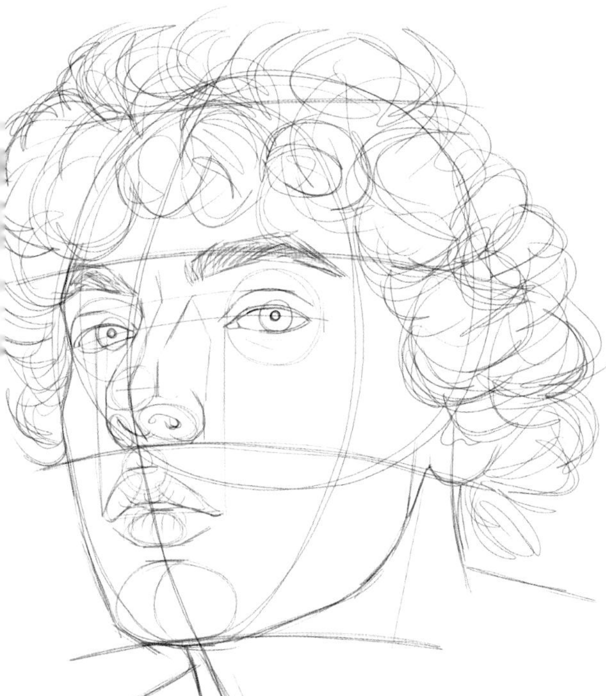

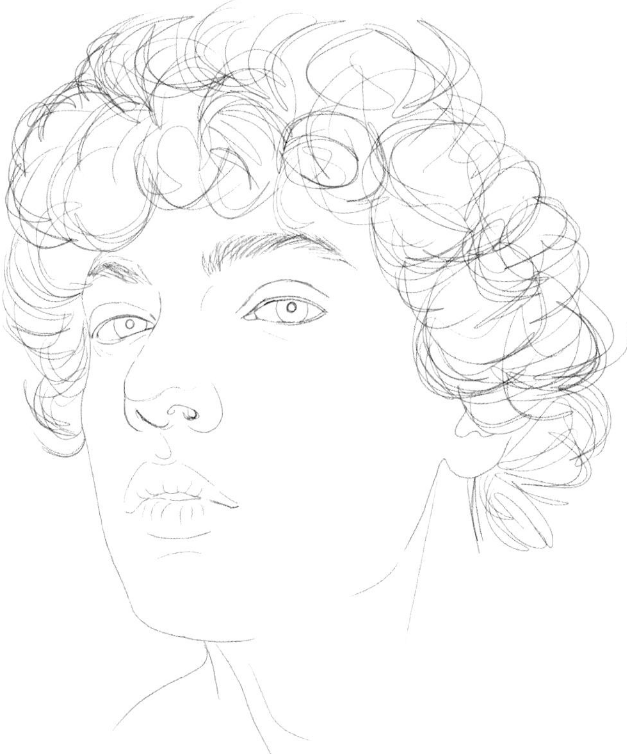

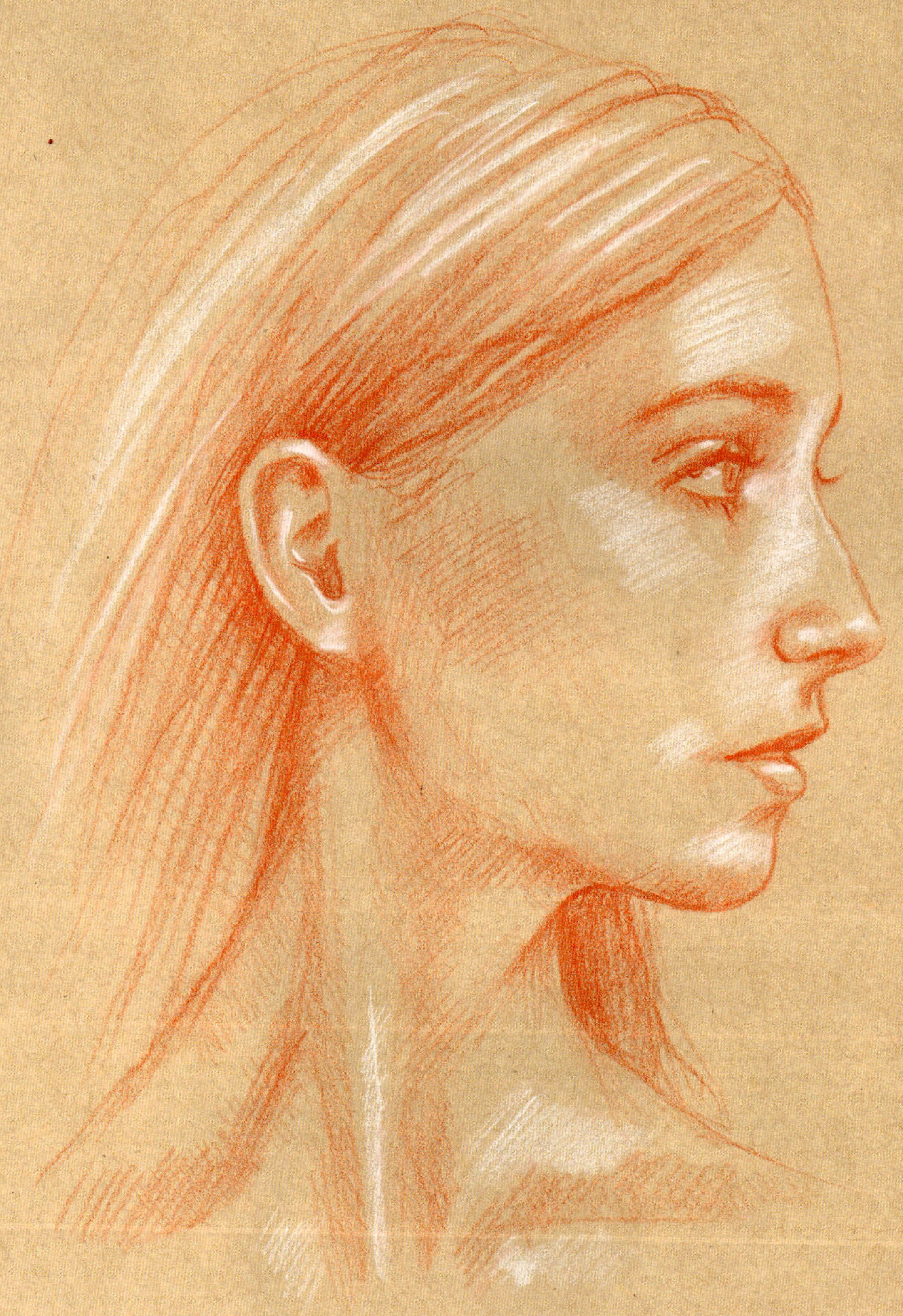

PORTRÄT MIT RÖTELKREIDE AUF KRAFTPAPIER
MIT WEISSER KREIDE LASSEN SICH DIE GLANZ-
LICHTER HERVORRAGEND DARSTELLEN

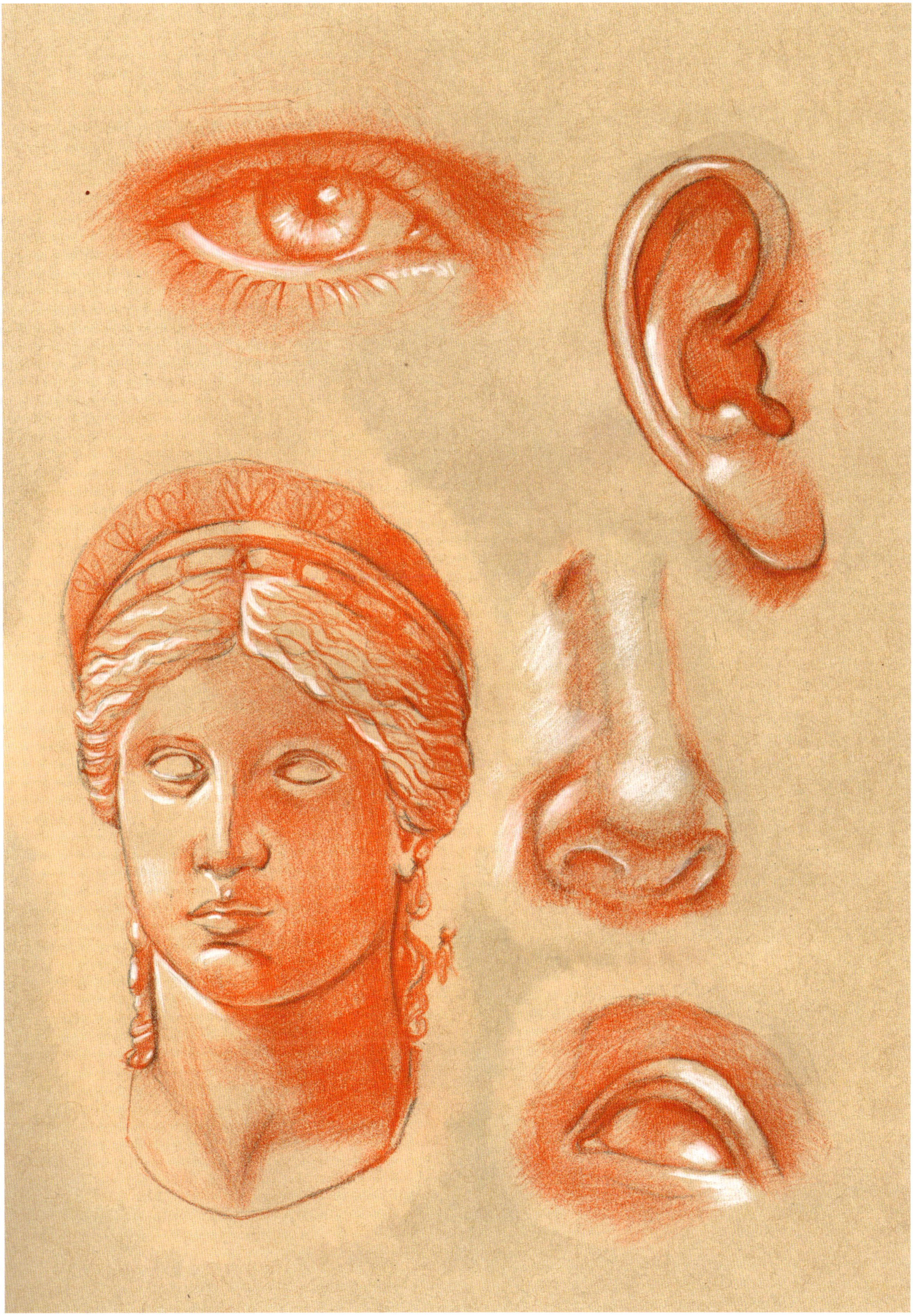

DIE NASE STELLT ZWEIFELLOS EINE DER KOMPLEXESTEN STRUKTUREN IM GESICHT DAR

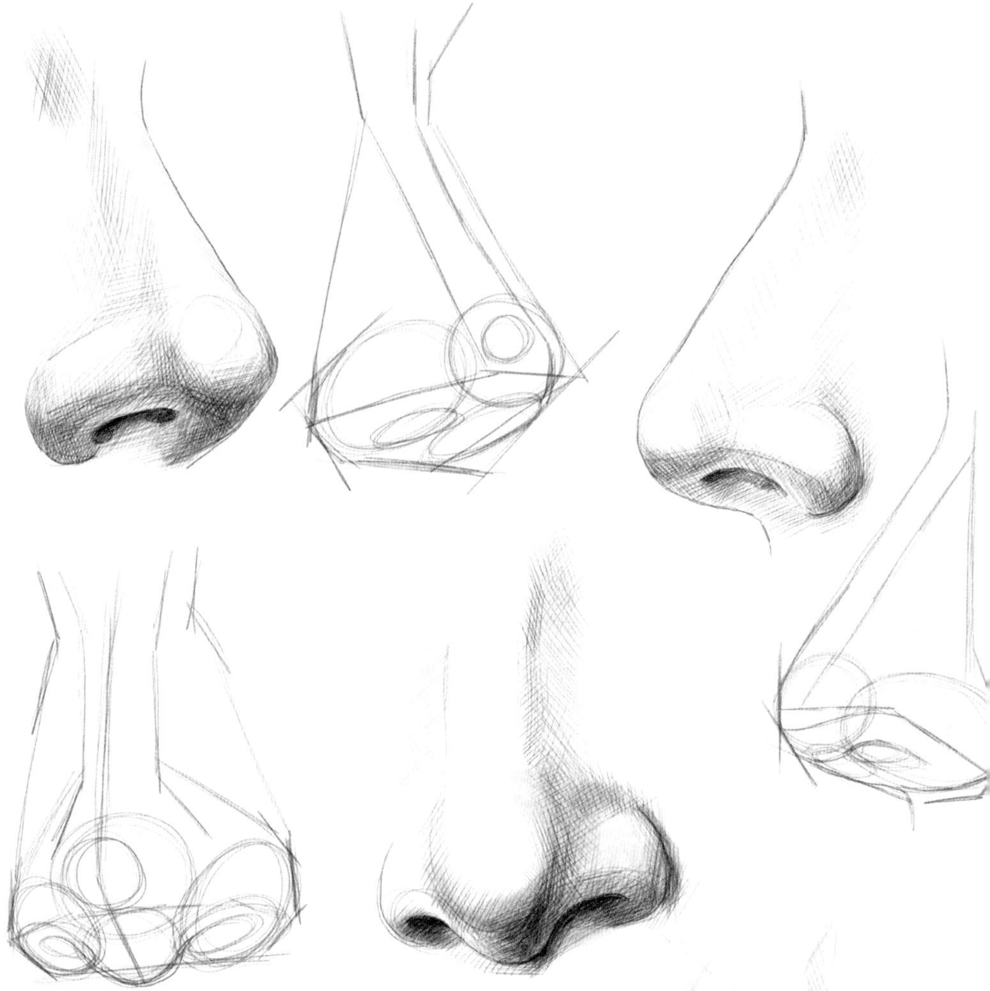

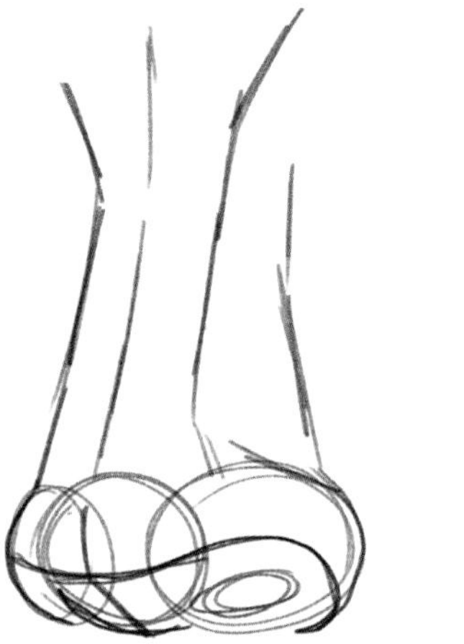

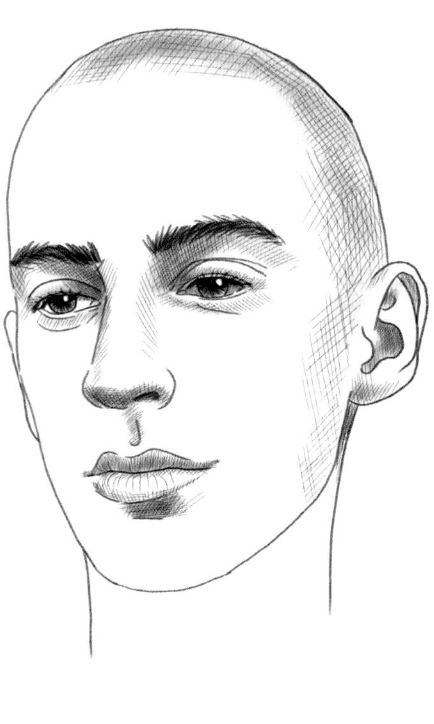

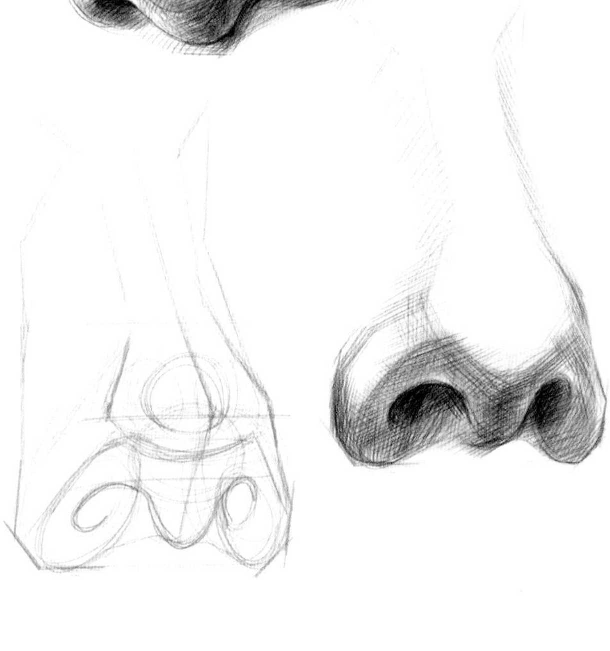

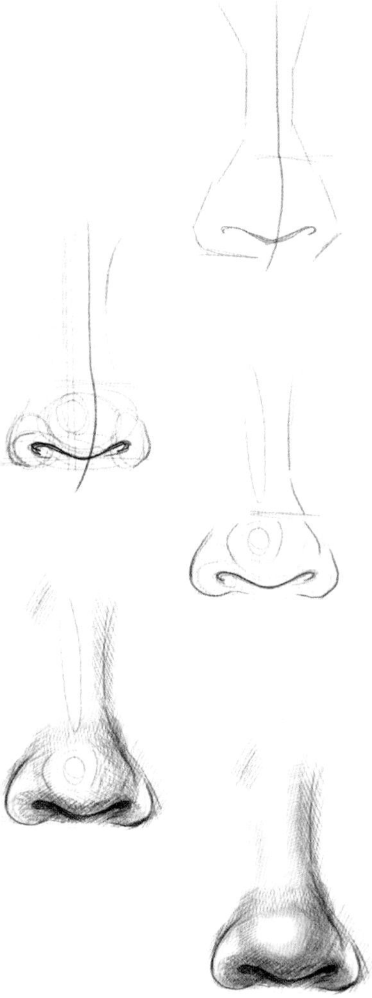

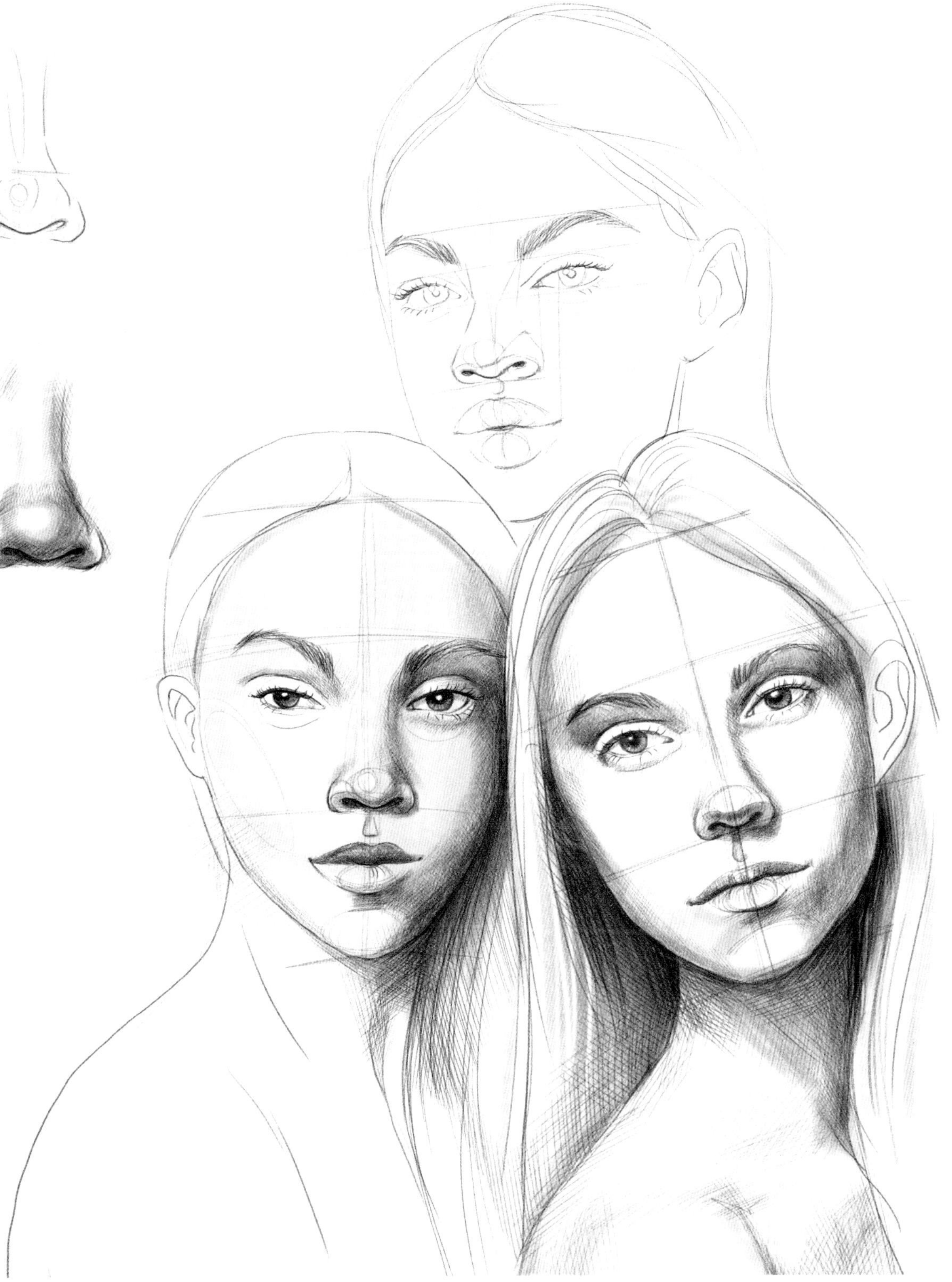

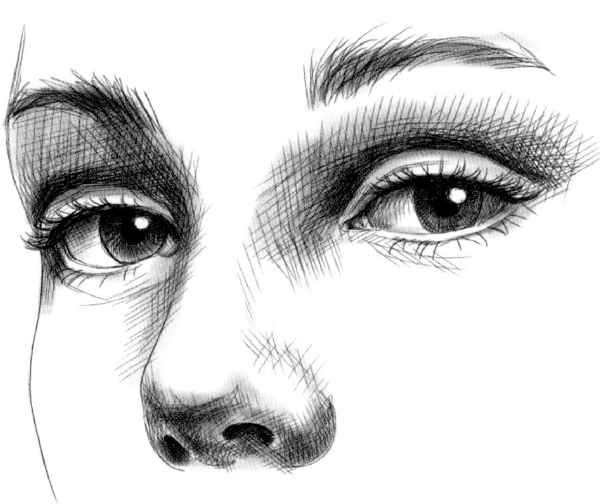
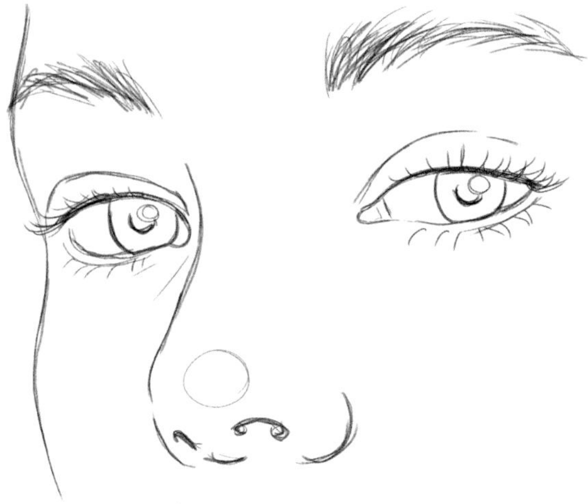
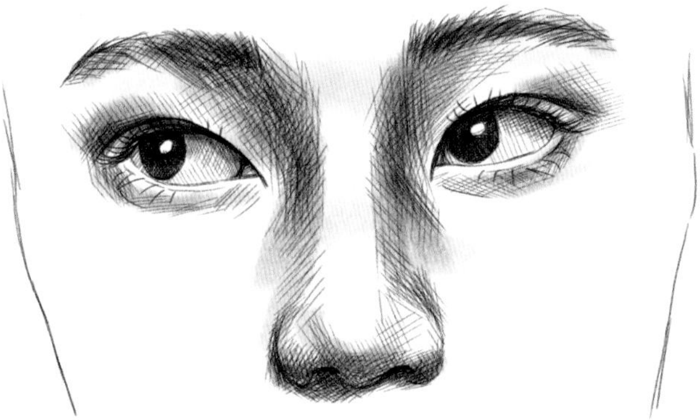
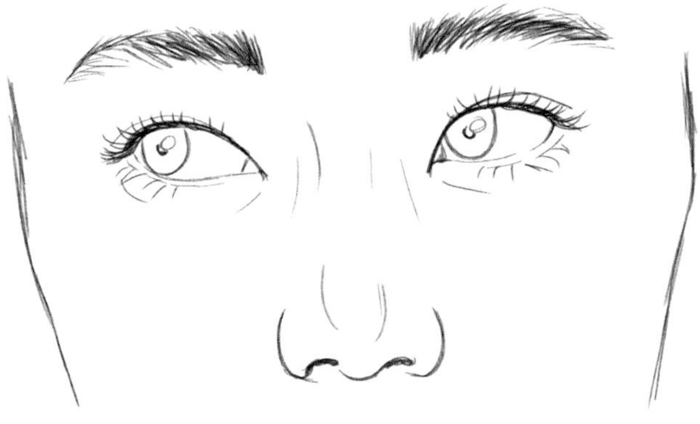
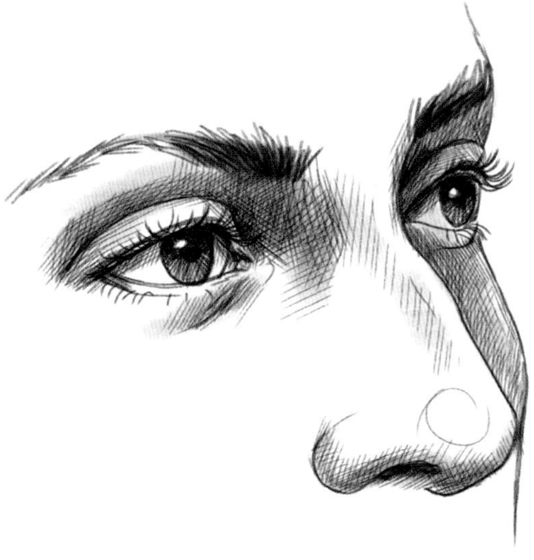
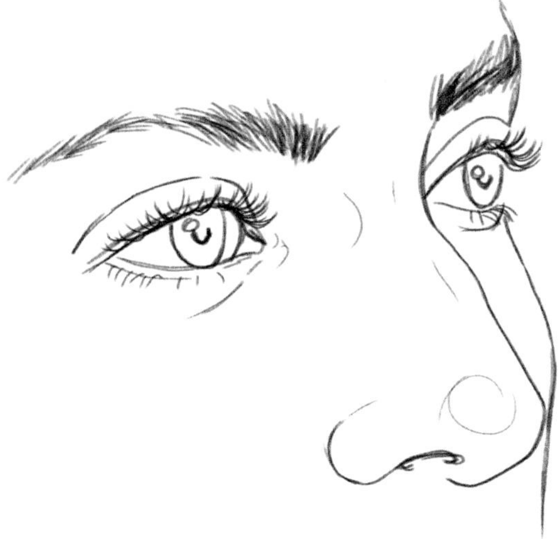

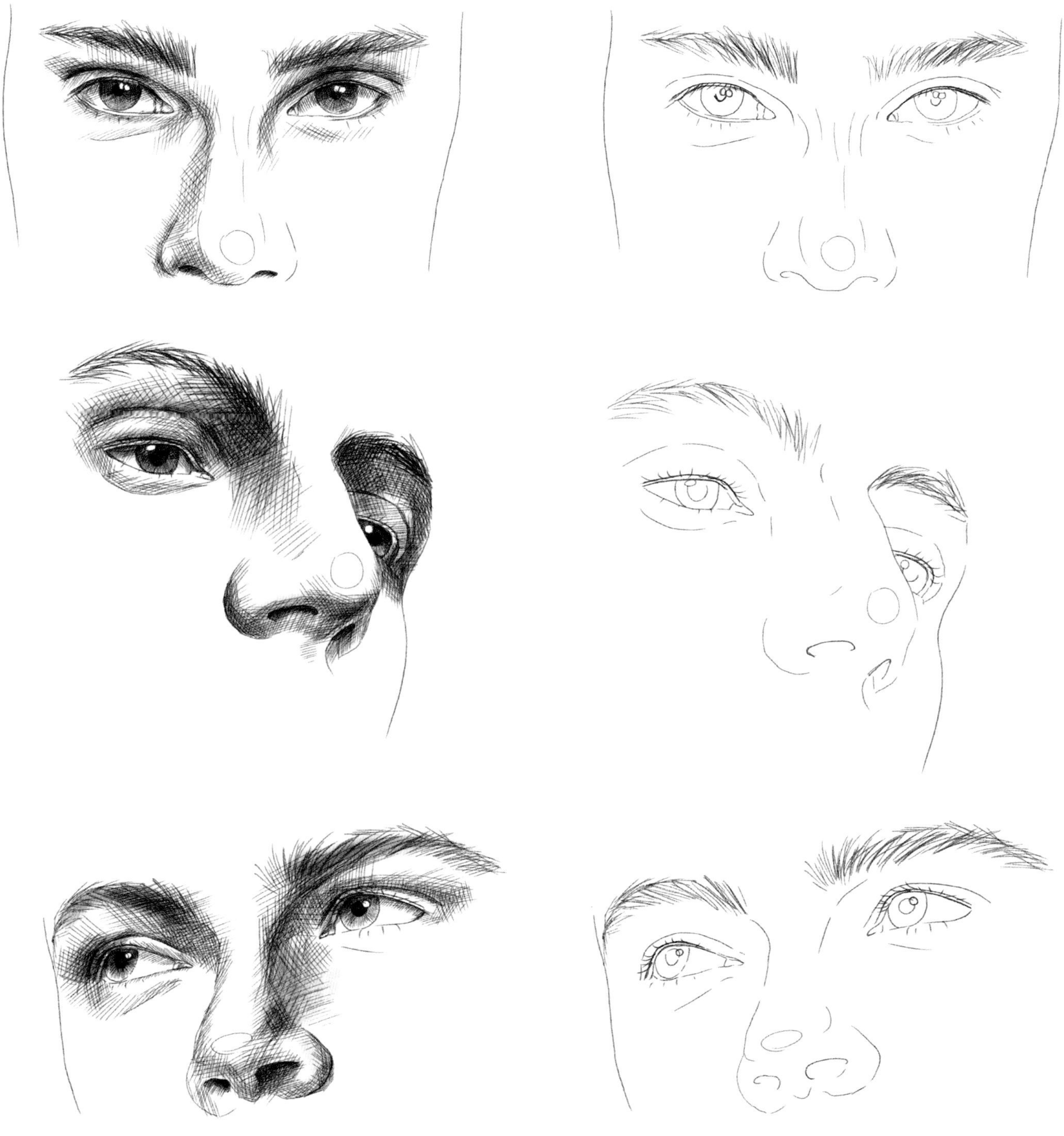

EINGEFANGENE BLICKE MIT AUSDRUCKSSTARKEN AUGEN

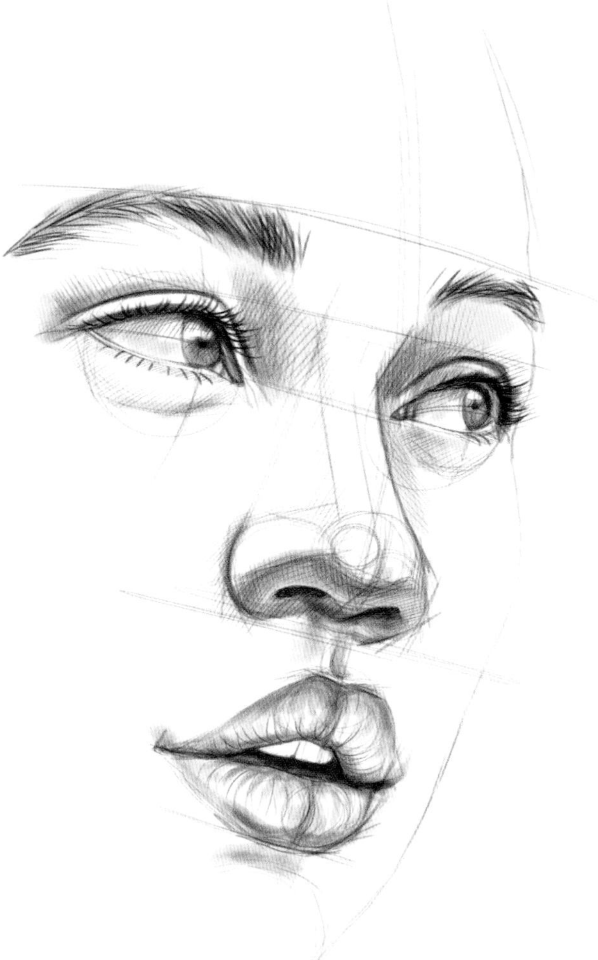

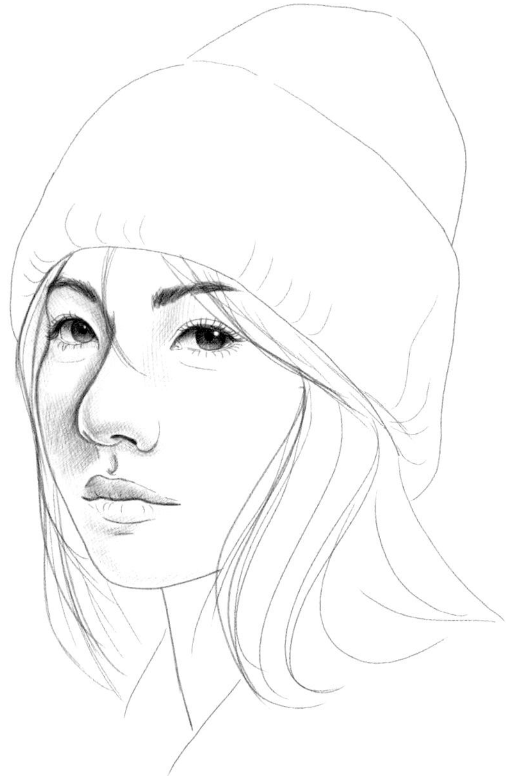

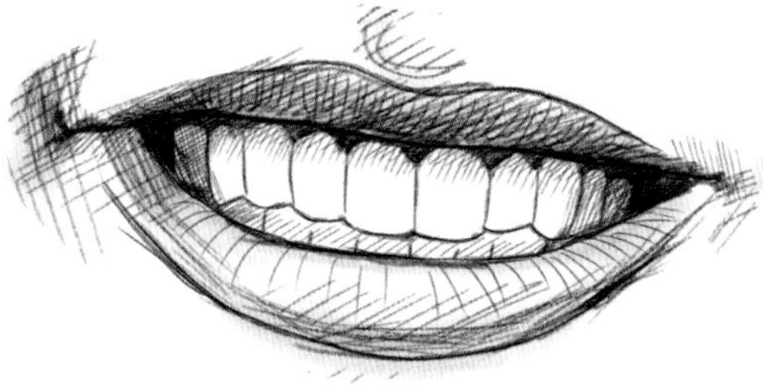

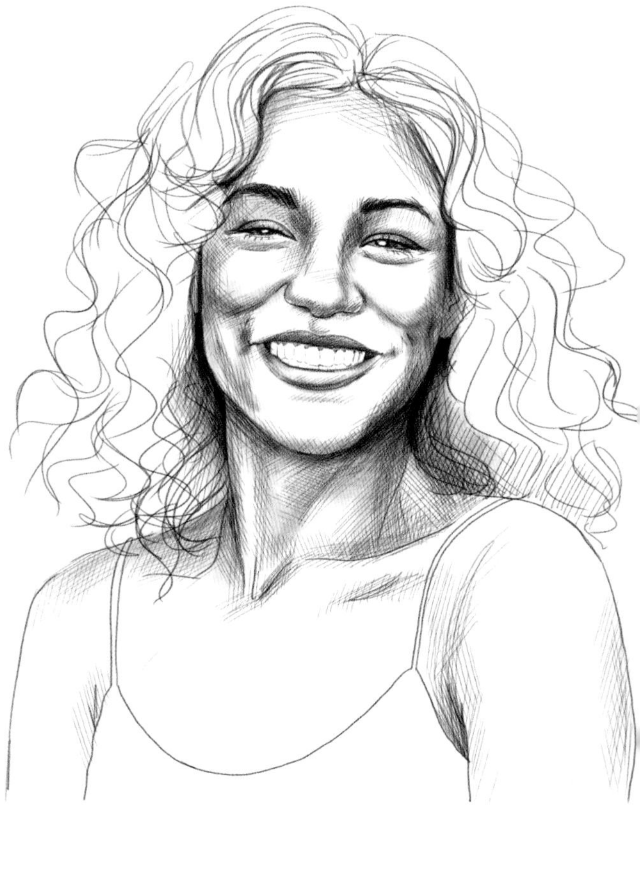

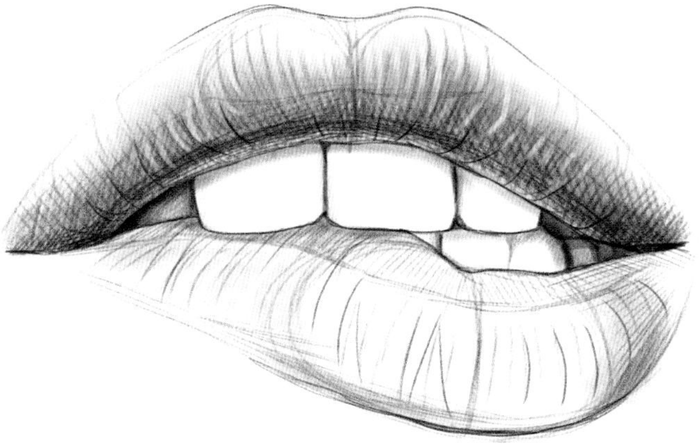

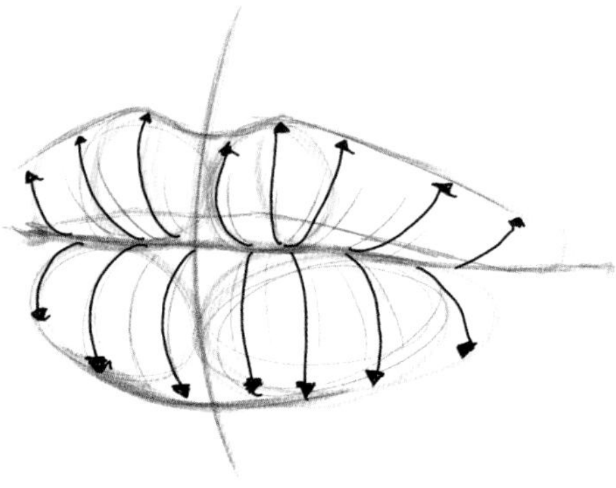

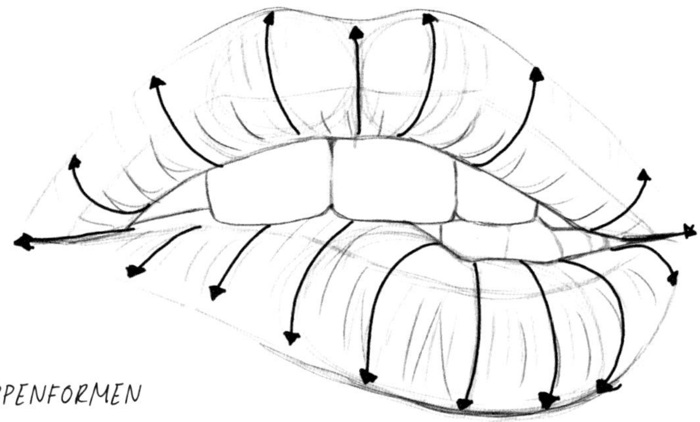

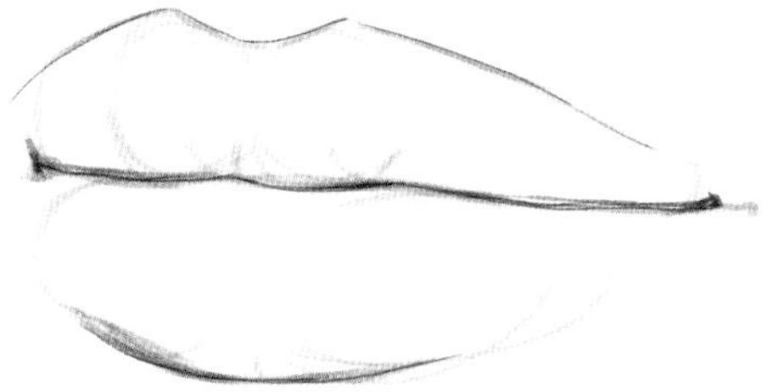

LIPPENFORMEN
UND VERLAUF
DER JEWEILIGEN
SCHRAFFUR

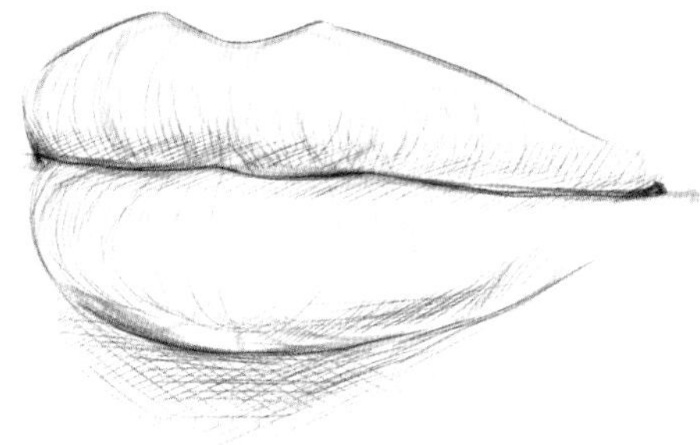

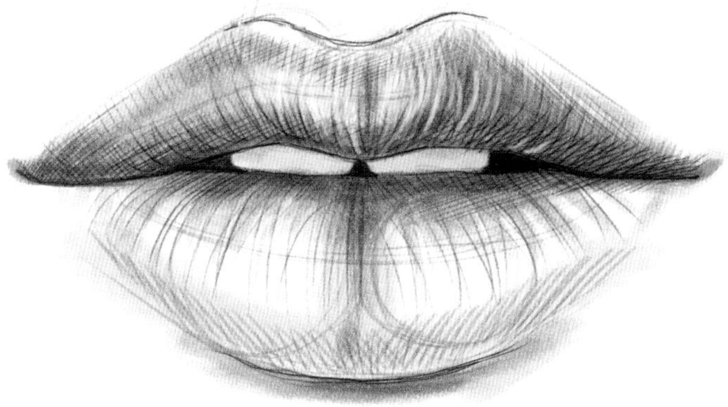

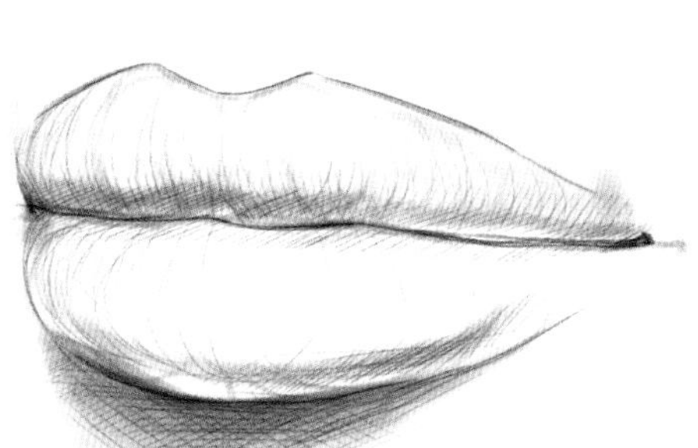

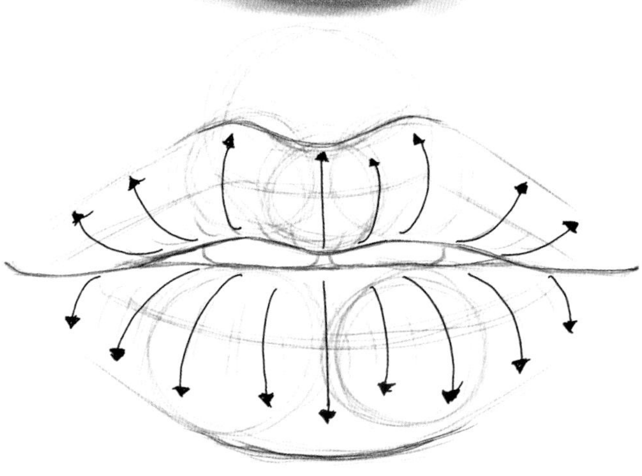

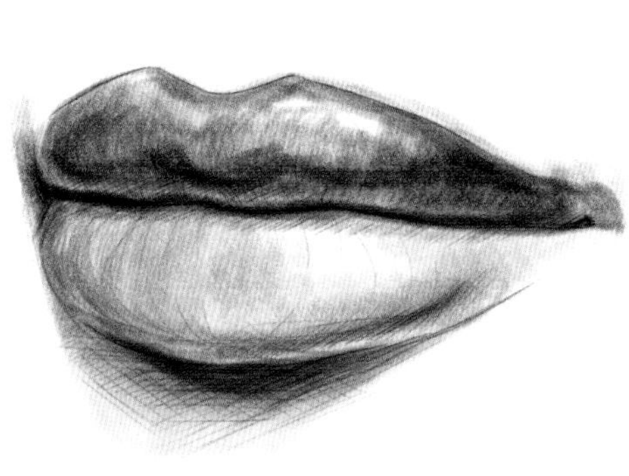

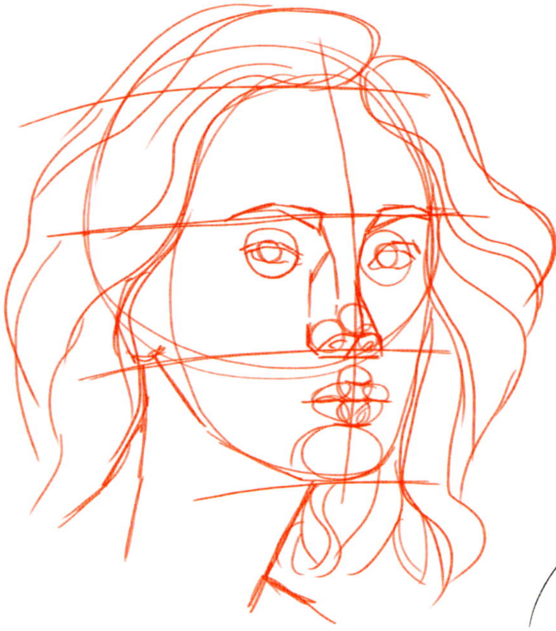

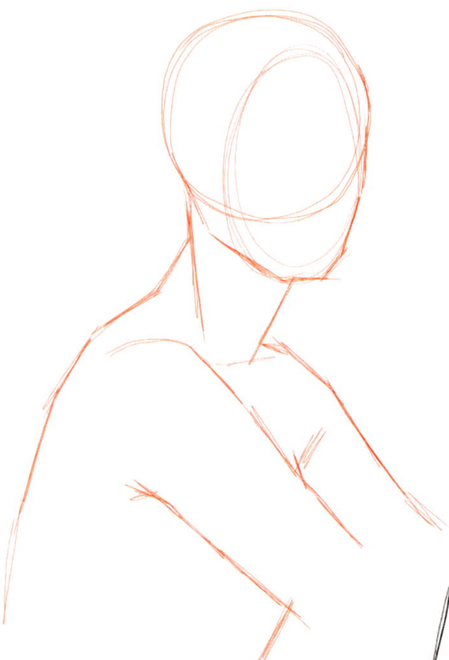

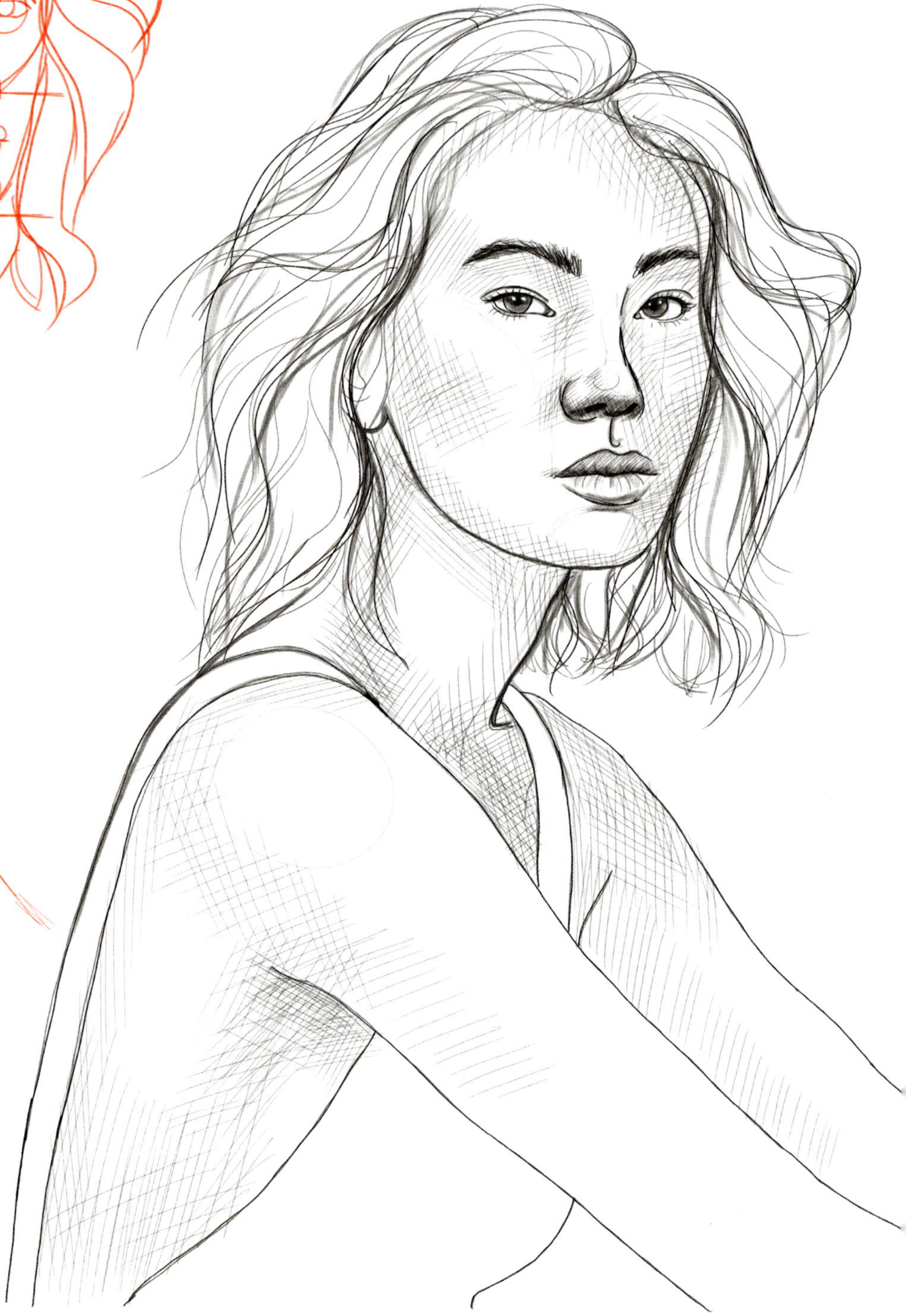

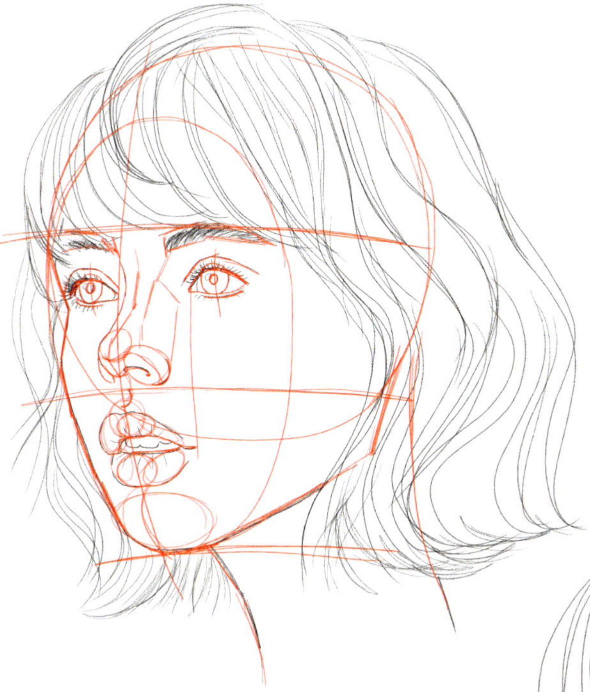

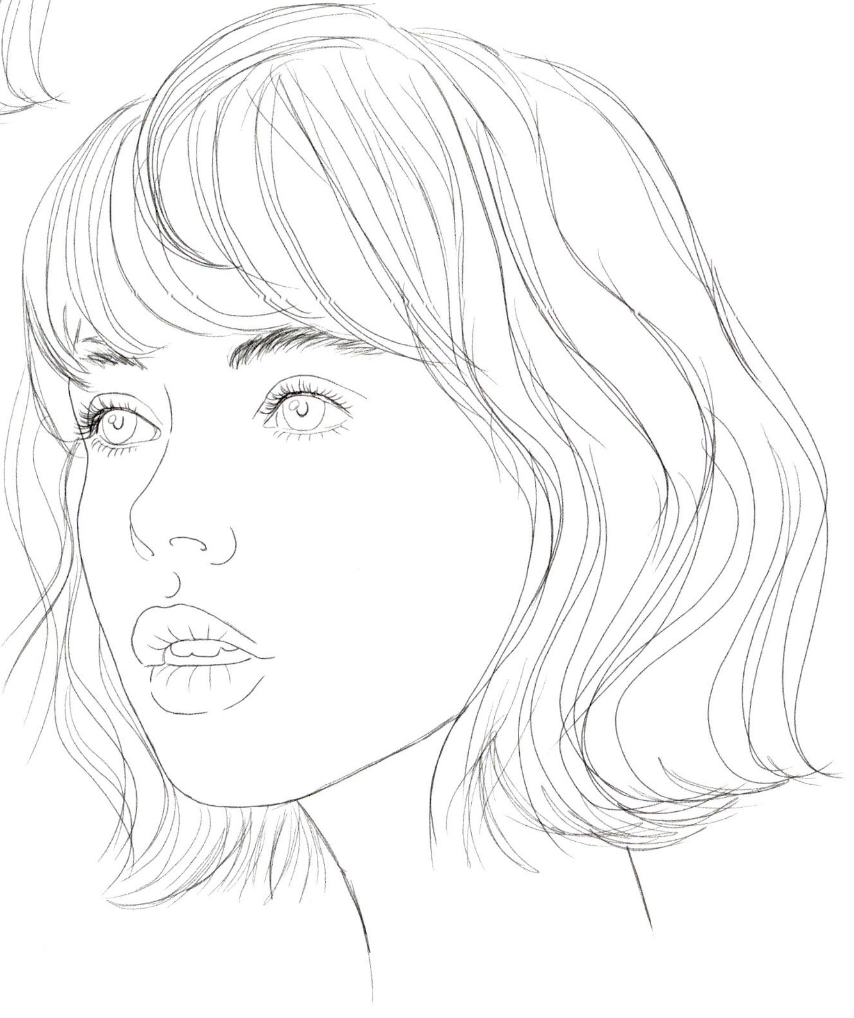

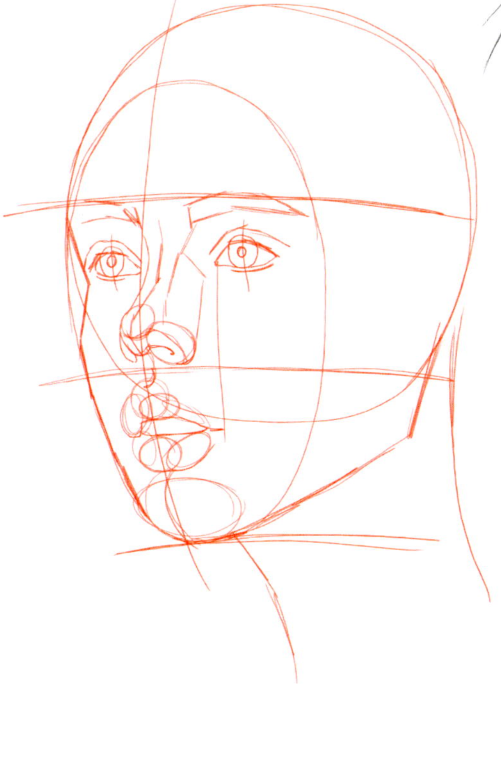

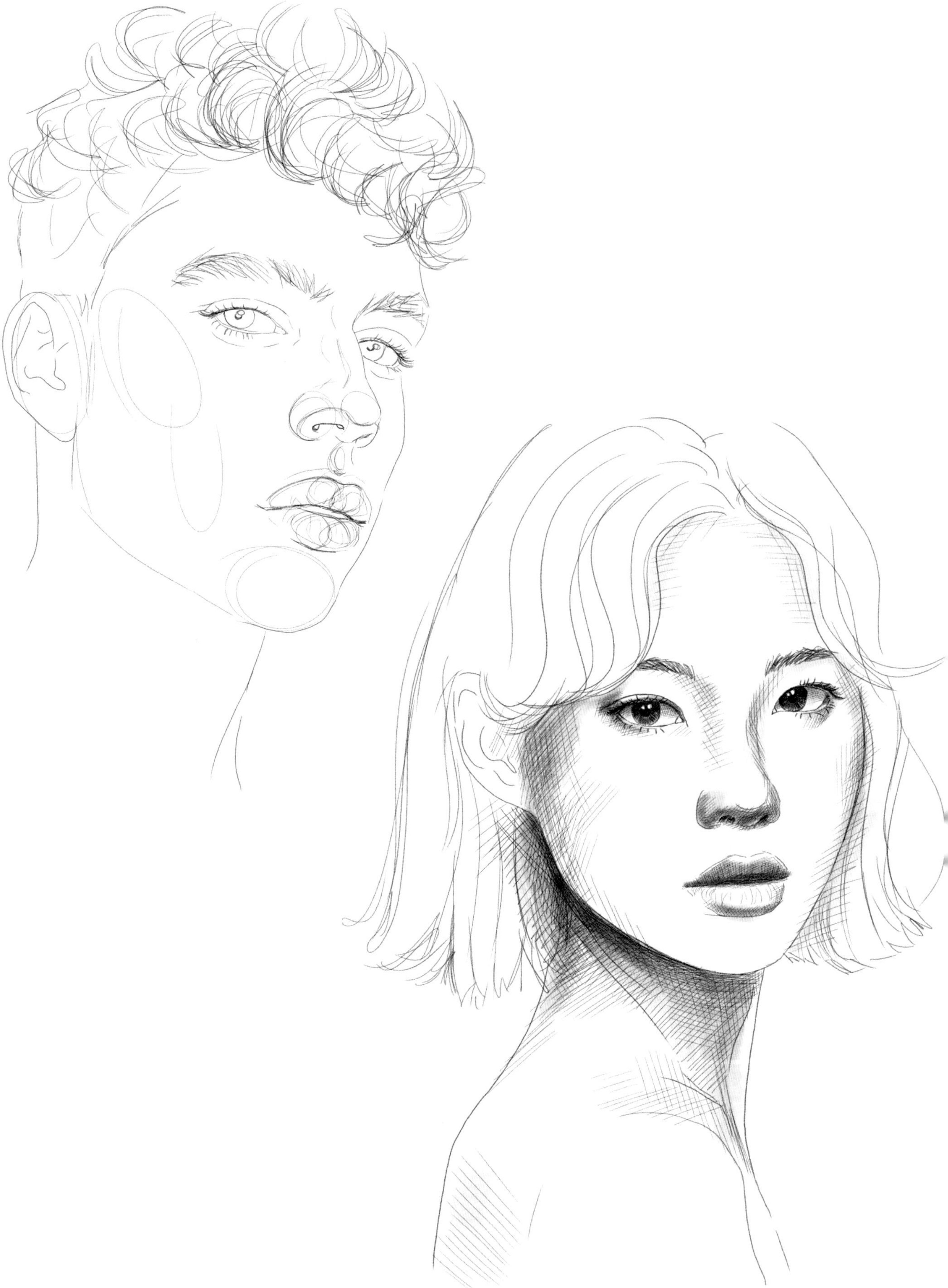

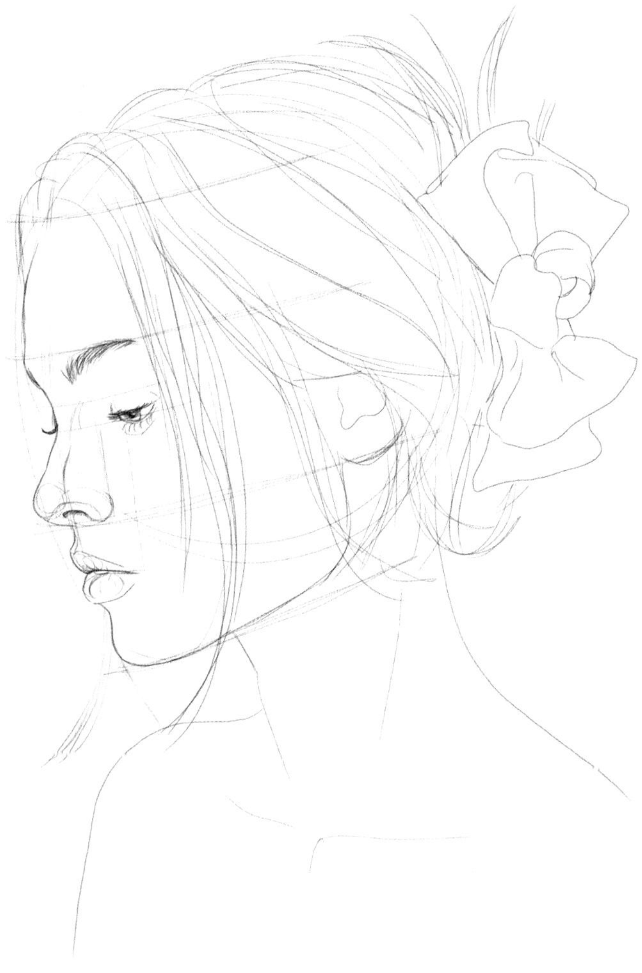

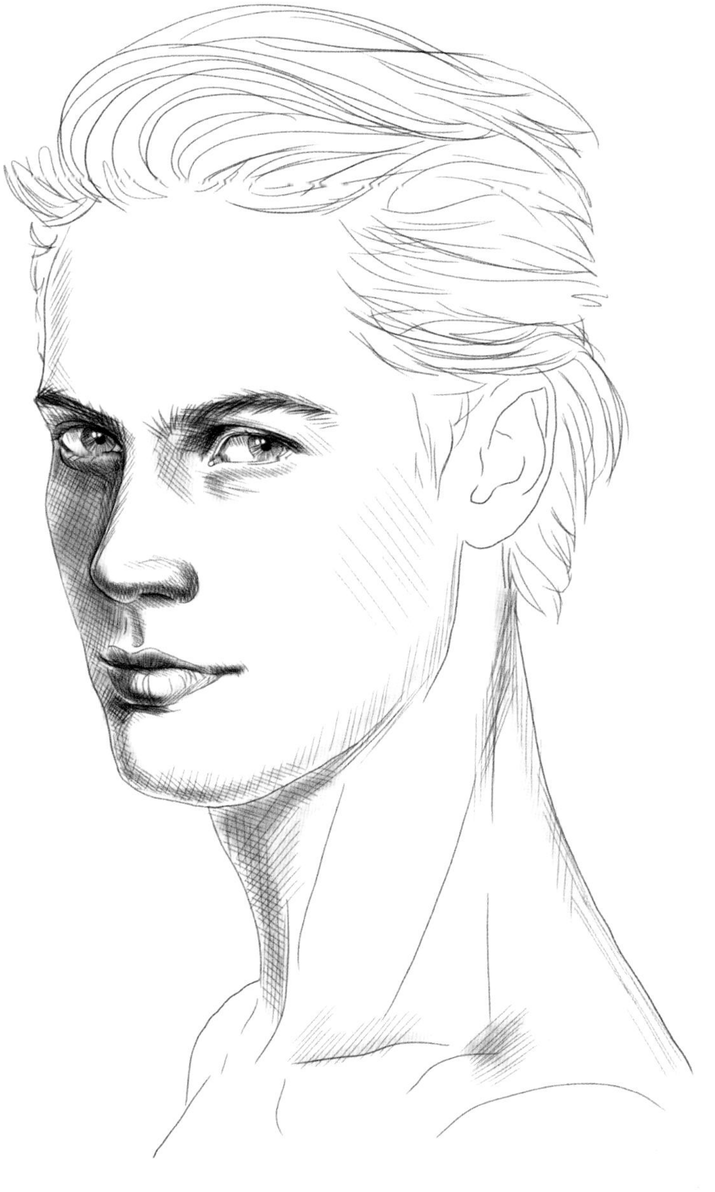

JEDES GESICHT IST EINZIGARTIG UND ERZÄHLT SEINE EIGENE GESCHICHTE

KÖRPER, POSE, PROPORTION – MENSCH

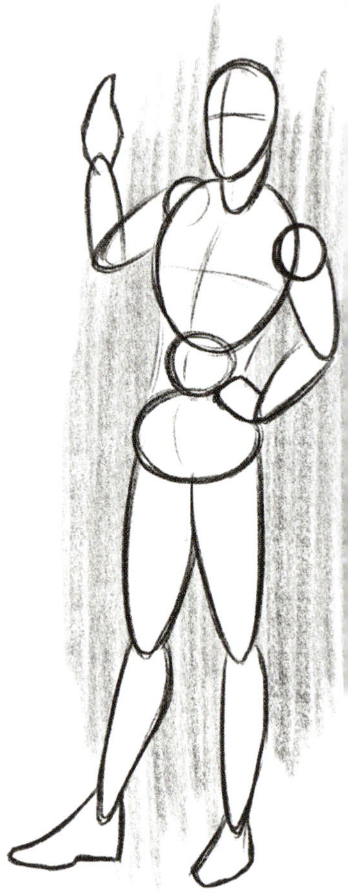

Der menschliche Körper ist schon immer ein faszinierendes Motiv gewesen. Sei es der Körper an sich oder eine bestimmte Pose – jedes Detail, von den einzelnen Muskeln über die Proportionen bis zur eigentlichen Körperform zieht die Betrachtenden in den Bann.

Auf den folgenden Seiten betrachten wir den menschlichen Körper in seiner Vielseitigkeit genauer und stellen ihn Schritt für Schritt vor. Zu Anfang befassen wir uns mit den Grundlagen, zu denen die Proportionen oder der Aufbau des Körpers auf Basis eines Grundgerüstes gehören. Dieses Basiswissen ist unerlässlich, um einen Körper später nicht nur nach einer Vorlage, sondern auch freihand zeichnen zu können. Anschließend widmen wir uns den unterschiedlichen Körperformen sowie der Form des Körpers in unterschiedlichen Altersstufen – denn jeder Körper ist einzigartig. Von der Form gehen wir über zu den einzelnen Körperteilen, wobei auch hier Tricks verraten werden, wie man diese einfach zeichnen kann.

Das Zeichnungen sollen Mut machen und dazu inspirieren, sich mit dem menschlichen Körper zu beschäftigen. Durch das Kennenlernen der unterschiedlichsten Möglichkeiten, eine Pose oder den Körper an sich zu erfassen, kann der eigene Stil gefunden und verfeinert werden. Es finden sich Vorlagen und Beispiele für einzelne Skizzen oder detaillierte Zeichnungen.

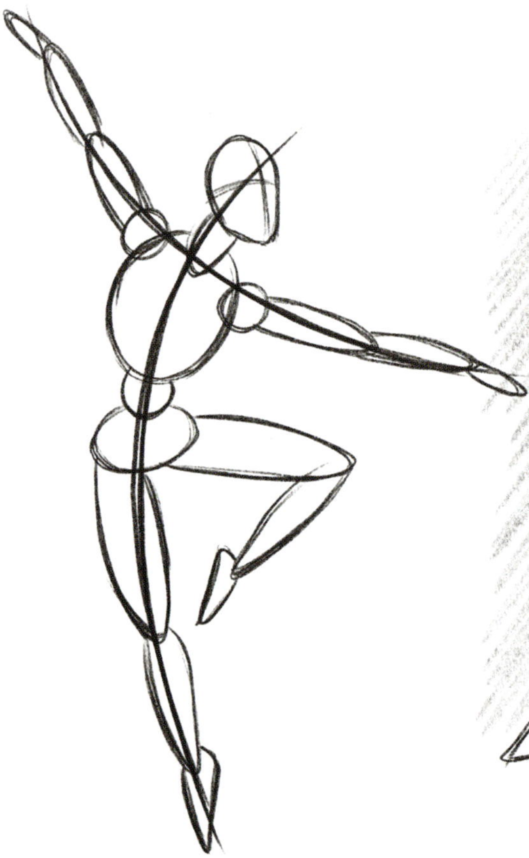

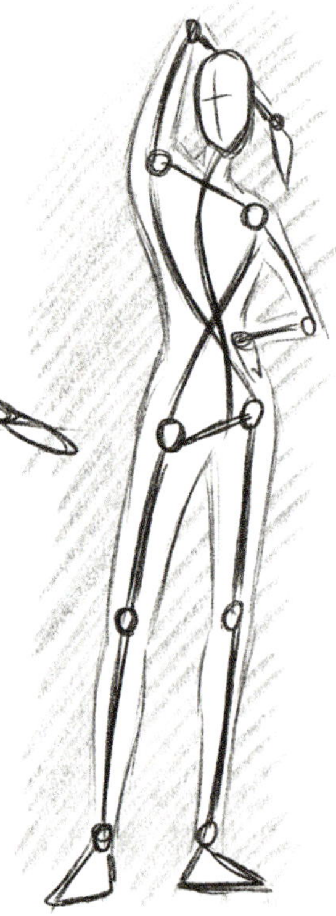

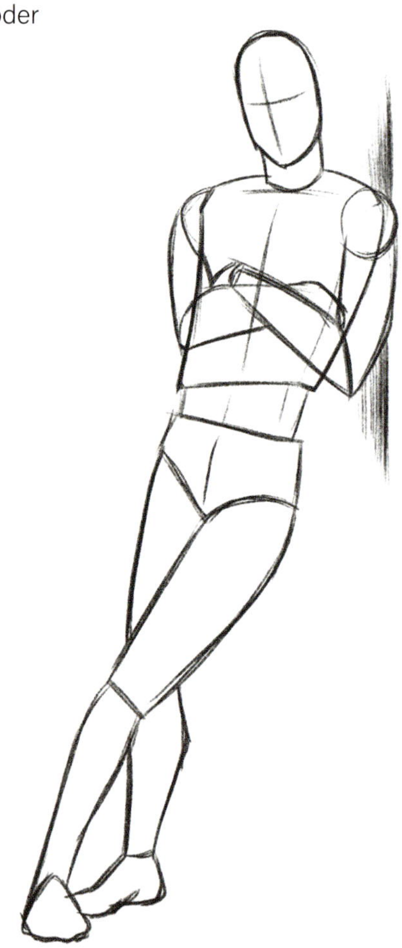

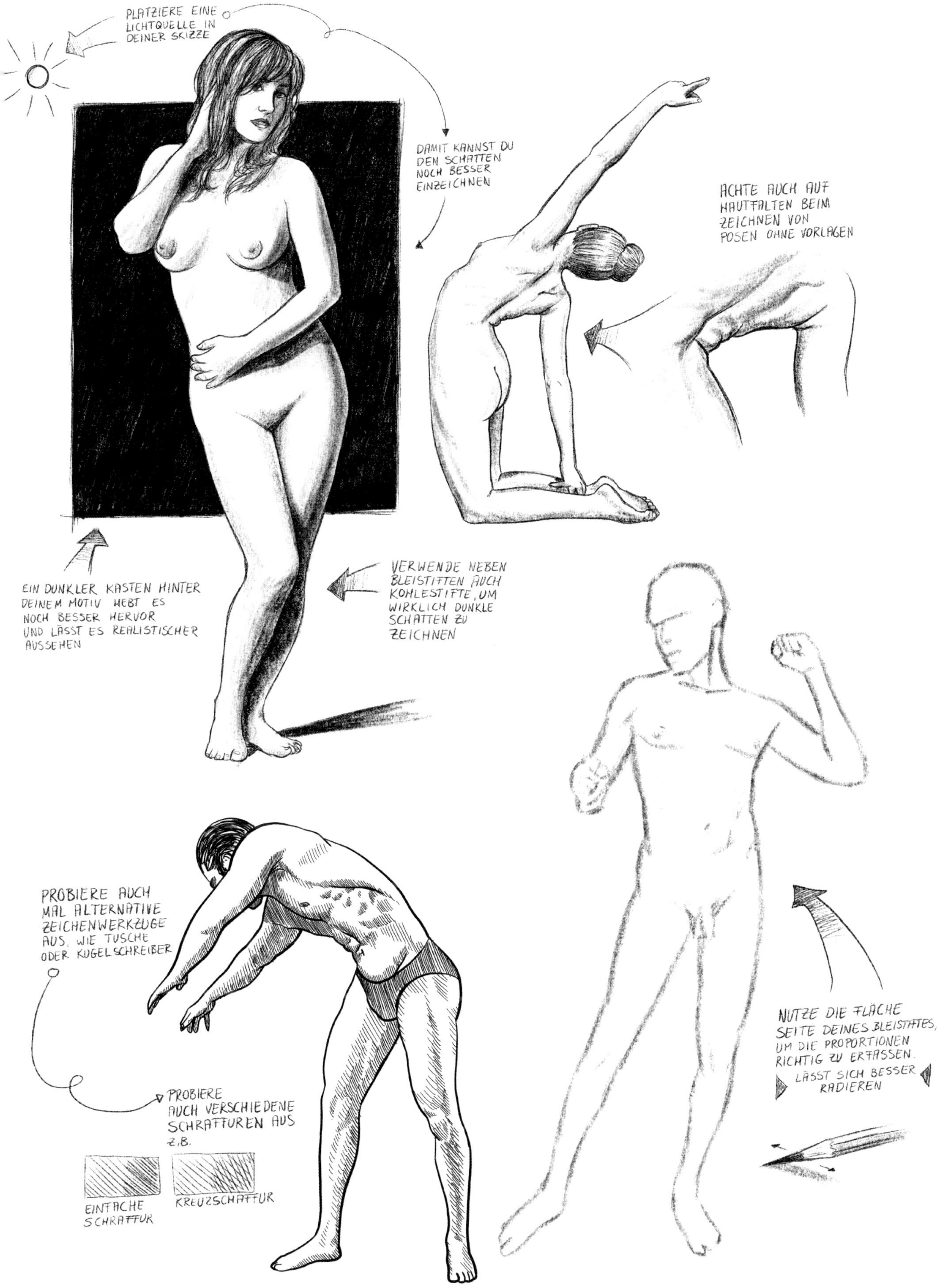
PLATZIERE EINE LICHTQUELLE IN DEINER SKIZZE
DAMIT KANNST DU DEN SCHATTEN NOCH BESSER EINZEICHNEN
ACHTE AUCH AUF HAUTFALTEN BEIM ZEICHNEN VON POSEN OHNE VORLAGEN
EIN DUNKLER KASTEN HINTER DEINEM MOTIV HEBT ES NOCH BESSER HERVOR UND LÄSST ES REALISTISCHER AUSSEHEN
VERWENDE NEBEN BLEISTIFTEN AUCH KOHLESTIFTE, UM WIRKLICH DUNKLE SCHATTEN ZU ZEICHNEN
PROBIERE AUCH MAL ALTERNATIVE ZEICHENWERKZUGE AUS, WIE TUSCHE ODER KUGELSCHREIBER
PROBIERE AUCH VERSCHIEDENE SCHRAFFUREN AUS Z.B.
EINFACHE SCHRAFFUR
KREUZSCHAFFUR
NUTZE DIE FLACHE SEITE DEINES BLEISTIFTES, UM DIE PROPORTIONEN RICHTIG ZU ERFASSEN.
LÄSST SICH BESSER RADIEREN

KÖRPERPROPORTIONEN

DER KOPF IST DIE MAßEINHEIT
DER KÖRPER IST ACHT KÖPFE HOCH

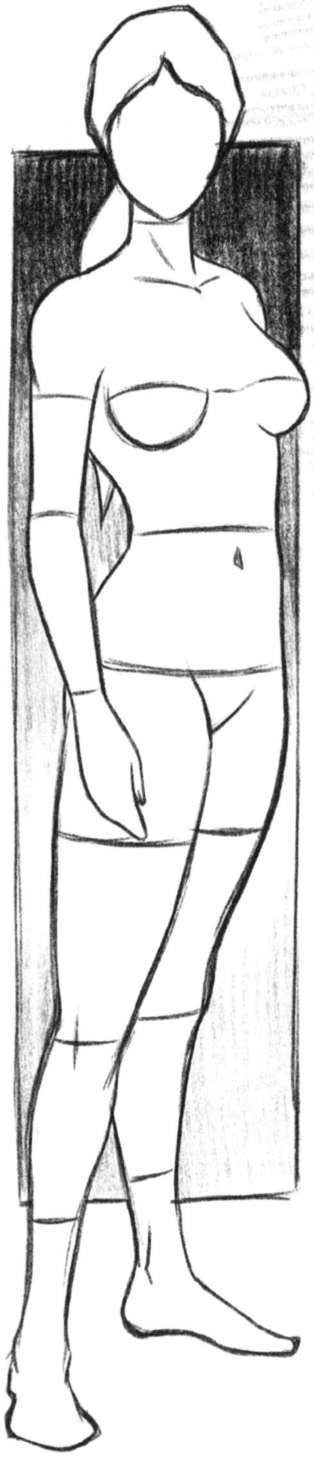

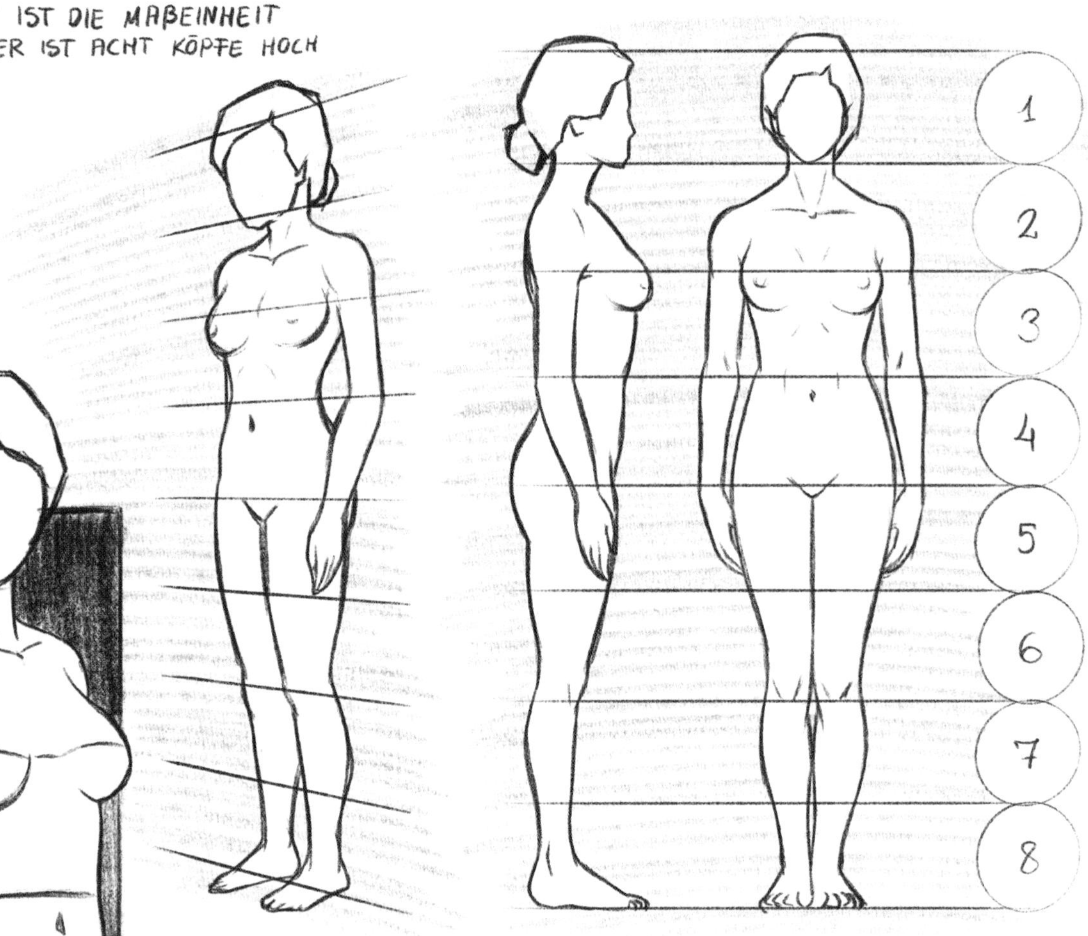

LINIEN KÖNNEN ALS SKIZZE GEDREHT WERDEN, UM DIE POSE ZU UNTERSTÜTZEN

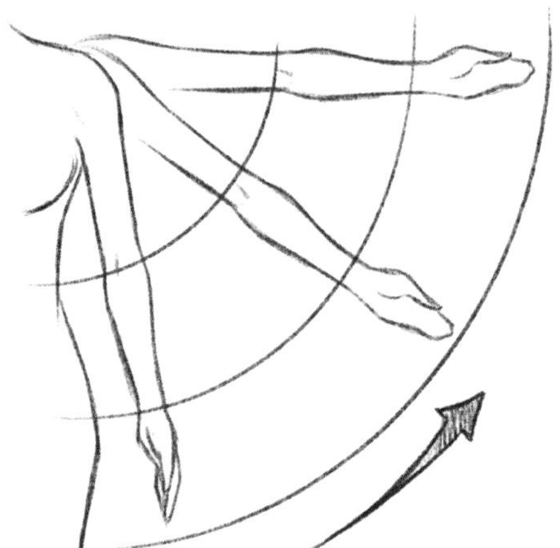

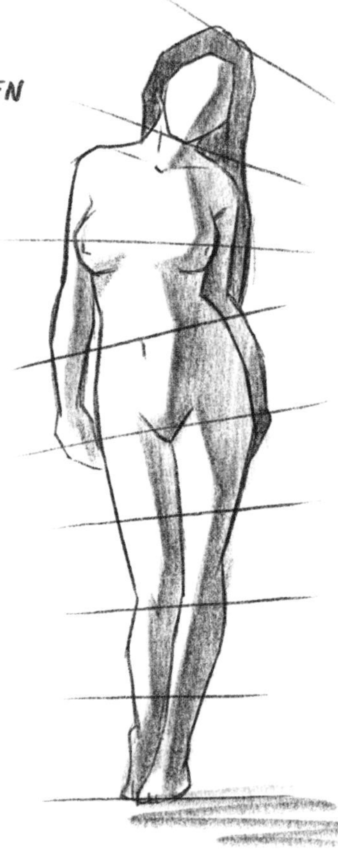

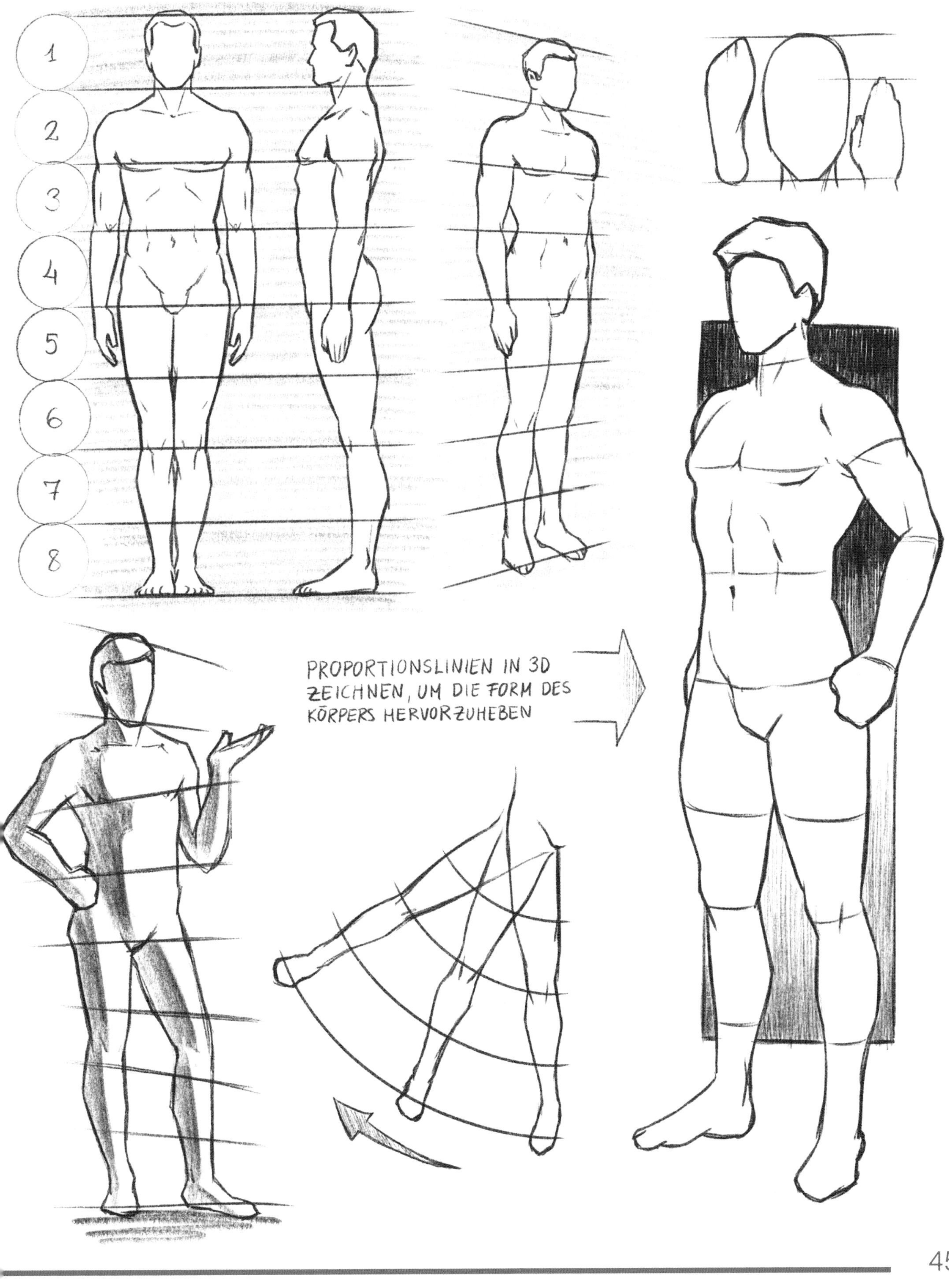
1
2
3
4
5
6
7
8
PROPORTIONSLINIEN IN 3D ZEICHNEN, UM DIE FORM DES KÖRPERS HERVORZUHEBEN

GRUNDGERÜST FÜR DEN ENTWURF VON POSEN

BEISPIELE FÜR EIN GRUNDGERÜST

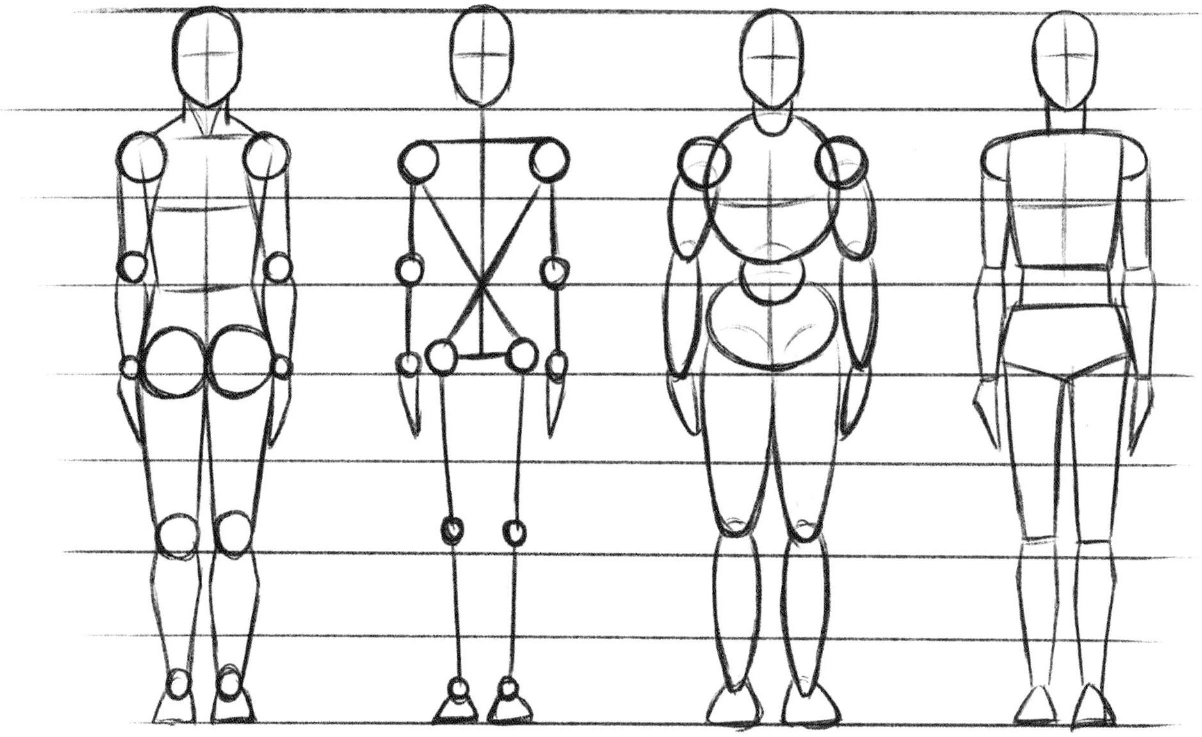

MIT HILFE VON EINEM GRUNDGERÜST IST ES VIEL EINFACHER, VERSCHIEDENE POSEN ZU ENTWERFEN

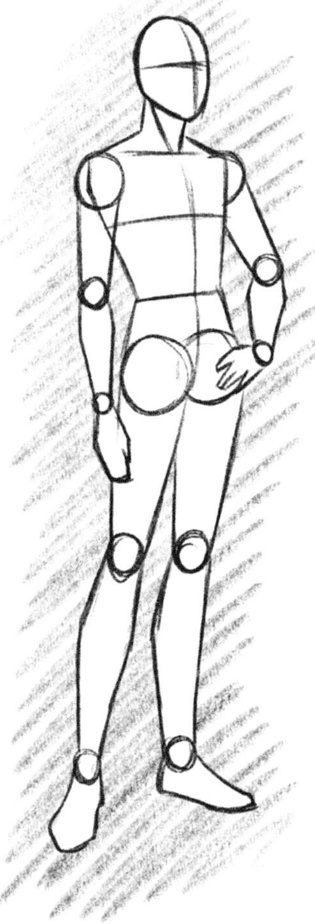

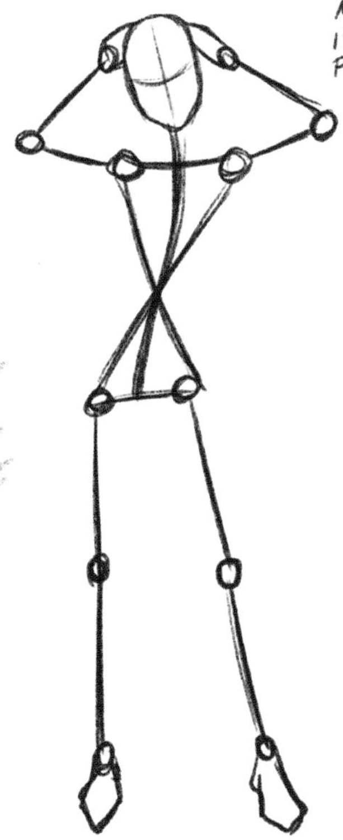

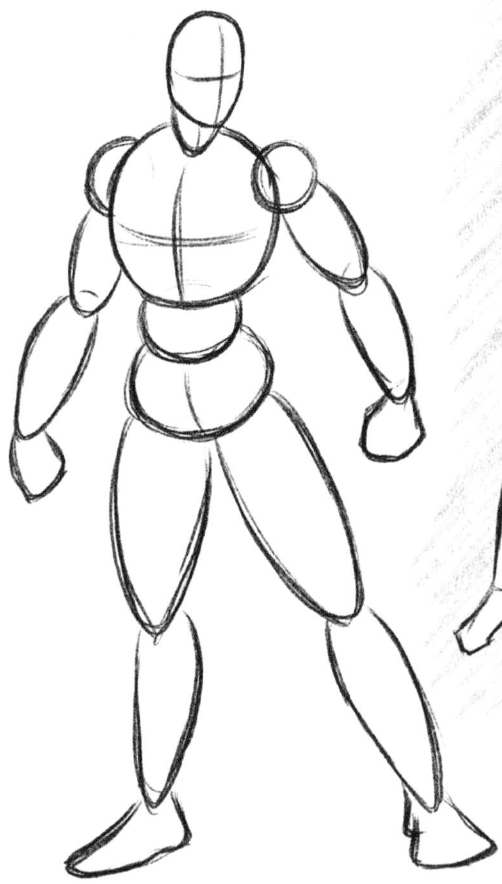

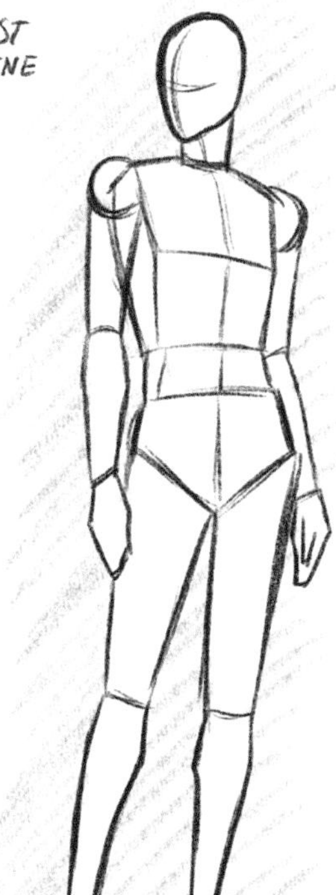

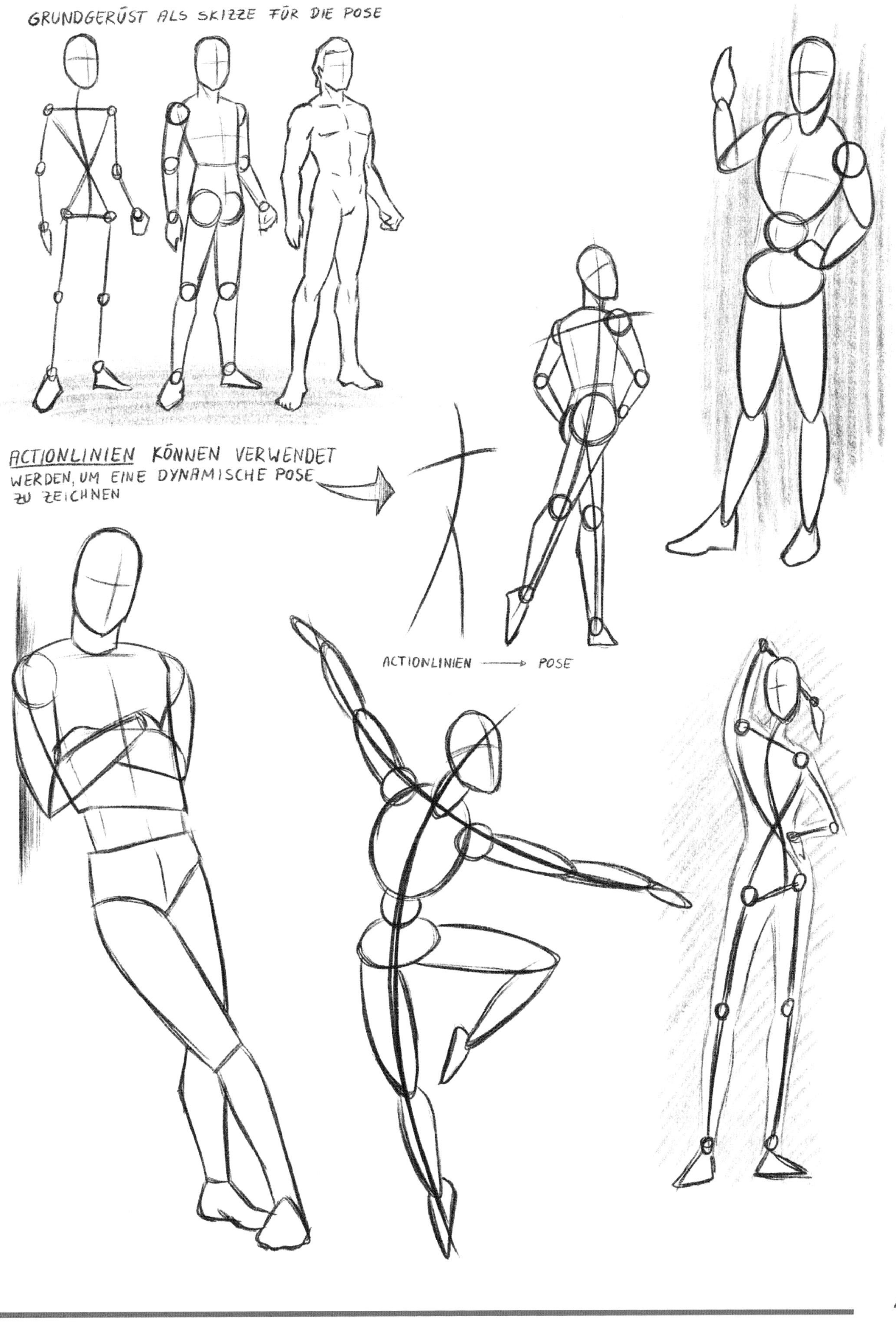
GRUNDGERÜST ALS SKIZZE FÜR DIE POSE
ACTIONLINIEN KÖNNEN VERWENDET WERDEN, UM EINE DYNAMISCHE POSE ZU ZEICHNEN
ACTIONLINIEN ——→ POSE

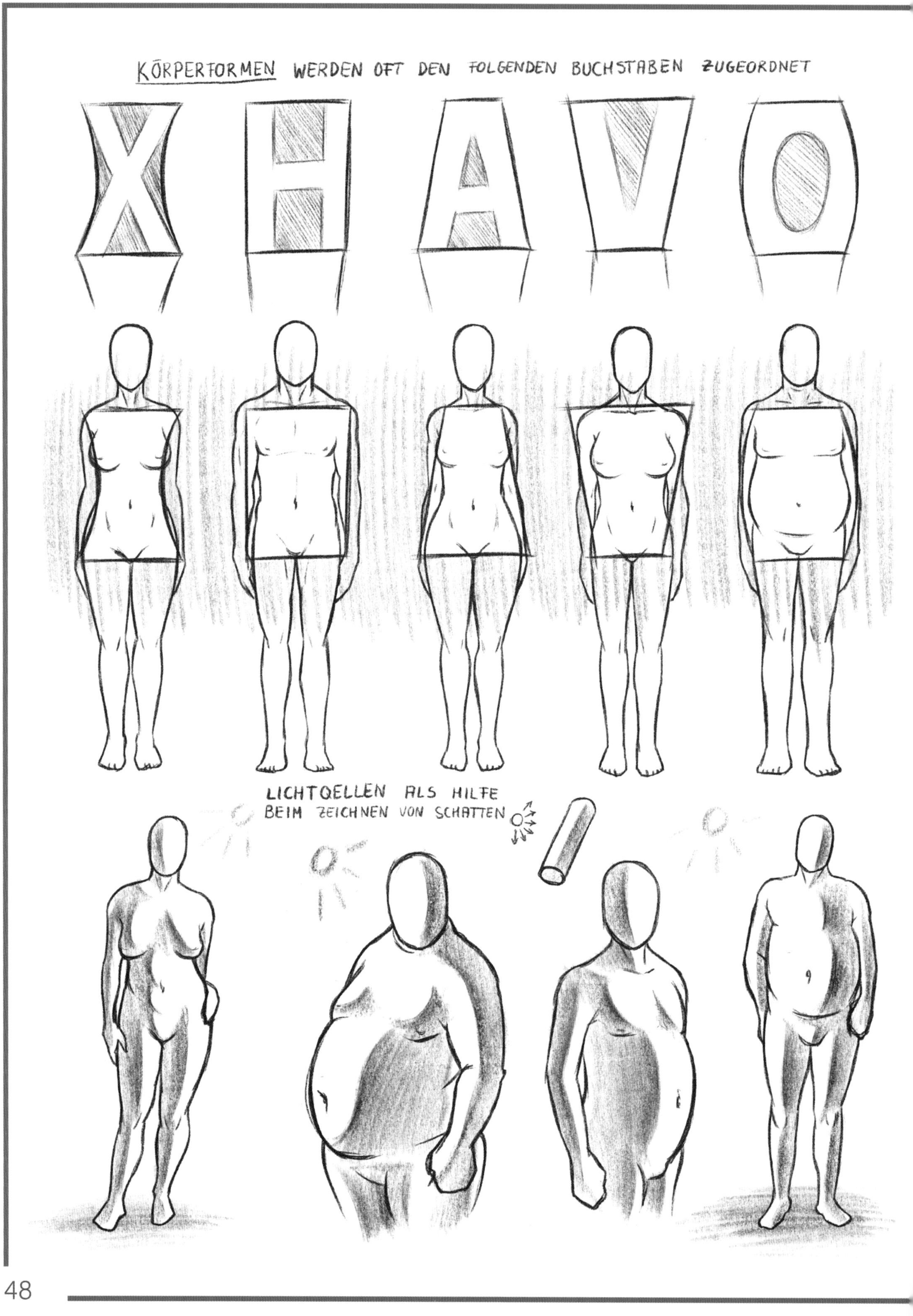
KÖRPERFORMEN WERDEN OFT DEN FOLGENDEN BUCHSTABEN ZUGEORDNET
X
H
A
V
O
LICHTQELLEN ALS HILFE
BEIM ZEICHNEN VON SCHATTEN

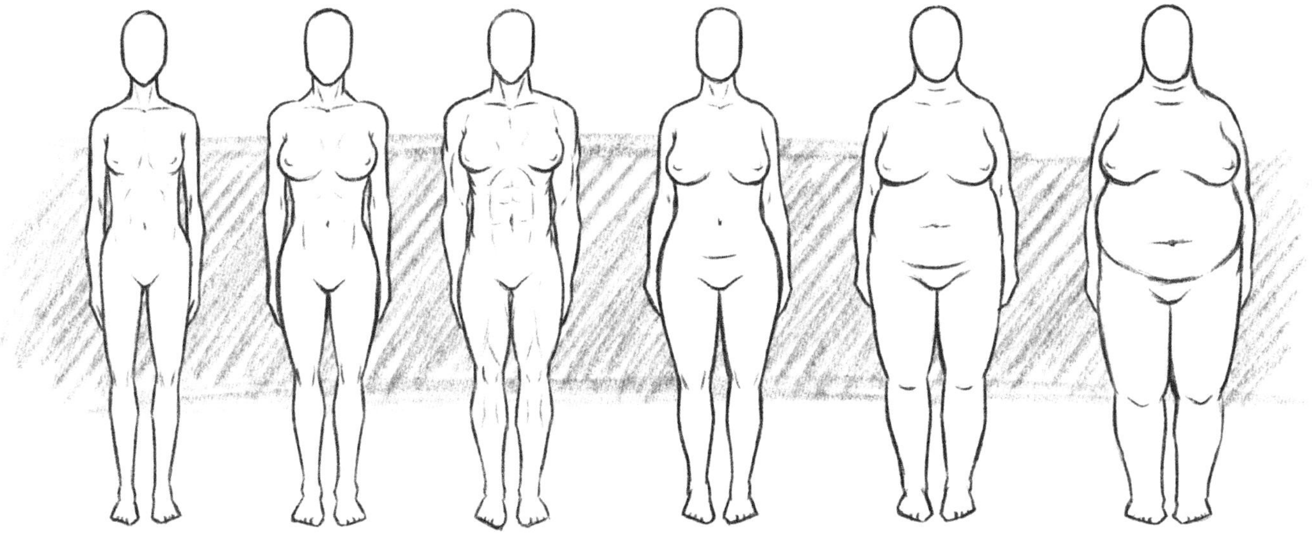

AUSWIRKUNGEN VON MUSKULATUR ODER ÜBERGEWICHT AUF DIE KÖRPERFORM

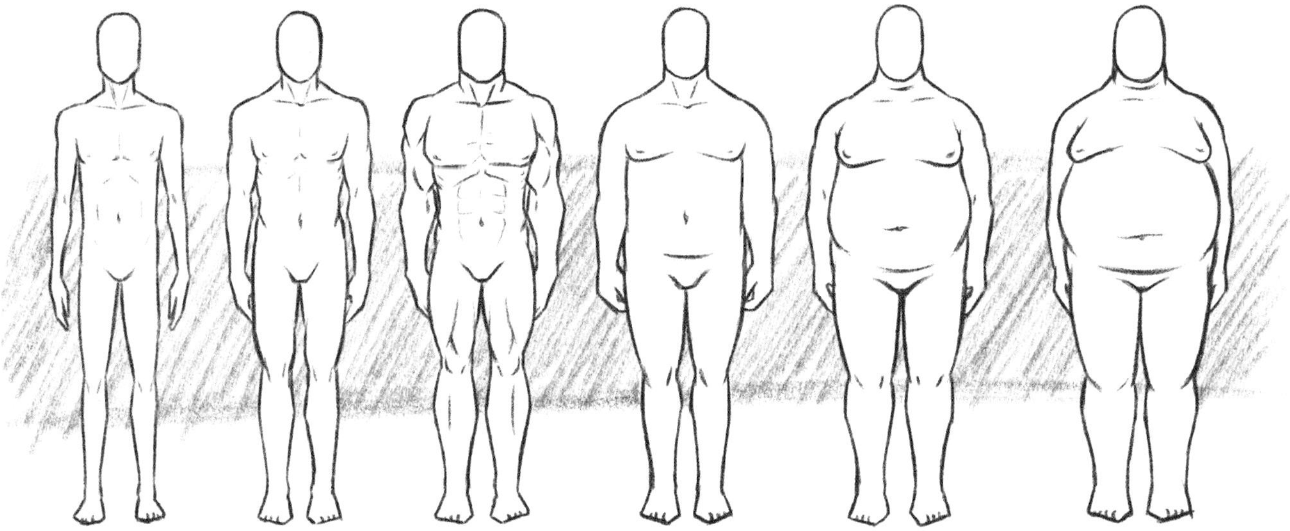

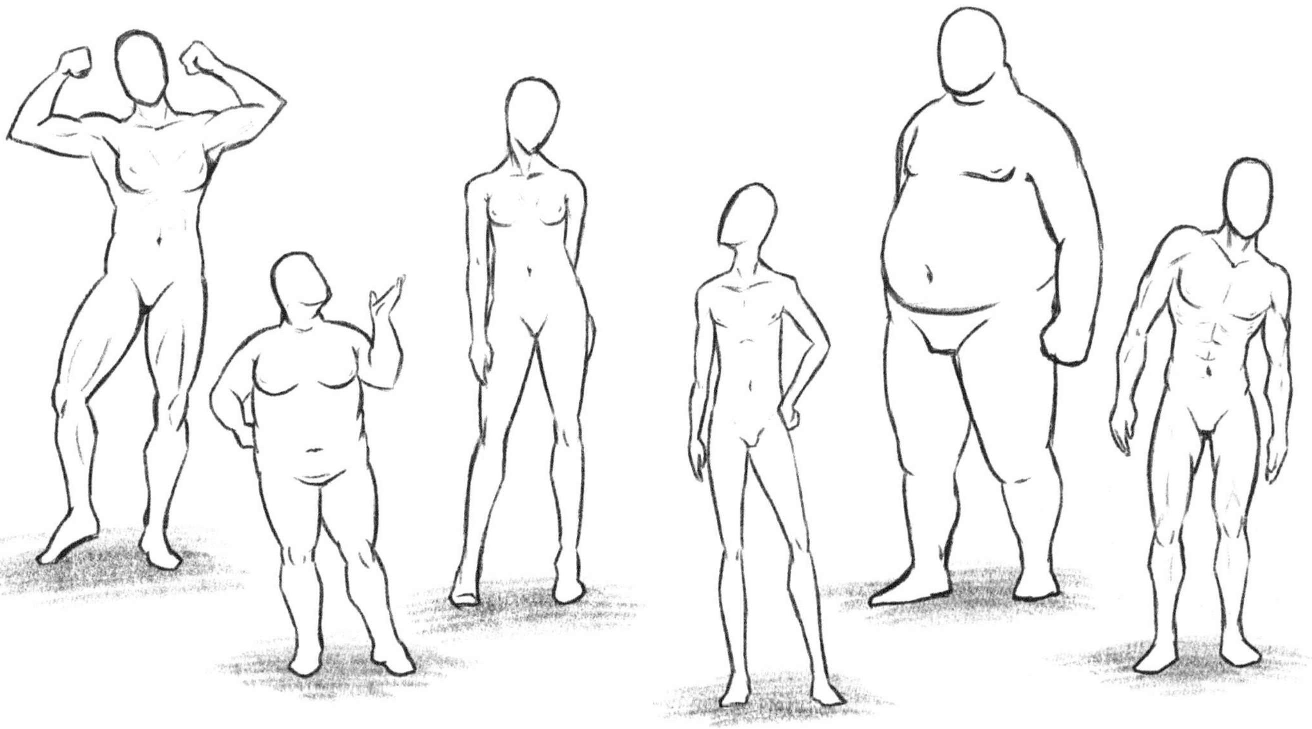

VERÄNDERUNGEN DES KÖRPERS IN DEN VERSCHIEDENEN ALTERSSTUFEN

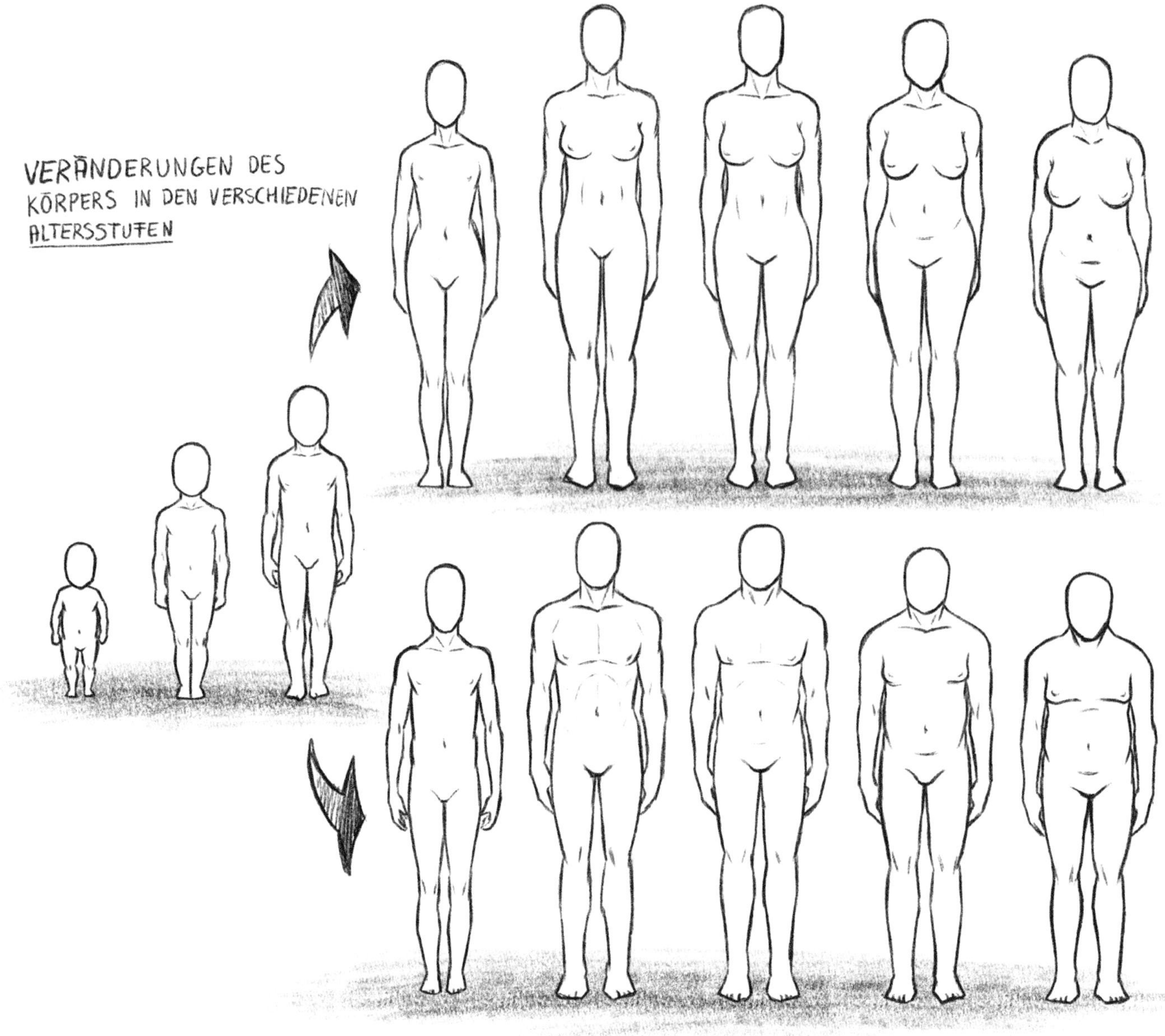

AUCH DIE KÖRPERPROPORTIONEN VERÄNDERN SICH MIT ZUNEHMENDEN ALTER

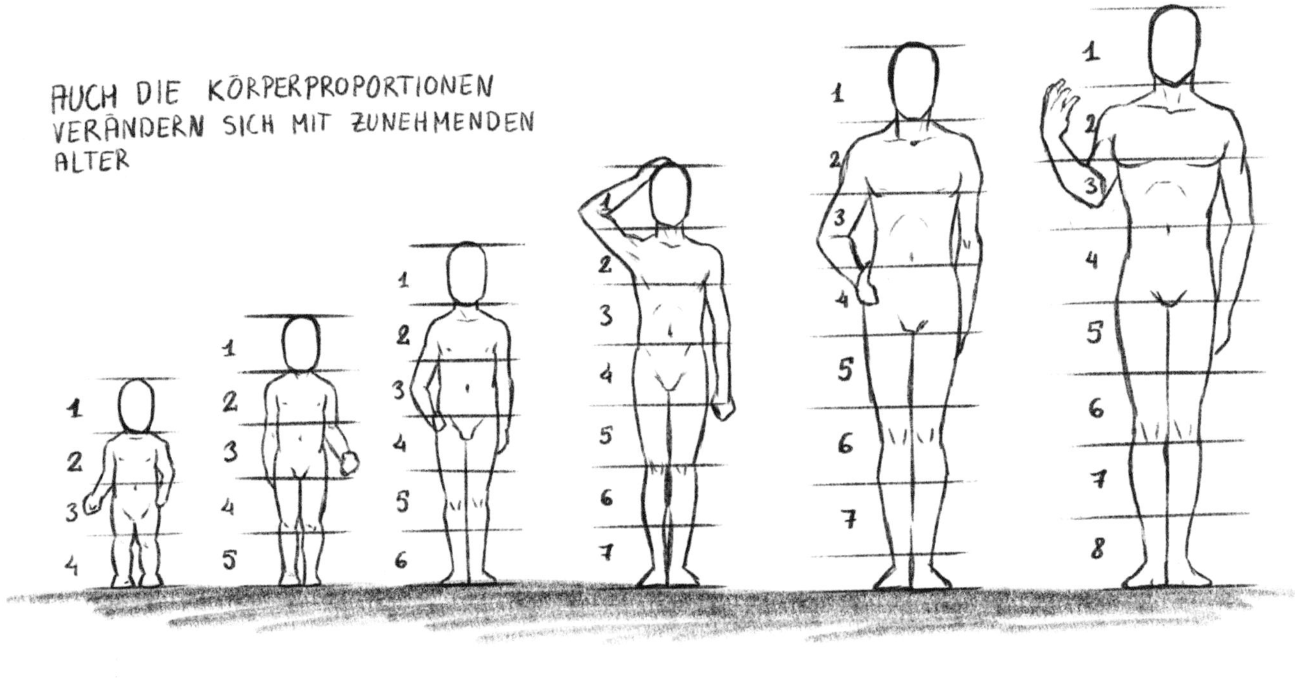

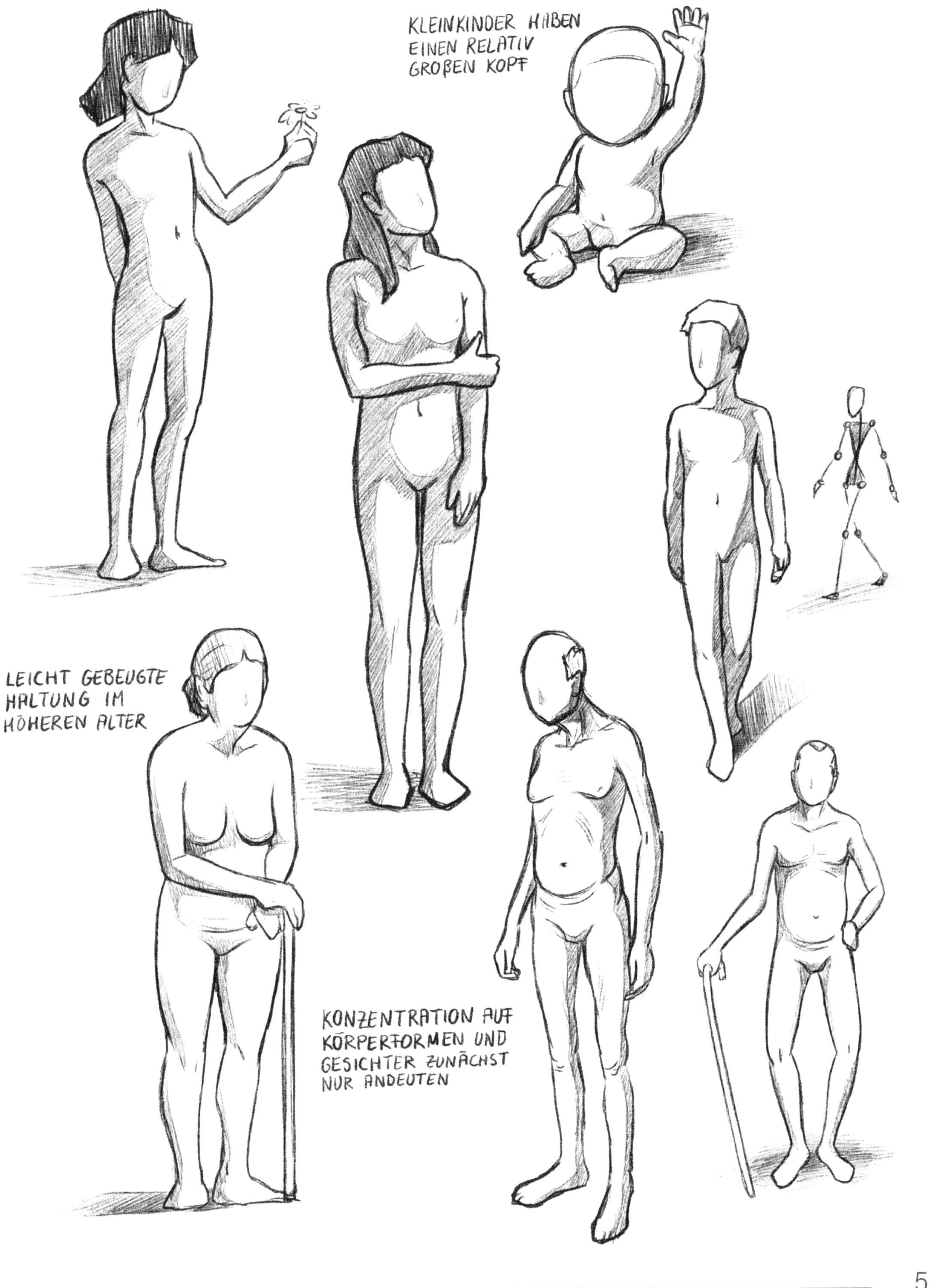
KLEINKINDER HABEN
EINEN RELATIV
GROßEN KOPF
LEICHT GEBEUGTE
HALTUNG IM
HÖHEREN ALTER
KONZENTRATION AUF
KÖRPERFORMEN UND
GESICHTER ZUNÄCHST
NUR ANDEUTEN

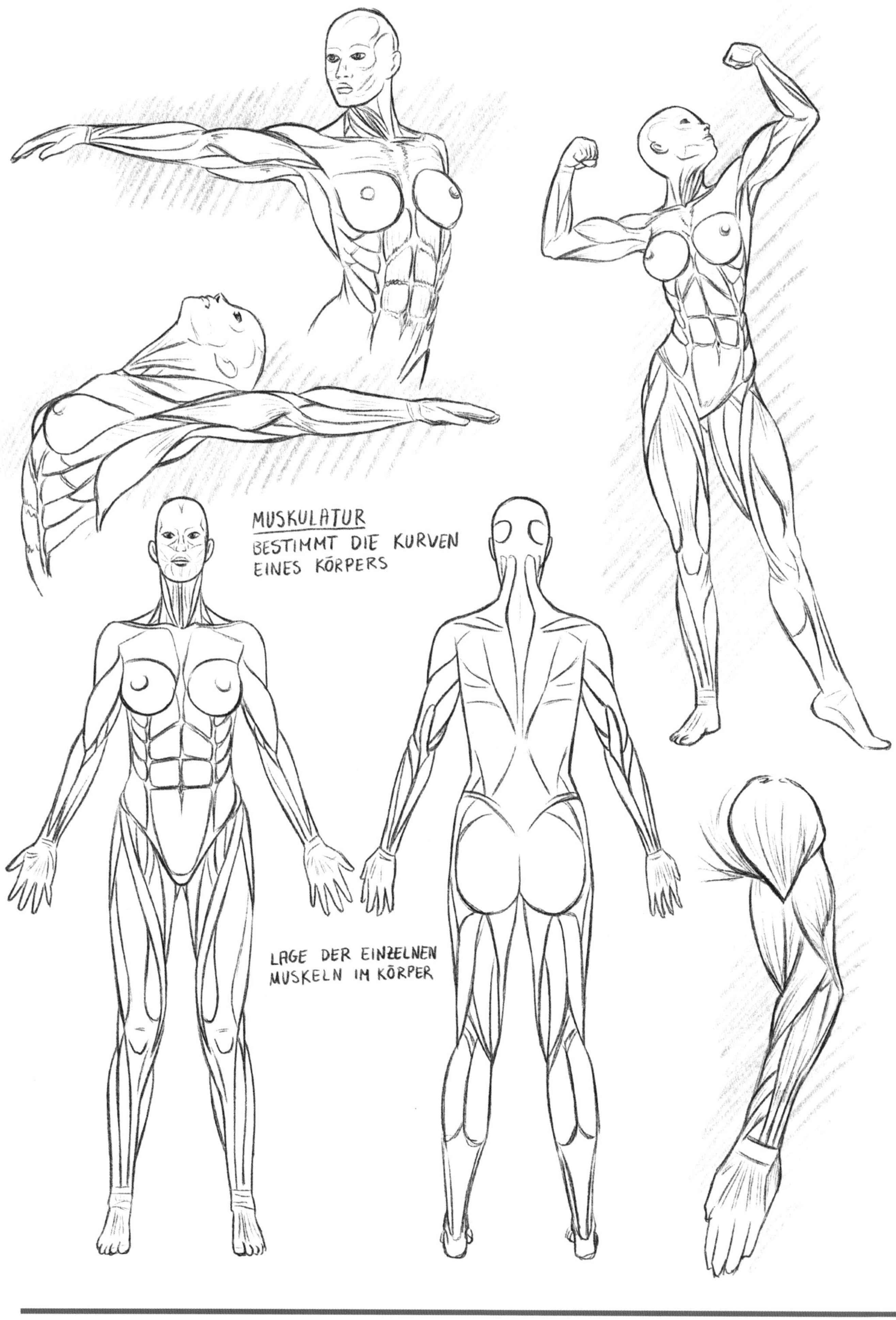
MUSKULATUR
BESTIMMT DIE KURVEN
EINES KÖRPERS
LAGE DER EINZELNEN
MUSKELN IM KÖRPER

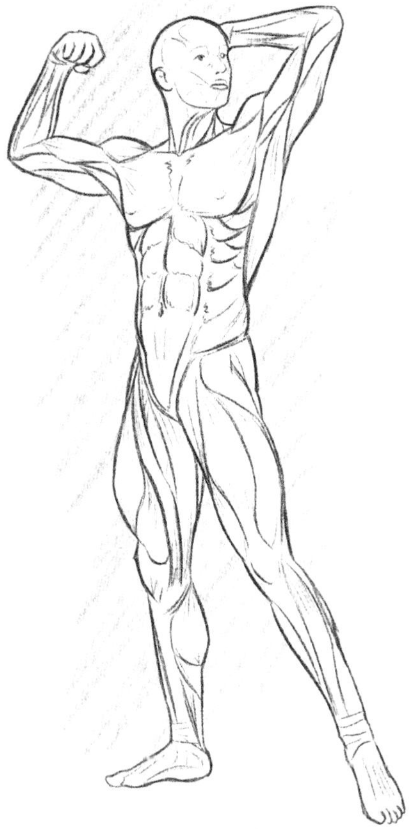

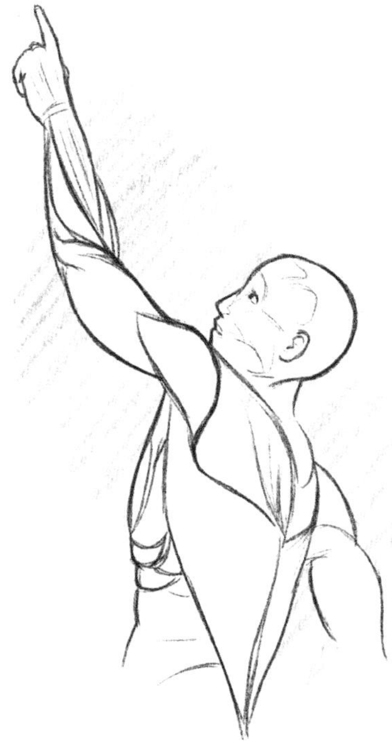

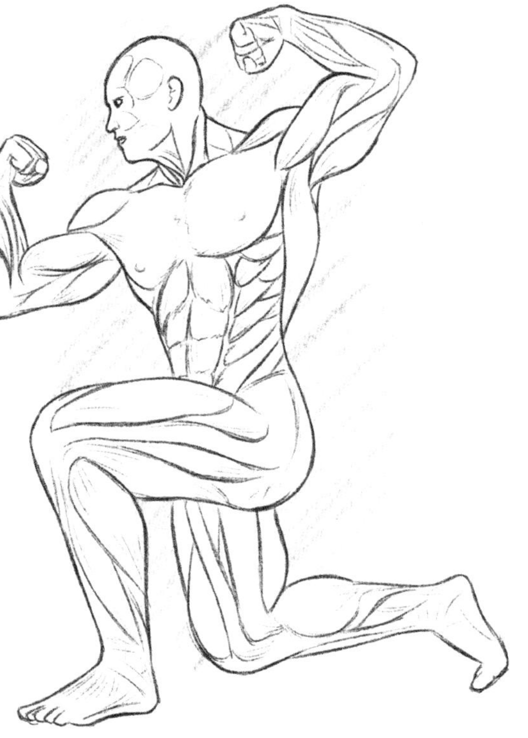

JE TRAINIERTER DER KÖRPER,
DESTO SICHTBARER DIE MUSKELN

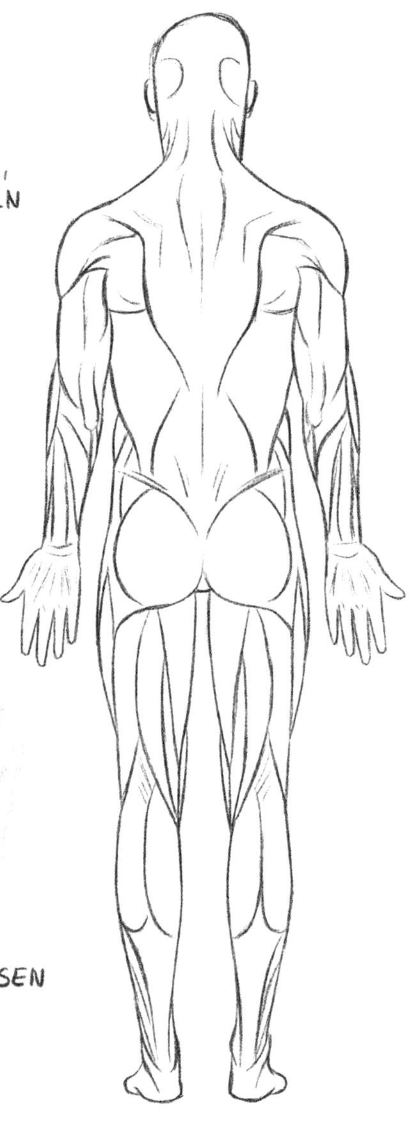

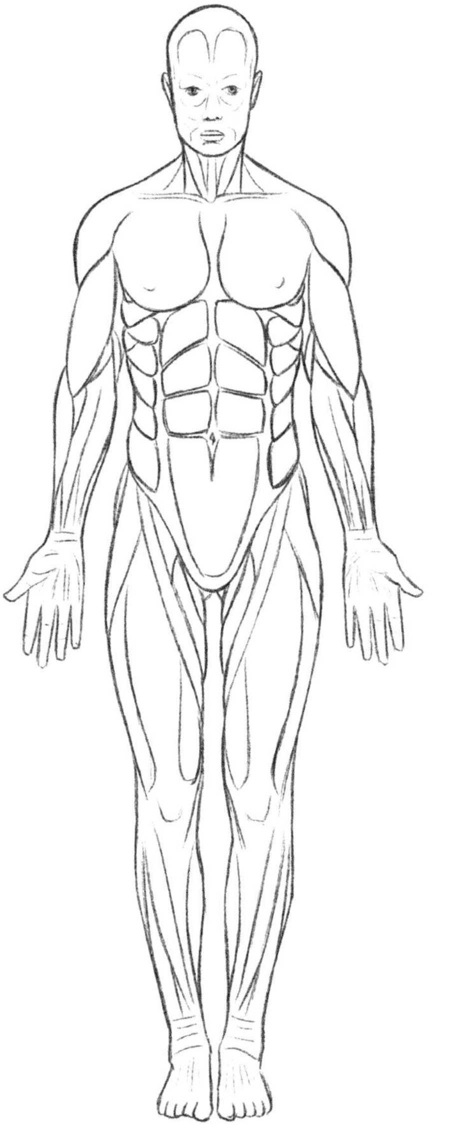

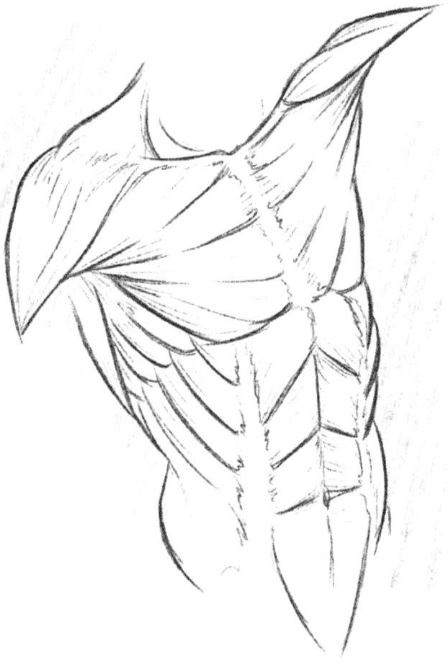

BEI GESTRECKTEN POSEN
DEHNEN SICH AUCH DIE
MUSKELN

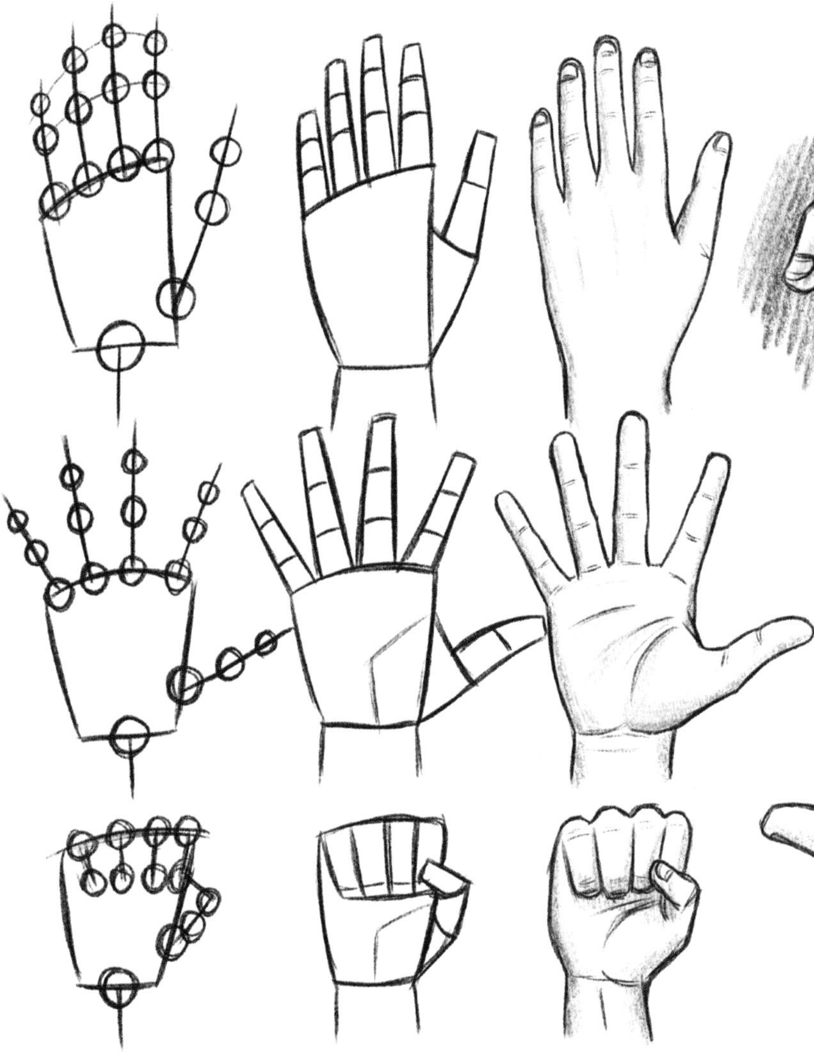

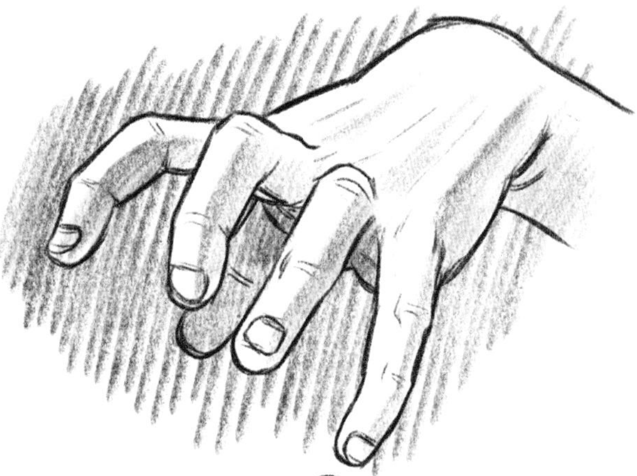

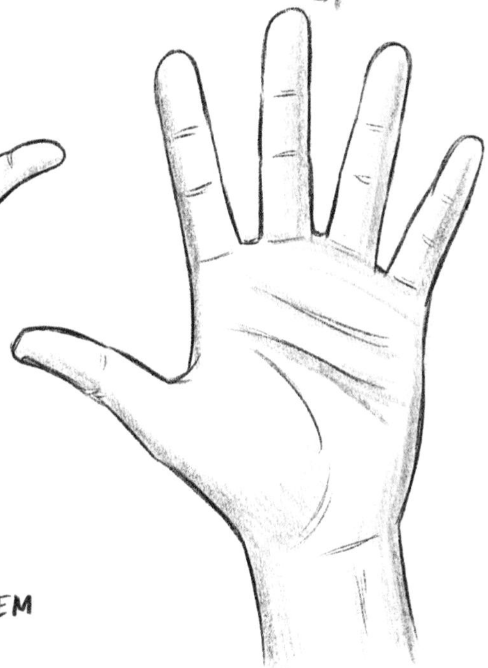

HÄNDE LASSEN SICH AUCH EINFACHER MIT EINEM GRUNDGERÜST SKIZZIEREN

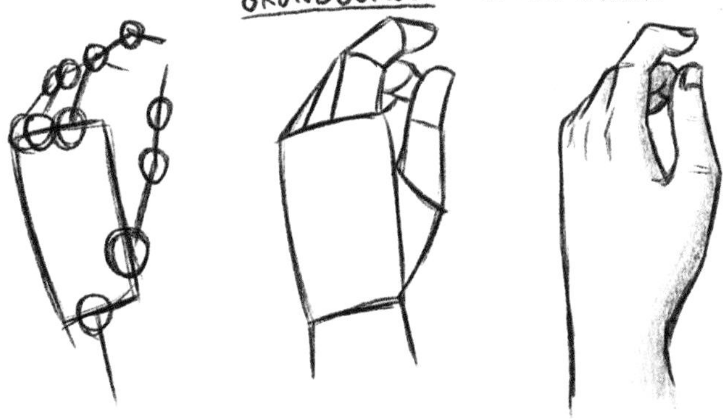

HINTERGRUND FÜR MEHR TIEFE VERWENDEN

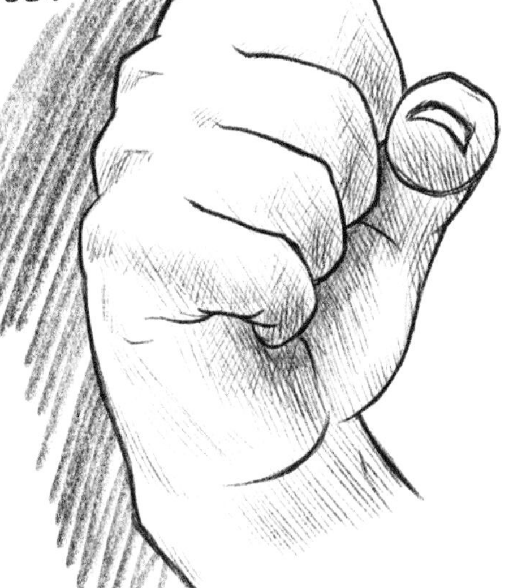

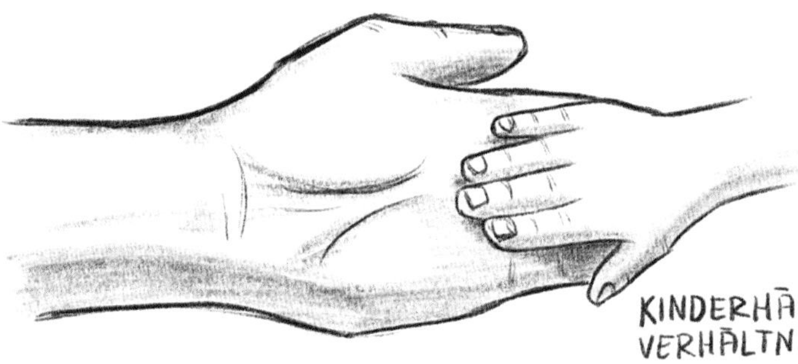

KINDERHÄNDE IM VERHÄLTNIS

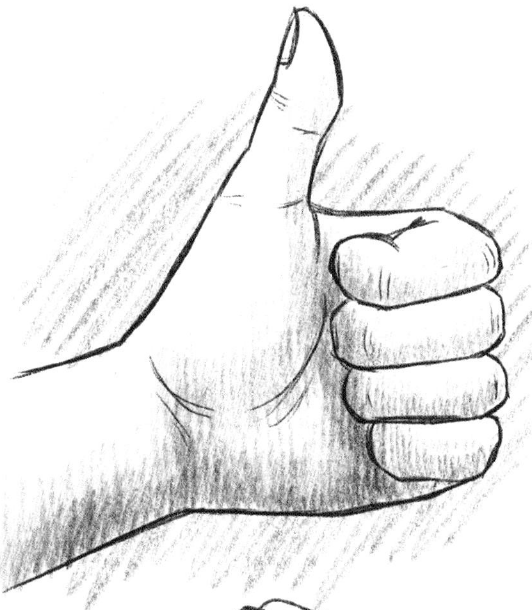

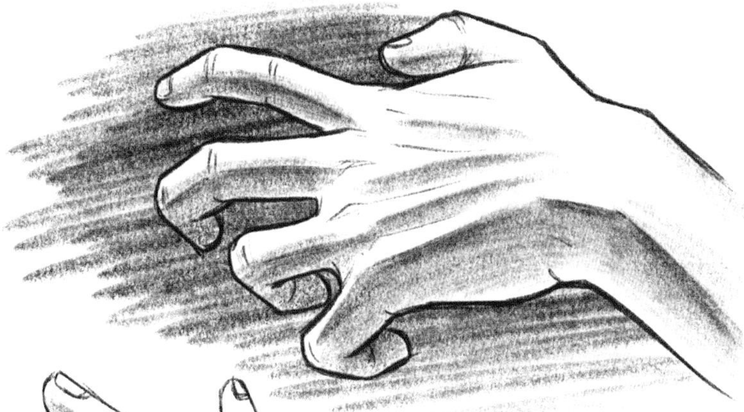

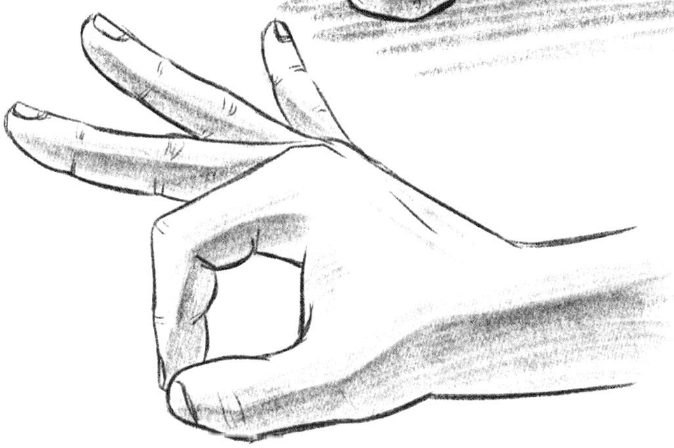

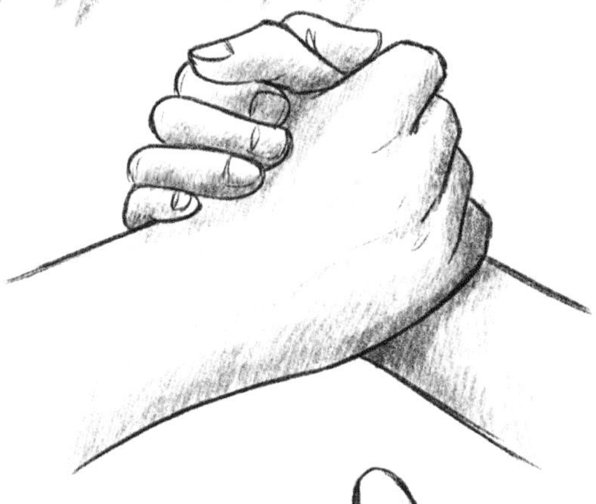

MIT VERSCHIEDENEN SCHRAFFURTECHNIKEN UND HINTERGRÜNDEN EXPERIMENTIEREN

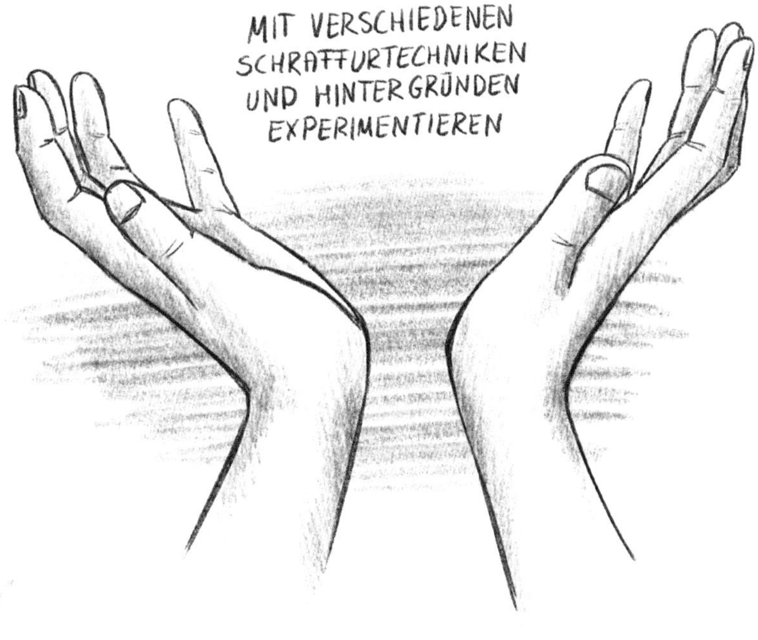

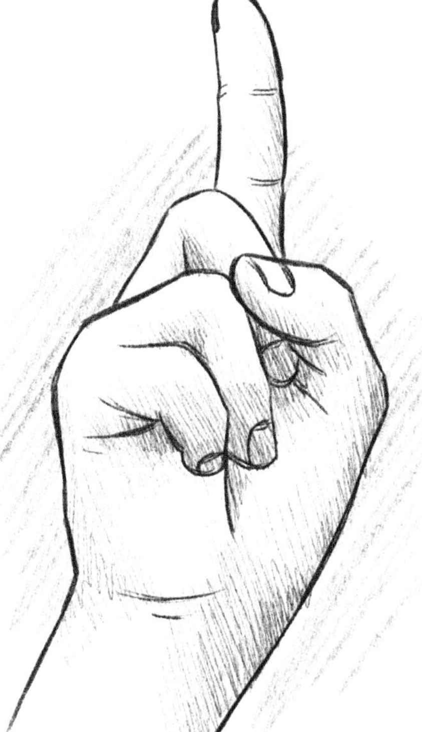

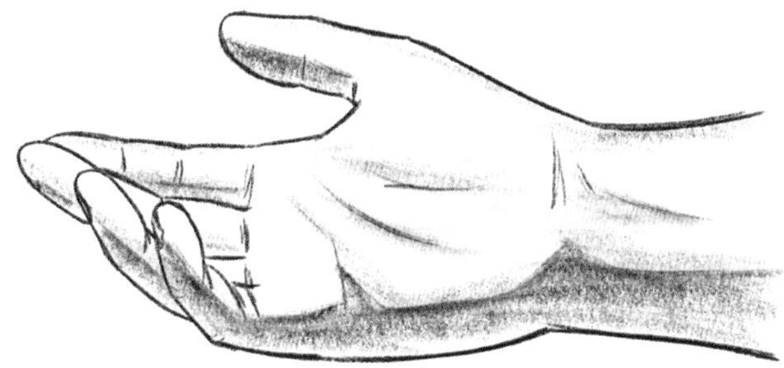

AUFBAU DER ARMMUSKULATUR

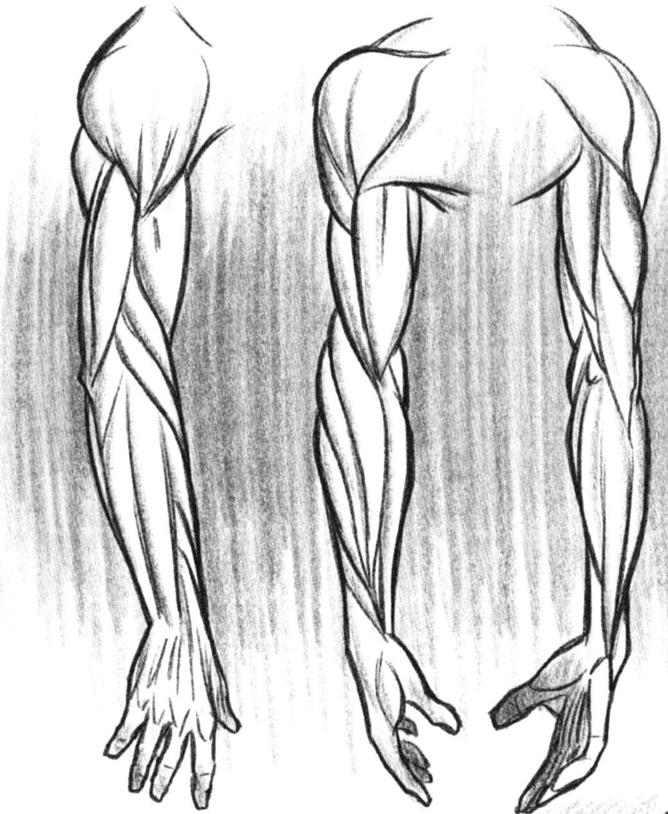

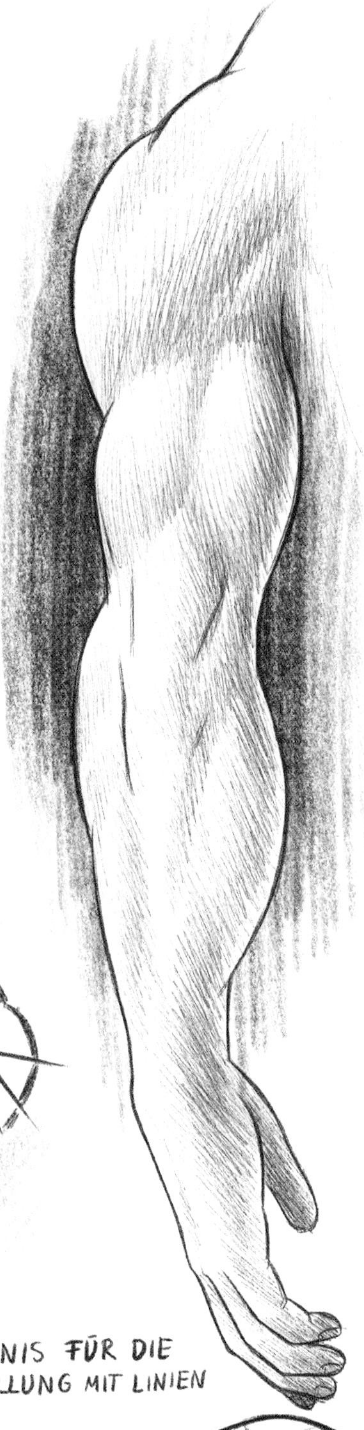

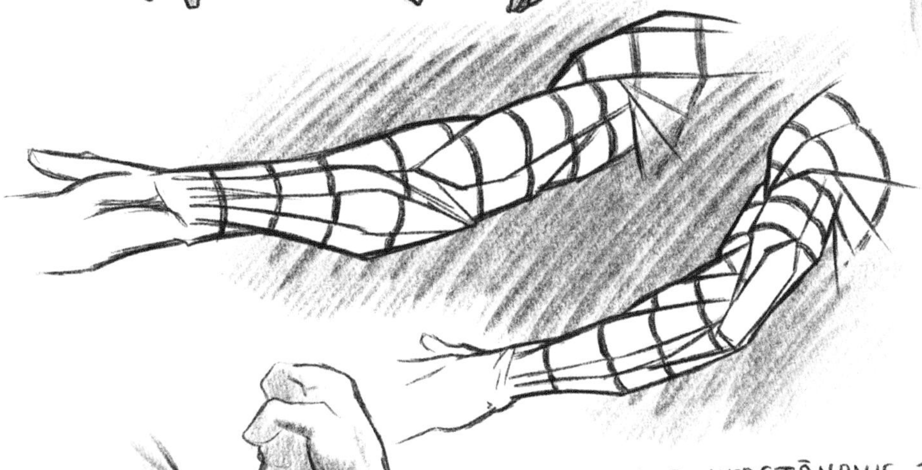

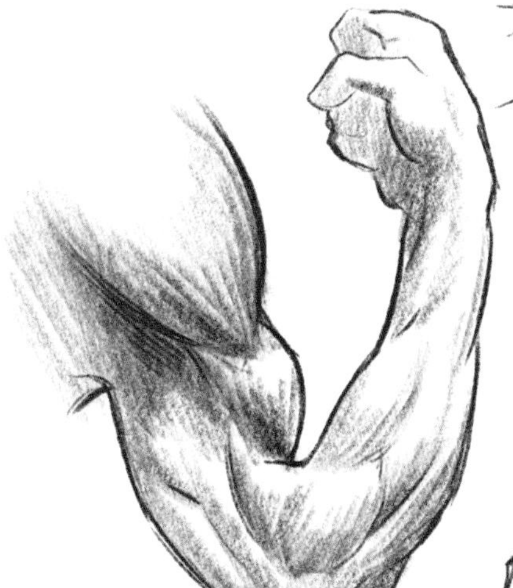

BESSERES VERSTÄNDNIS FÜR DIE FORM DURCH 3D-DARSTELLUNG MIT LINIEN

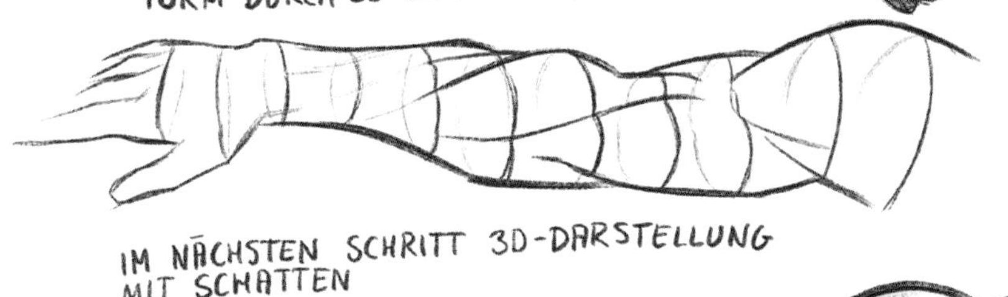

IM NÄCHSTEN SCHRITT 3D-DARSTELLUNG MIT SCHATTEN

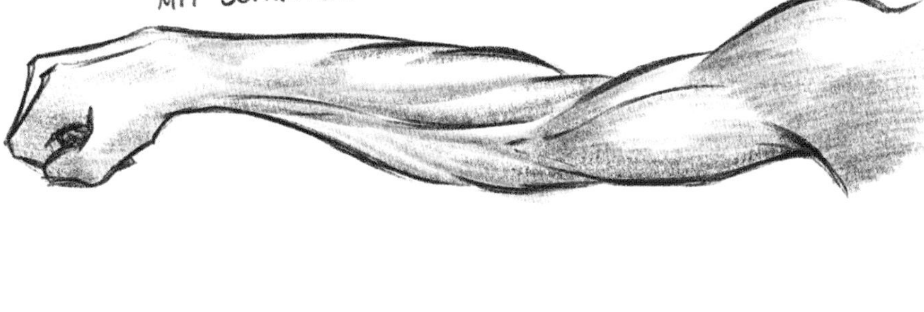

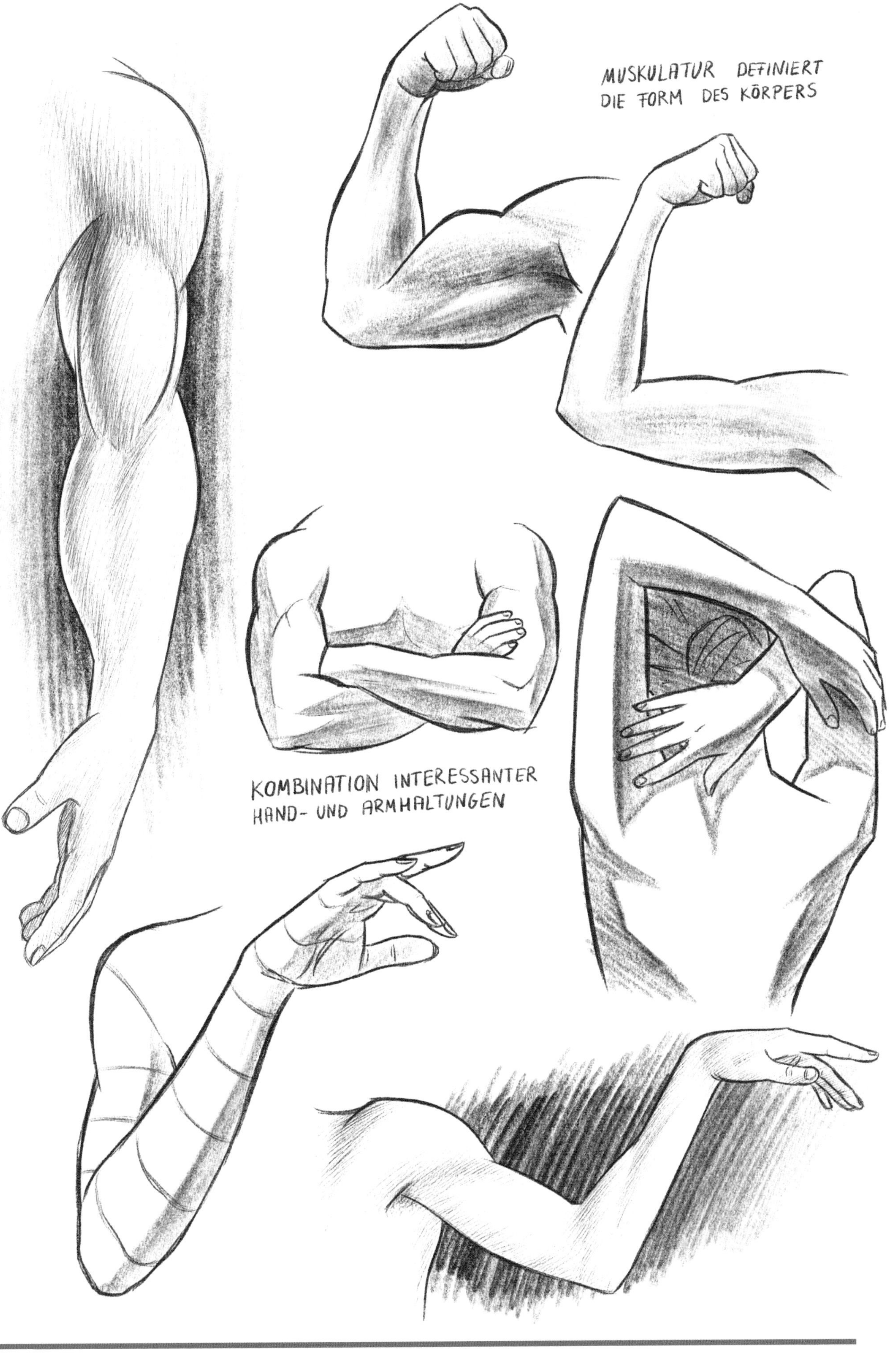
MUSKULATUR DEFINIERT
DIE FORM DES KÖRPERS
KOMBINATION INTERESSANTER
HAND- UND ARMHALTUNGEN

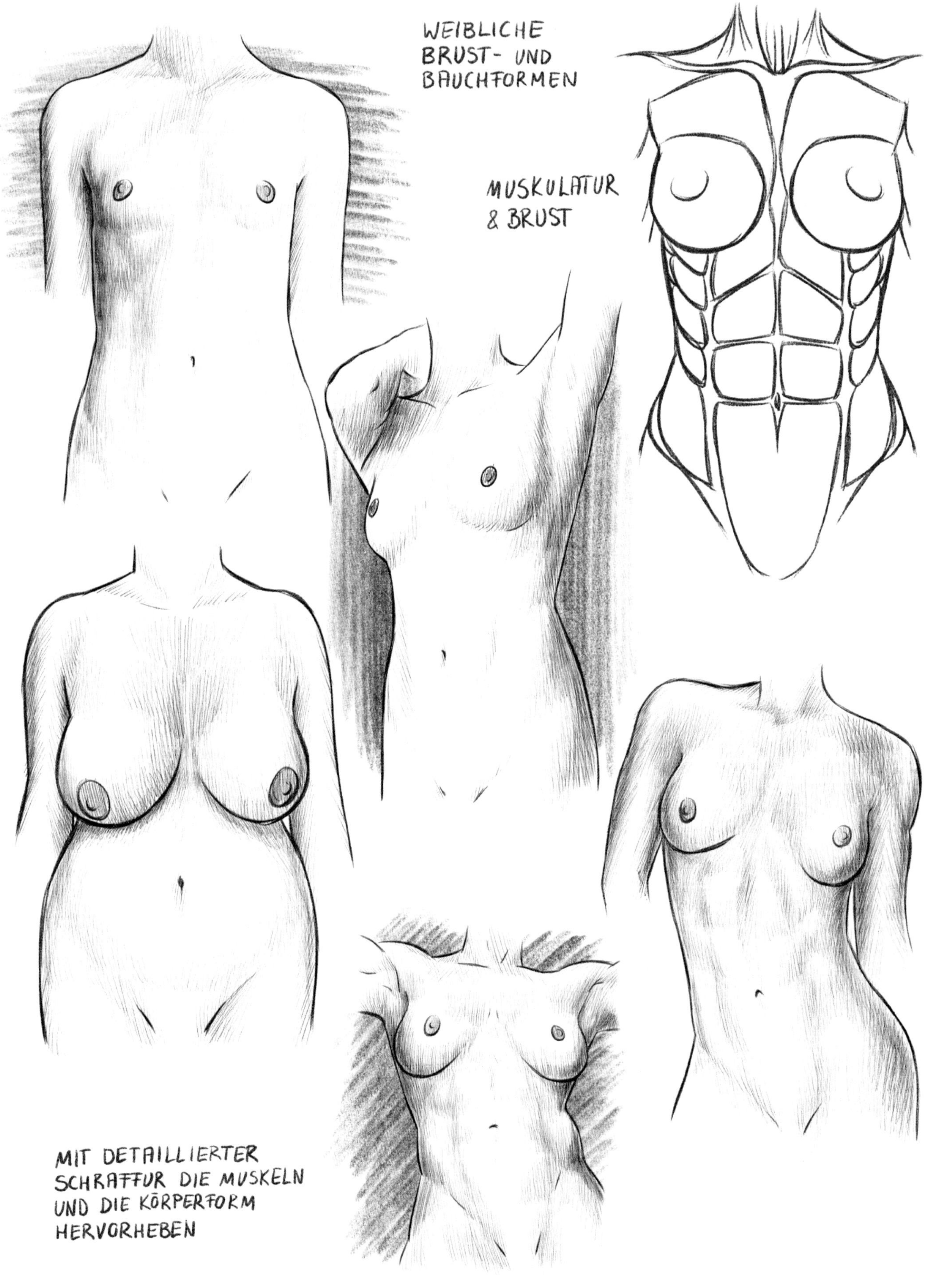
WEIBLICHE
BRUST- UND
BAUCHFORMEN
MUSKULATUR
& BRUST
MIT DETAILLIERTER
SCHRAFFUR DIE MUSKELN
UND DIE KÖRPERFORM
HERVORHEBEN

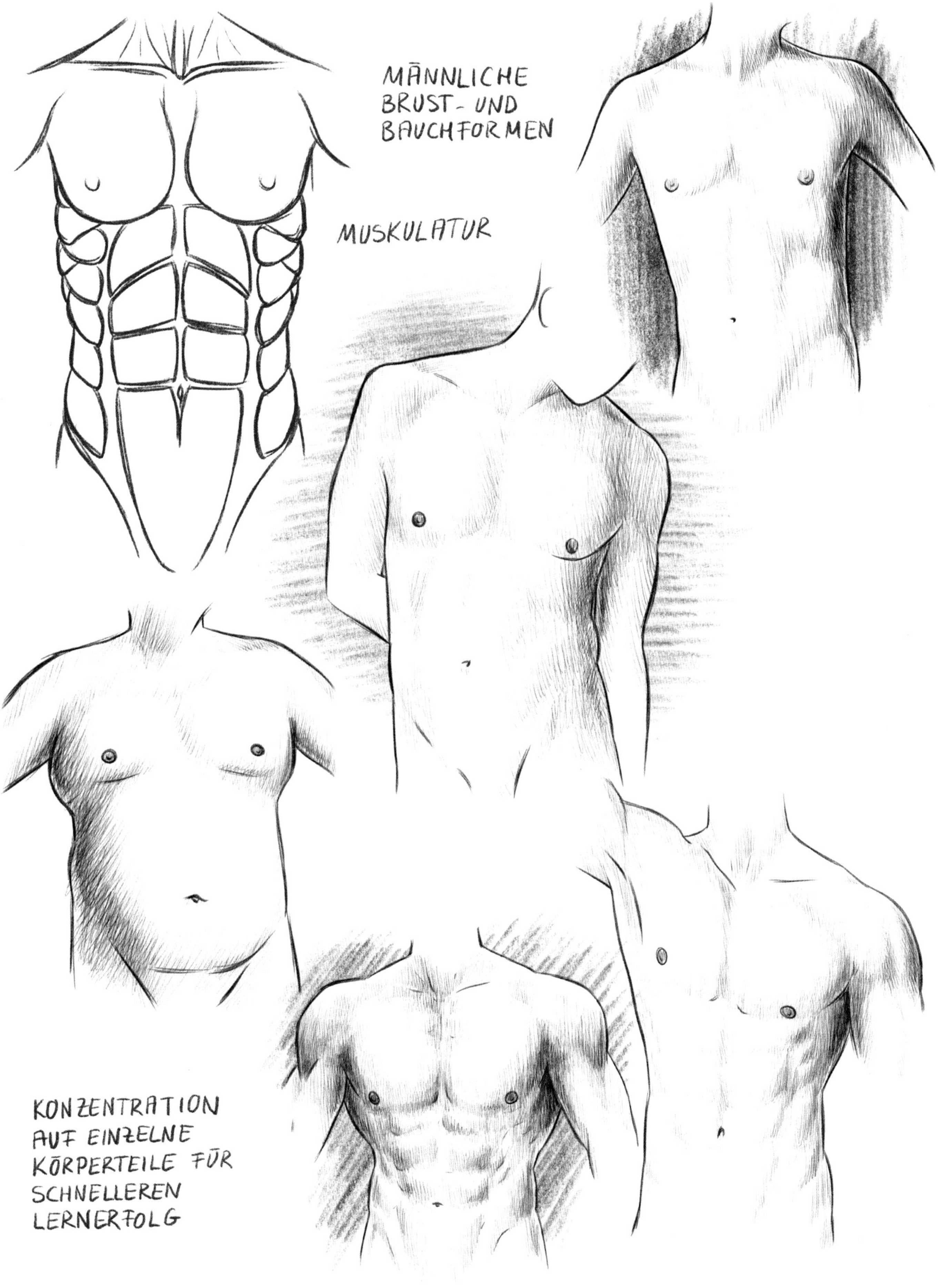
MÄNNLICHE
BRUST- UND
BAUCHFORMEN
MUSKULATUR
KONZENTRATION
AUF EINZELNE
KÖRPERTEILE FÜR
SCHNELLEREN
LERNERFOLG

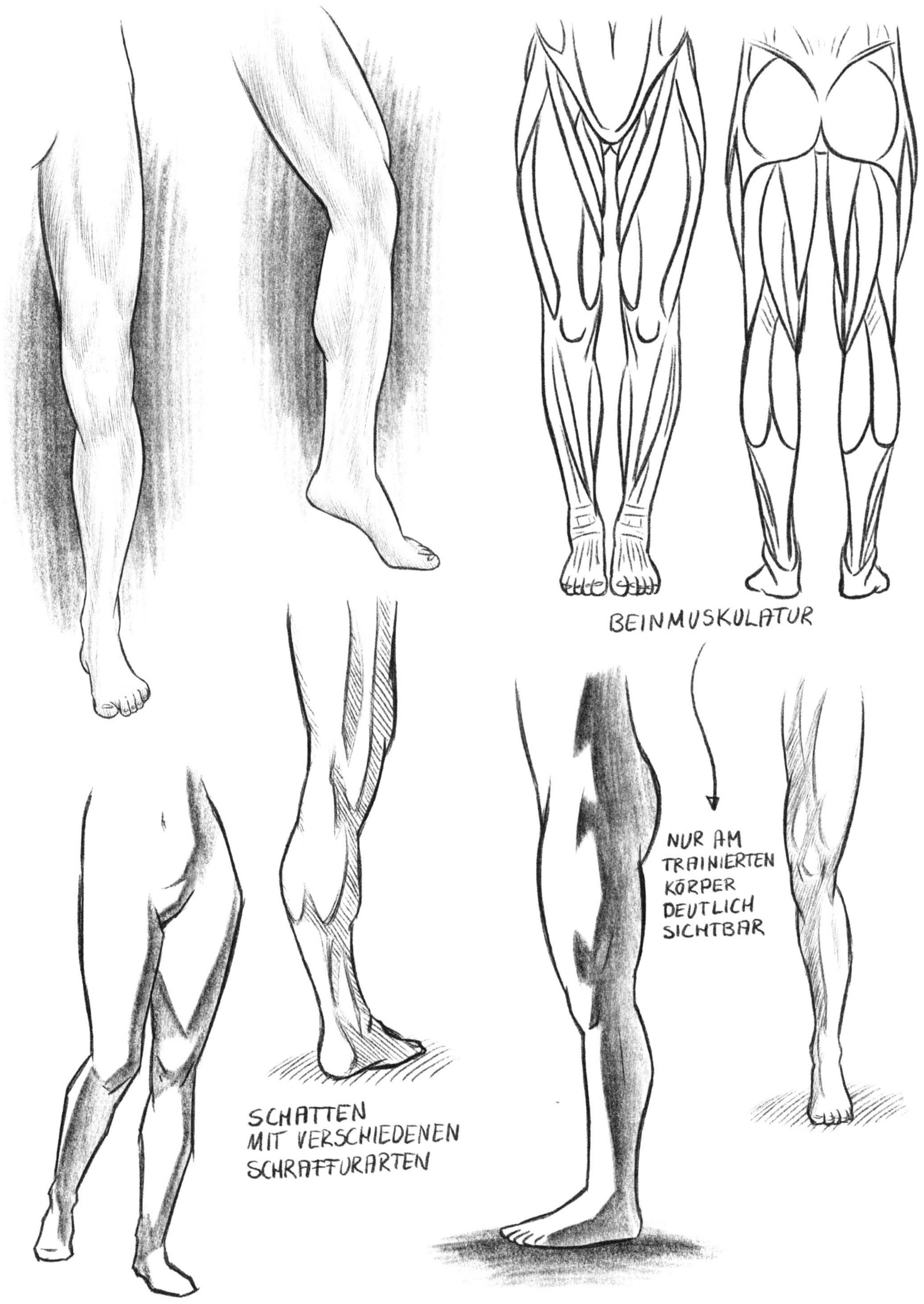
BEINMUSKULATUR
NUR AM TRAINIERTEN KÖRPER DEUTLICH SICHTBAR
SCHATTEN MIT VERSCHIEDENEN SCHRAFFURARTEN

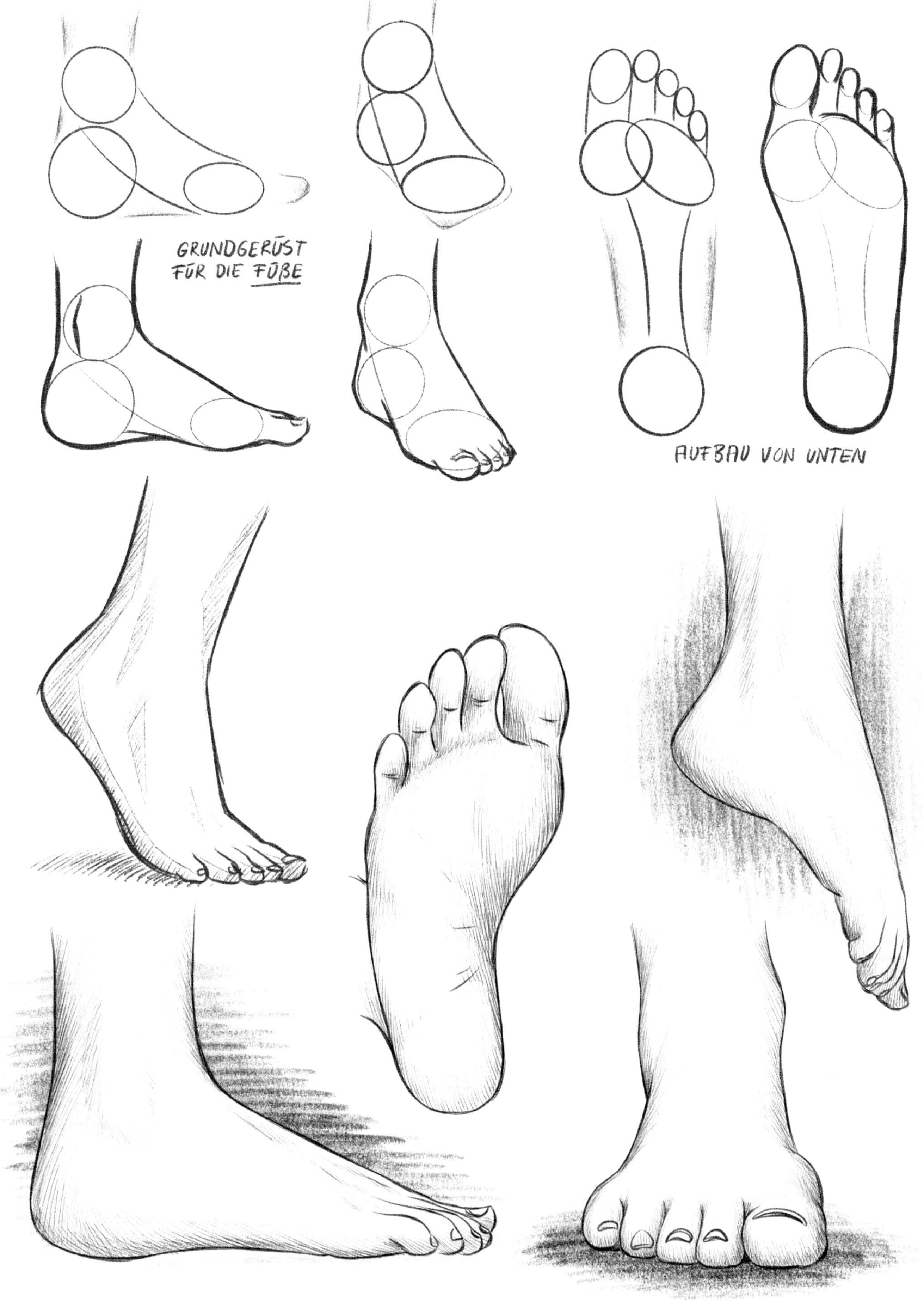
GRUNDGERÜST FÜR DIE FÜßE
AUFBAU VON UNTEN

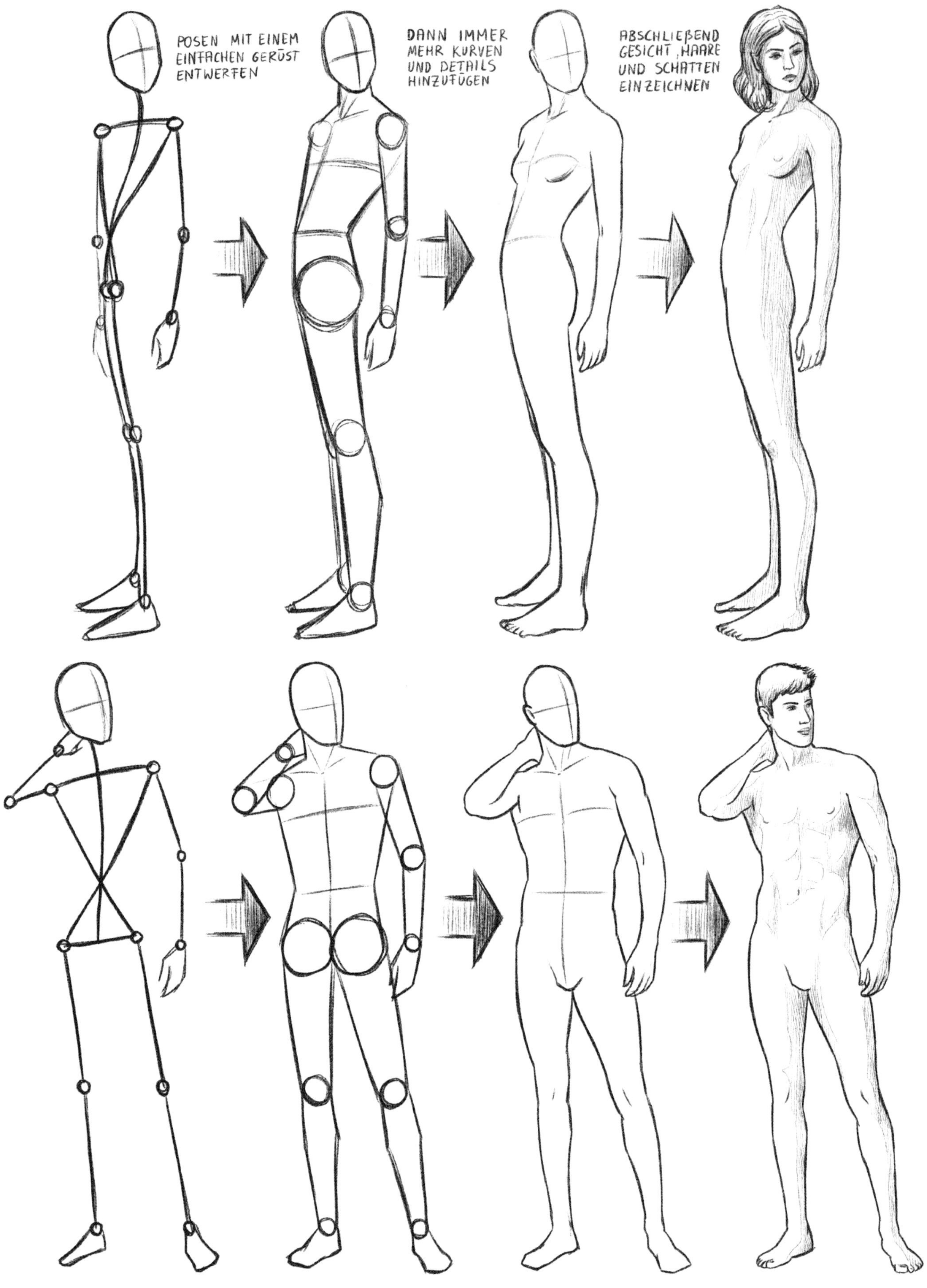
POSEN MIT EINEM EINFACHEN GERÜST ENTWERFEN
DANN IMMER MEHR KURVEN UND DETAILS HINZUFÜGEN
ABSCHLIEßEND GESICHT, HAARE UND SCHATTEN EINZEICHNEN

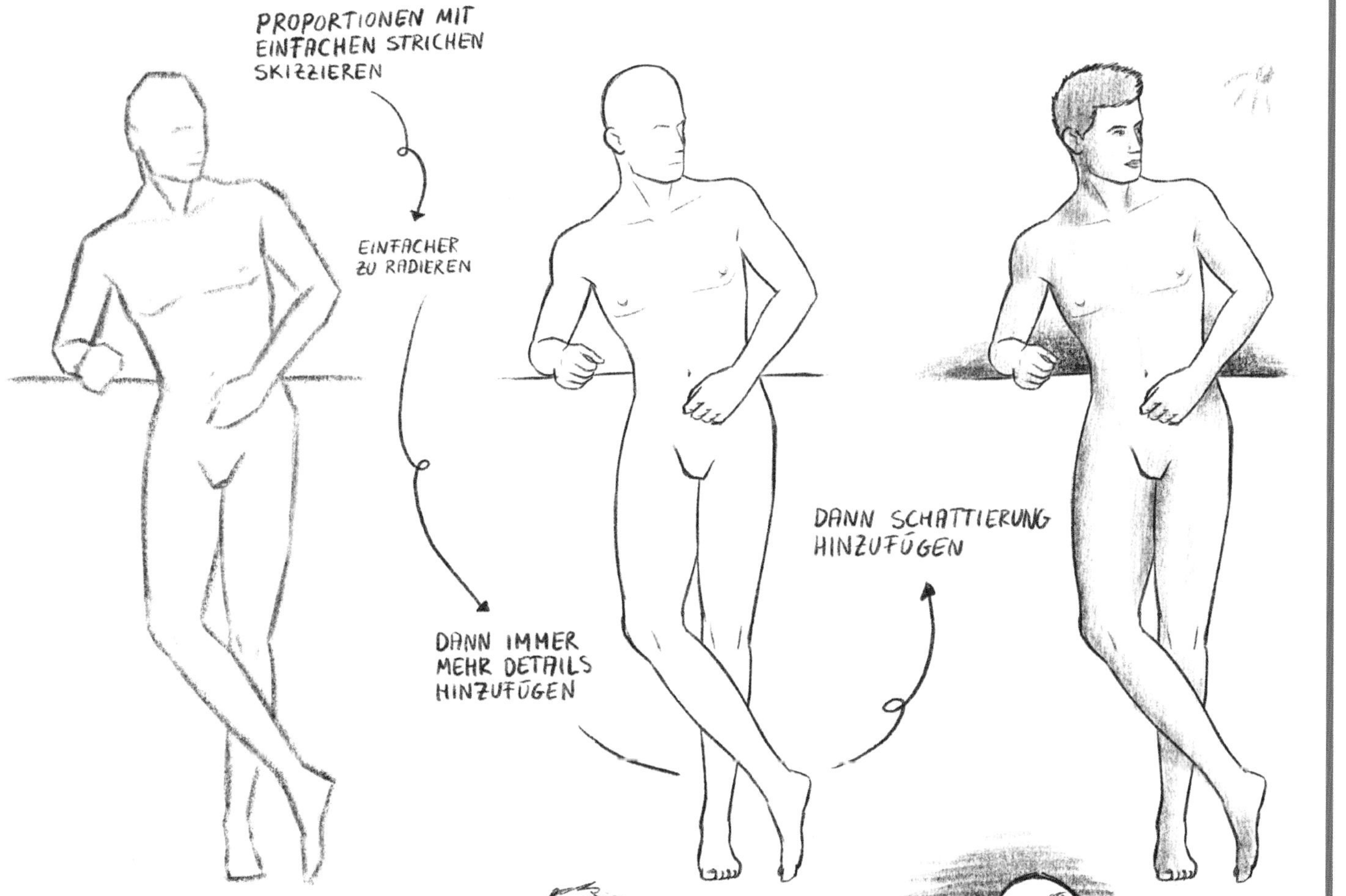
PROPORTIONEN MIT EINFACHEN STRICHEN SKIZZIEREN
EINFACHER ZU RADIEREN
DANN IMMER MEHR DETAILS HINZUFÜGEN
DANN SCHATTIERUNG HINZUFÜGEN

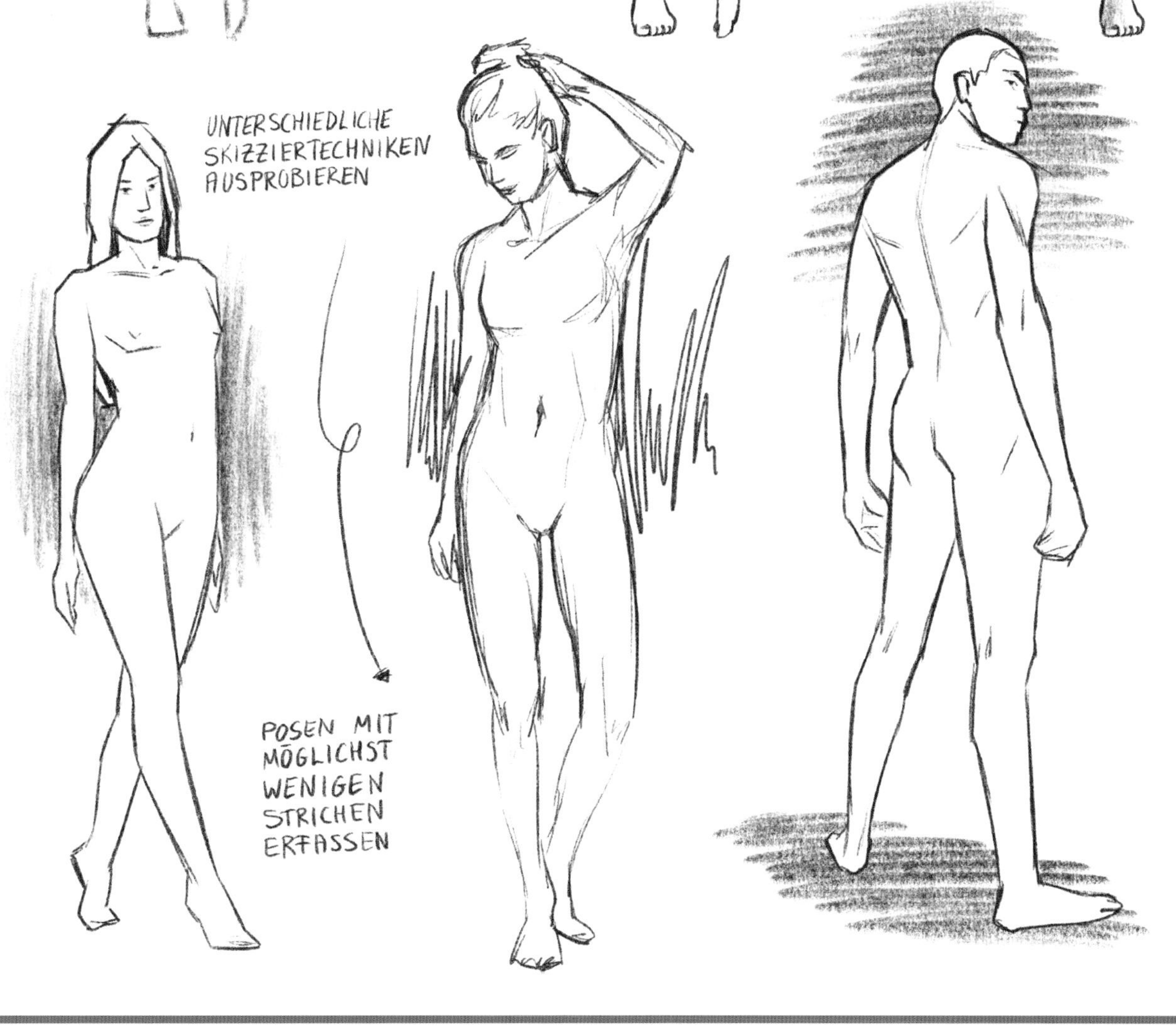
UNTERSCHIEDLICHE SKIZZIERTECHNIKEN AUSPROBIEREN
POSEN MIT MÖGLICHST WENIGEN STRICHEN ERFASSEN

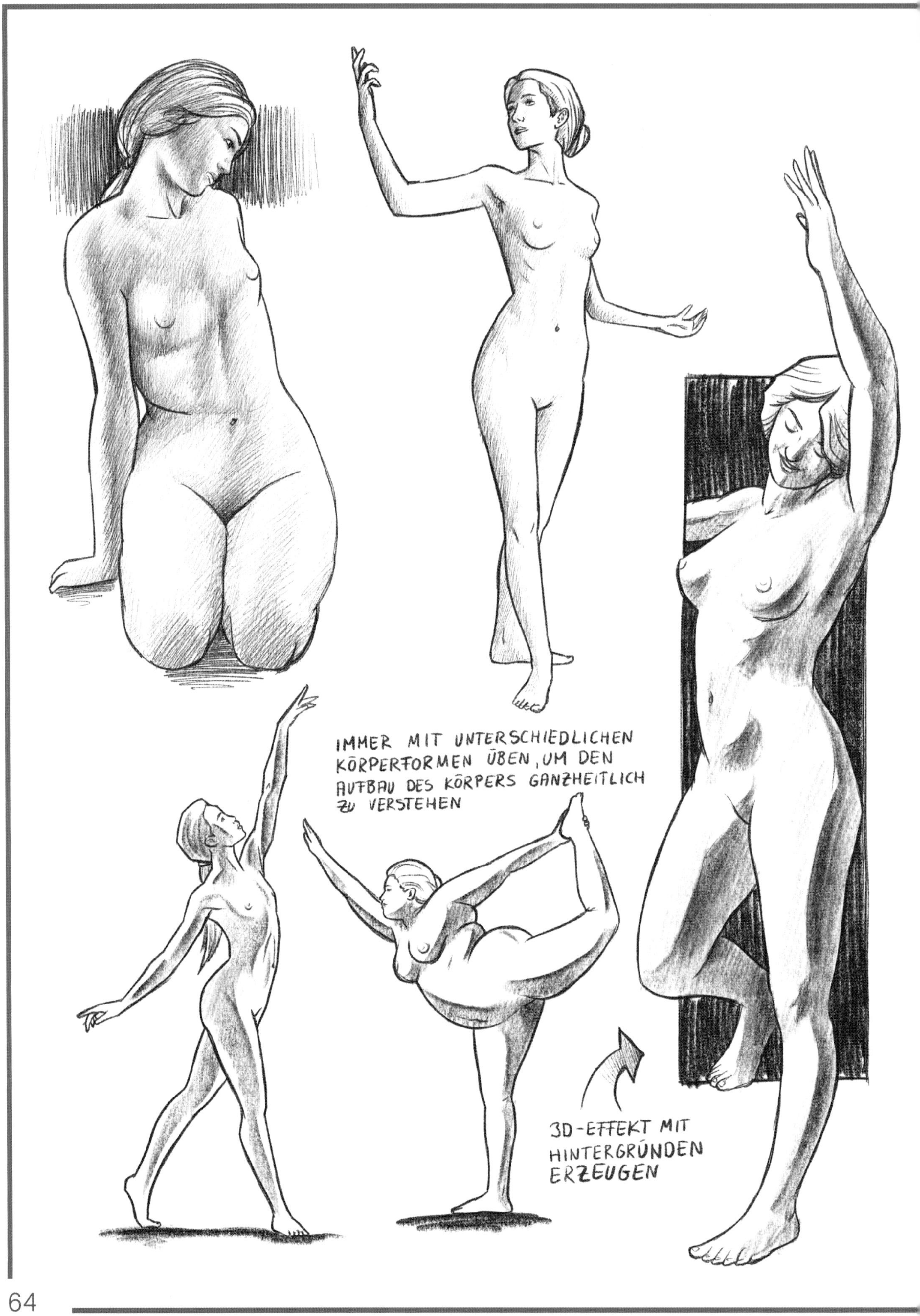
IMMER MIT UNTERSCHIEDLICHEN KÖRPERFORMEN ÜBEN, UM DEN AUFBAU DES KÖRPERS GANZHEITLICH ZU VERSTEHEN
3D-EFFEKT MIT HINTERGRÜNDEN ERZEUGEN

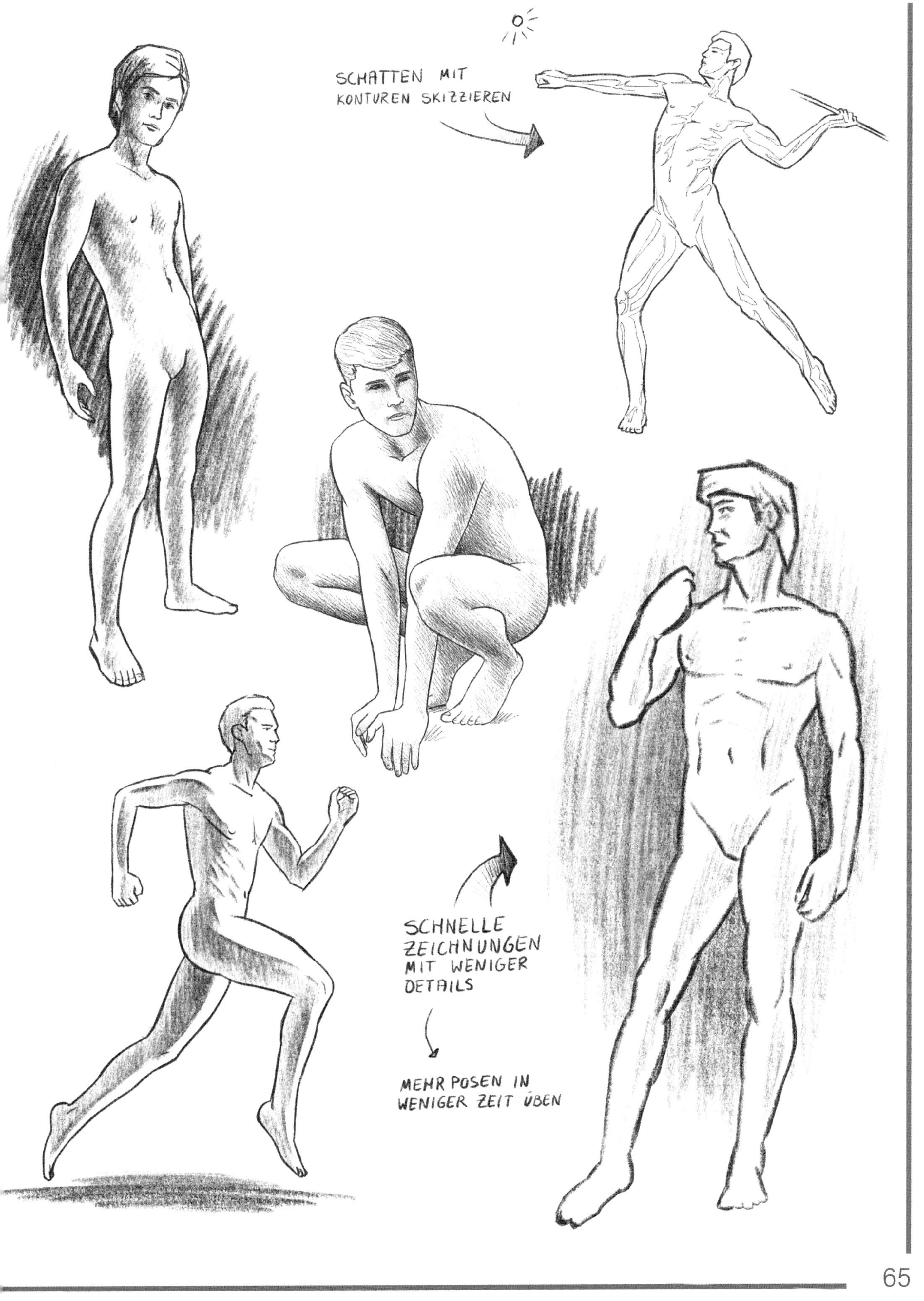
SCHATTEN MIT
KONTUREN SKIZZIEREN
SCHNELLE
ZEICHNUNGEN
MIT WENIGER
DETAILS
MEHR POSEN IN
WENIGER ZEIT ÜBEN

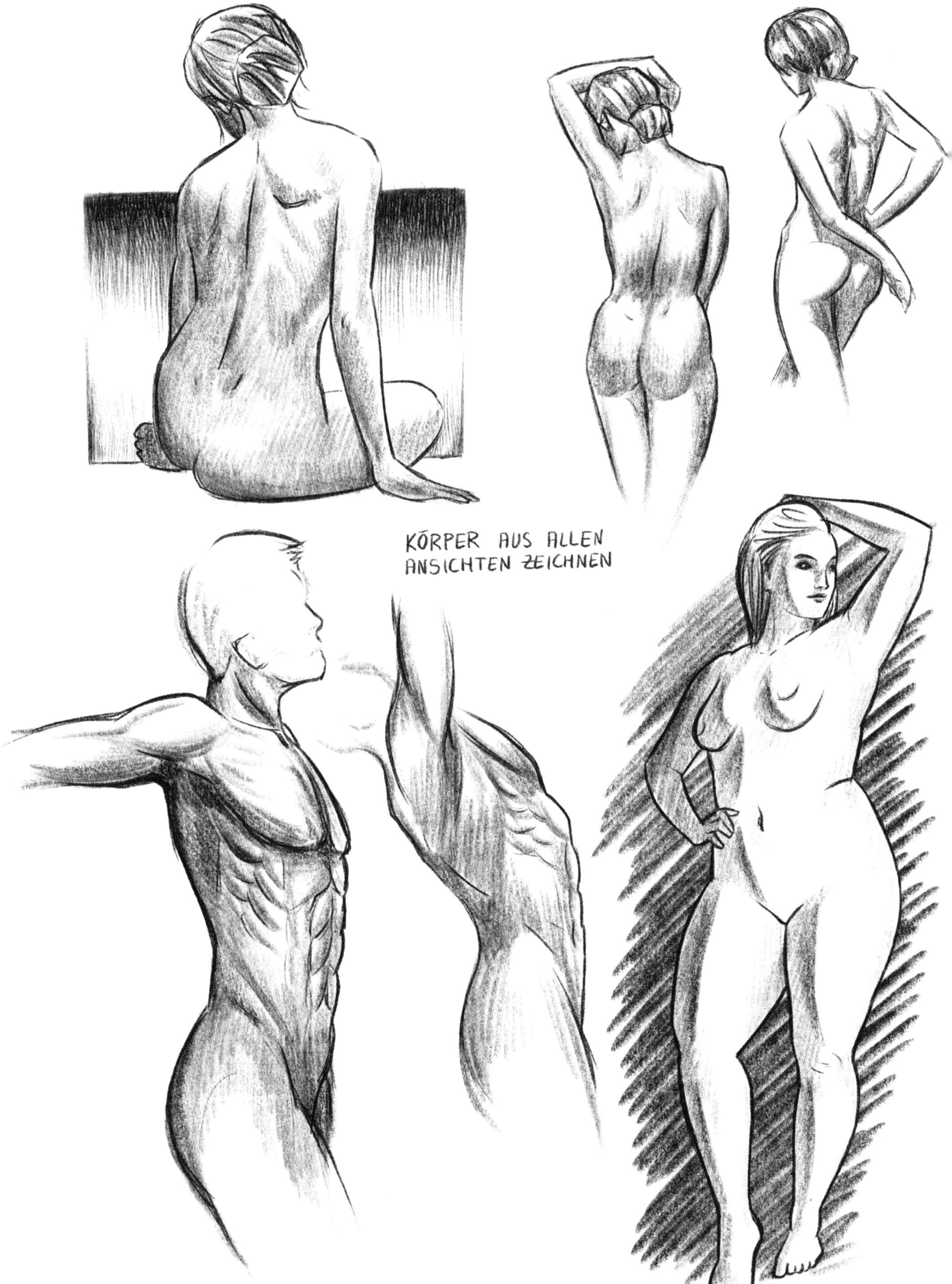
KÖRPER AUS ALLEN
ANSICHTEN ZEICHNEN

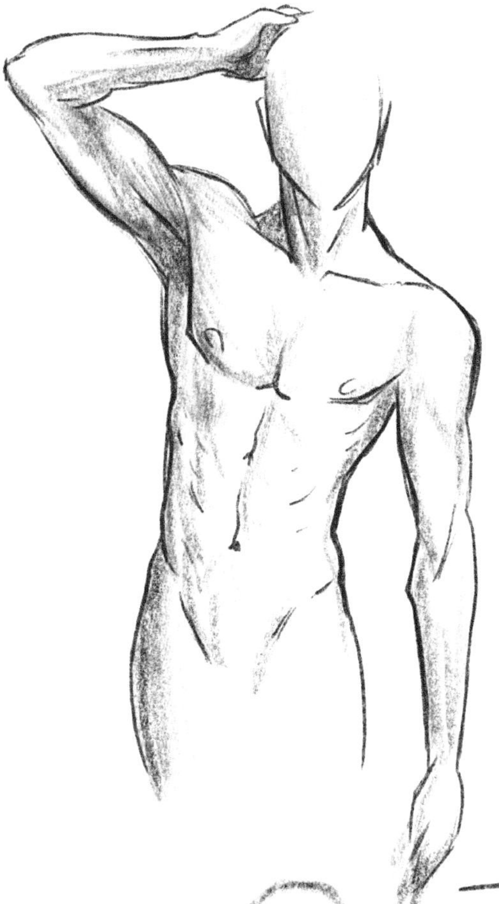

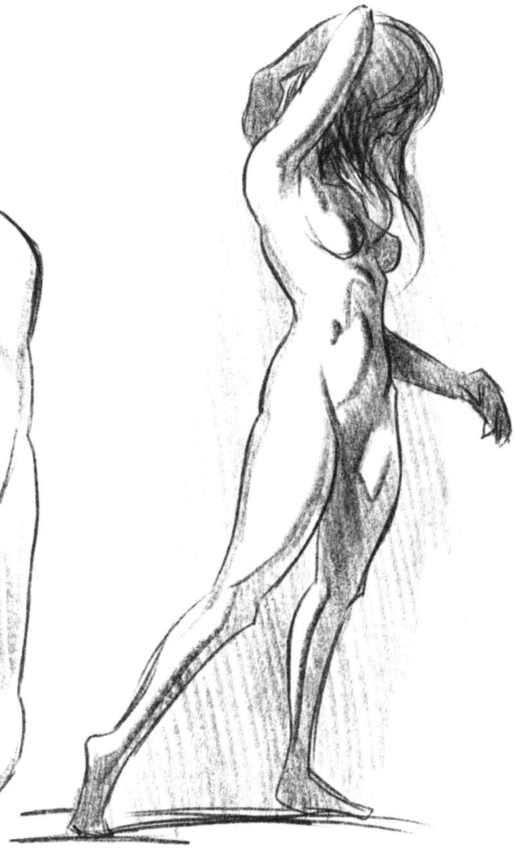

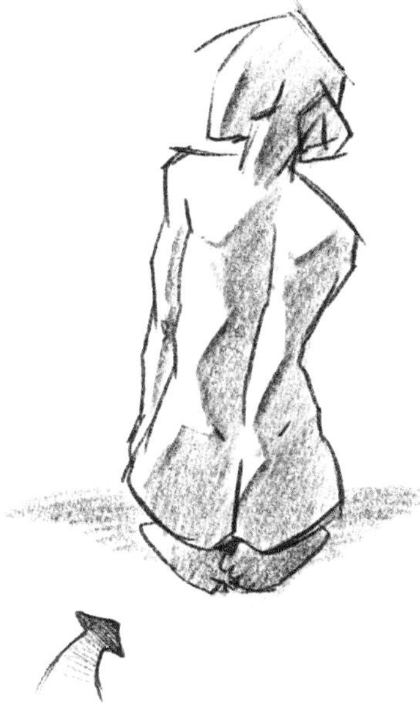
SKIZZEN KÖNNEN
SEHR INTERESSANT
SEIN UND SOLLTEN OFT
NICHT WEITER DETAILIERT
WERDEN

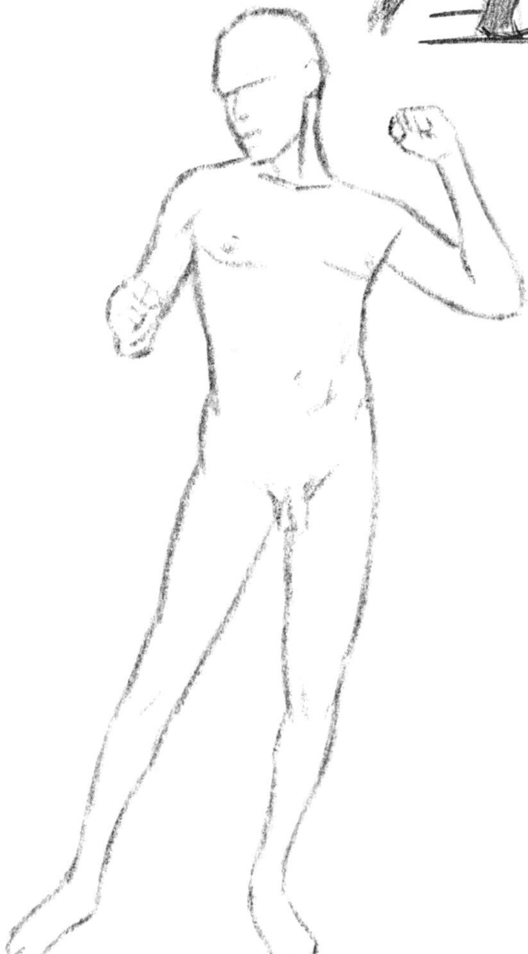

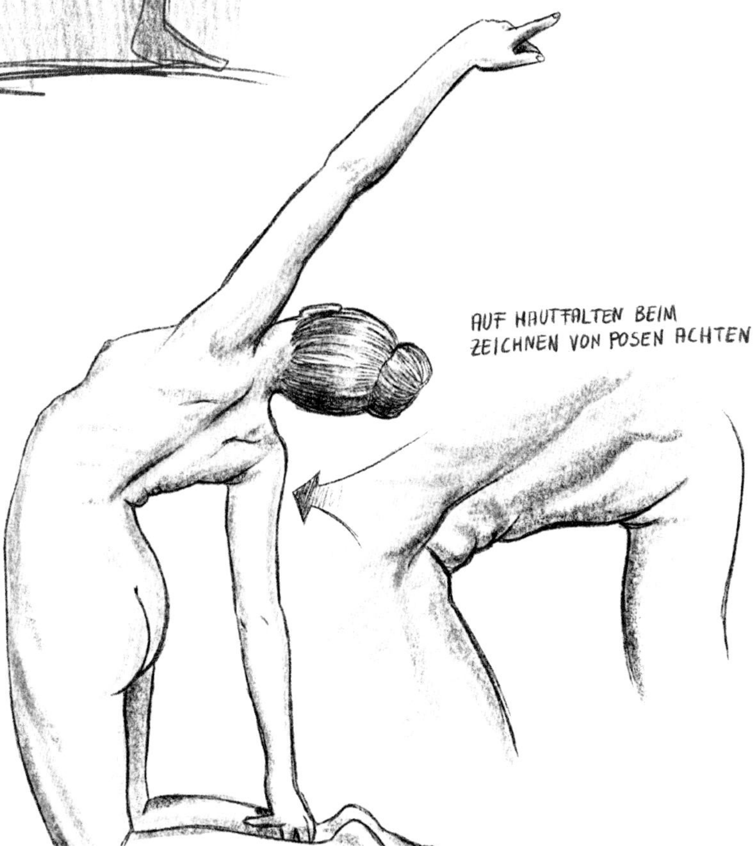
AUF HAUTFALTEN BEIM
ZEICHNEN VON POSEN ACHTEN

KÖRPER IN PERSPEKTIVE

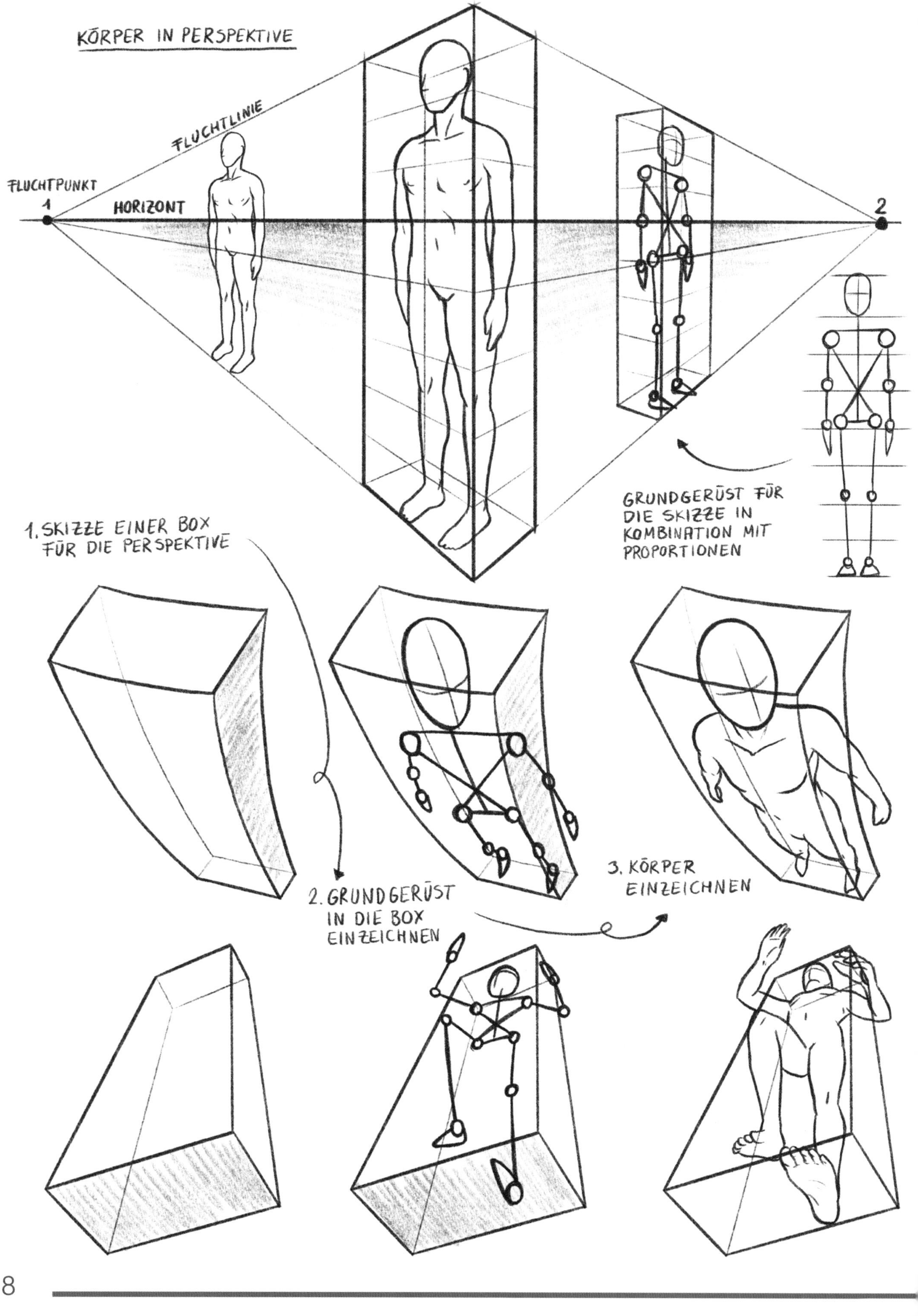

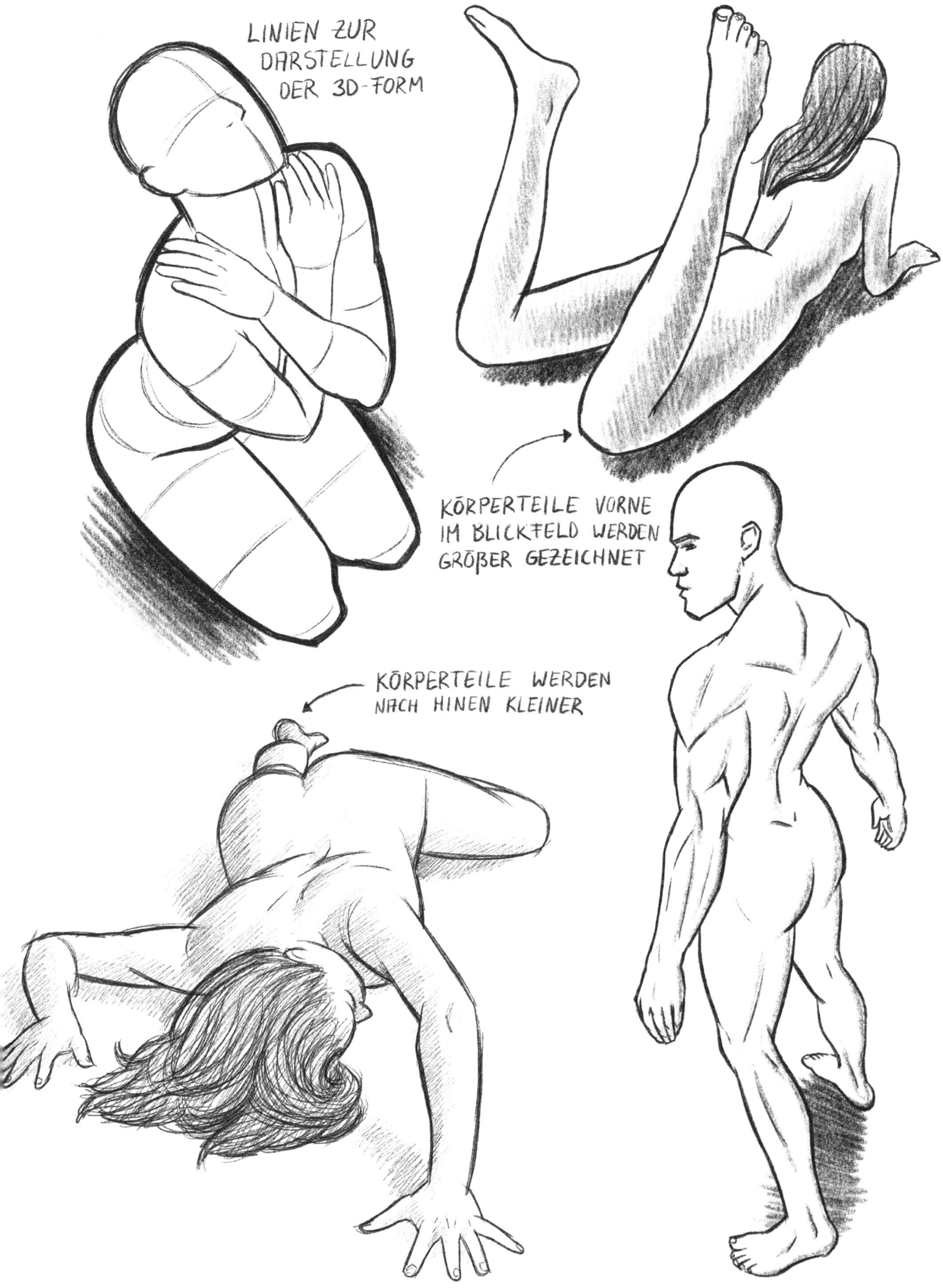
LINIEN ZUR DARSTELLUNG DER 3D-FORM
KÖRPERTEILE VORNE IM BLICKFELD WERDEN GRÖßER GEZEICHNET
KÖRPERTEILE WERDEN NACH HINEN KLEINER

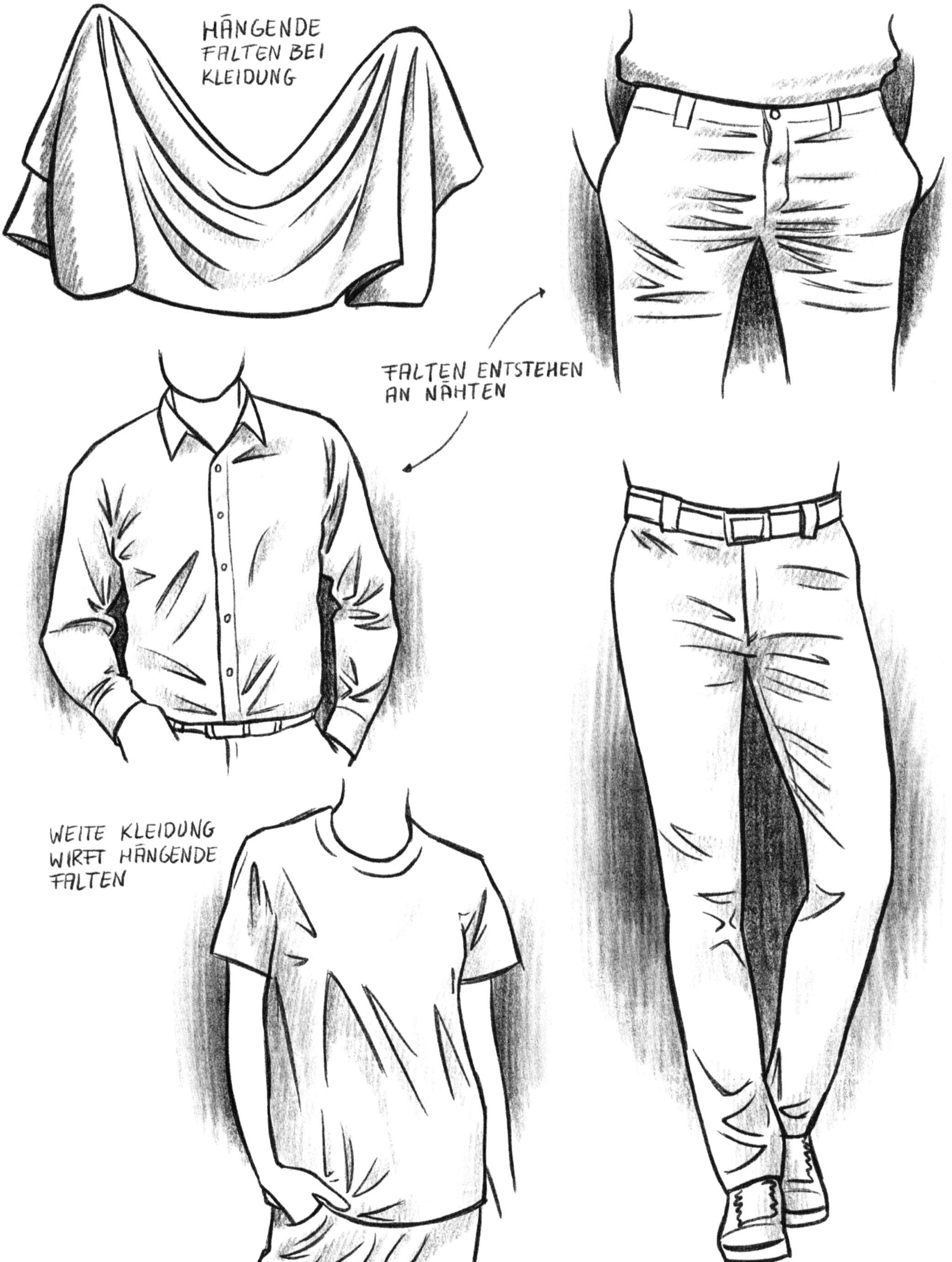
HÄNGENDE FALTEN BEI KLEIDUNG
FALTEN ENTSTEHEN AN NÄHTEN
WEITE KLEIDUNG WIRFT HÄNGENDE FALTEN

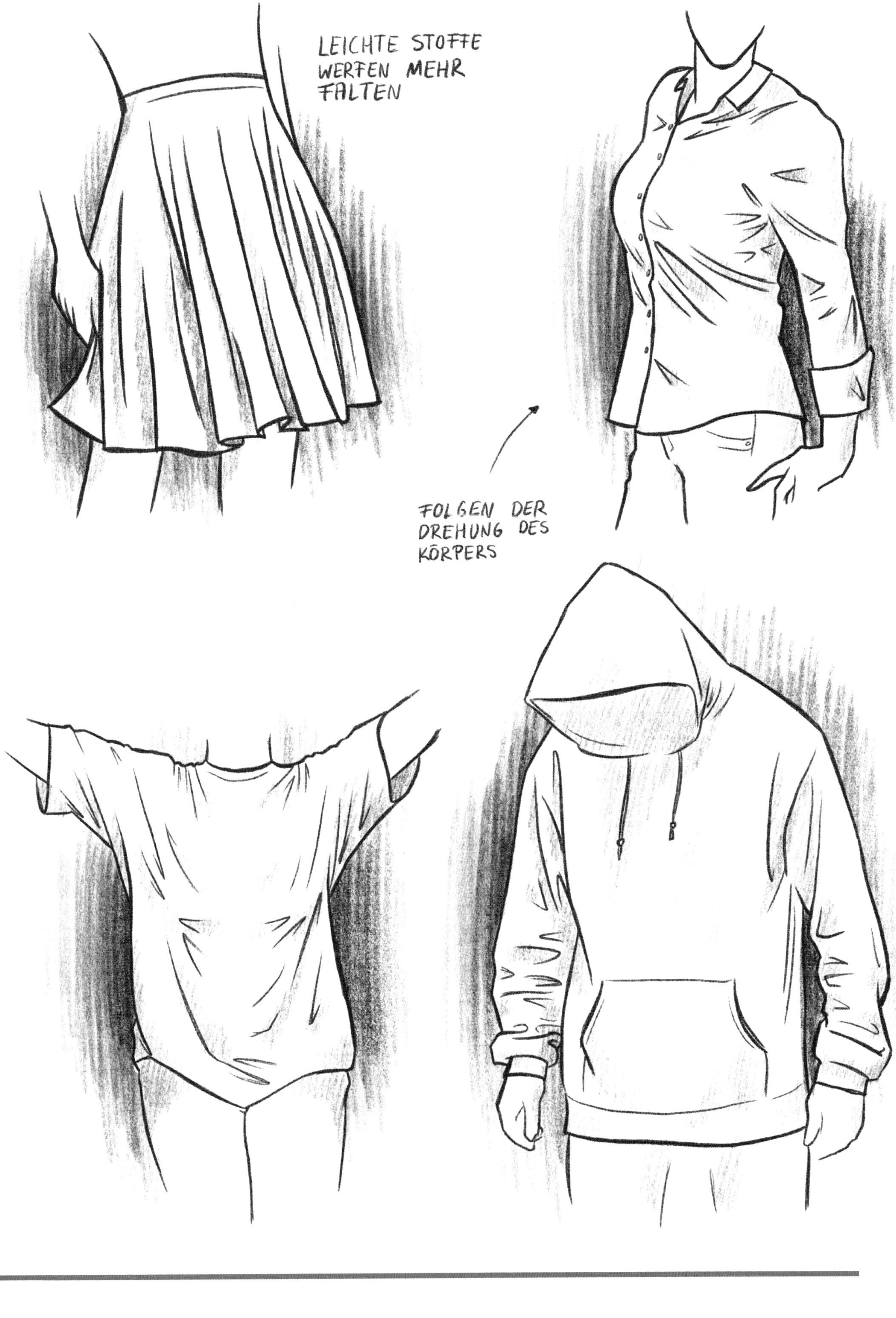
LEICHTE STOFFE
WERFEN MEHR
FALTEN
FOLGEN DER
DREHUNG DES
KÖRPERS

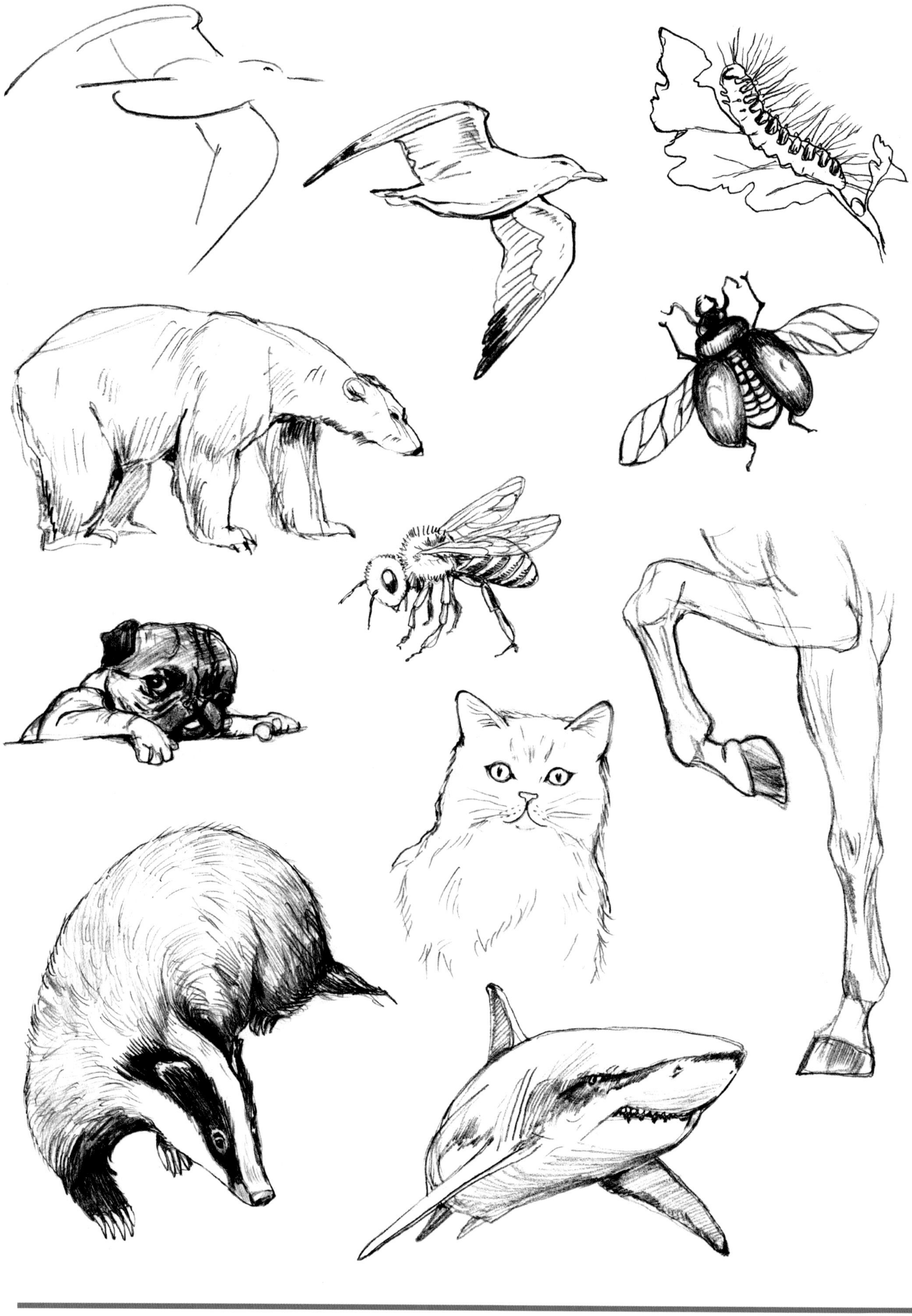

TIERE

Die Beziehung zwischen Mensch und Tier ist Jahrtausende alt und seit Menschengedenken schaffen wir Abbilder von Tieren. Sie sind Inspiration für Mythen, Legenden und Märchen. Wir bewundern ihre Schönheit, die einzigartigen Strukturen ihrer Felle, Häute oder Panzer, ihr leuchtendes Gefieder oder ihre schillernden Schuppen.

Tiere lebensecht und realistisch zeichnen zu können, ist der Wunsch vieler Künstler:innen – der Blick auf Proportionen und wichtige Details hilft dabei.

GRUNDLAGEN, PROPORTIONEN, DETAILS – TIERE

Die meisten Menschen lieben Tiere. Wir halten sie als Haustiere, bewundern ihre Schönheit oder sind erstaunt über ihre Einzigartigkeit. Wir haben eine sehr komplexe Beziehung zu ihnen. Sie versorgen uns mit Nahrung und Kleidung. Sie arbeiten für uns, beschützen uns und verteidigen uns im Kampf. In früheren Zeiten waren sie sogar unsere wichtigsten Fortbewegungsmittel, bevor wir unser Fortkommen immer mehr technischen Hilfsgeräten überließen.
Tiere sind die Inspiration für Mythen, Legenden und Märchen. Seit Menschengedenken – es ist ein Teil unserer Kultur- und Kunstgeschichte – schaffen wir Abbilder von Tieren.
Die folgenden Seiten werden dir einen kleinen Teil dieser möglichen Tierdarstellungen visuell näherbringen. Sie zeigen dir die Grundlagen, Proportion und wichtigen Details, die eine individuelle Tierzeichnung ausmachen. Du lernst dabei, die einzigartigen Merkmale deines Zeichenmotivs bestmöglich hervorzuheben. Kleine Tipps gehen auf wichtige Merkmale ein und helfen dir, die Darstellung deines gewählten Tieres überzeugend zu meistern. Findest du dein ein oder anderes Lieblingstier nicht diesem Kapitel, rate ich dir, auf Fotovorlagen aus dem Internet oder aus Büchern zurückzugreifen.

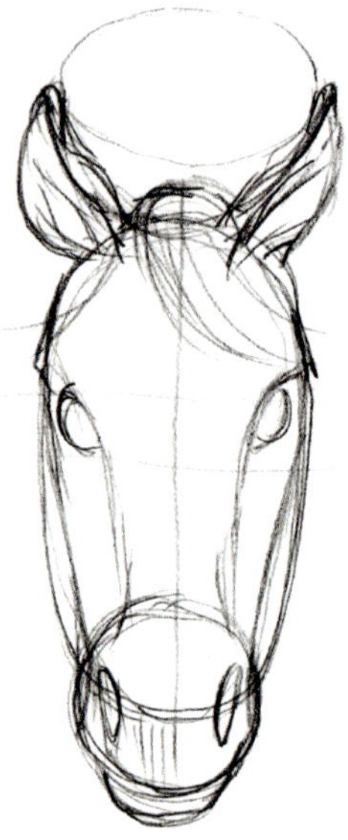

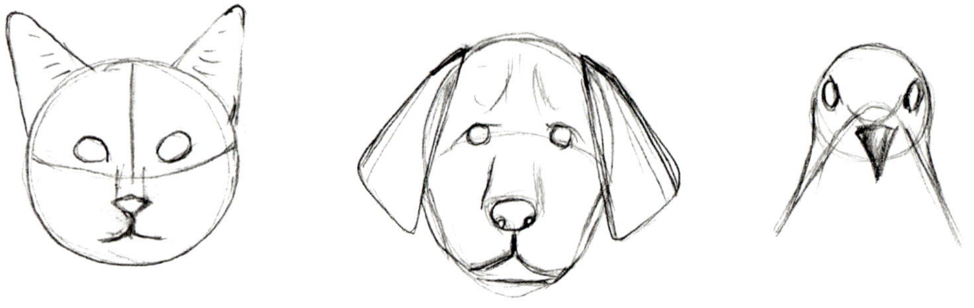

MIT EINFACHEN GEOMETRISCHEN FORMEN KANNST DU DIE PROPORTIONEN EINES TIERKOPFES FESTLEGEN. SCHAU DIR DAZU DIE ABGEBILDETEN KÖPFE VON KATZE, HUND, VOGEL UND PFERD AN.

JEDES TIER HAT EINE EINZIGARTIGE OBERFLÄCHENSTRUKTUR, DIE ES CHARAKTERISIERT. HIER SIEHST DU EINIGE MÖGLICHE DARSTELLUNGEN.

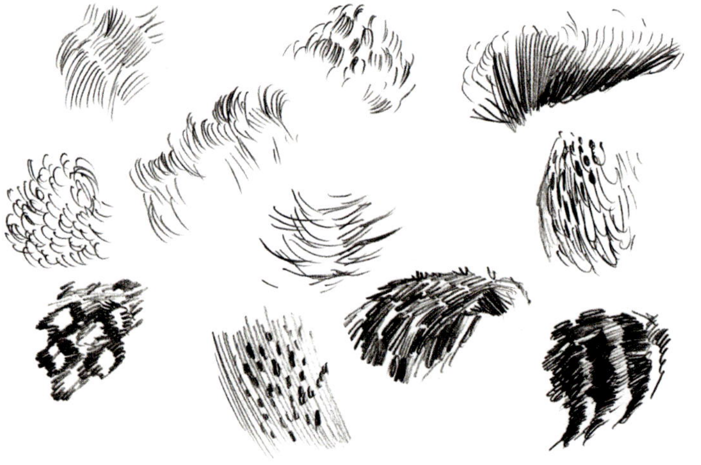

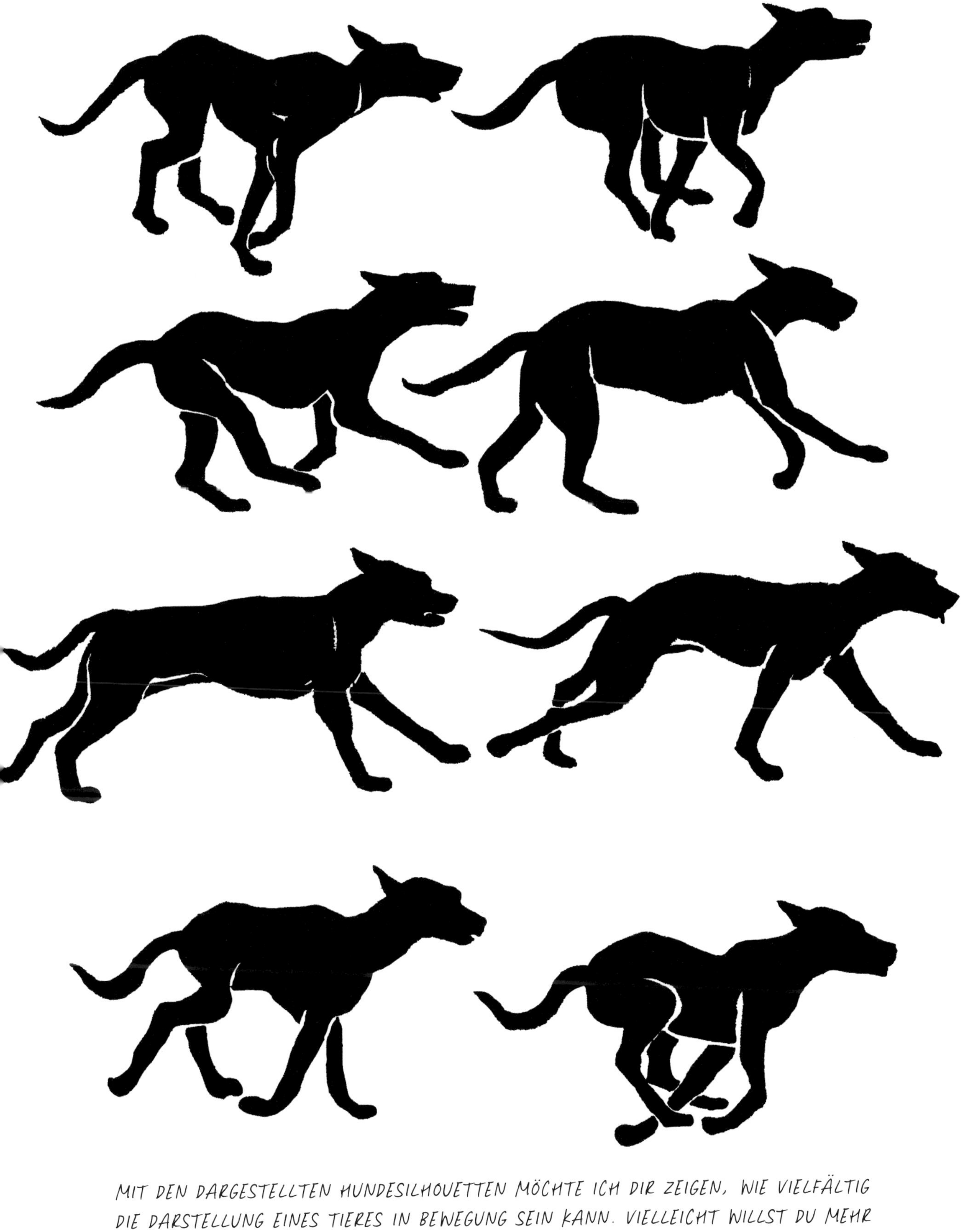

MIT DEN DARGESTELLTEN HUNDESILHOUETTEN MÖCHTE ICH DIR ZEIGEN, WIE VIELFÄLTIG DIE DARSTELLUNG EINES TIERES IN BEWEGUNG SEIN KANN. VIELLEICHT WILLST DU MEHR BEWEGUNG IN DEINE TIERDARSTELLUNG BRINGEN? HUNDE SIND SEHR LEBHAFTE TIERE.

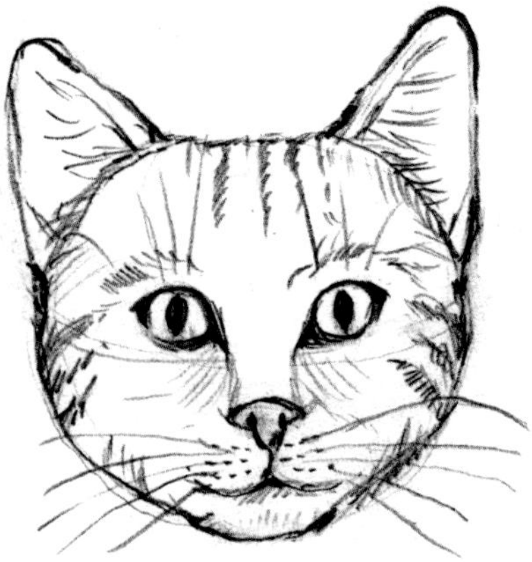

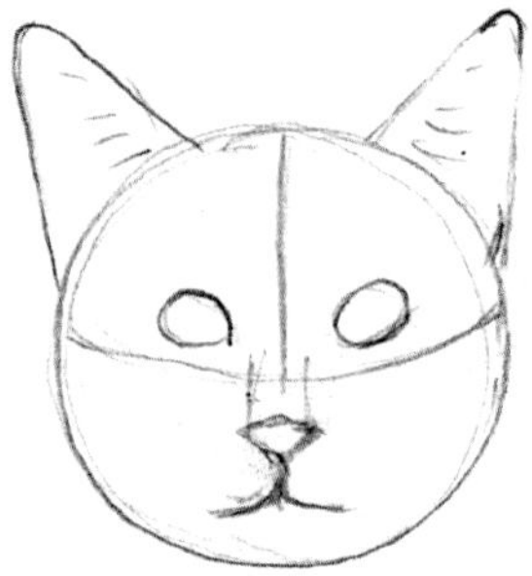

EINFACHES SCHEMA FÜR DAS SKIZZIEREN EINES KATZENKOPFS

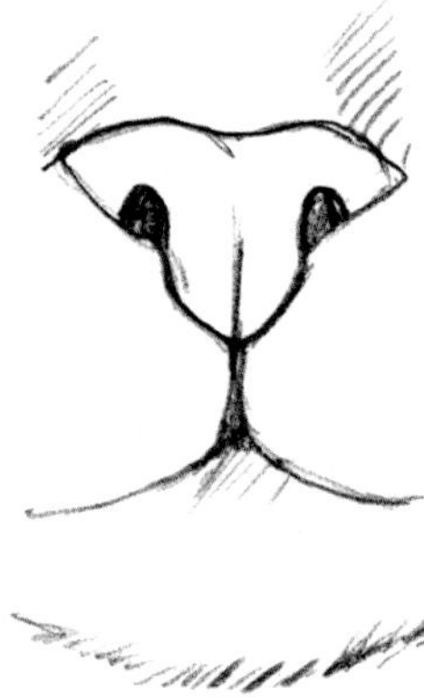

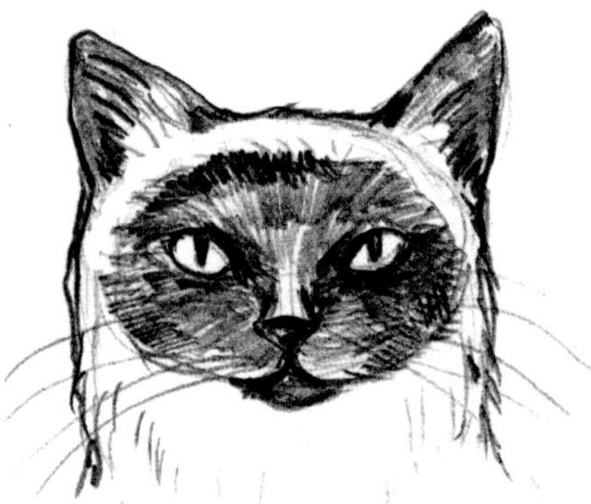

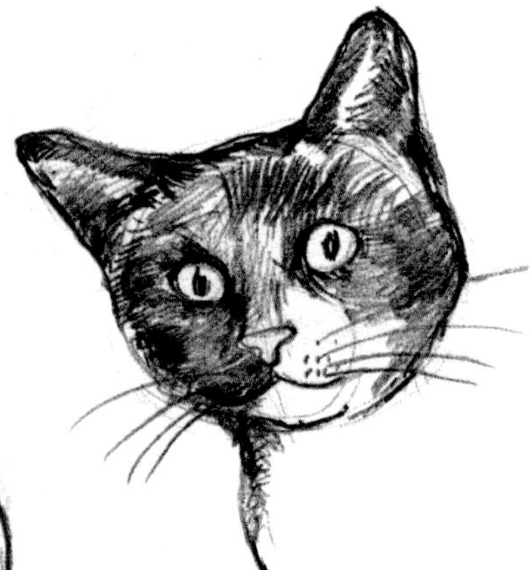

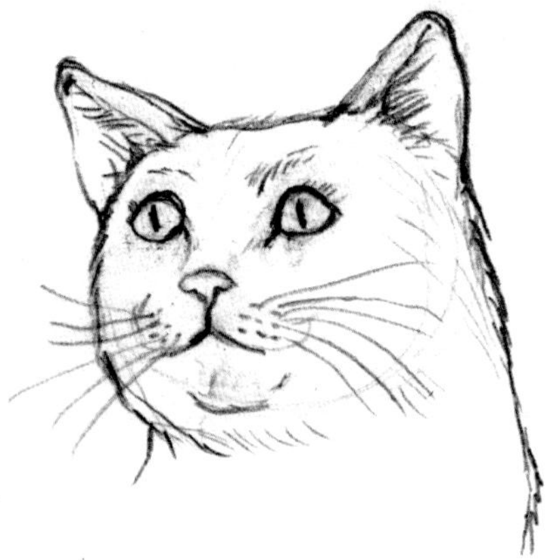

BEI STARKEM LICHT-EINFALL VERENGEN SICH DIE PUPILLEN EINER KATZE ZU EINER CHARAKTERISTISCHEN FORM

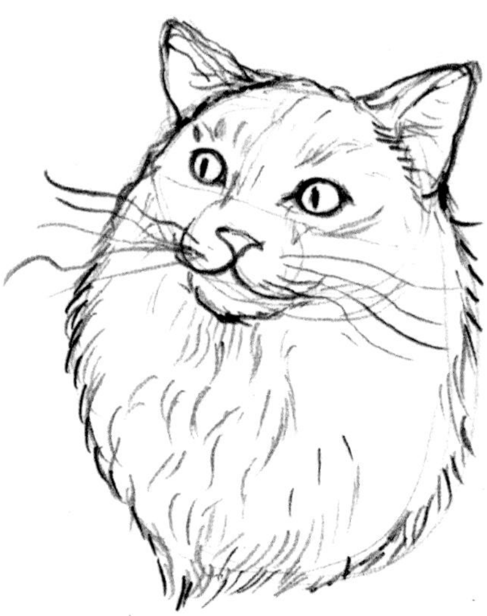

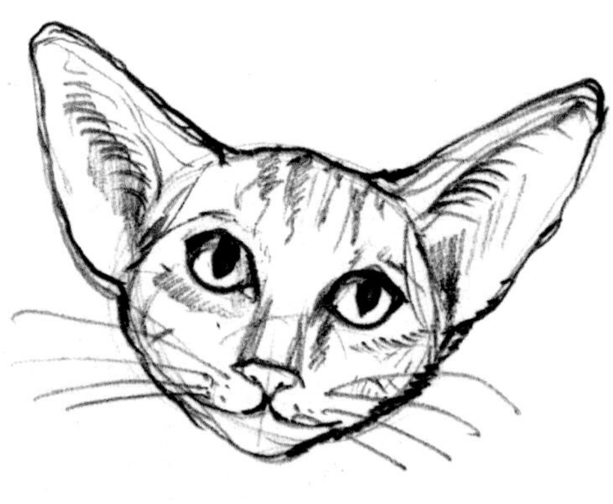

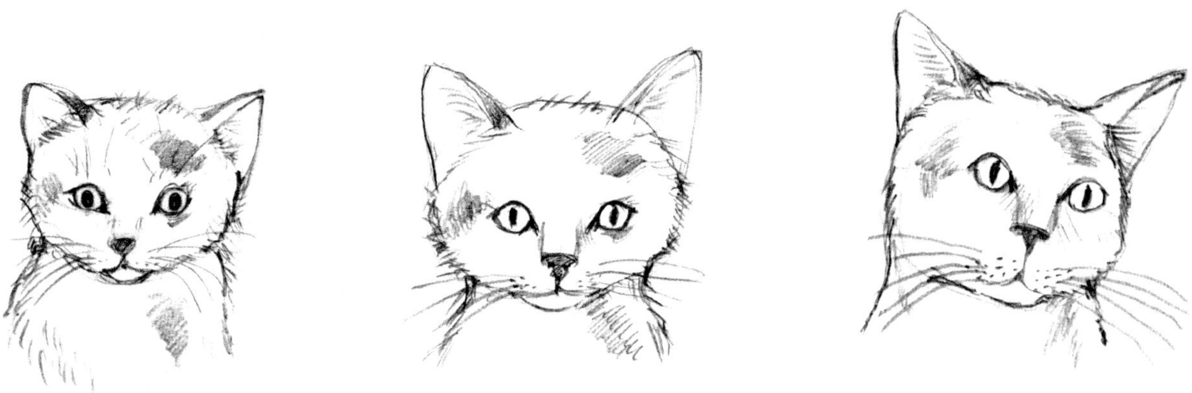

VON DER KLEINEN KATZE ZUM AUSGEWACHSENEN TIER

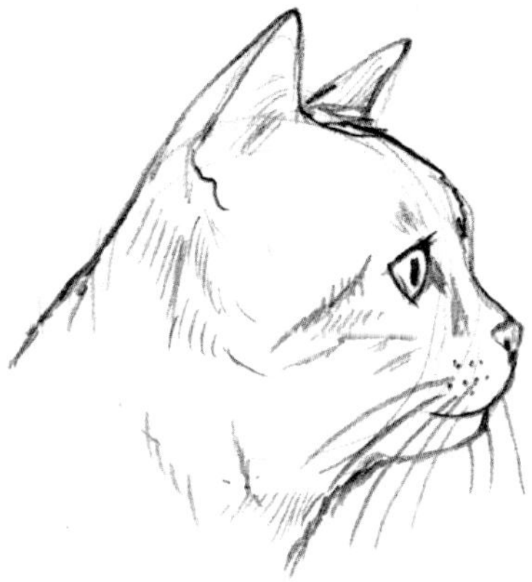

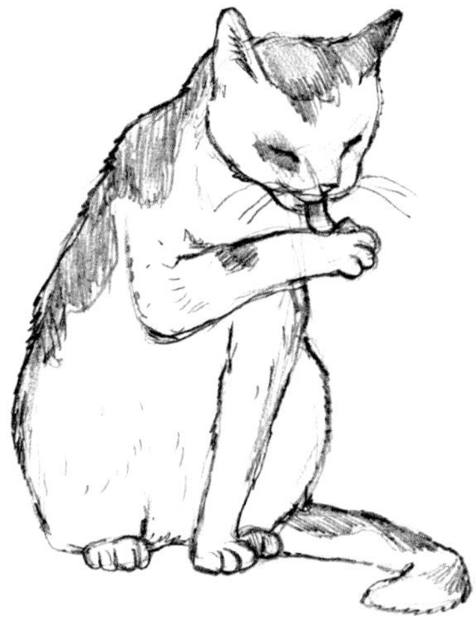

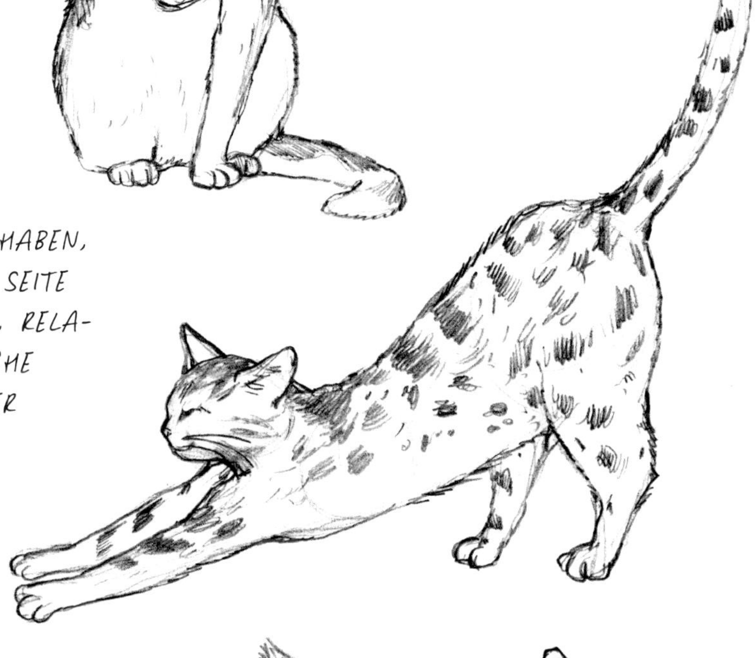

KATZEN HABEN, VON DER SEITE GESEHEN, RELATIV FLACHE GESICHTER

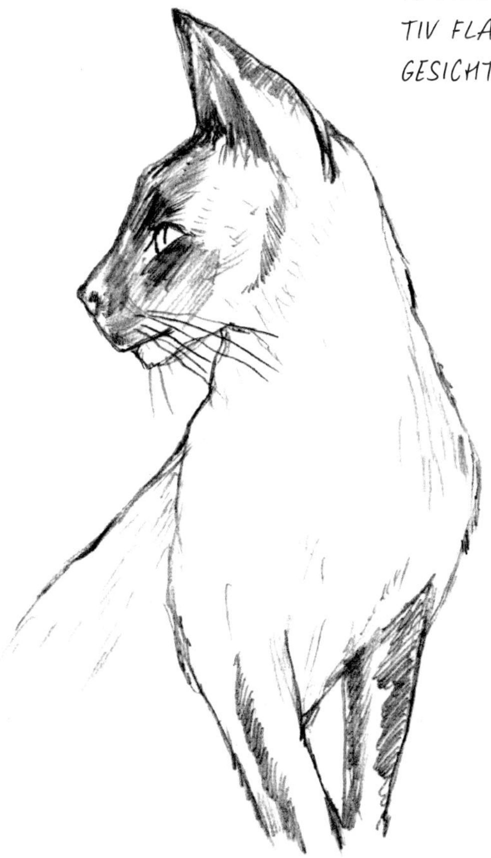

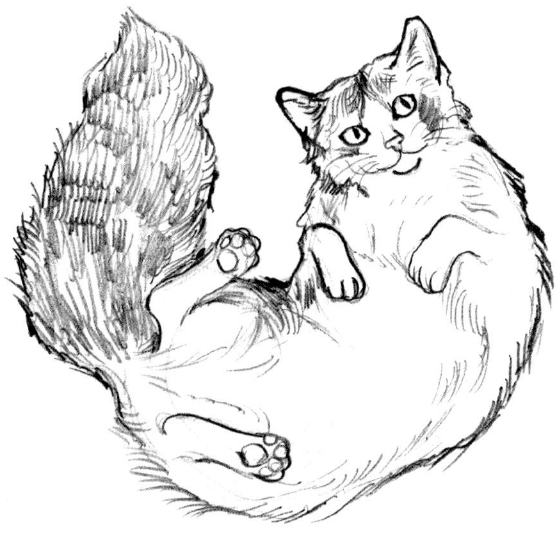

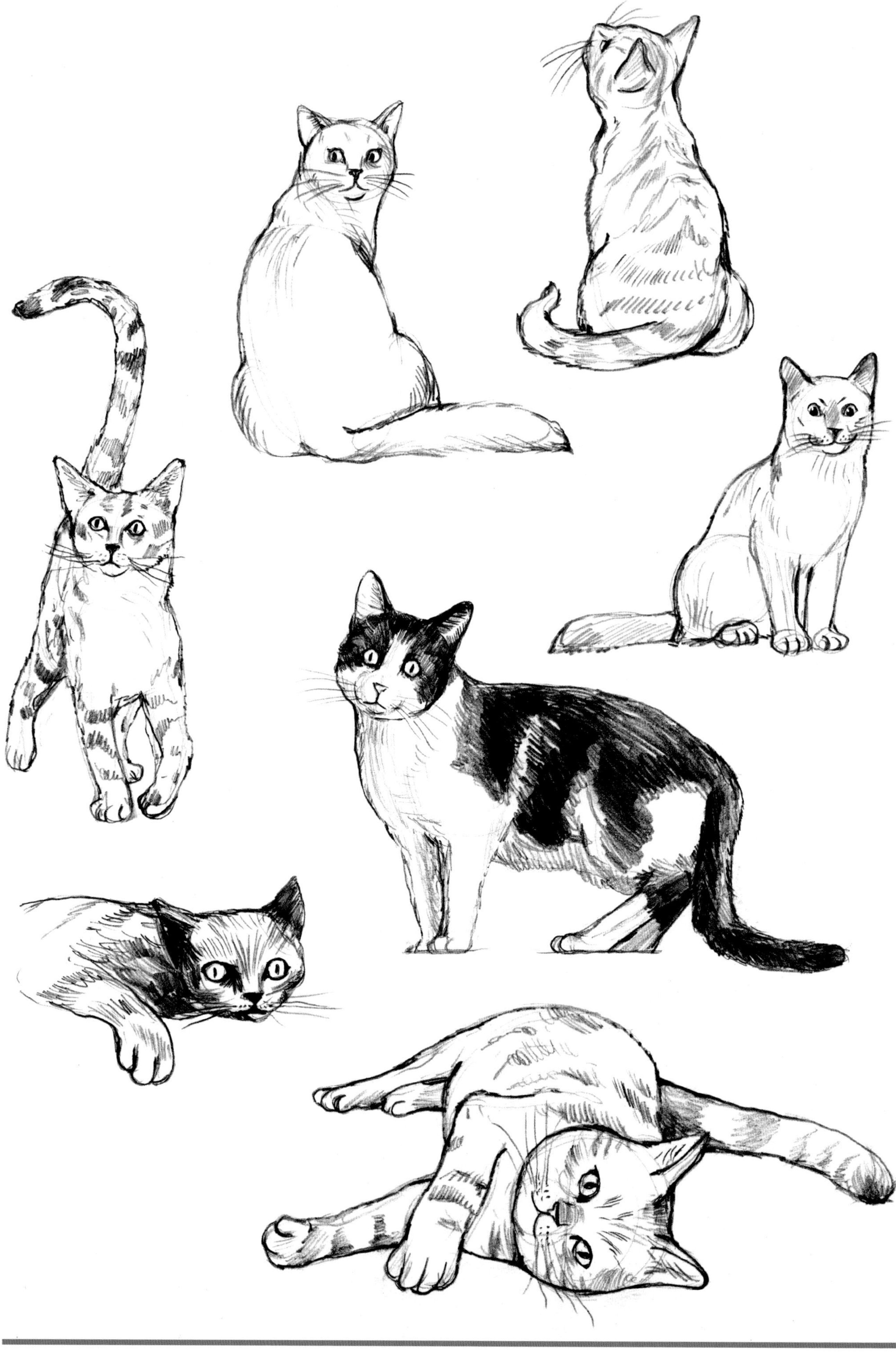

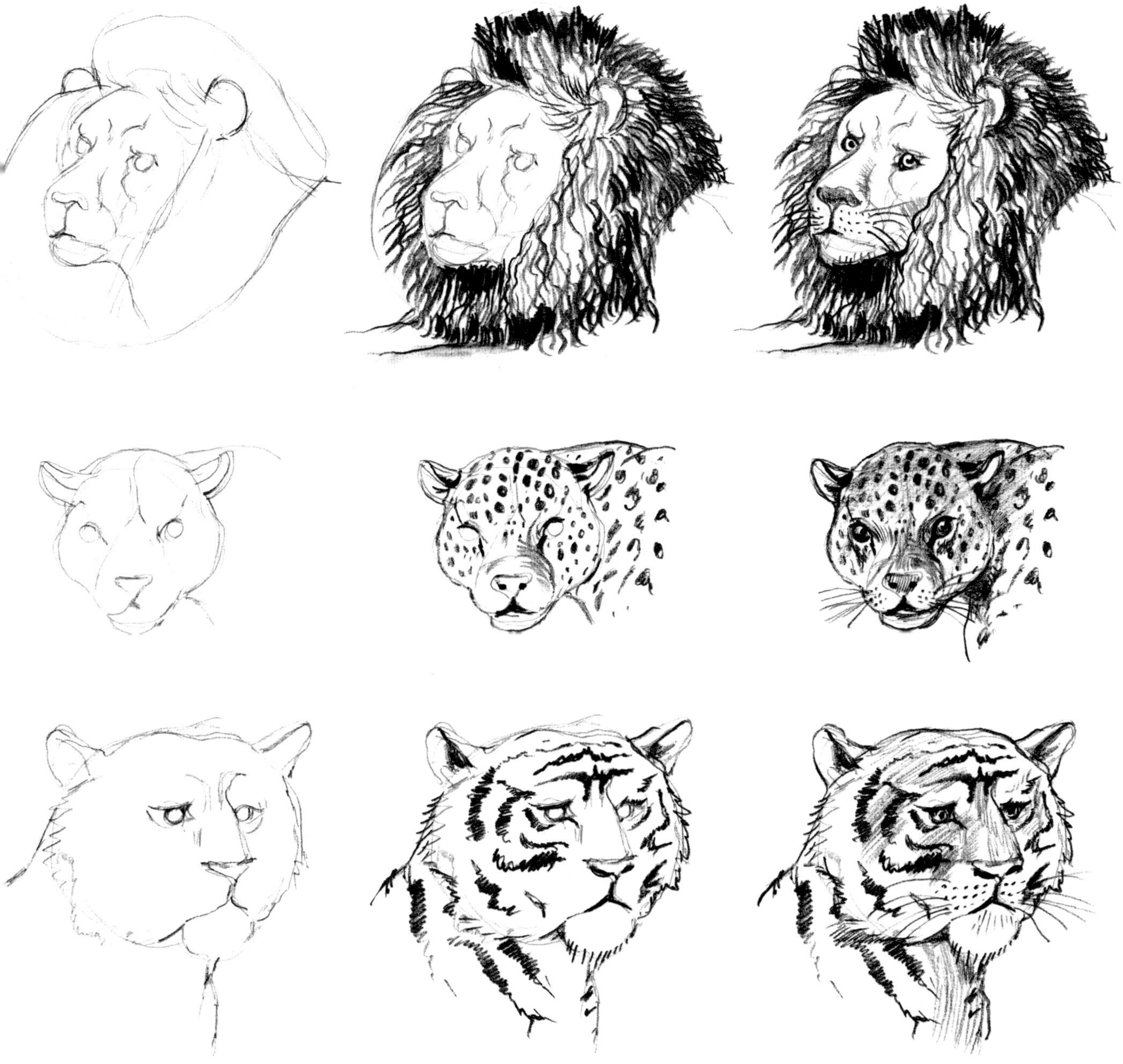

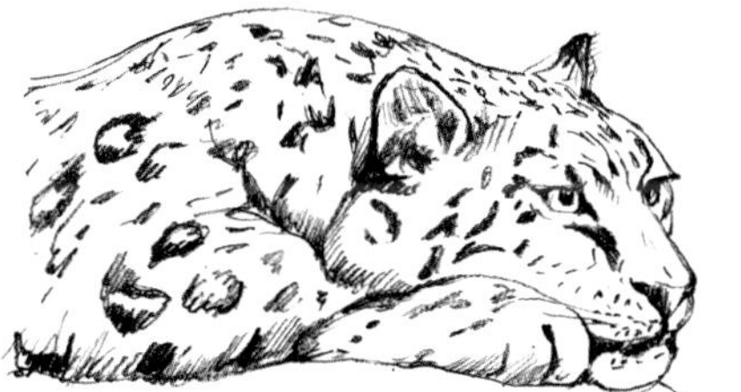

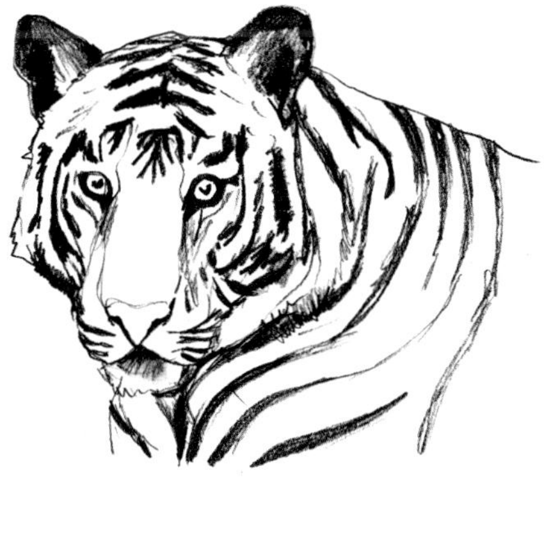

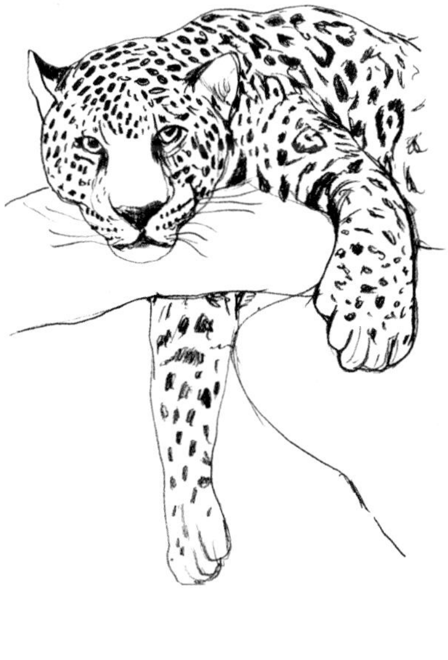

VON GROSSEN, EINFACHEN FORMEN BIS HIN ZUR FELL-STRUKTUR ENTWICKELT SICH DAS TYPISCHE AUSSEHEN VON LÖWE, GEPARD UND TIGER

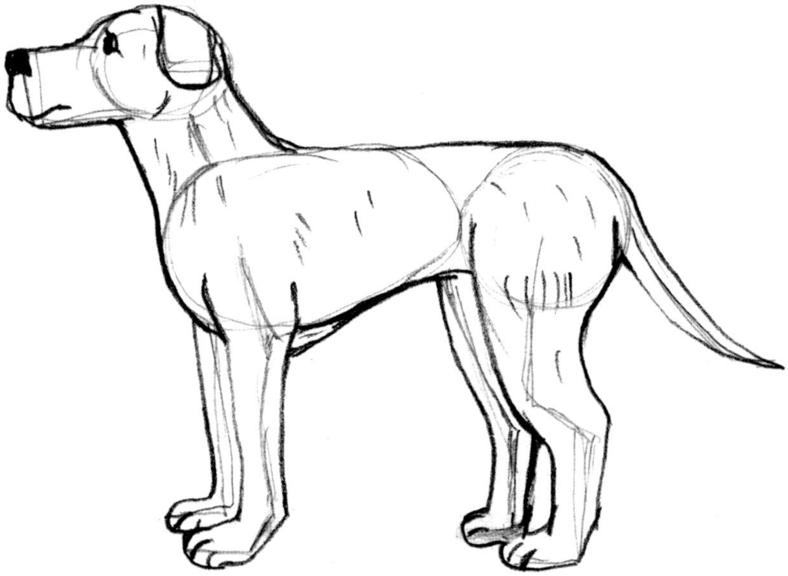

EINFACHES SCHEMA DER PROPORTIONEN EINES HUNDES

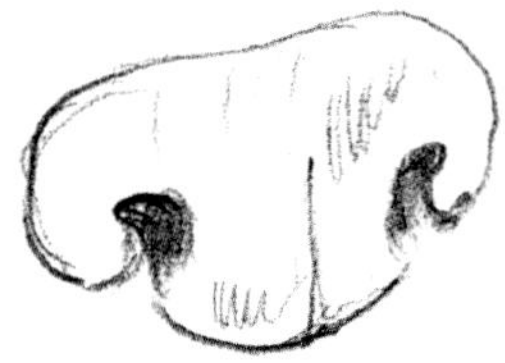

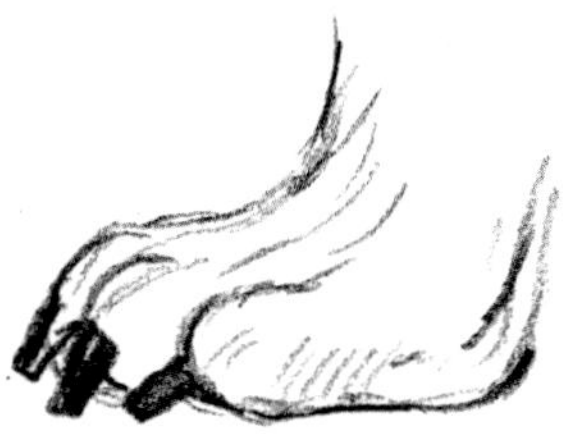

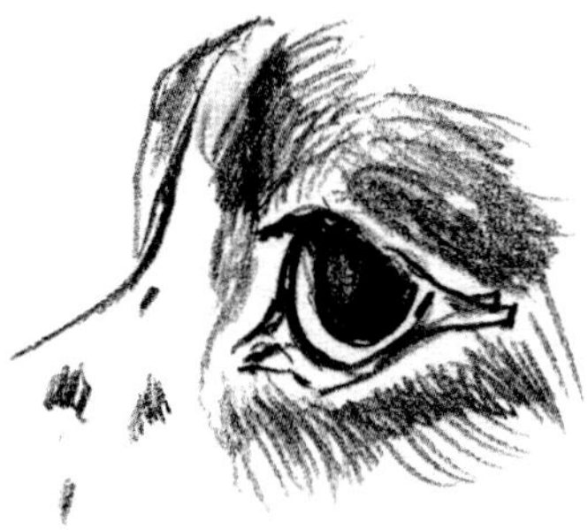

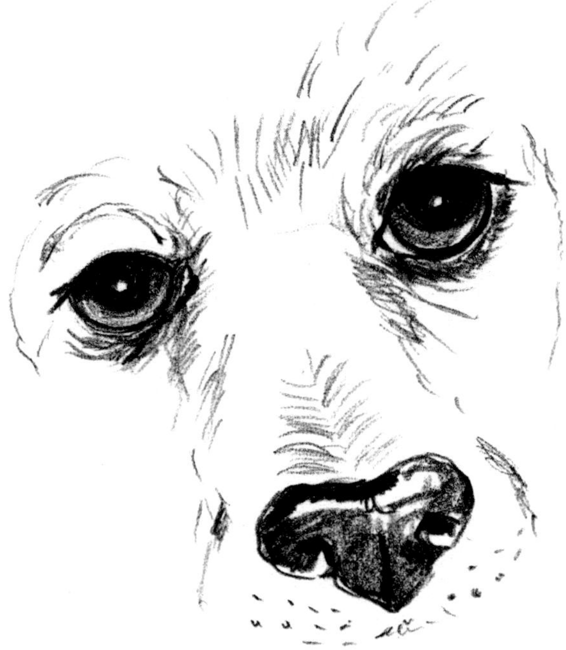

TREUER HUNDEBLICK

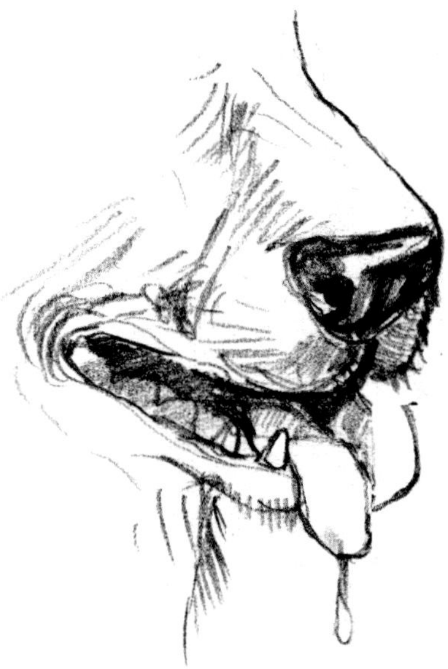

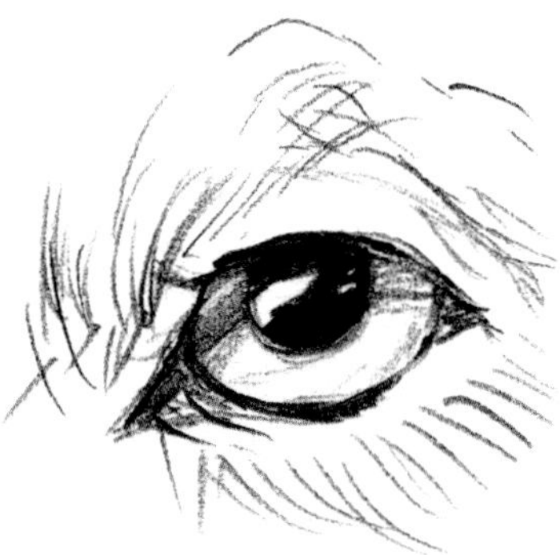

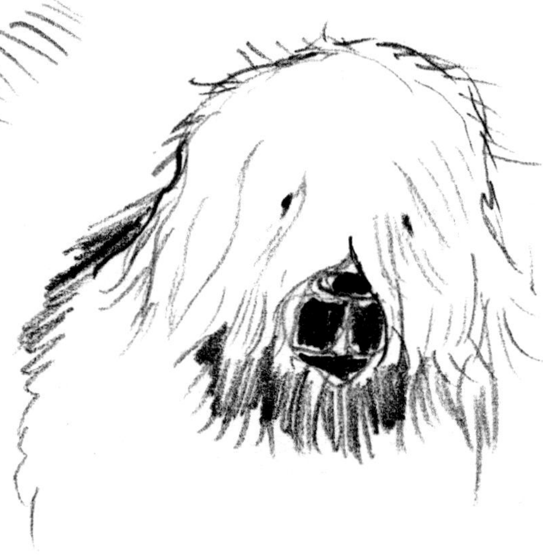

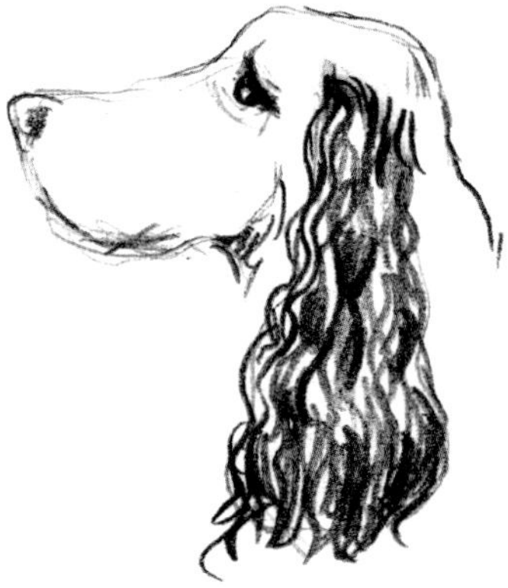

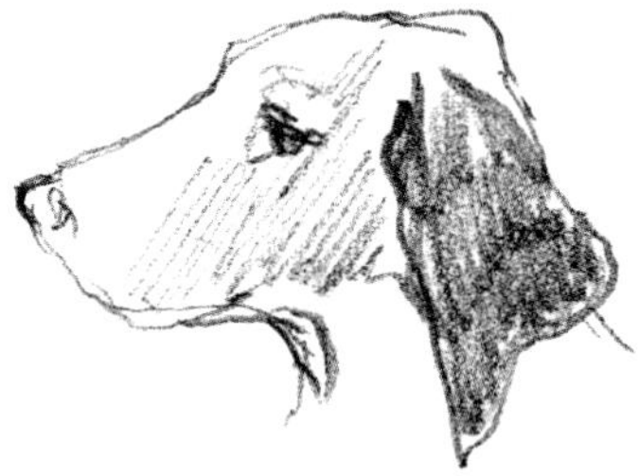

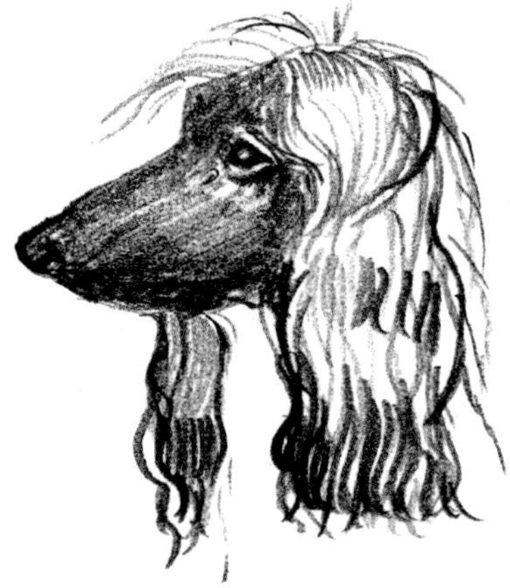

HUNDEPORTRÄTS IM PROFIL

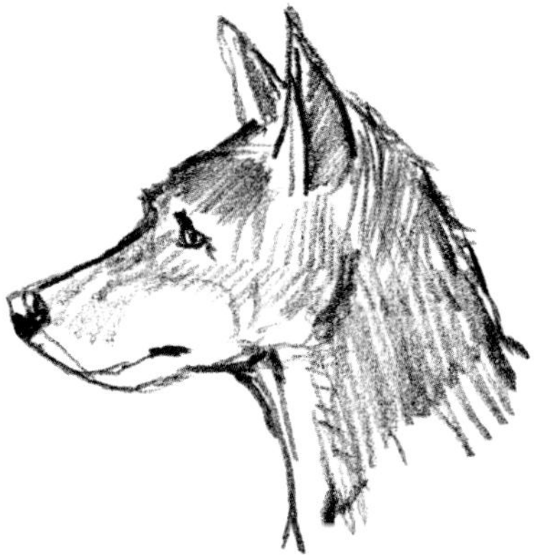

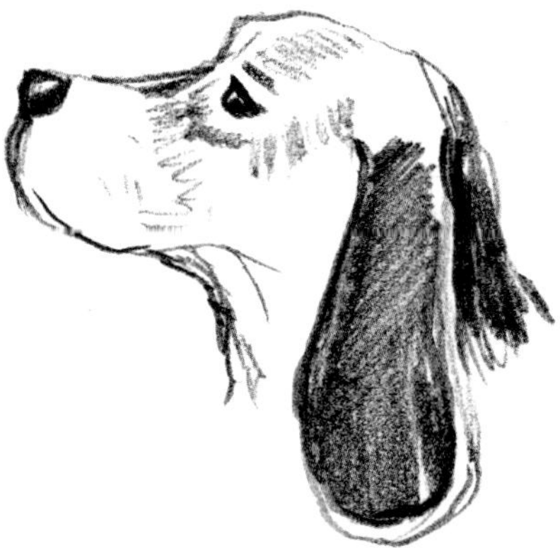

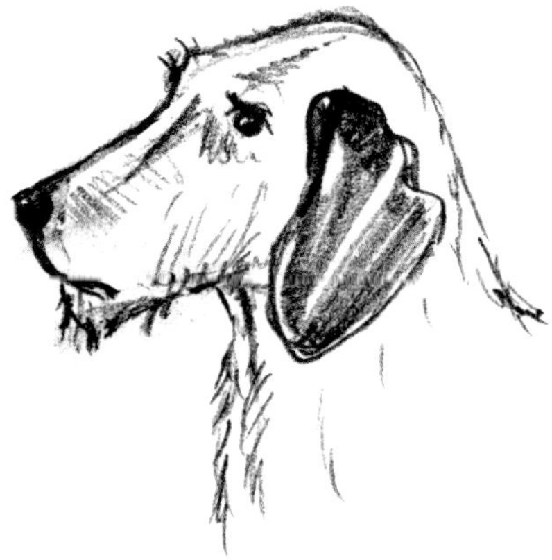

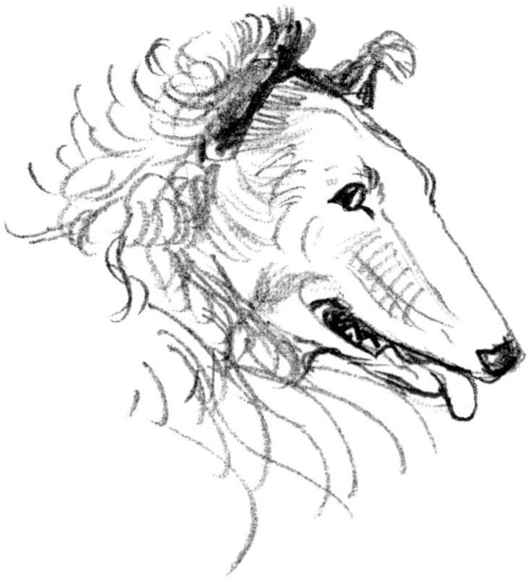

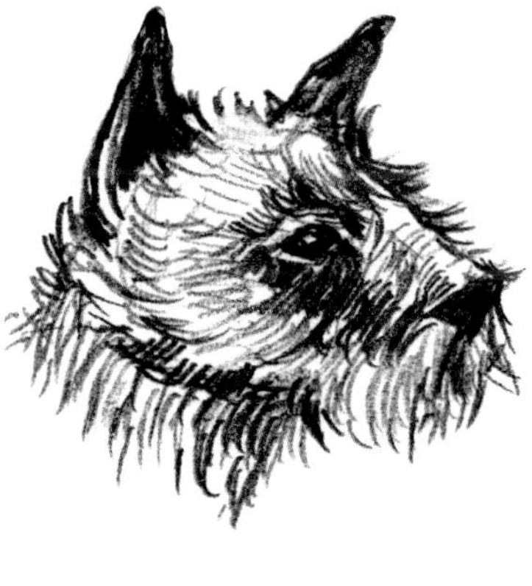

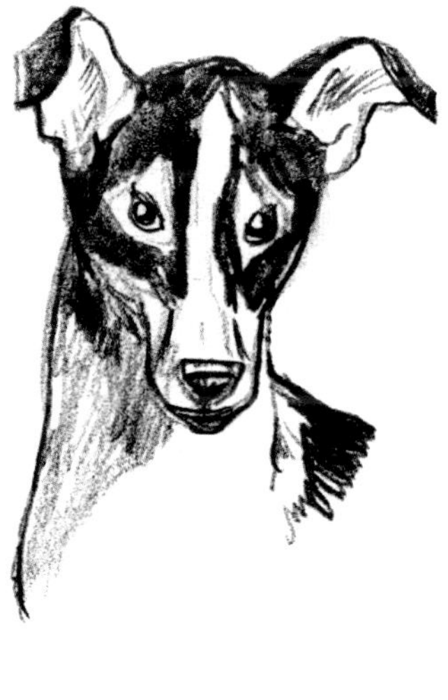

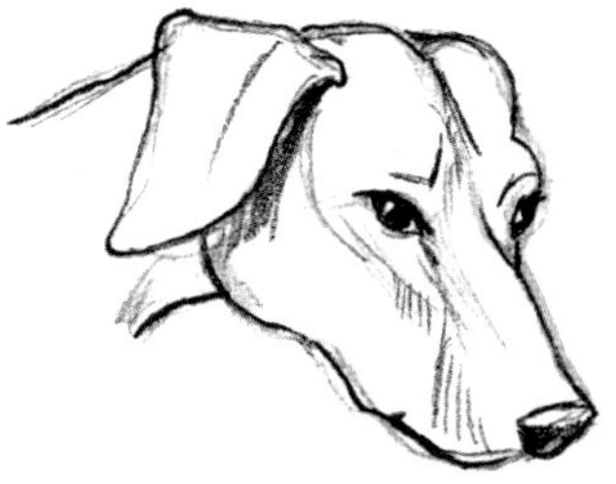

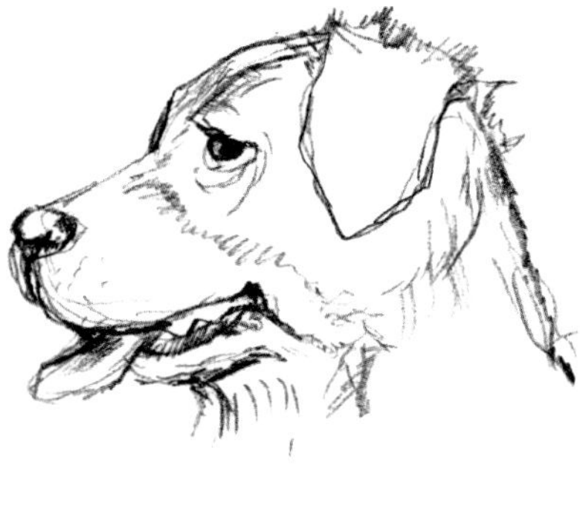

JEDE HUNDERASSE HAT
IHRE TYPISCHE OHRENFORM
ALS ERKENNUNGSMERKMAL

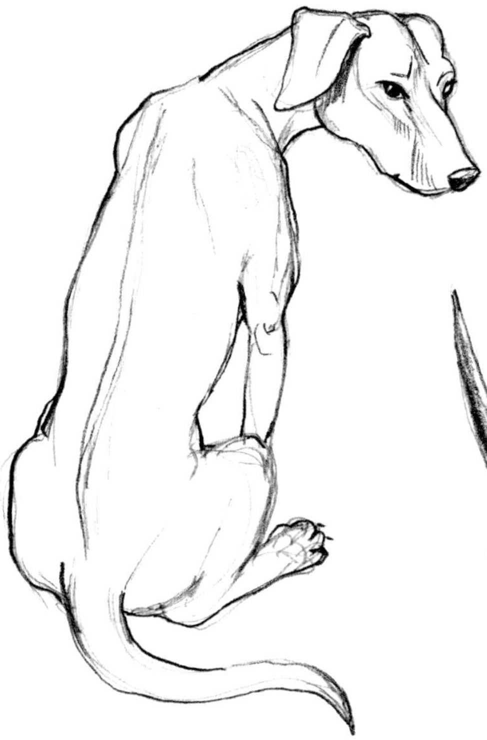

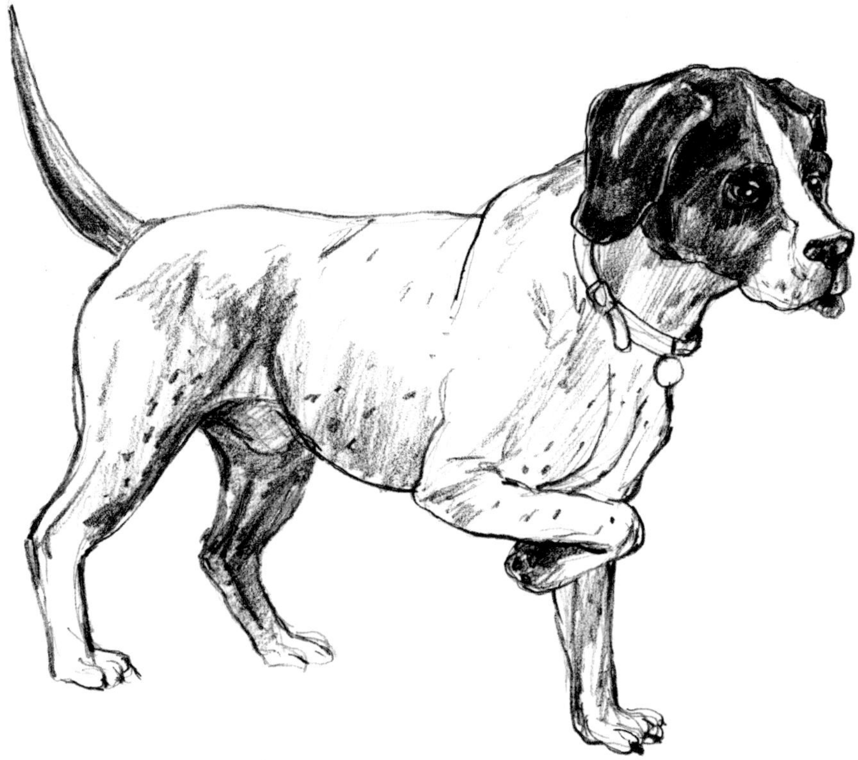

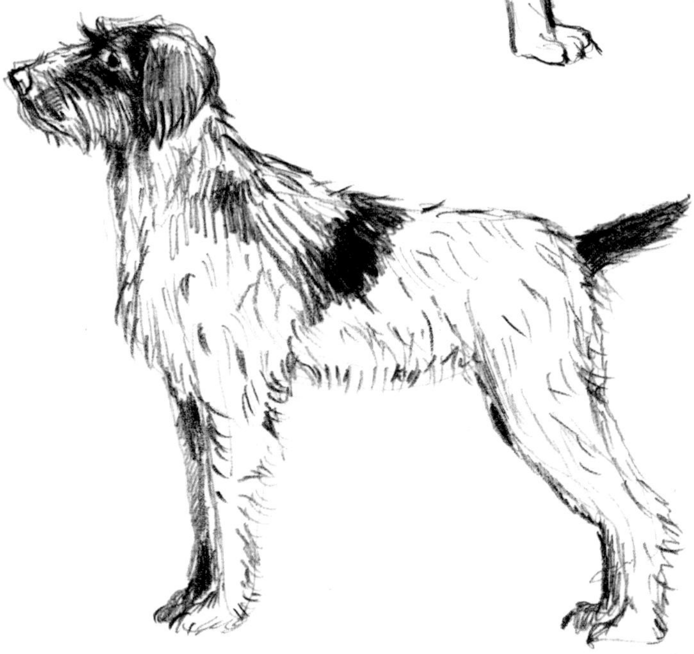

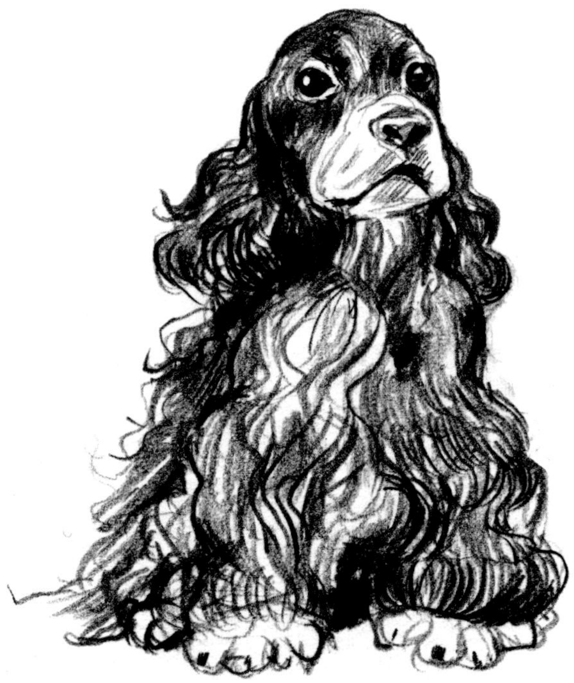

AN DER HALTUNG EINES HUNDES LÄSST SICH SEINE STELLUNG ZUM MENSCHEN ERKENNEN: JAGD- ODER SCHUTZHUND ODER „NUR" SCHMUSEHUND?

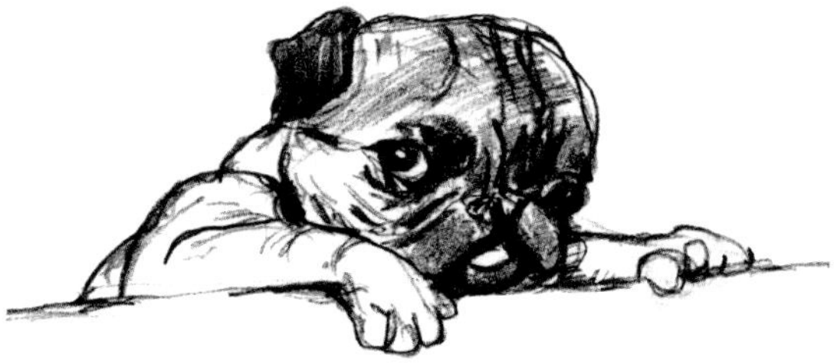

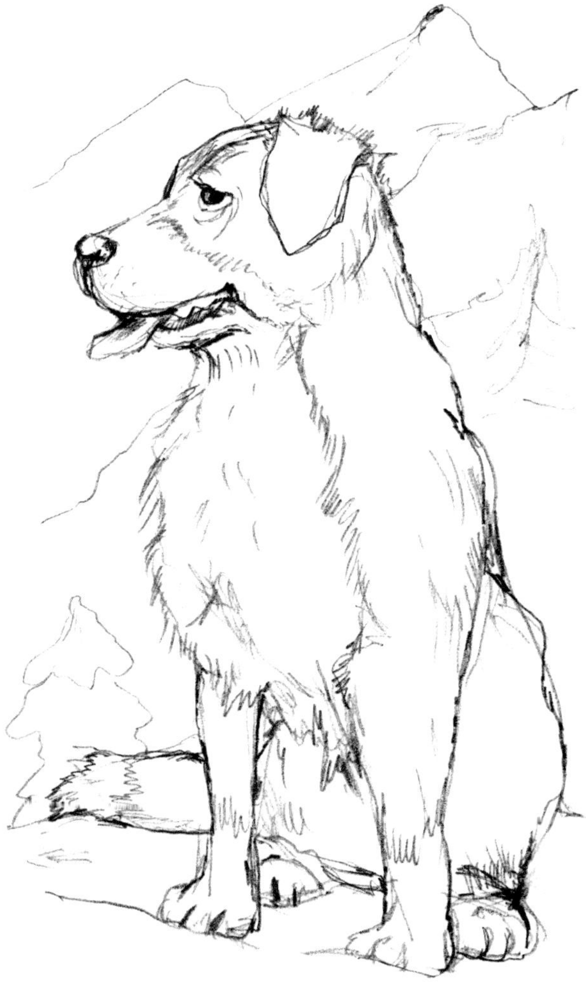

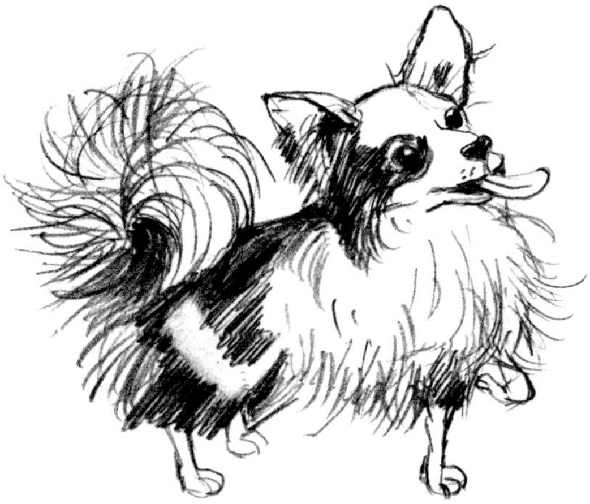

SCHWER VORSTELLBAR, DASS DER WOLF DER VORFAHRE ALLER HEUTIGEN HUNDERASSEN IST

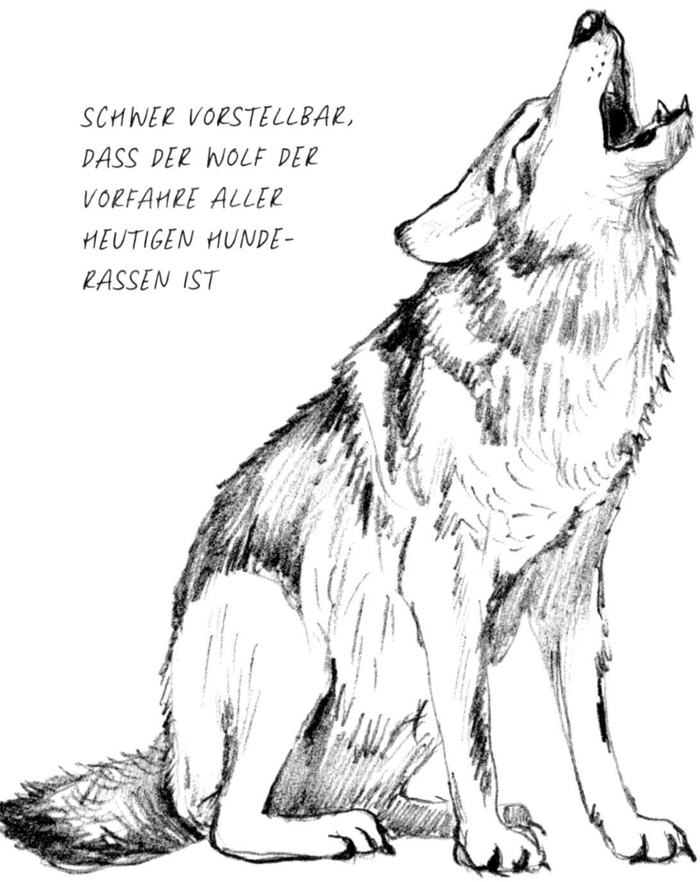

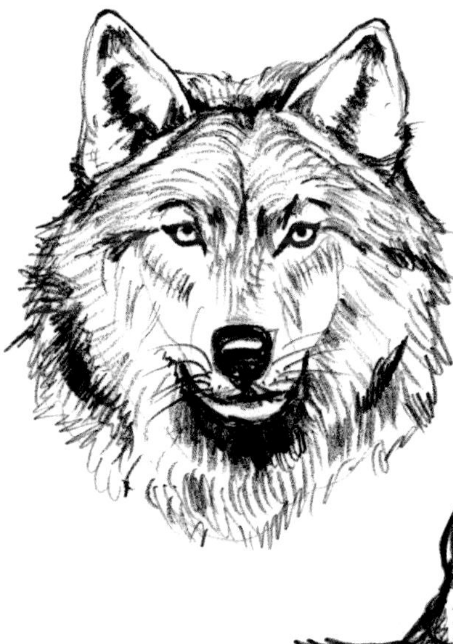

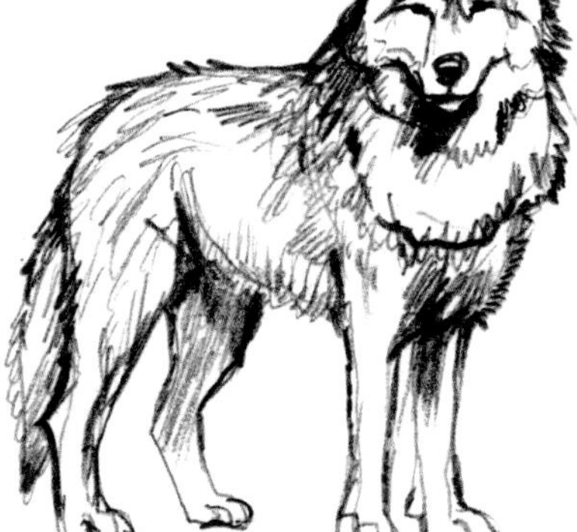

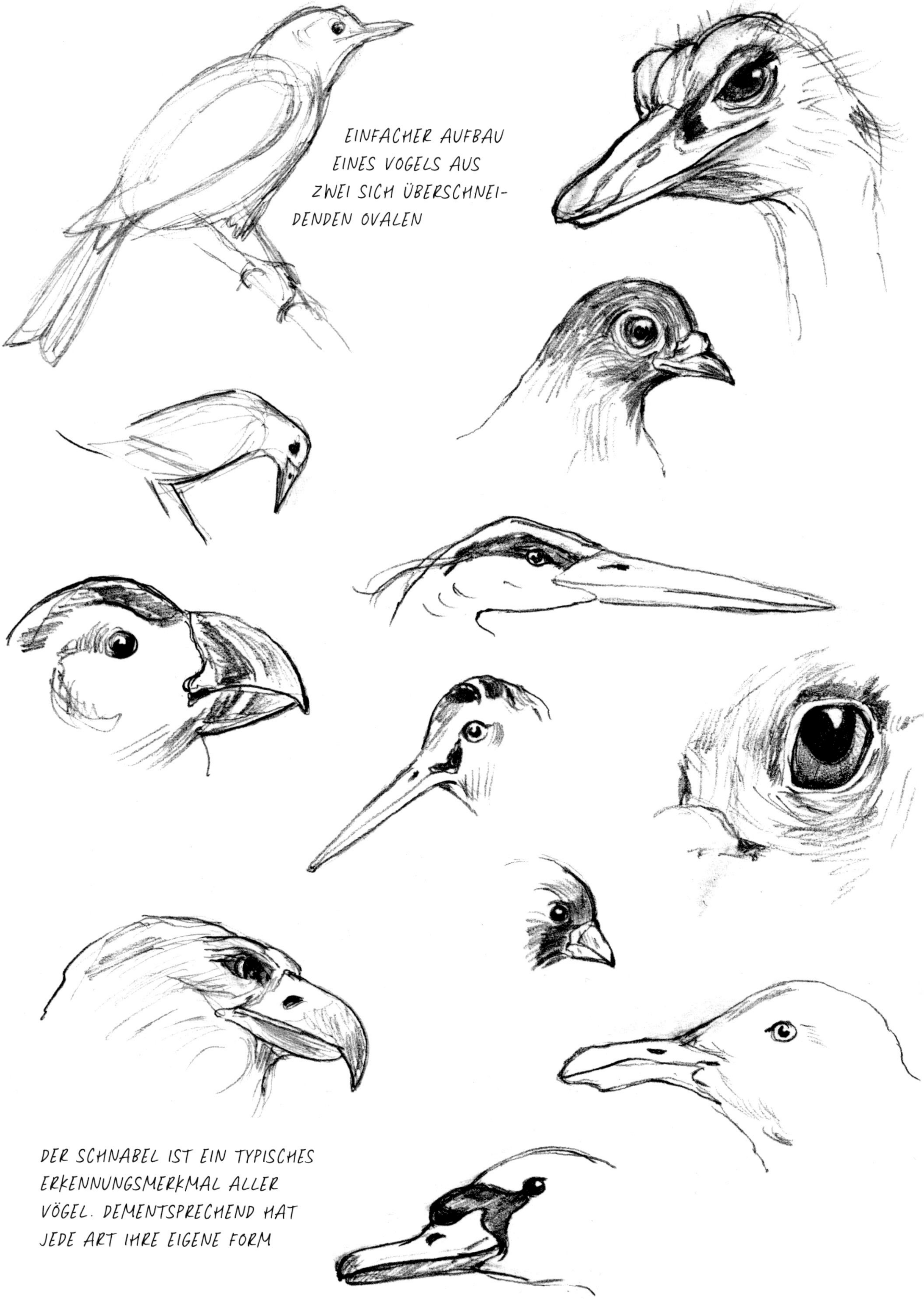
EINFACHER AUFBAU
EINES VOGELS AUS
ZWEI SICH ÜBERSCHNEI-
DENDEN OVALEN
DER SCHNABEL IST EIN TYPISCHES
ERKENNUNGSMERKMAL ALLER
VÖGEL. DEMENTSPRECHEND HAT
JEDE ART IHRE EIGENE FORM

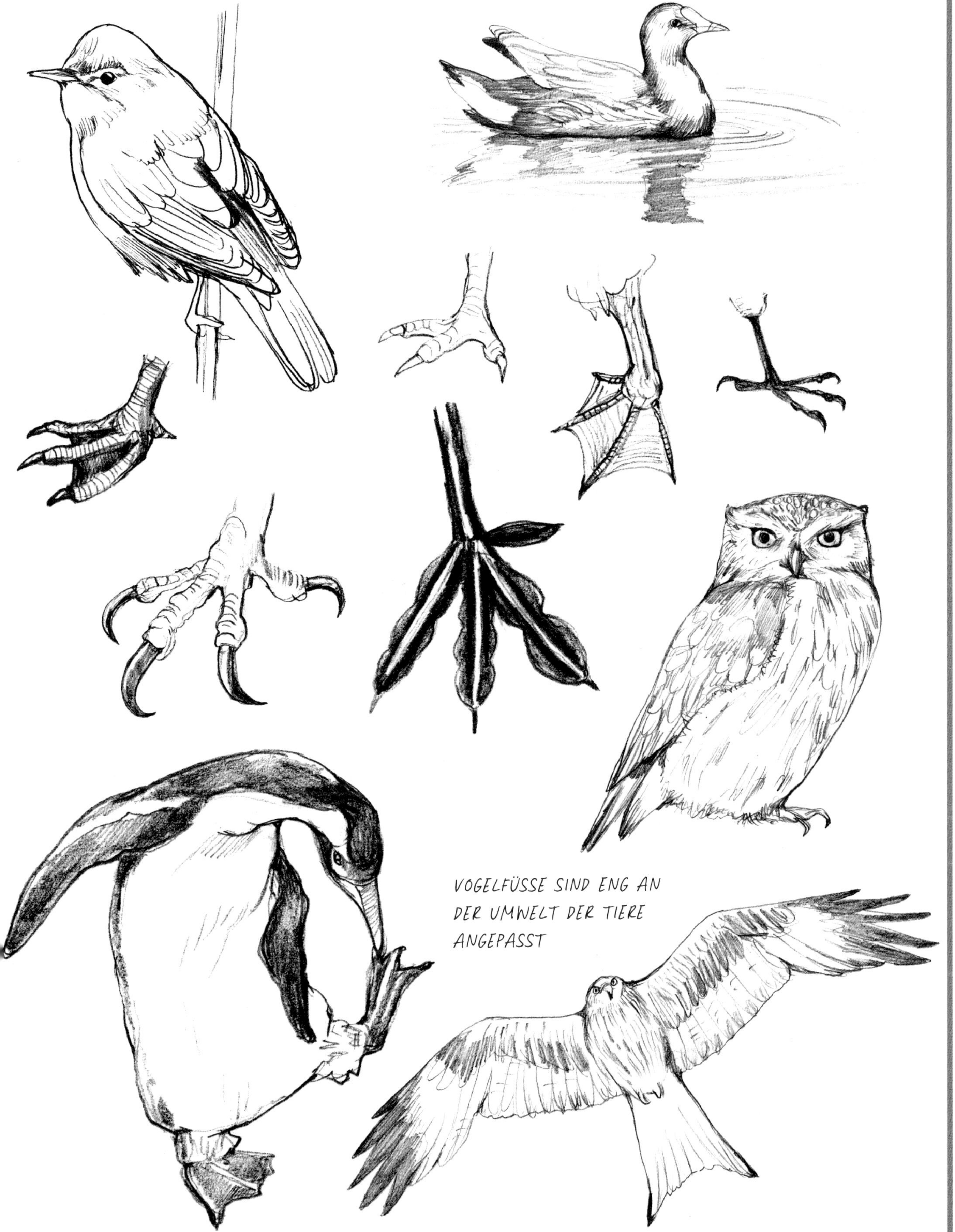
VOGELFÜSSE SIND ENG AN
DER UMWELT DER TIERE
ANGEPASST

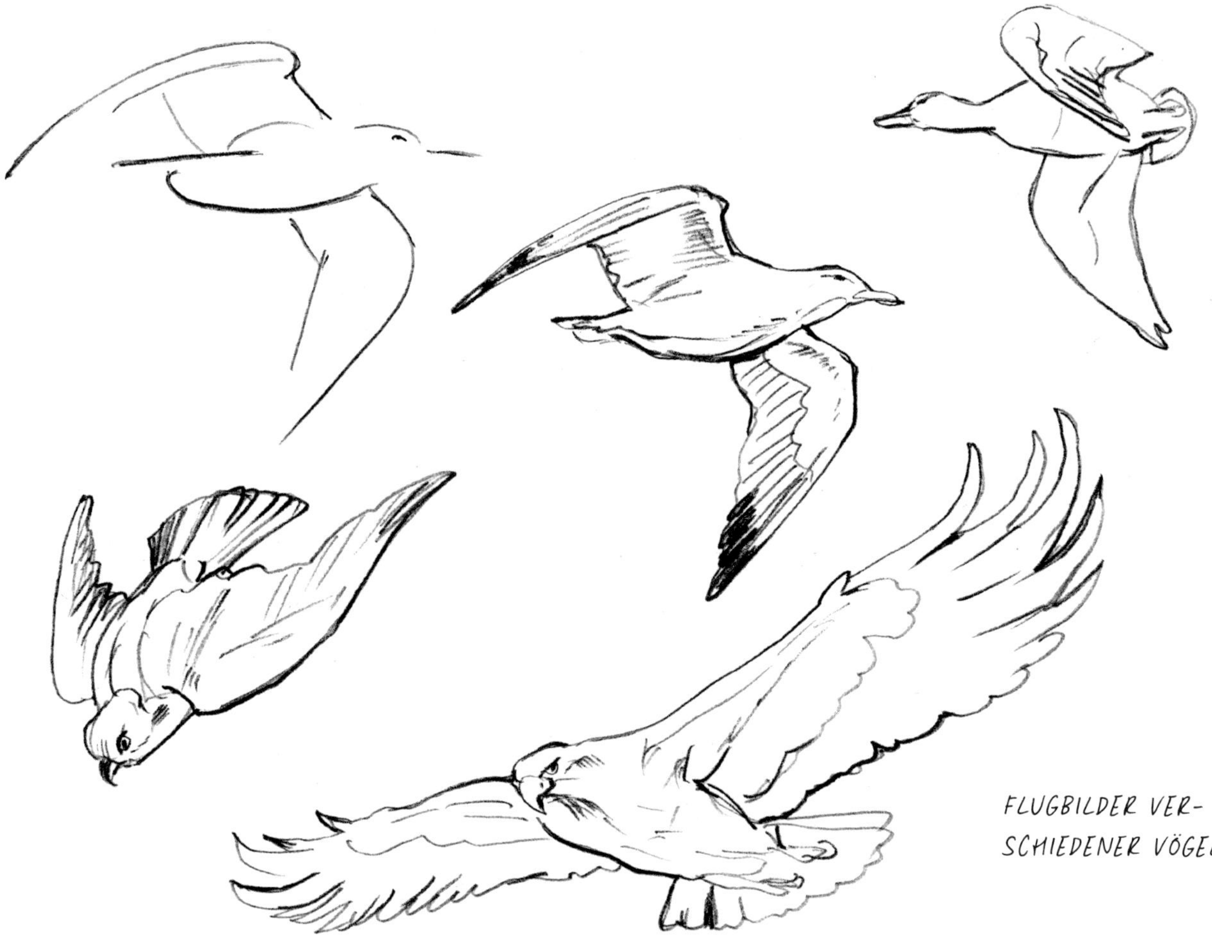

FLUGBILDER VERSCHIEDENER VÖGEL

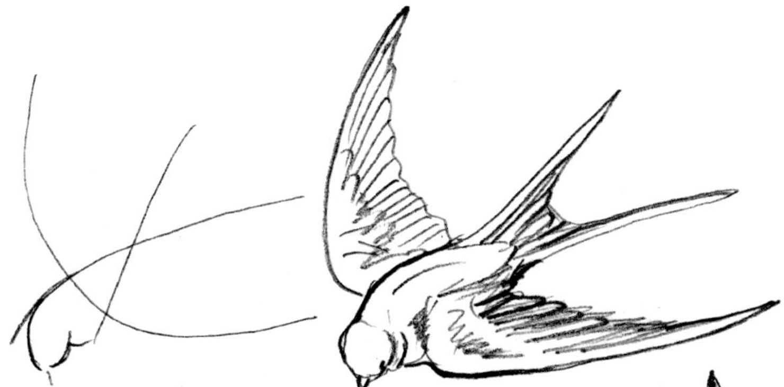

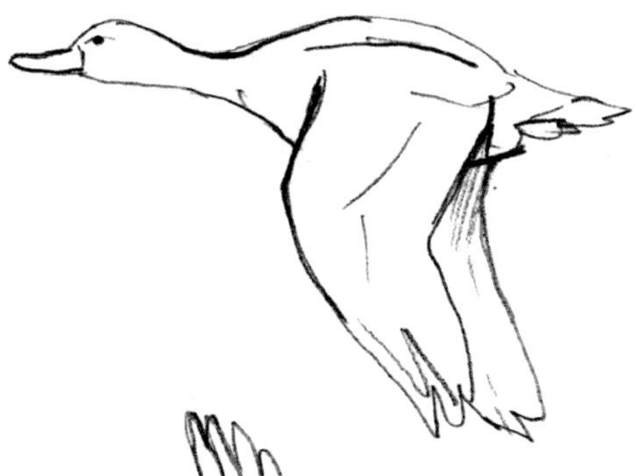

EINFACHE LINIEN DIENEN ALS VORZEICHNUNG FÜR DEN VOGEL

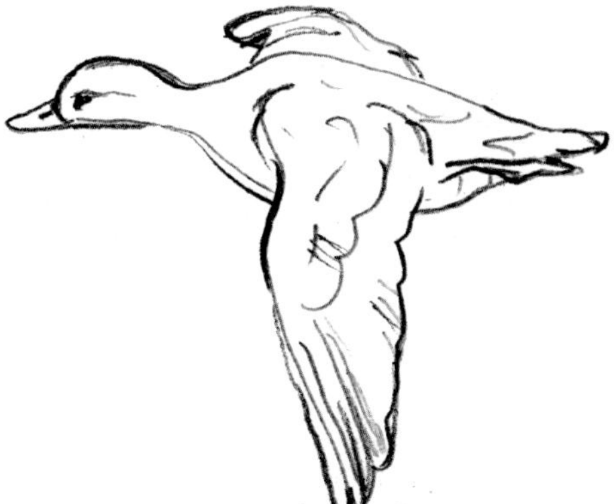

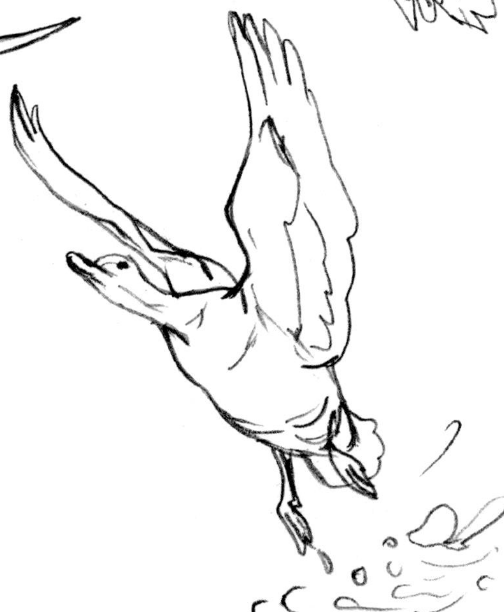

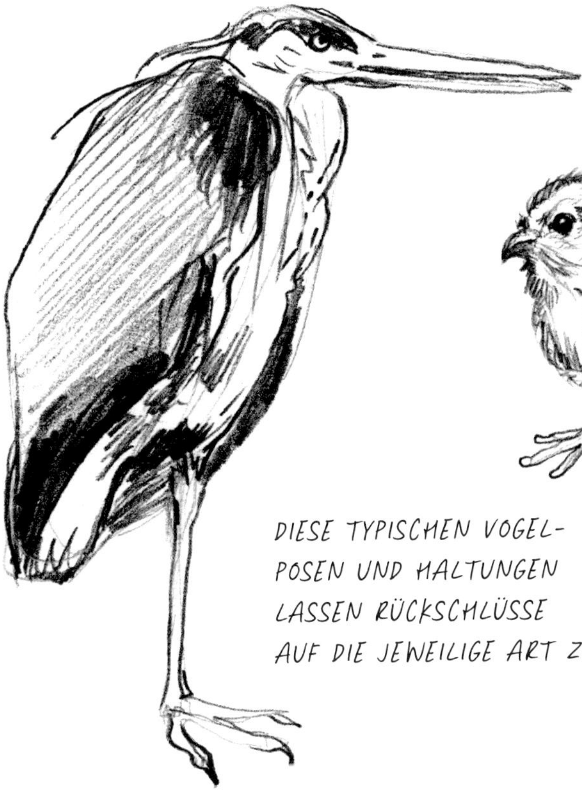

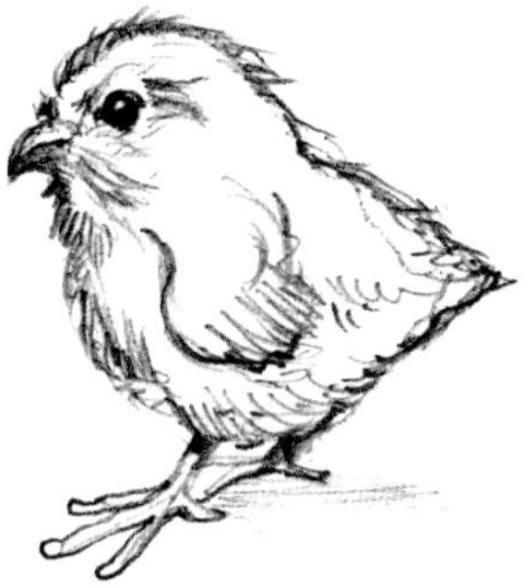

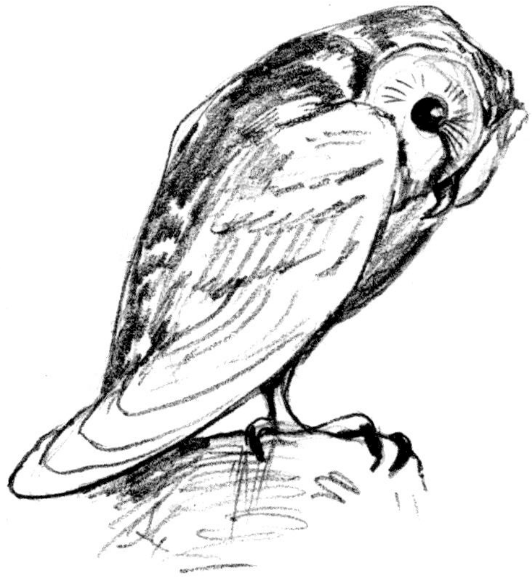

DIESE TYPISCHEN VOGELPOSEN UND HALTUNGEN LASSEN RÜCKSCHLÜSSE AUF DIE JEWEILIGE ART ZU

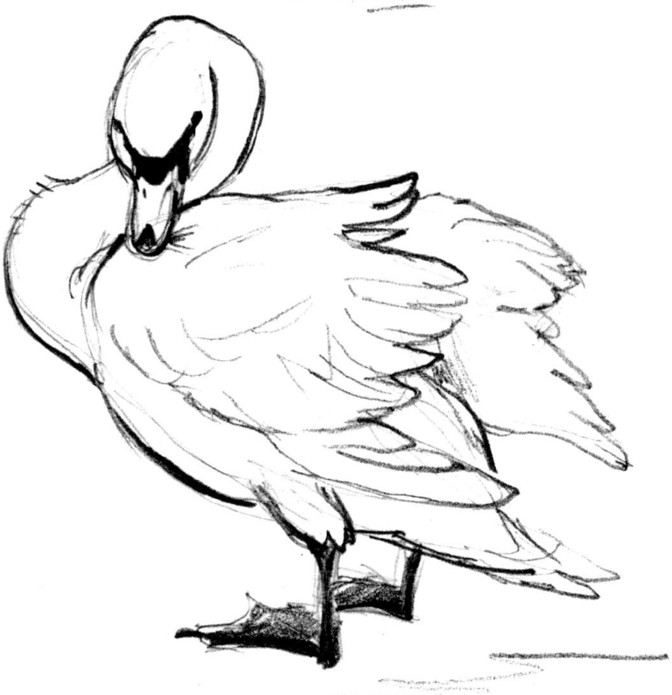

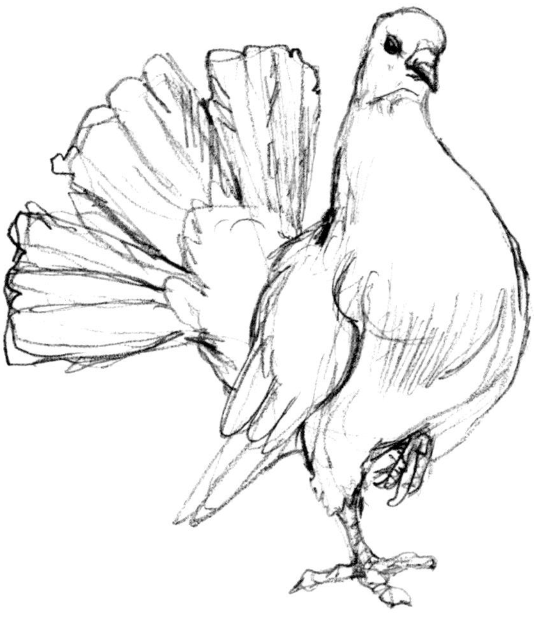

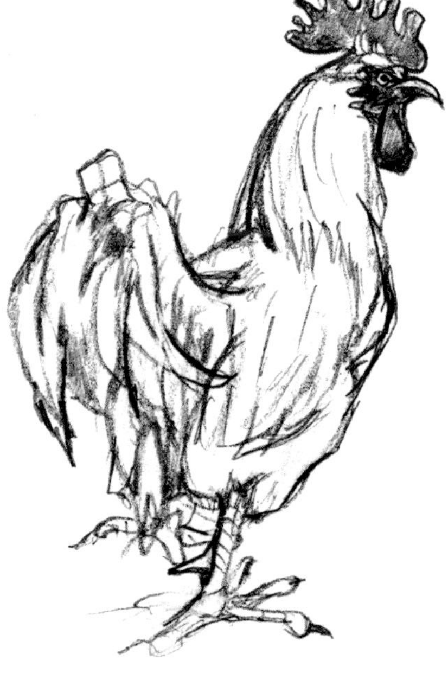

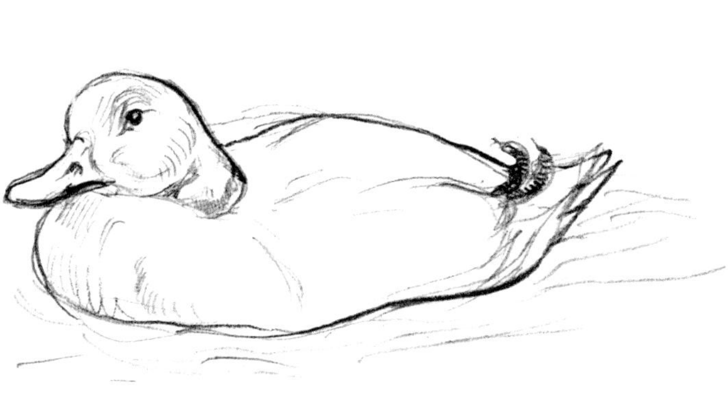

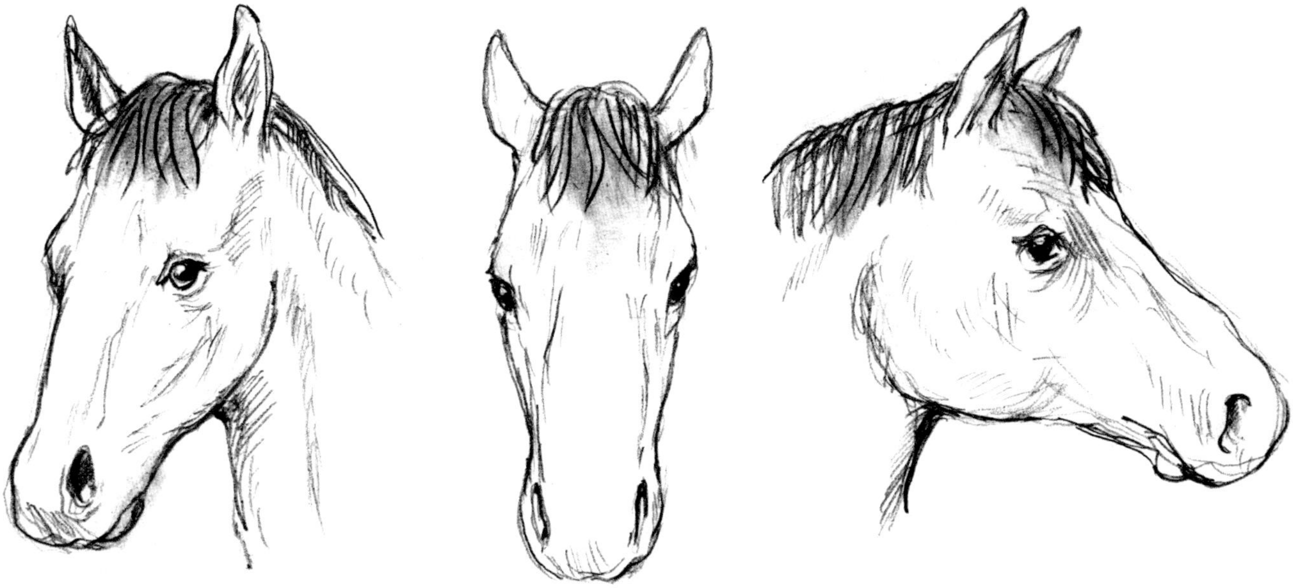

DER PFERDEKOPF IN DREI ANSICHTEN. ER IST VON VORN GESEHEN SCHMAL UND DREIECKIG VON DER SEITE

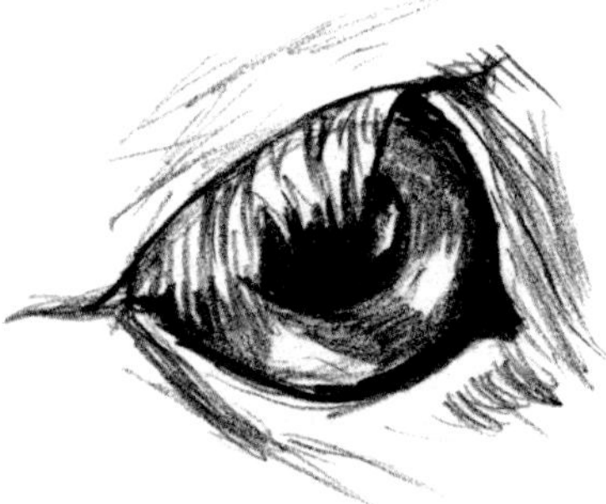

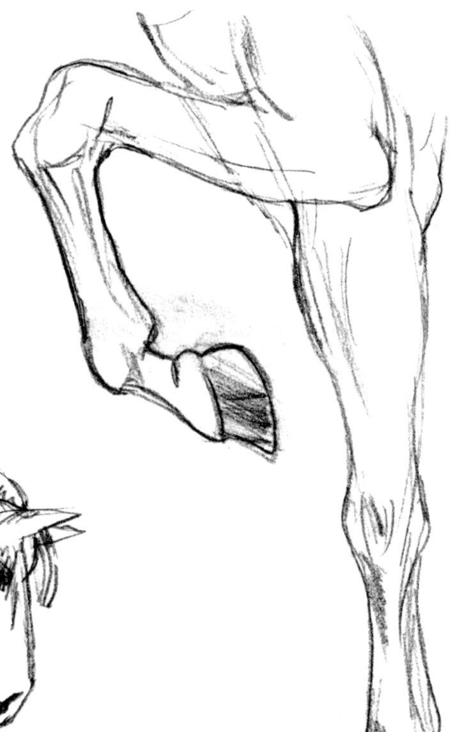

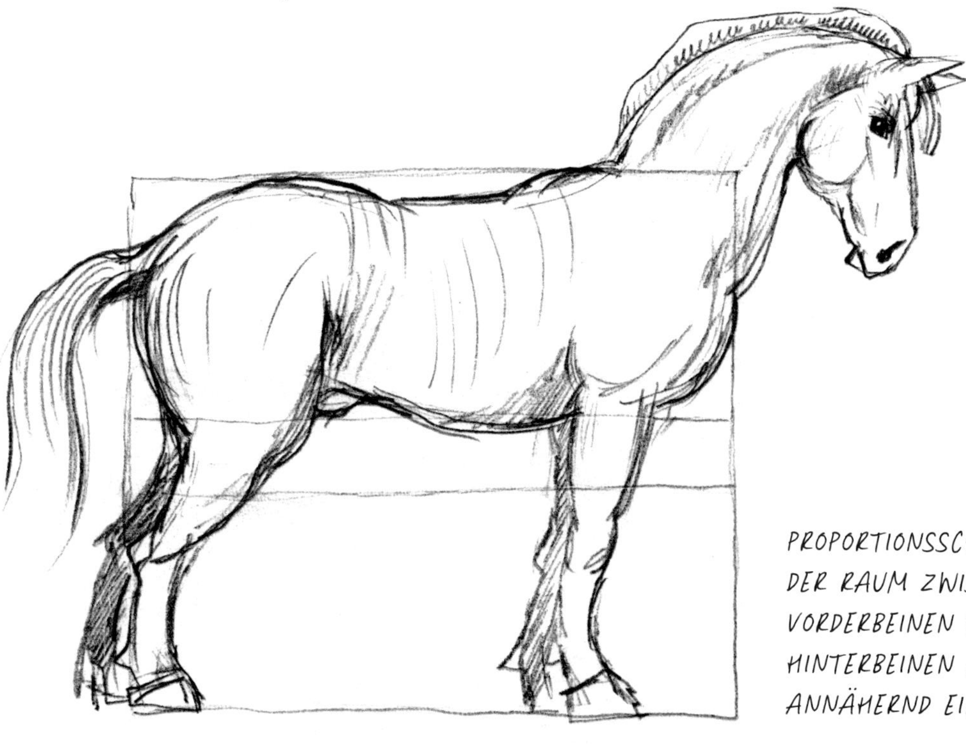

PROPORTIONSSCHEMA EINES PFERDES: DER RAUM ZWISCHEN SCHULTER/VORDERBEINEN UND SCHWEIFANSATZ/HINTERBEINEN ENTSPRICHT ANNÄHERND EINEM QUADRAT

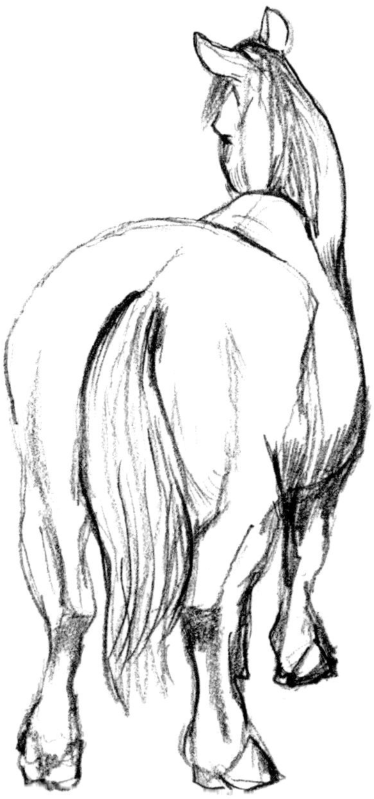

PROPORTIONSSCHEMA EINES FOHLENS: DER RAUM ZWISCHEN SCHULTER/ VORDERBEINEN UND SCHWEIFANSATZ/ HINTERBEINEN ENTSPRICHT EINEM HOHEN RECHTECK

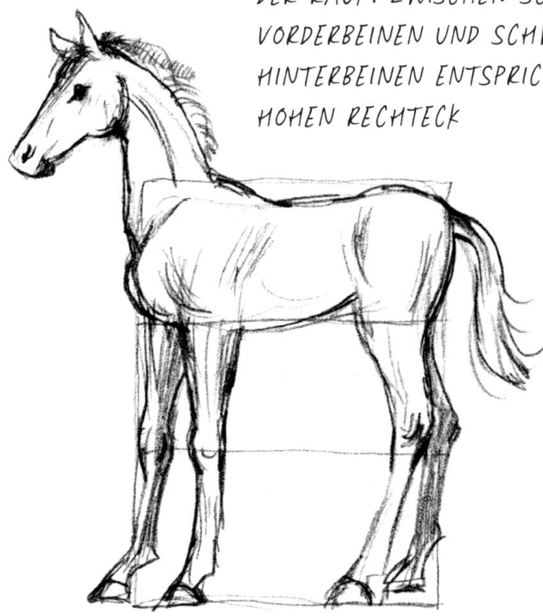

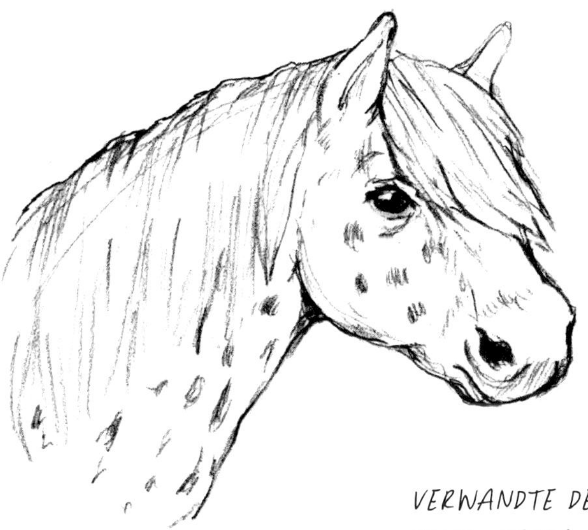

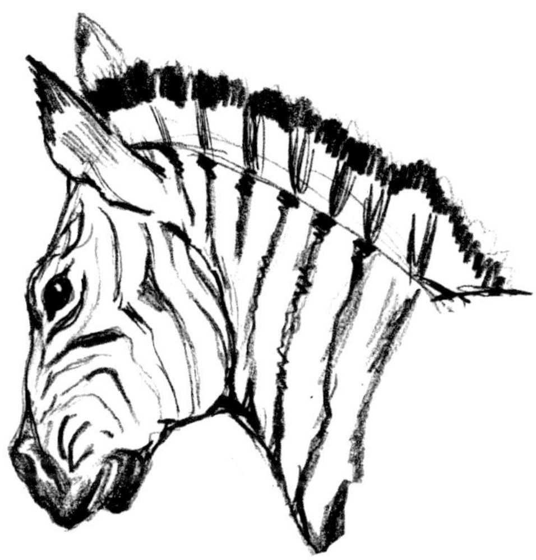

VERWANDTE DES PFERDES: PONY, ZEBRA, ESEL

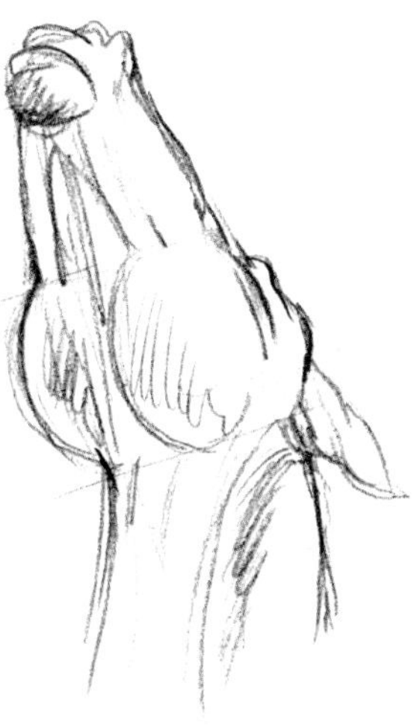

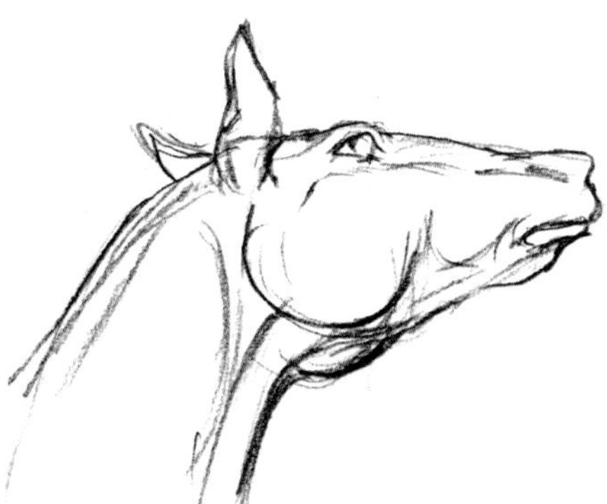

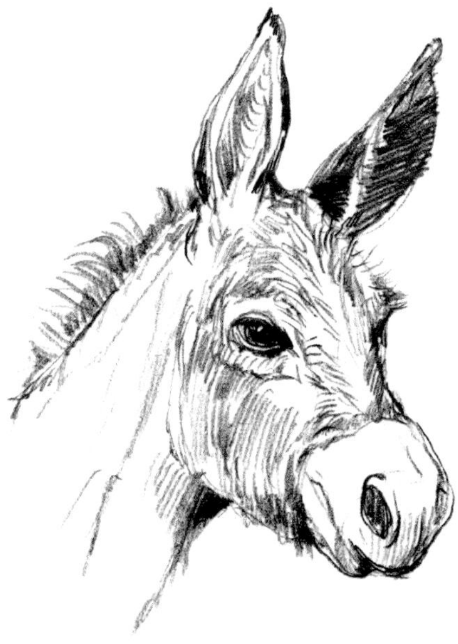

PFERDE IN TYPISCHEN BEWEGUNGEN

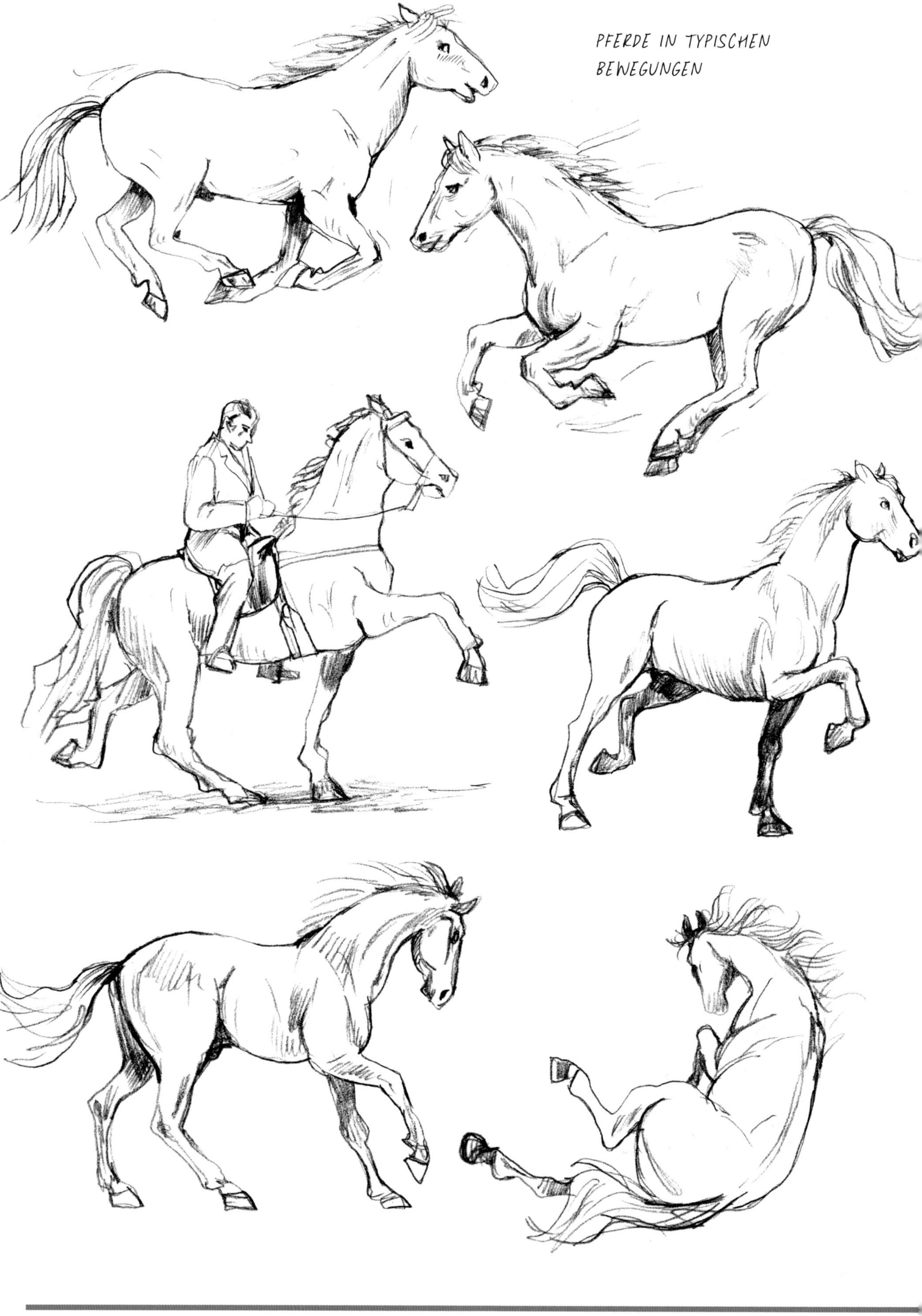

TYPISCHE PFERDERASSEN ERKENNT MAN AN IHREN PROPORTIONEN

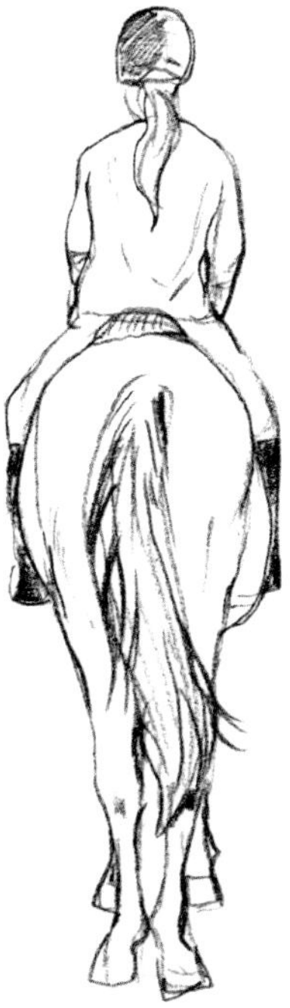

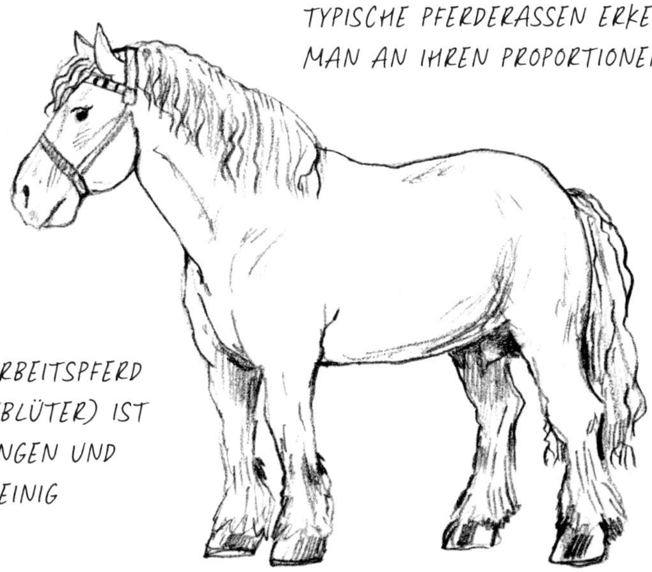

DAS ARBEITSPFERD (KALTBLÜTER) IST GEDRUNGEN UND KURZBEINIG

DAS WILDPFERD HAT EINE NIEDRIGE SCHULTERHÖHE UND KLEINE STATUR

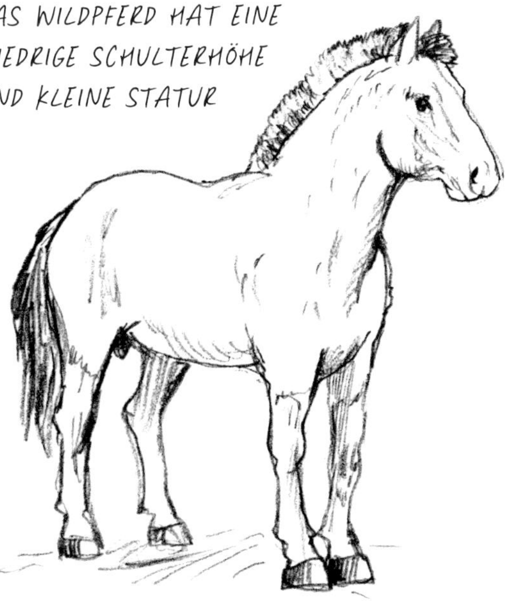

DAS SPORTPFERD (WARMBLÜTER) HAT LANGE BEINE, EINE HOHE SCHULTERHÖHE UND SCHLANKE STATUR

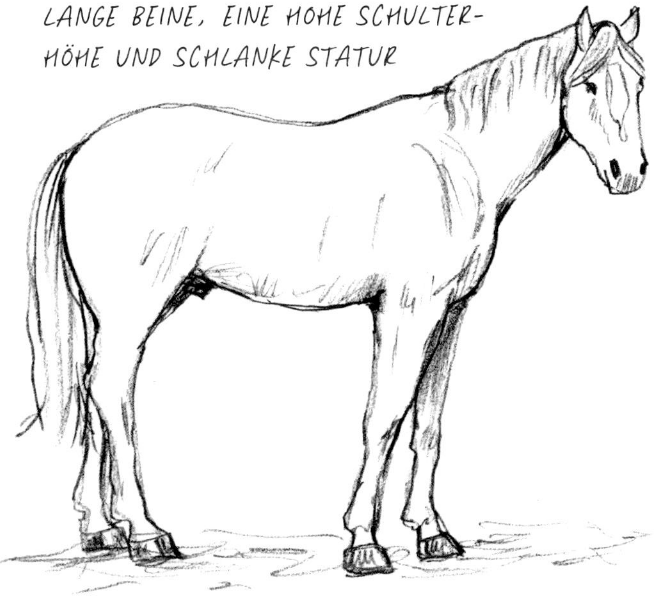

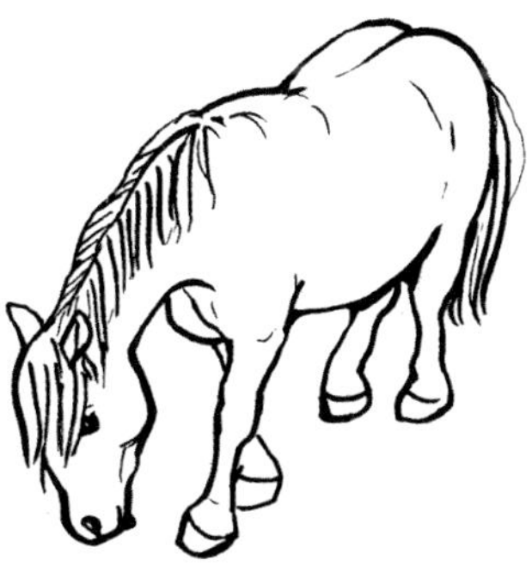

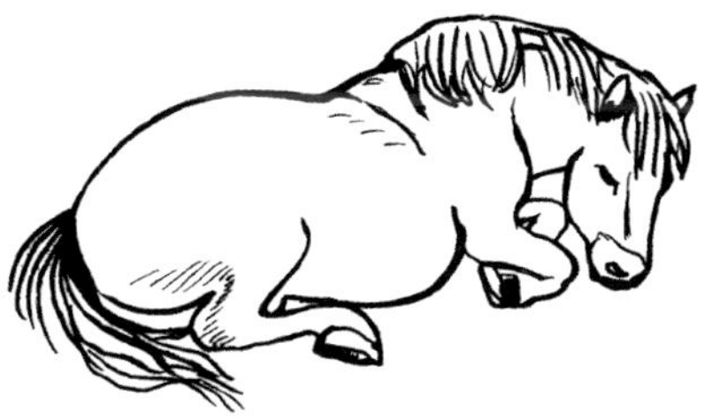

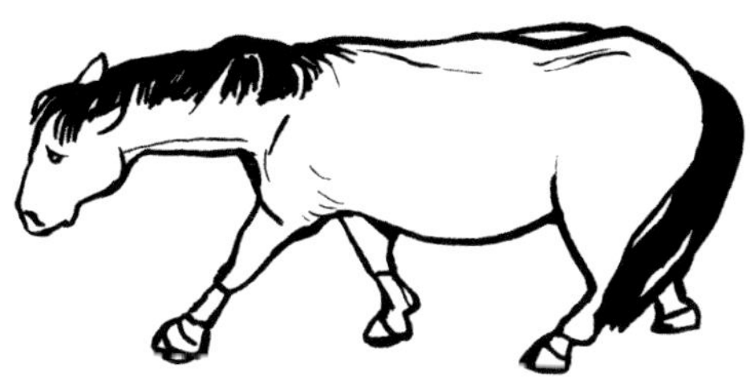

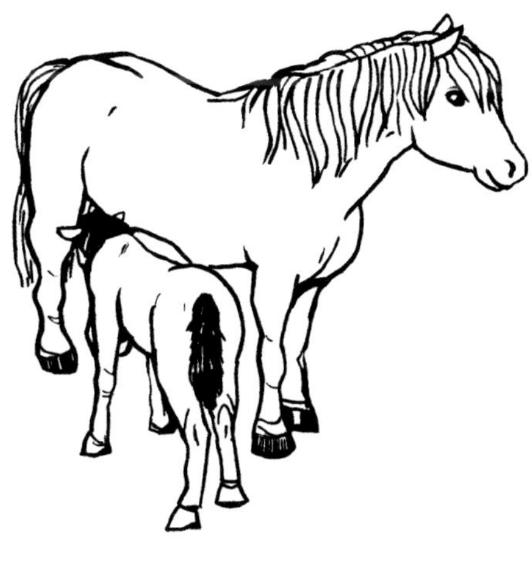

PFERDE VON OBEN GESEHEN, GEZEICHNET MIT DEM FINELINER

SO ZEICHNEST DU EINEN FISCH:

1 SKIZZIERE DIE KLARE AUSSENFORM UND LEGE DIE POSITION DES AUGES UND DER FALLENDEN MUNDLINIE FES

2 LEGE DIE STRUKTUR DER FLOSSEN AN UND VERFEINERE DIE ZEICHNUNG VON KOPF UND KIEMEN

3 LEGE DIE SCHUPPENSTRUKTUR DURCH SICH ÜBERKREUZENDE DIAGONALLINIEN AN UND DUNKLE SCHATTENBEREICHE DURCH MEHRFACHSCHRAFFUREN AB

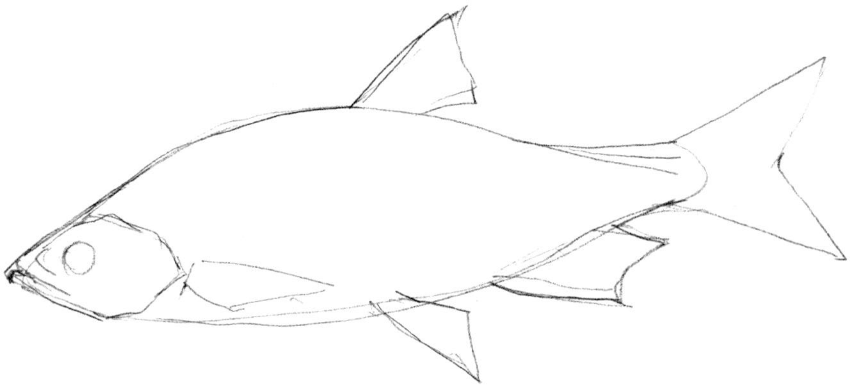

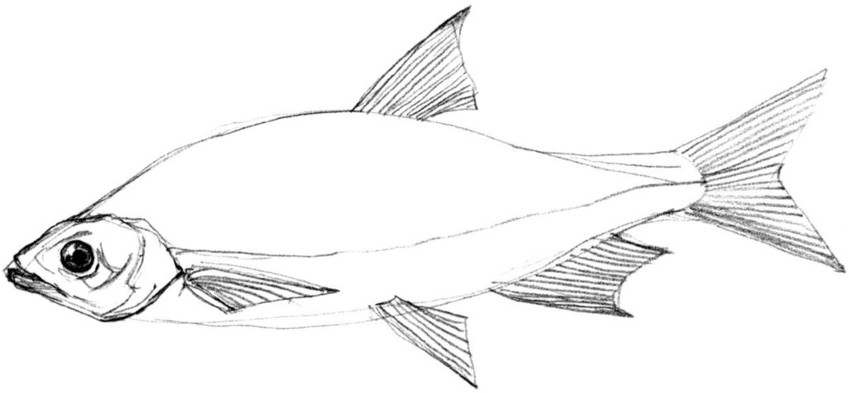

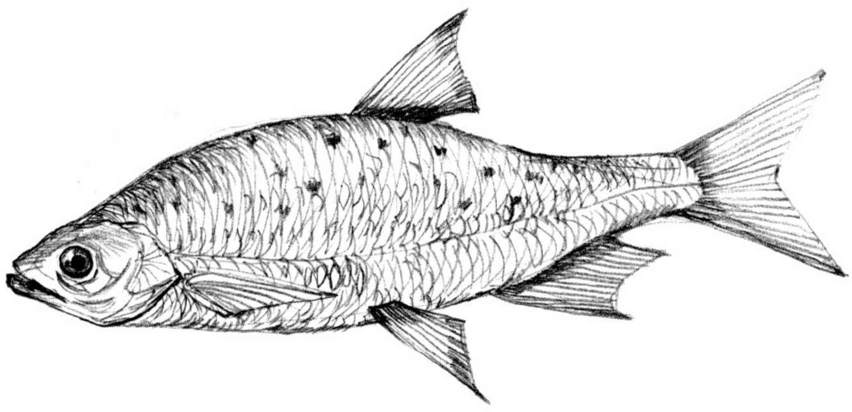

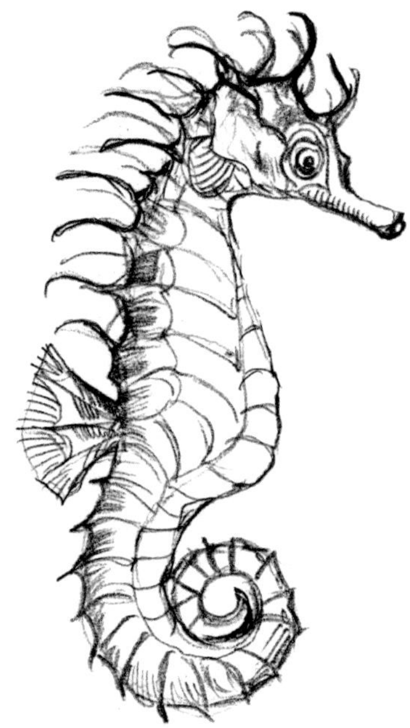

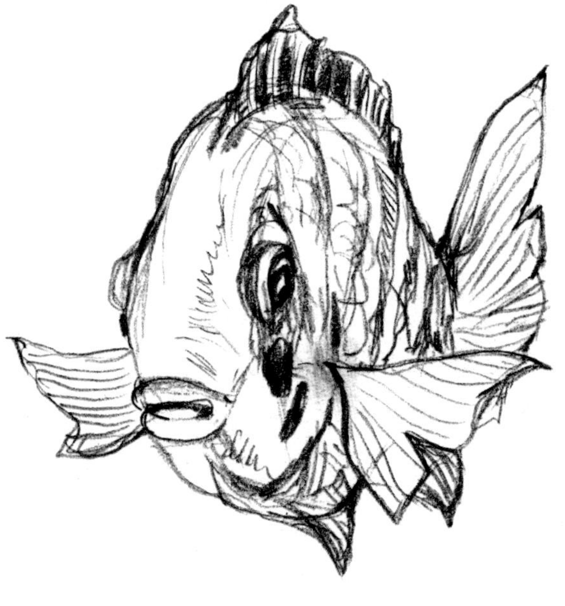

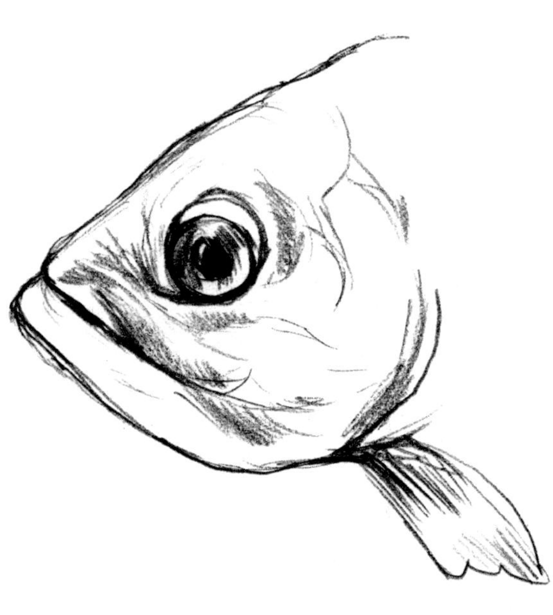

KURIOSES AUS DER UNTERWASSERWELT:

FLIEGENDER FISCH

TIEFSEELATERNENFISCH

ROCHEN

KUGELFISCH

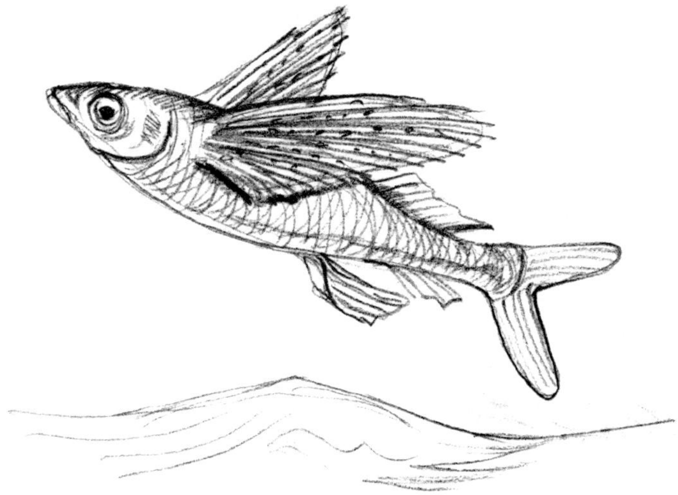

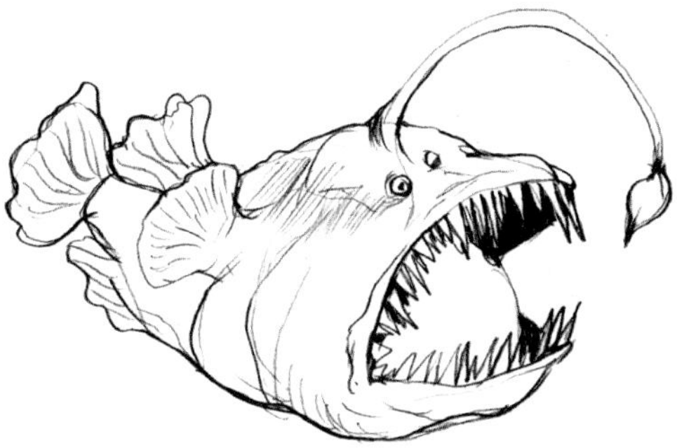

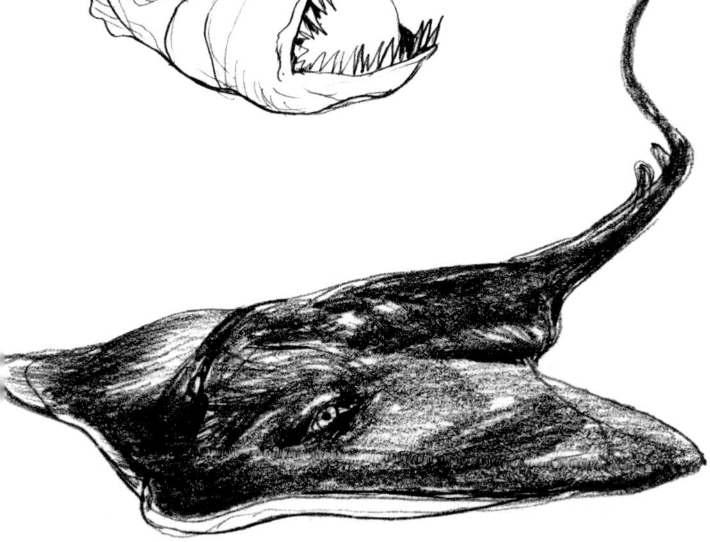

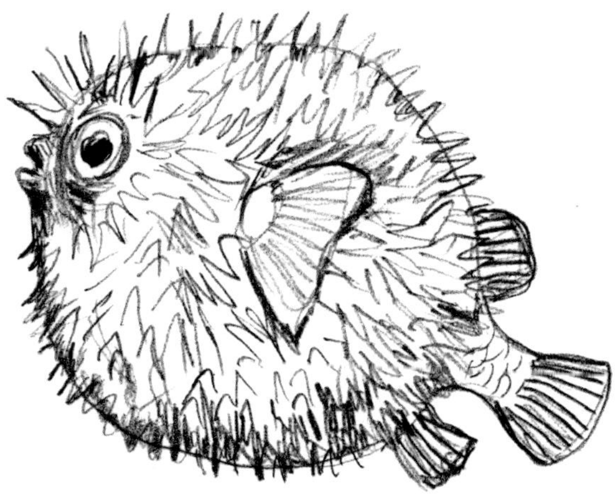

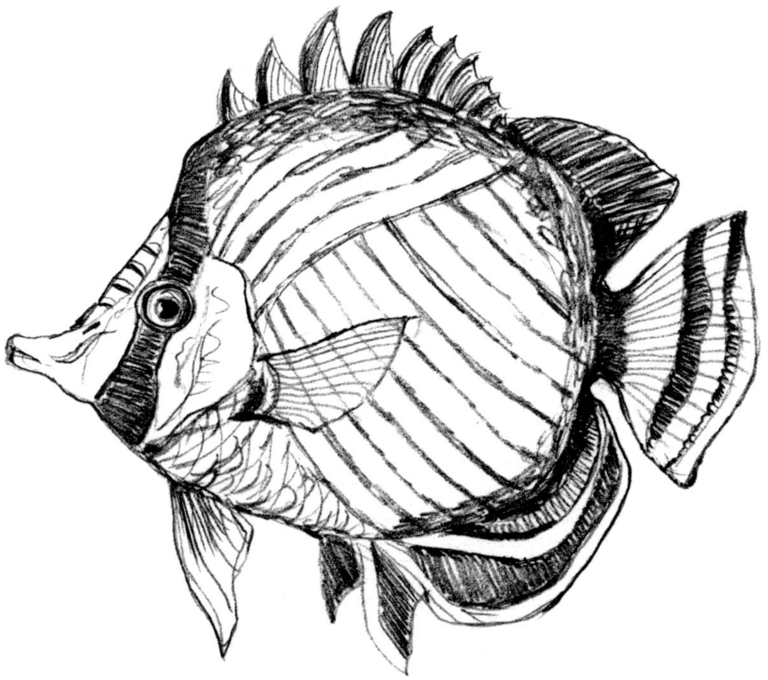

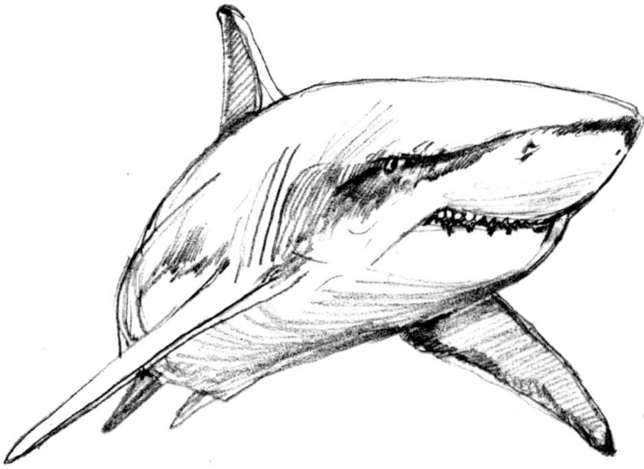

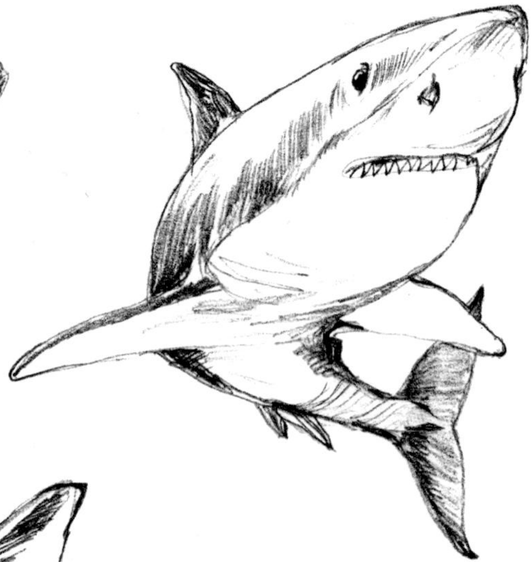

UNTERSCHIEDLICHE ANSICHTEN DER TYPISCHEN STROMLINIENFORM EINES HAIS

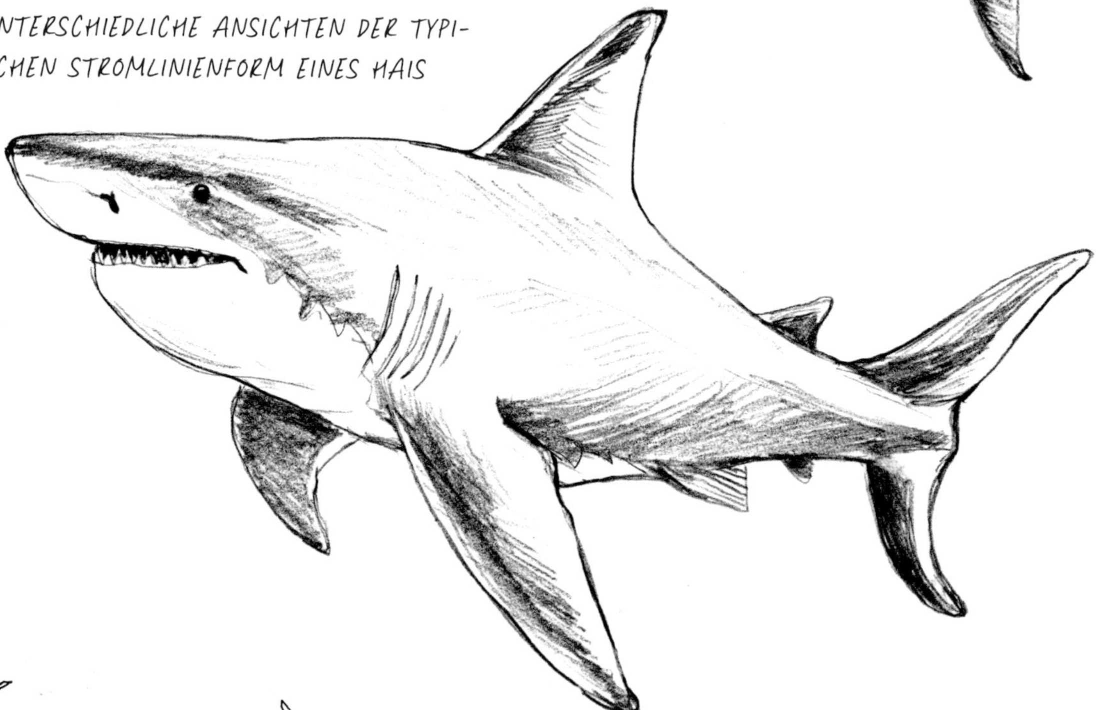

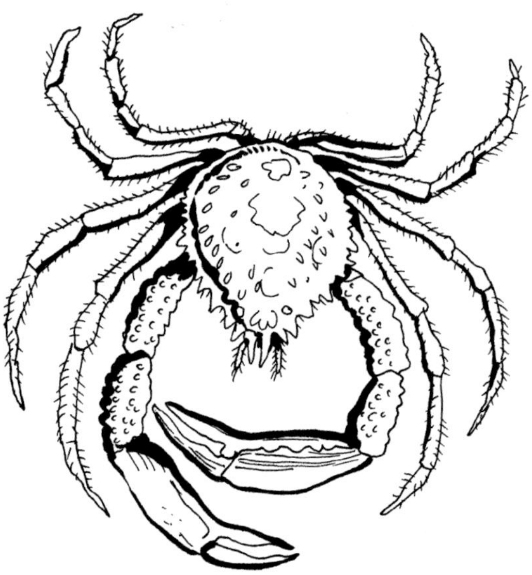

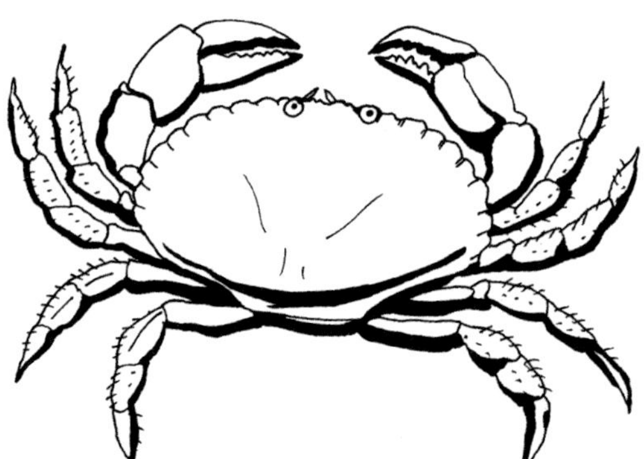

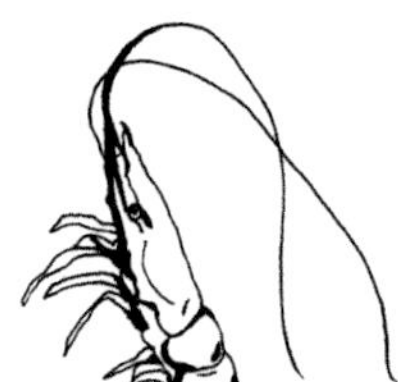

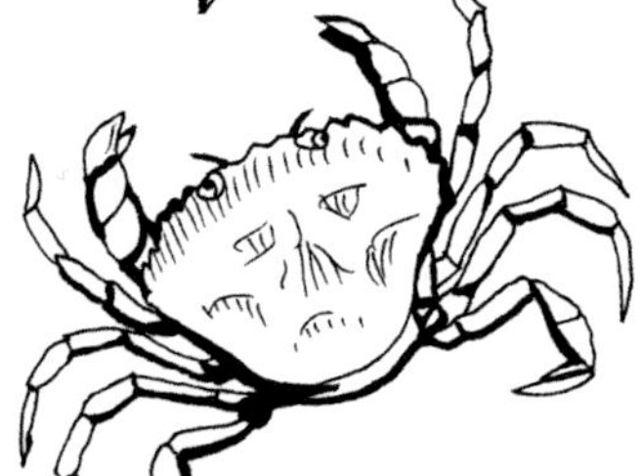

KREBSE, KRABBEN UND LANGUSTEN SIND KEINE FISCHE, SONDERN SCHALENWEICHTIERE, DIE MIT DEN FISCHEN DEN GLEICHEN LEBENSRAUM TEILEN

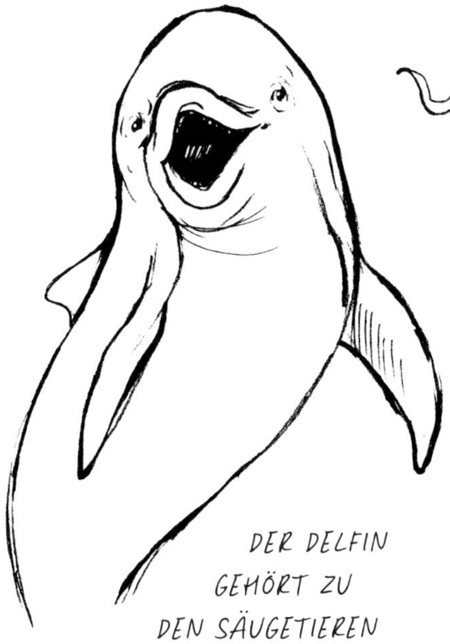

DER DELFIN
GEHÖRT ZU
DEN SÄUGETIEREN

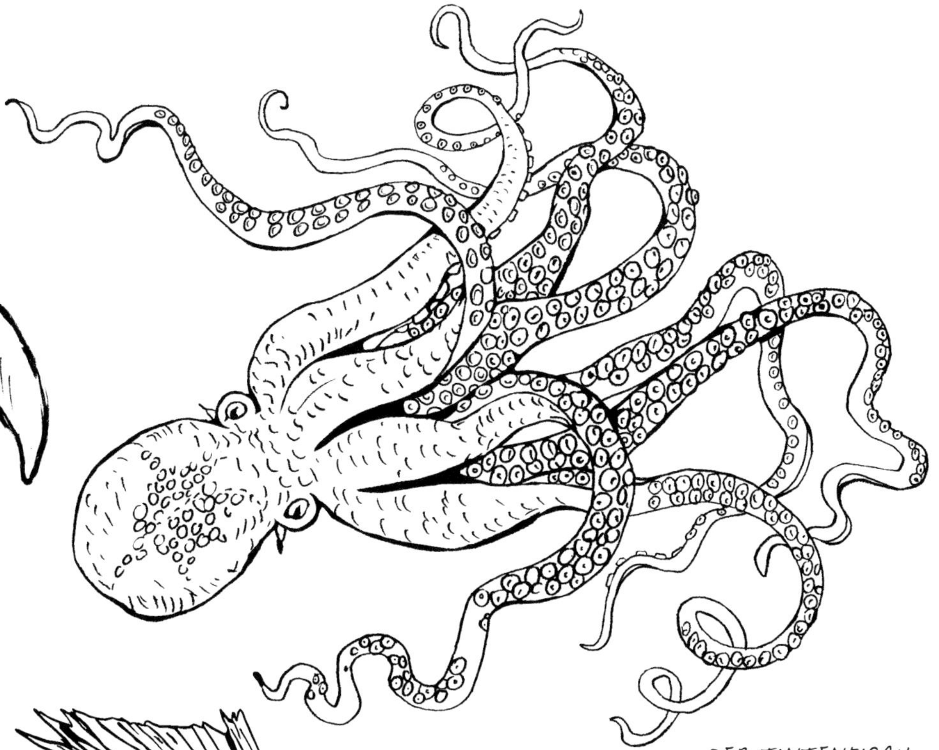

DER TINTENFISCH
IST EIN KOPFFÜSSER

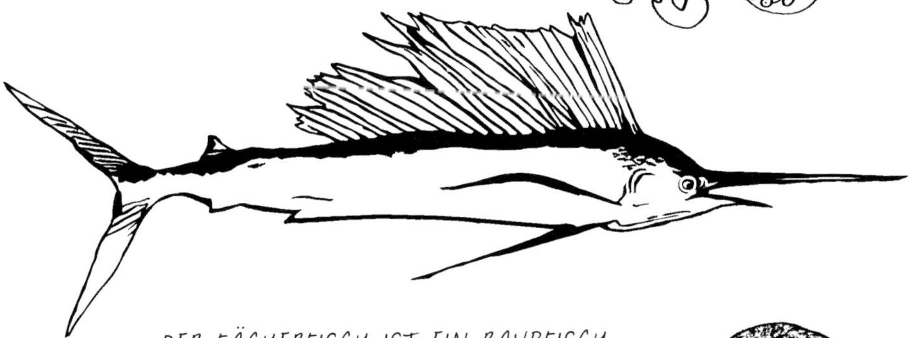

DER FÄCHERFISCH IST EIN RAUBFISCH

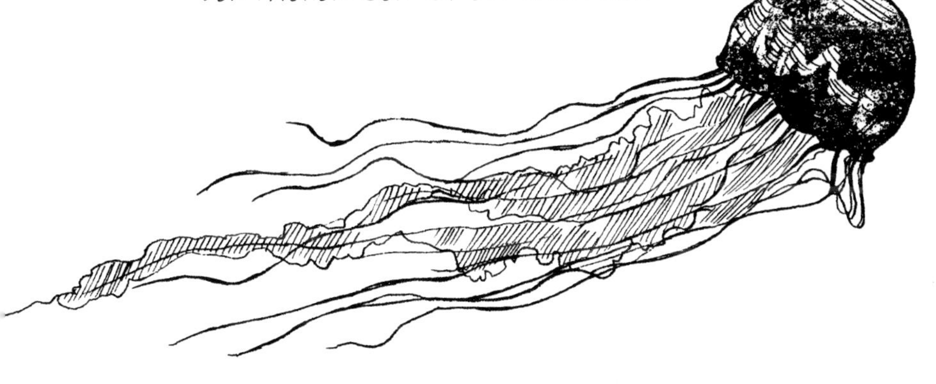

DIE QUALLE GEHÖRT
ZU DEN NESSELTIEREN

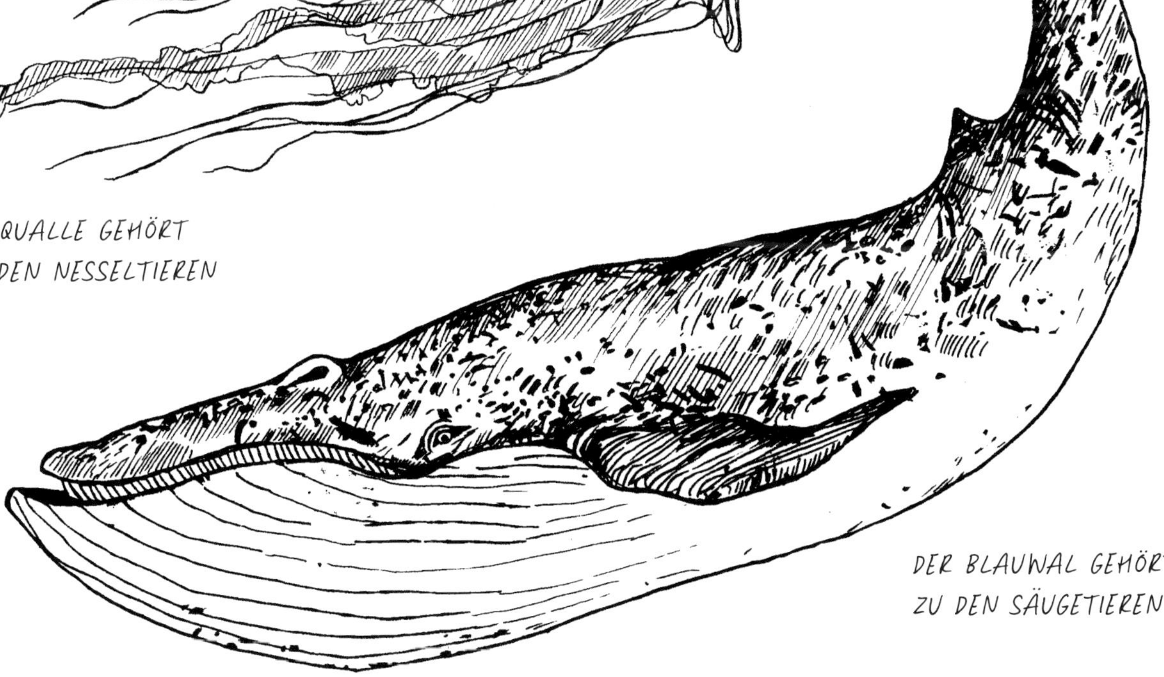

DER BLAUWAL GEHÖRT
ZU DEN SÄUGETIEREN

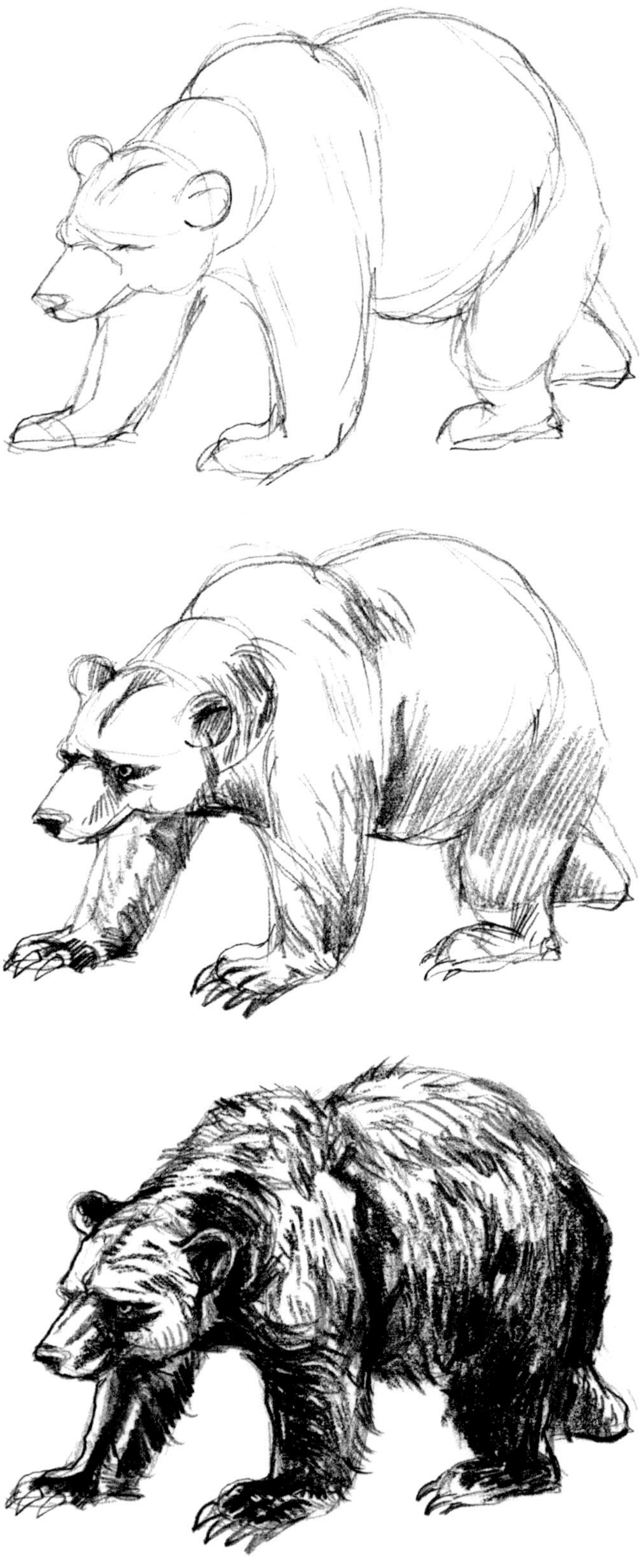

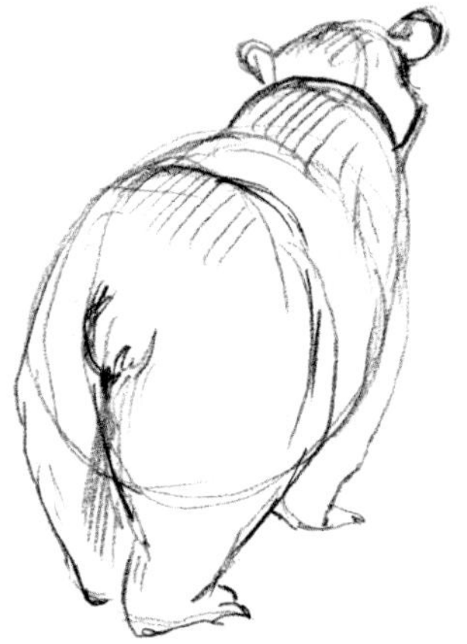

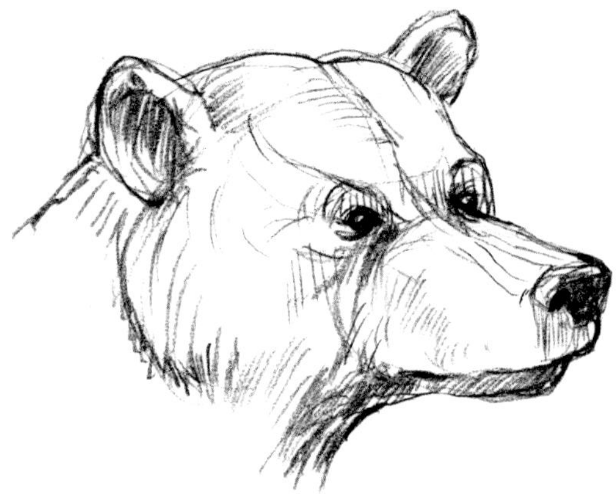

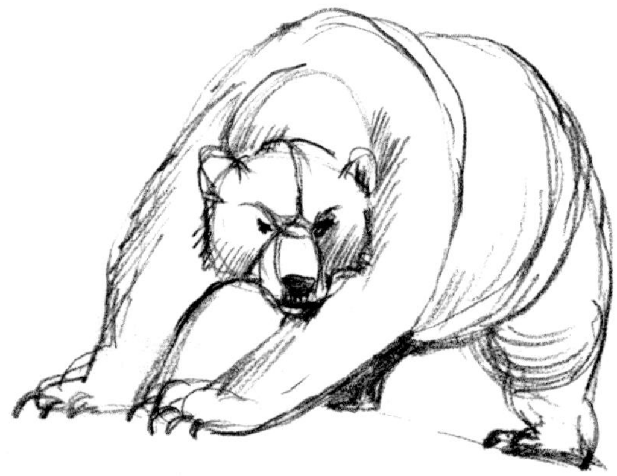

SO ZEICHNEST DU EINEN BÄREN IN TYPISCHER HALTUNG:

1 SKIZZIERE DIE KLARE AUSSENFORM UND LEGE RUNDE FORMEN WIE KOPF, BAUCH, SCHULTER/RÜCKEN FEST

2 LEGE DUNKLE BEREICHE, AUGEN UND KRALLEN AN

3 ARBEITE MIT DER FELLSTRUKTUR DIE TYPISCH PELZIGE TEXTUR EINES BÄRENFELLS HERAUS

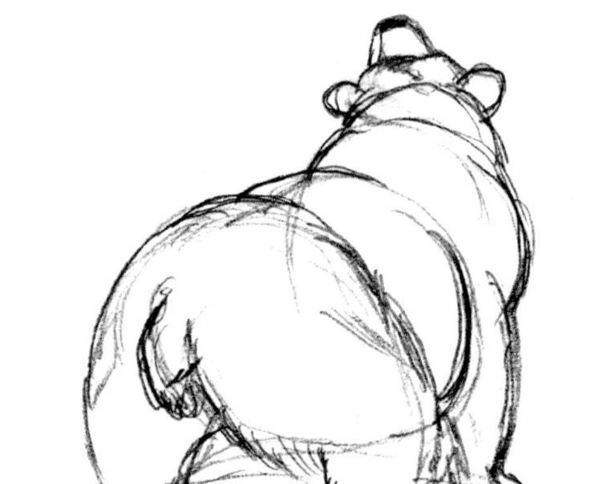

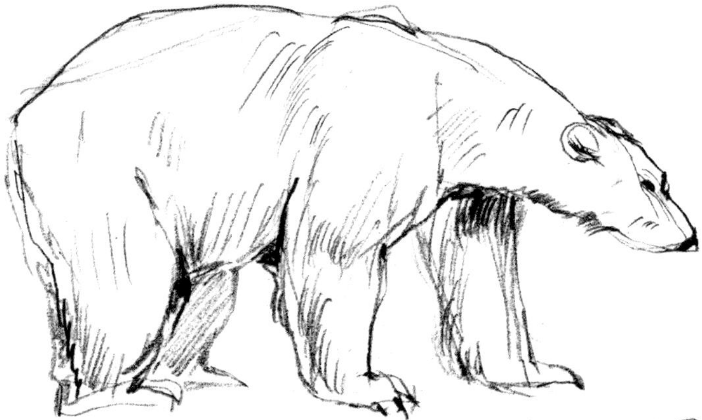

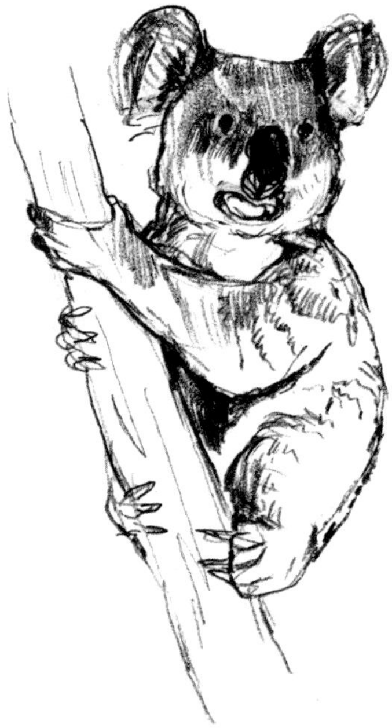

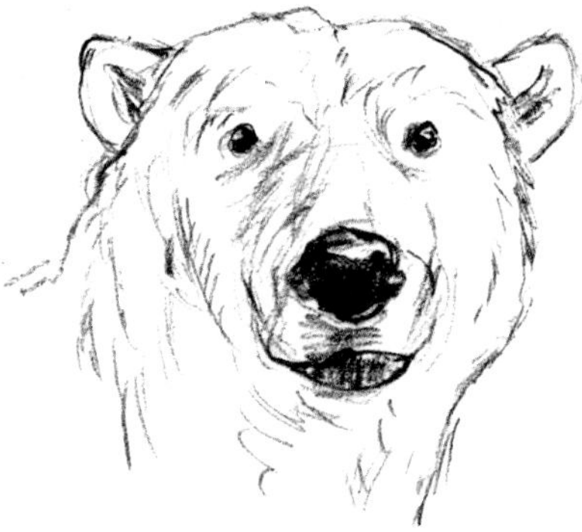

DER EISBÄR UNTERSCHEIDET SICH DURCH SEIN HELLES FELL UND DIE SCHMALERE UND SPITZER AUSGEPRÄGTE FORM SEINES KOPFES VOM BRAUNBÄREN

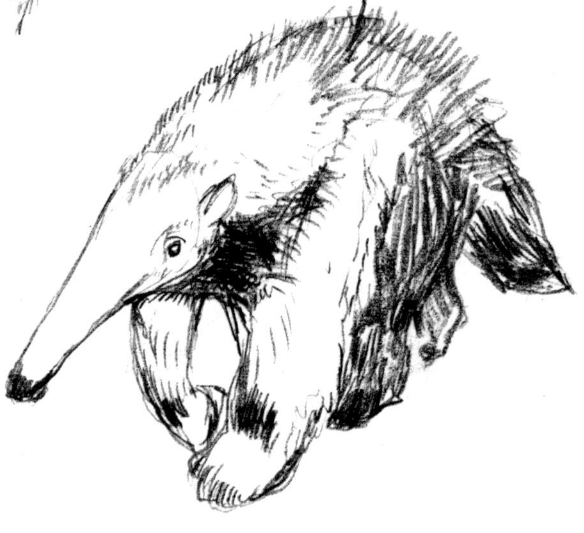

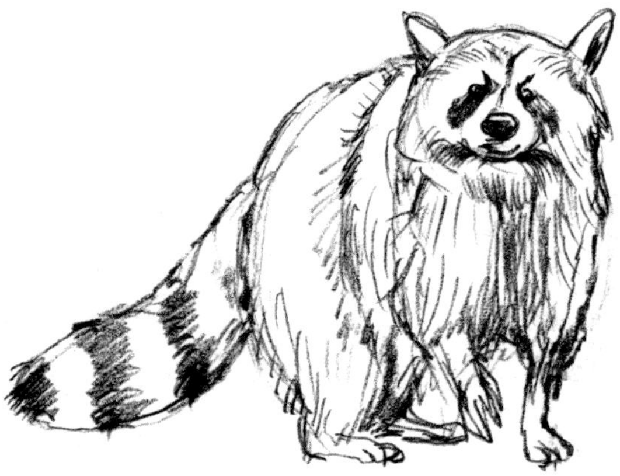

FRÜHER DEN BÄREN ZUGEORDNET, BEZEICHNET MAN DEN WASCHBÄREN HEUTE EHER ALS HUNDEÄHNLICHES RAUBTIER

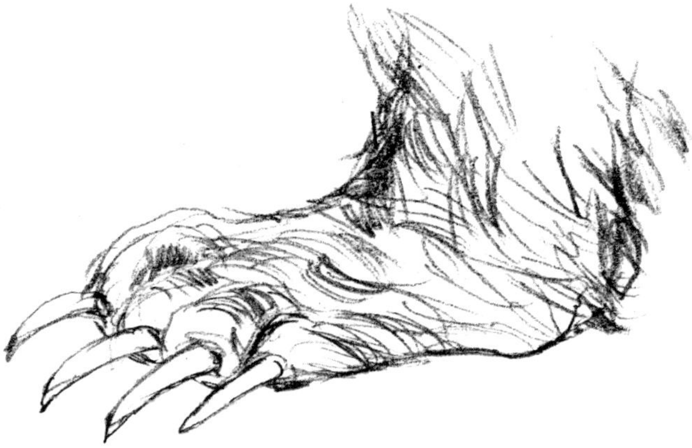

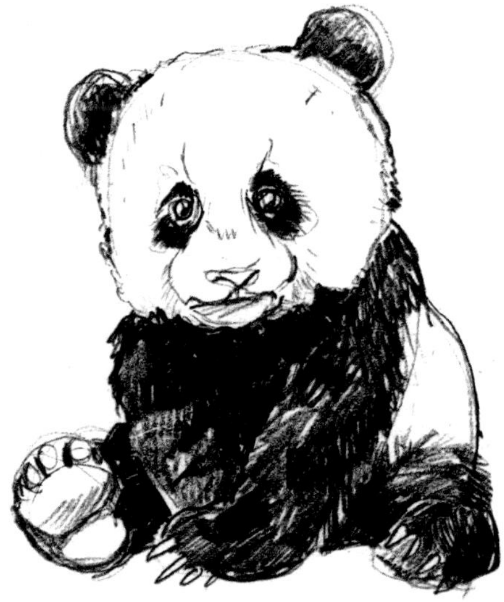

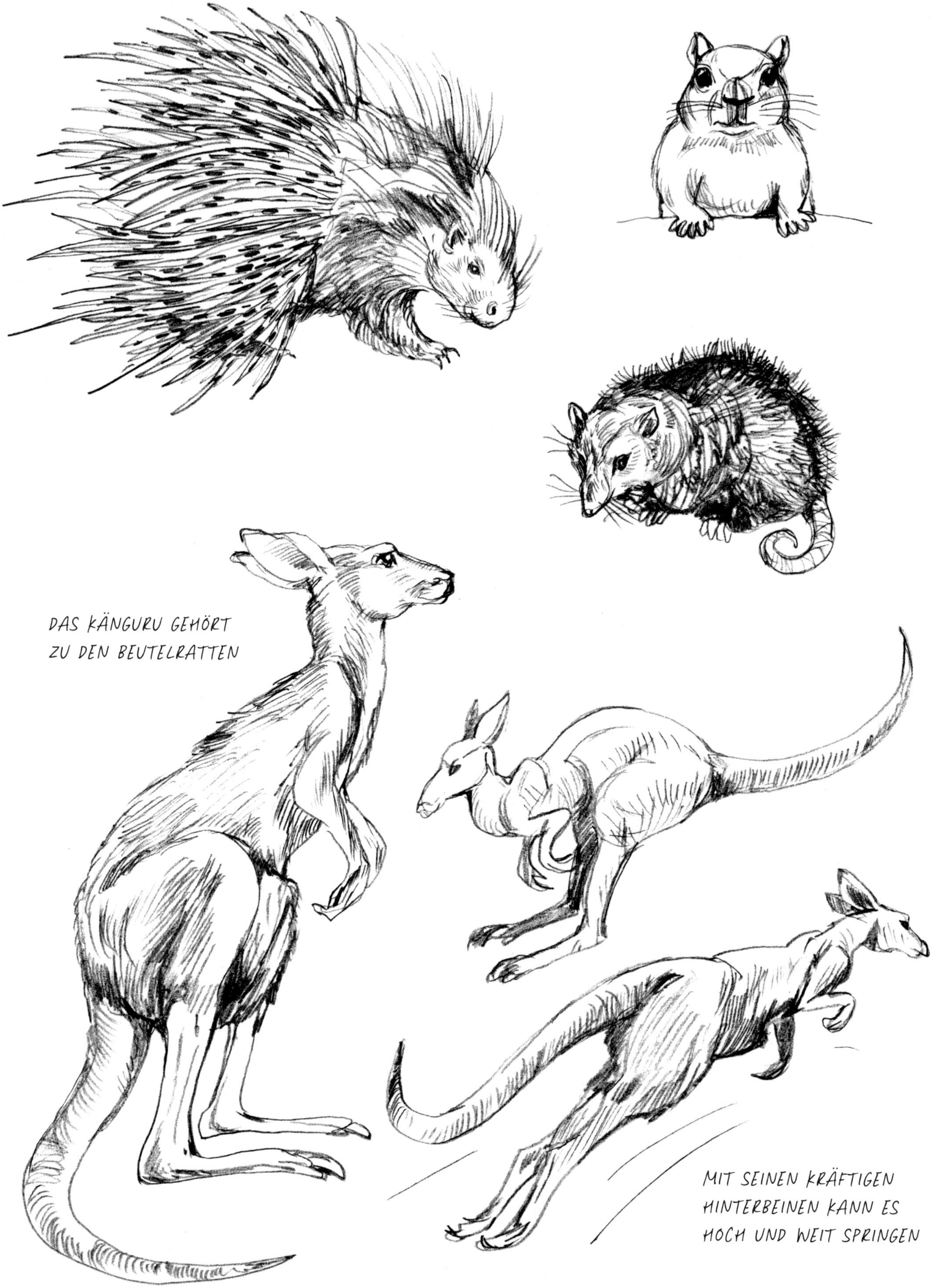
DAS KÄNGURU GEHÖRT
ZU DEN BEUTELRATTEN
MIT SEINEN KRÄFTIGEN
HINTERBEINEN KANN ES
HOCH UND WEIT SPRINGEN

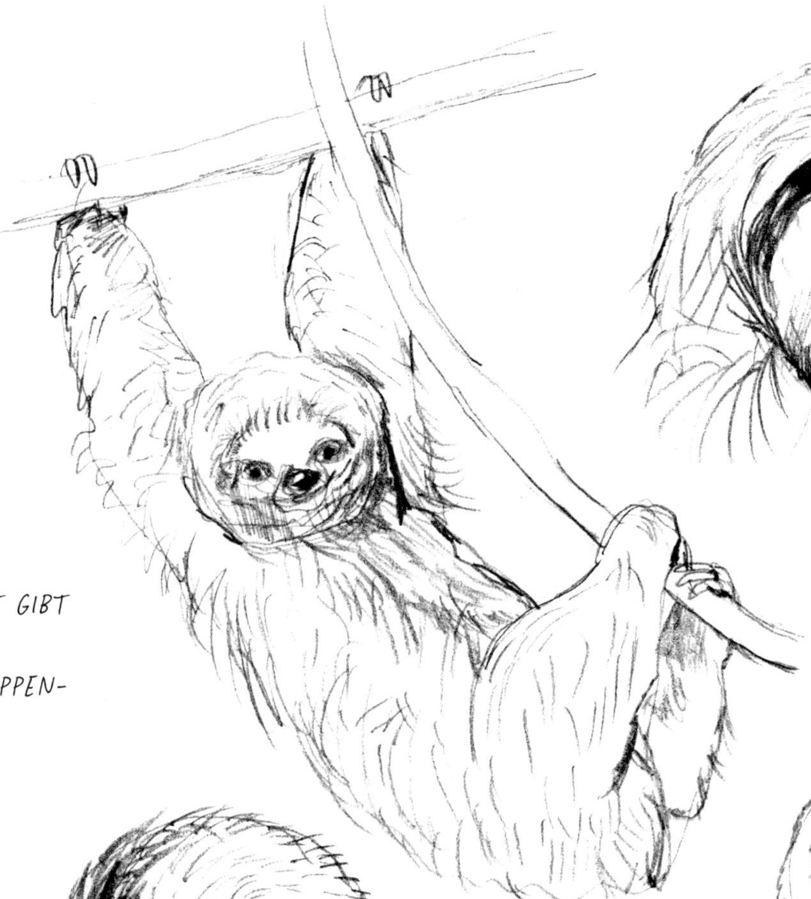

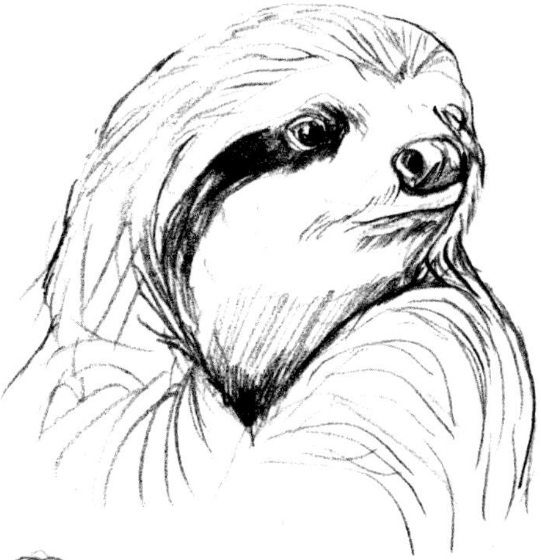

IN DER TIERWELT GIBT ES VIELFÄLTIGE PELZ- UND SCHUPPEN-STRUKTUREN

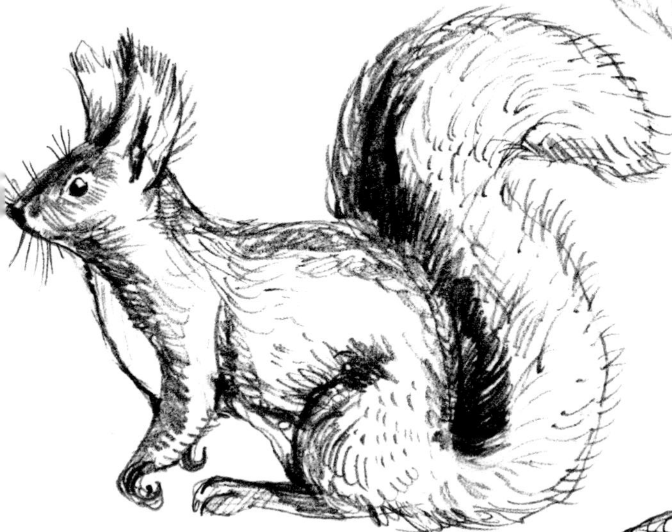

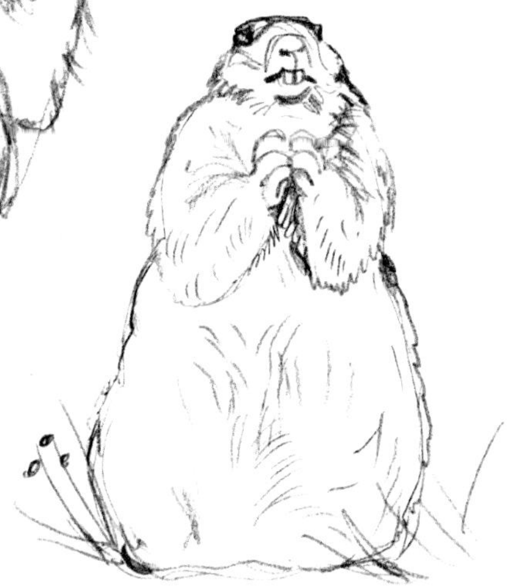

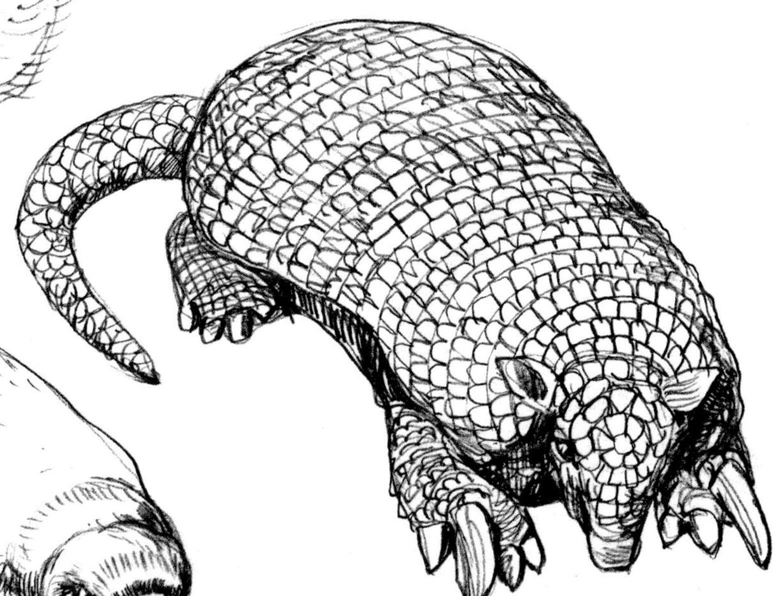

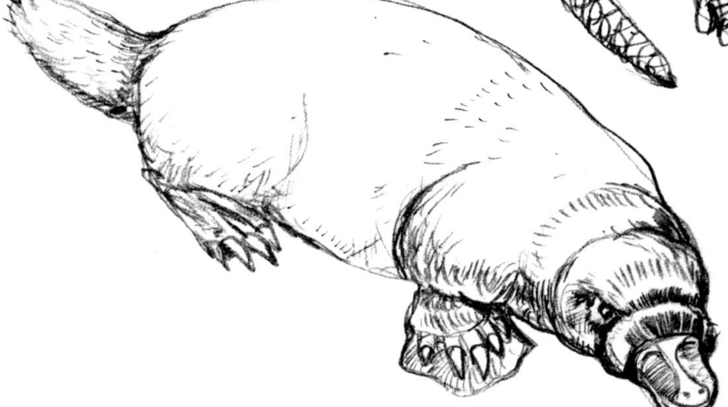

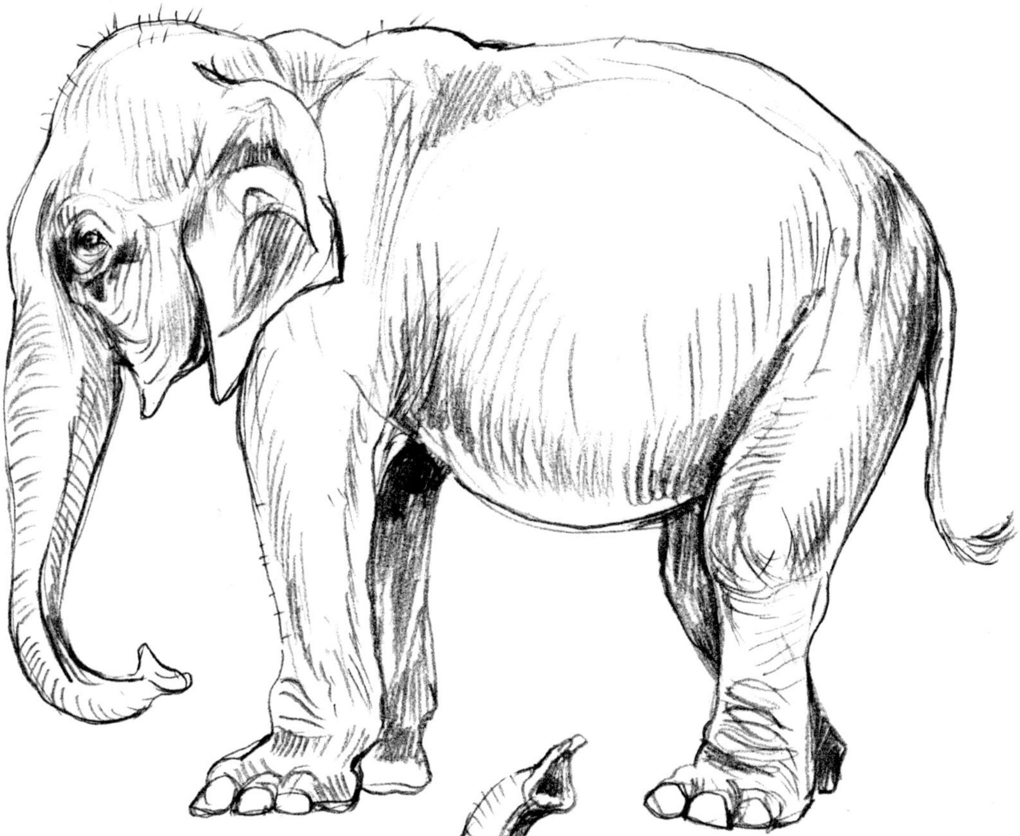

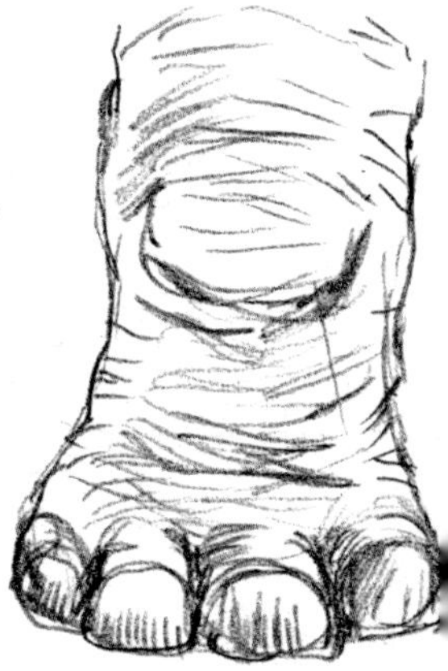

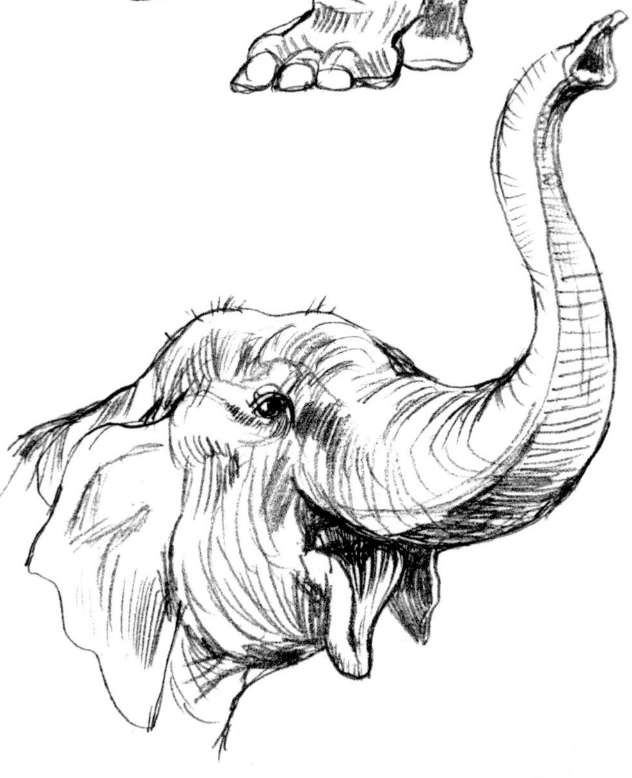

DIE TYPISCHEN UNTERSCHEIDUNGSMERKMALE AM KOPF DES INDISCHEN UND AFRIKANISCHEN ELEFANTEN. DER INDISCHE ELEFANT IST KLEINER UND RUNDER UND HAT KLEINERE OHREN, ER HAT EINE HÄNGENDE UNTERLIPPE. DER AFRIKANISCHE ELEFANT IST GRÖSSER MIT GROSSEN DREIECKIGEN OHREN UND STOSSZÄHNEN AUSGESTATTET

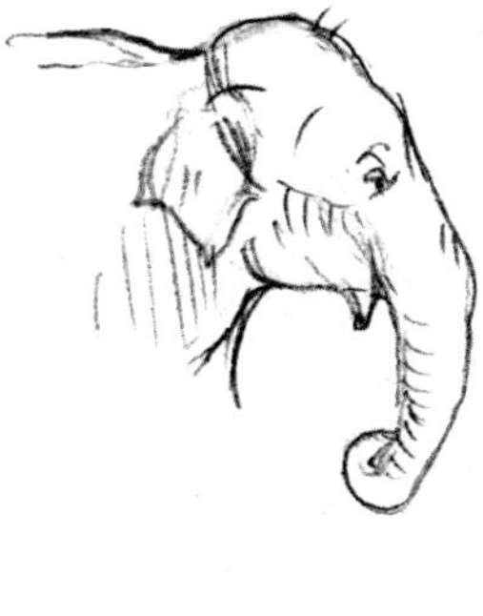

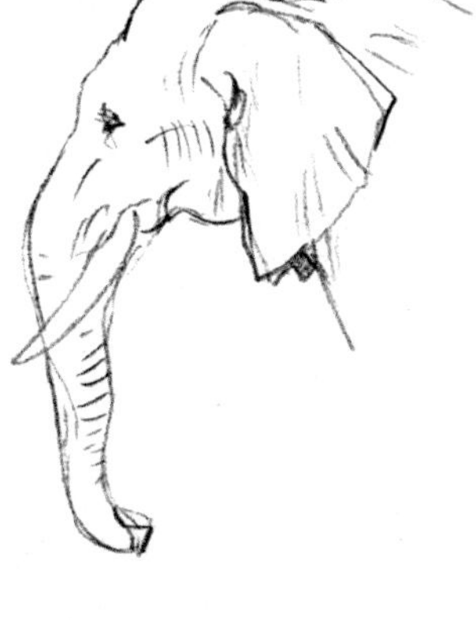

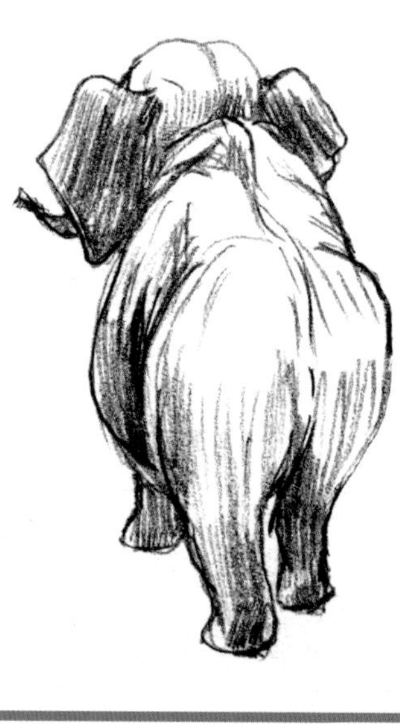

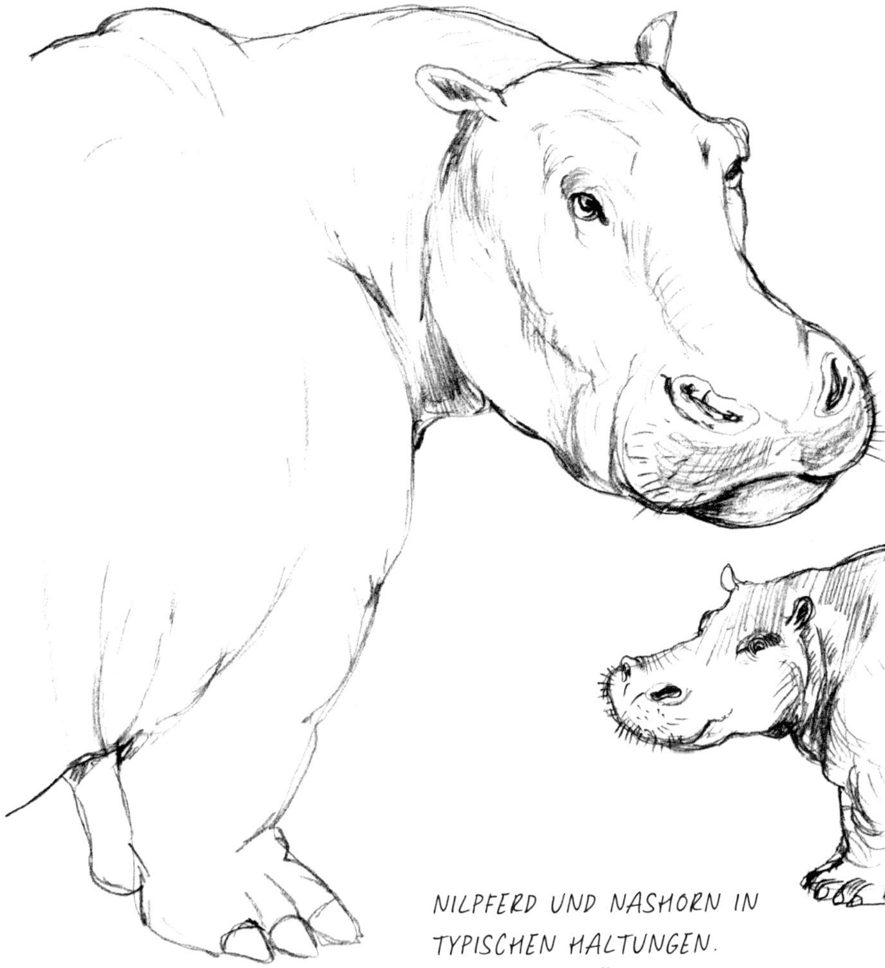

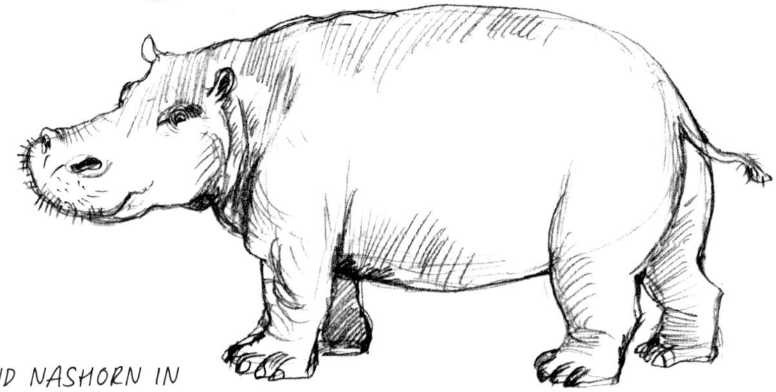

NILPFERD UND NASHORN IN TYPISCHEN HALTUNGEN. BEIDE SIND MÄCHTIGE DICKHÄUTER, DENEN MAN NICHT IN NATURA GEGENÜBERSTEHEN MÖCHTE

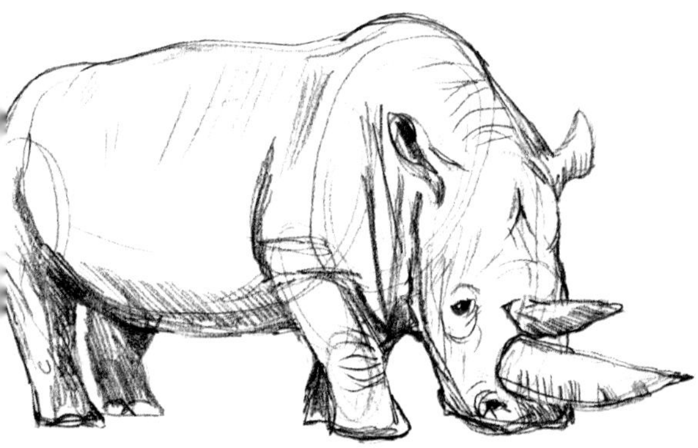

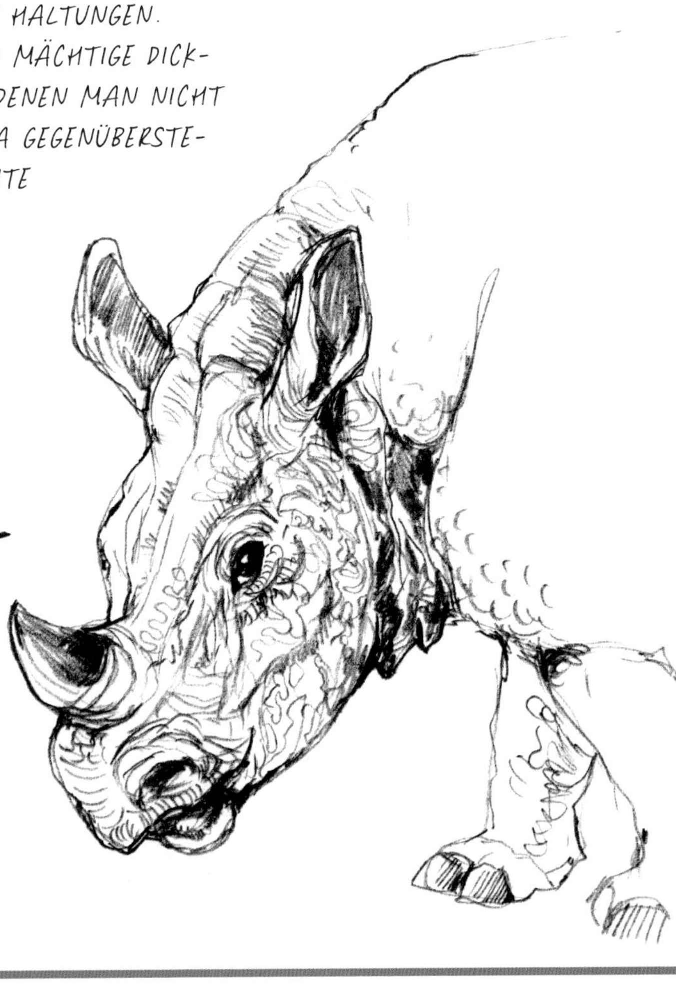

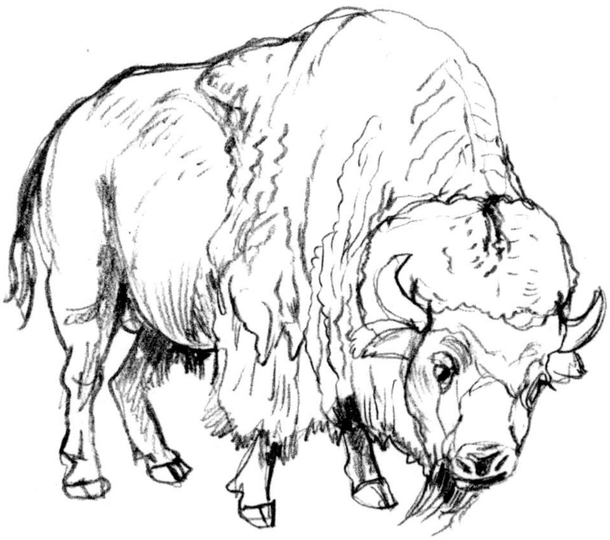

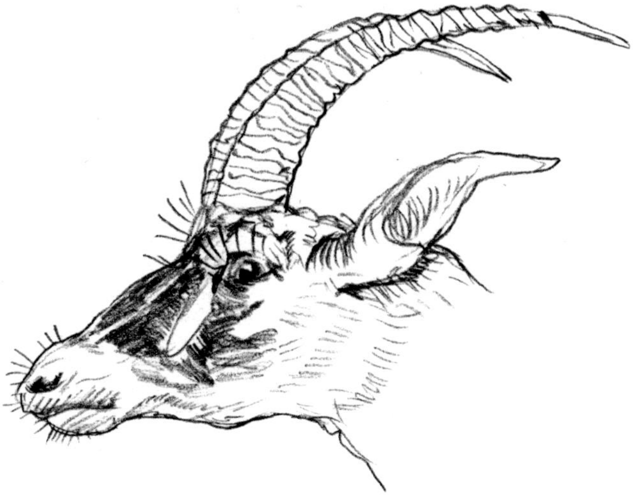

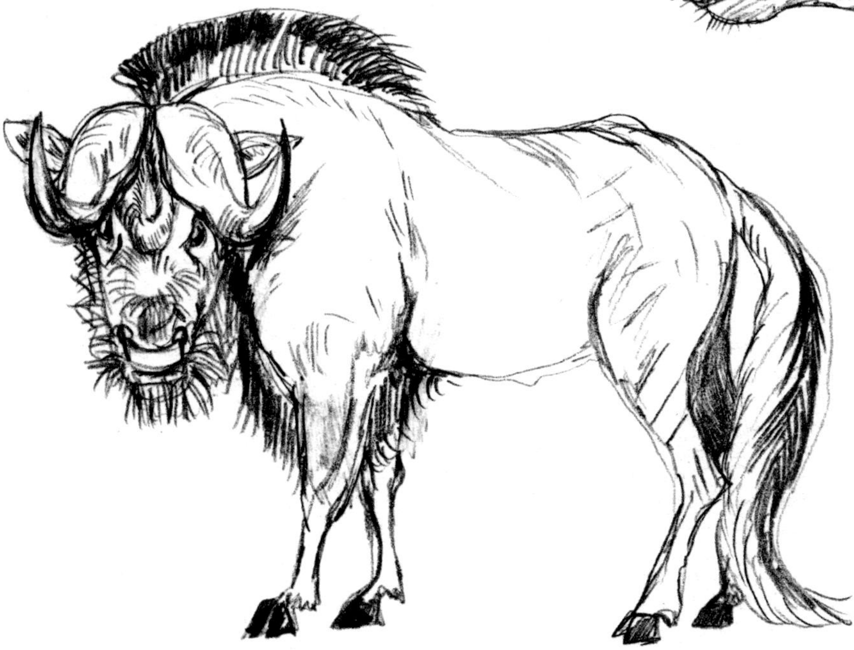

DURCH IHREN LEBENSRAUM, DIE STEPPE UND PRÄRIE, HABEN DIESE TIERE TYPISCHE MERKMALE AUSGEBILDET. ES SIND ALLES HUFTIERE, DIE SCHNELL UND WENDIG IHREN NATÜRLICHEN FEINDEN ENTKOMMEN MÜSSEN

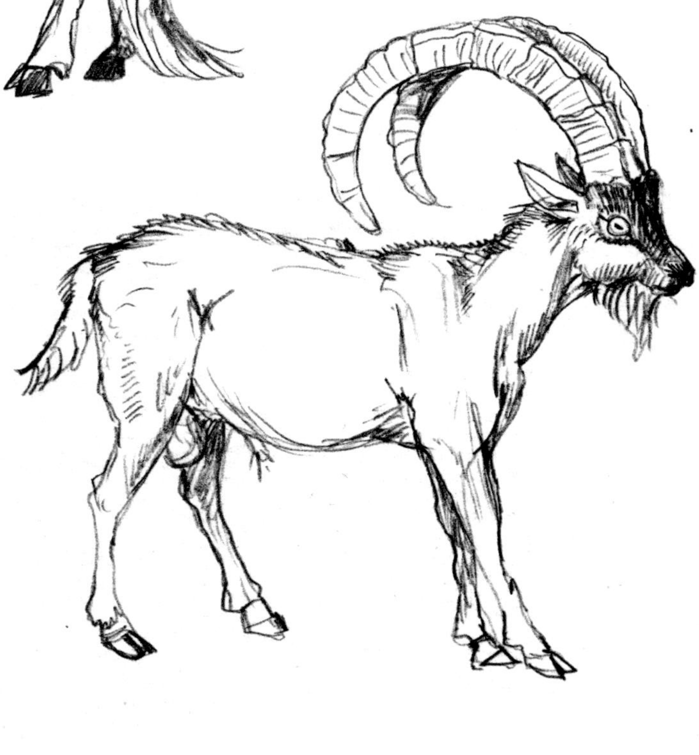

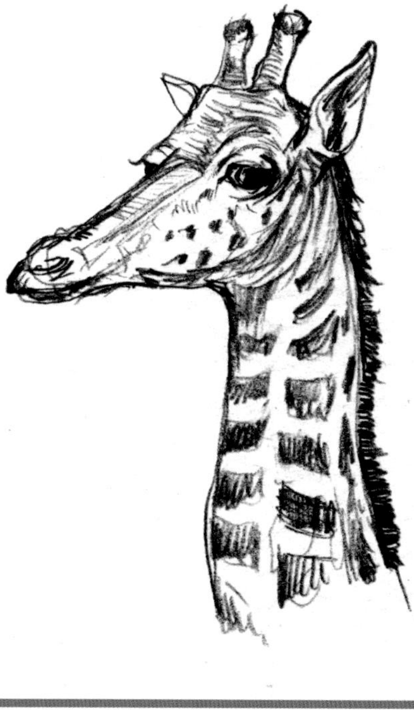

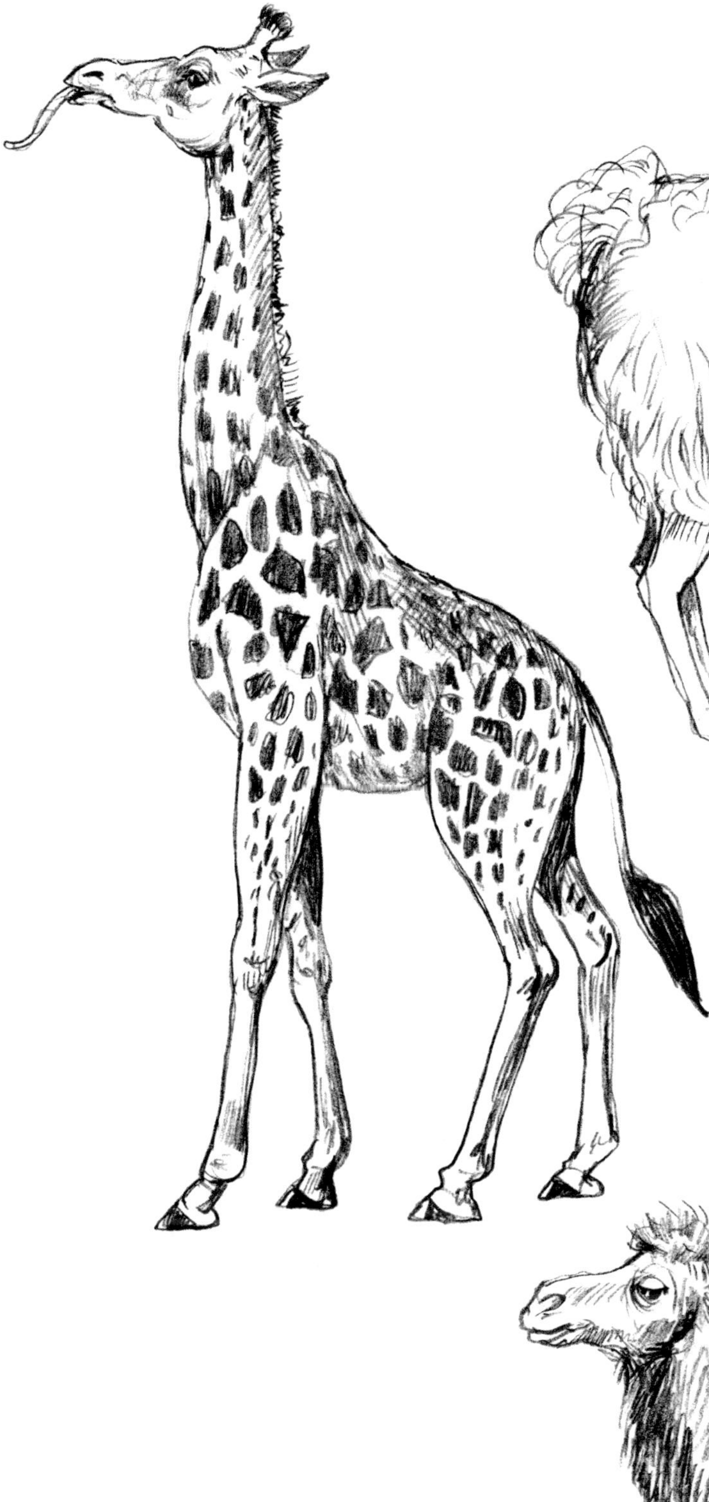

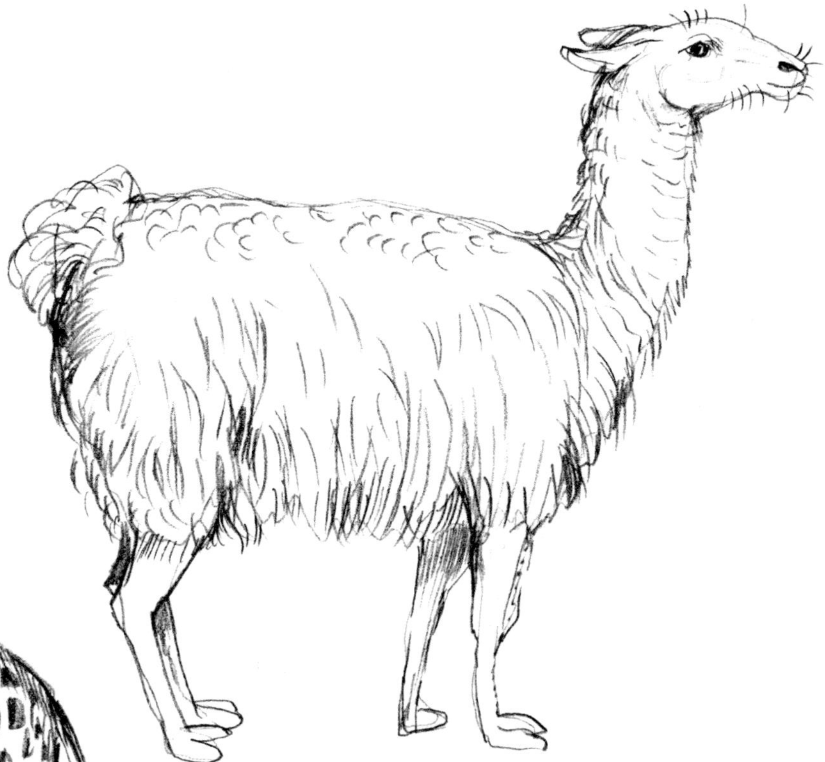

DIE VERWANDTSCHAFT
VON LAMA UND KAMEL
IST GUT ZU ERKENNEN

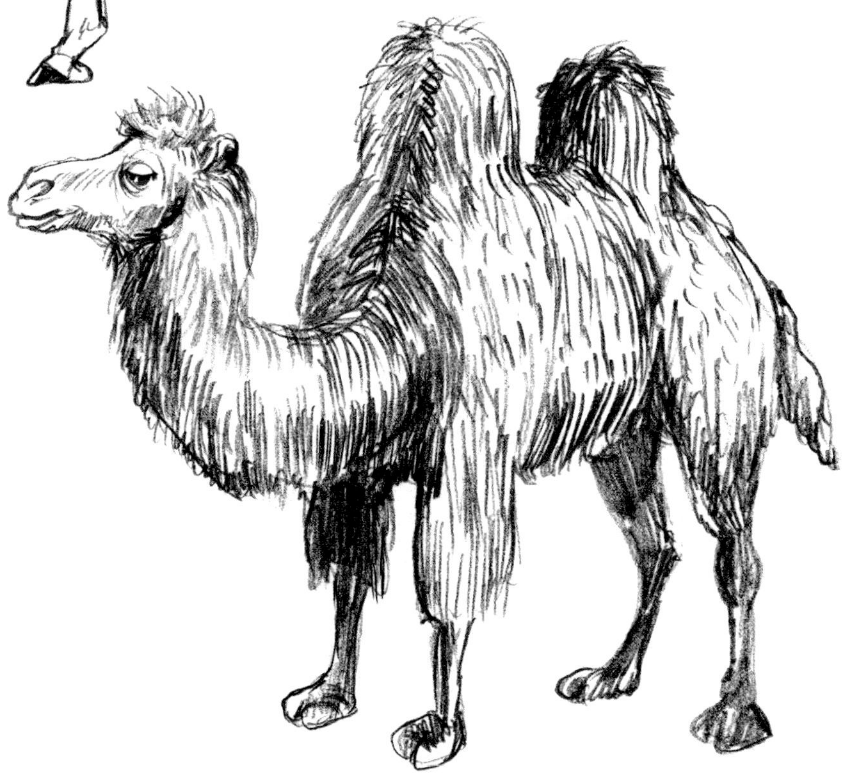

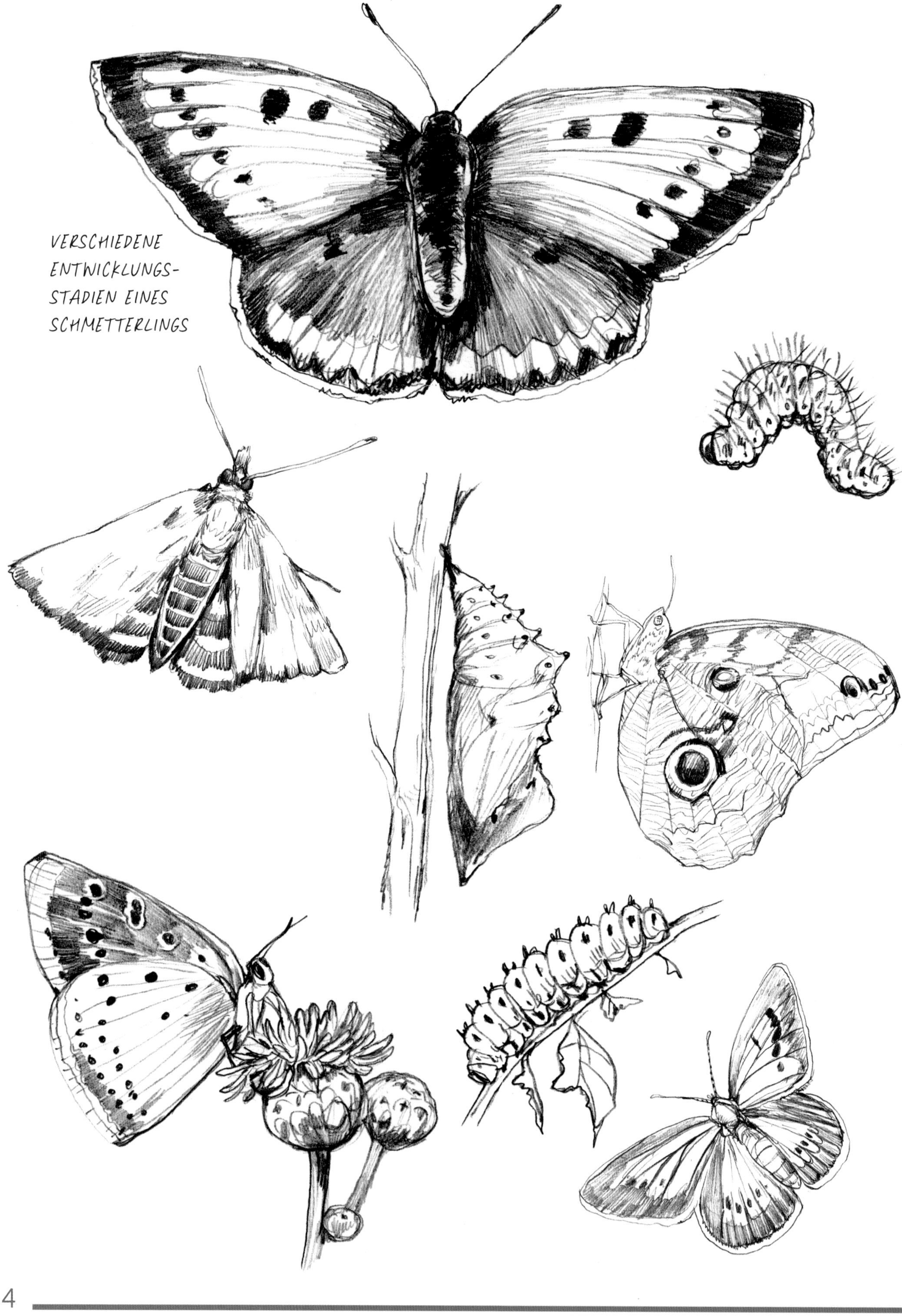
VERSCHIEDENE
ENTWICKLUNGS-
STADIEN EINES
SCHMETTERLINGS

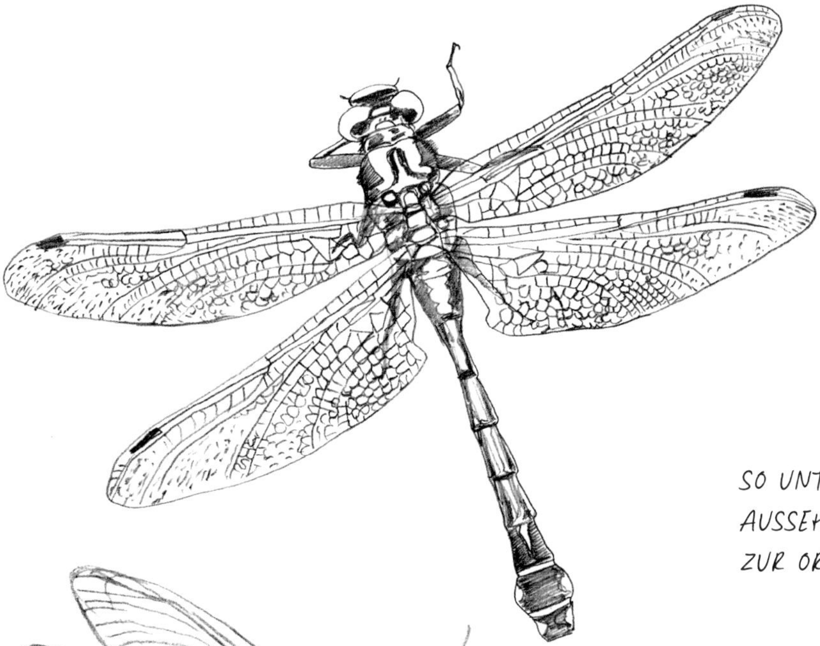

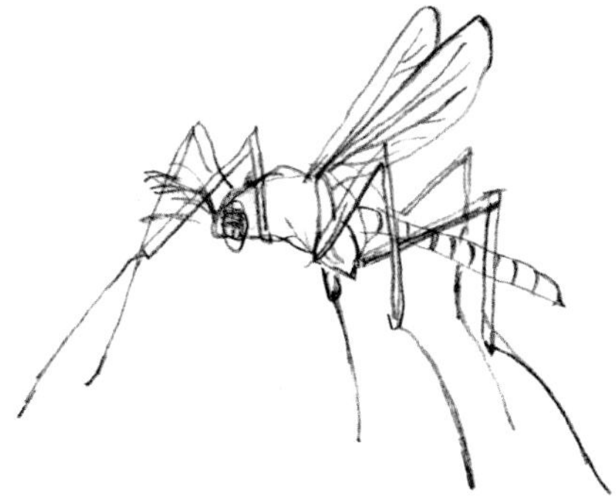

SO UNTERSCHIEDLICH DIESE INSEKTEN AUSSEHEN, GEHÖREN SIE DOCH ALLE ZUR ORDNUNG DER HAUTFLÜGLER

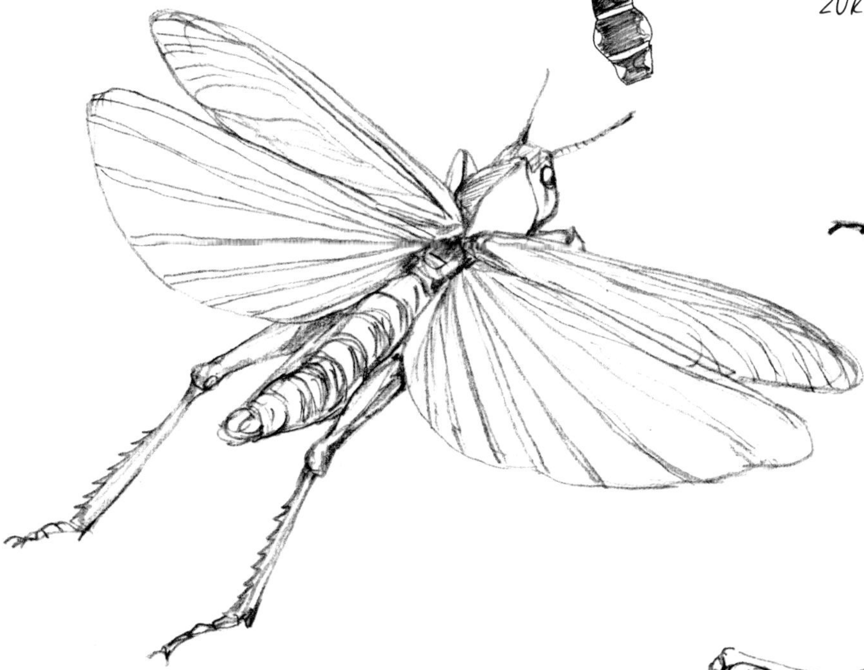

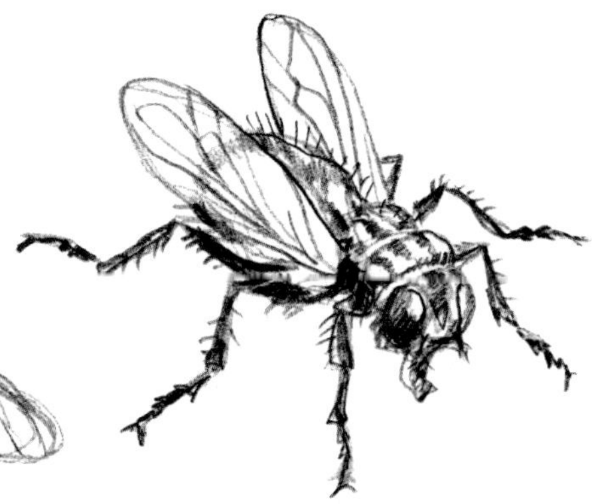

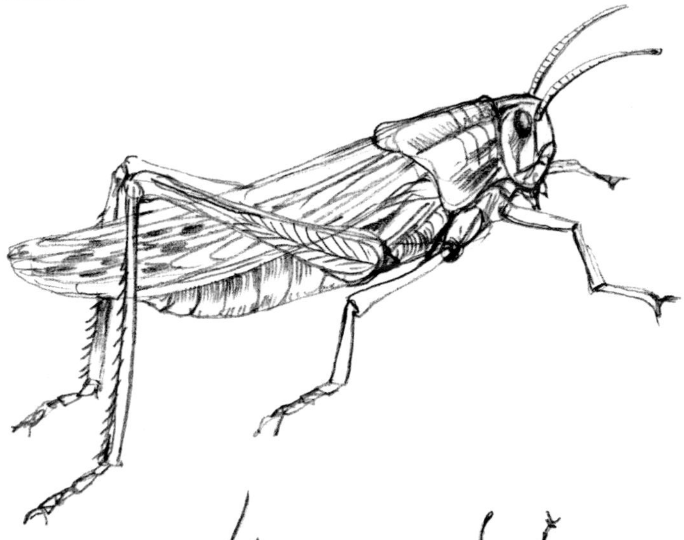

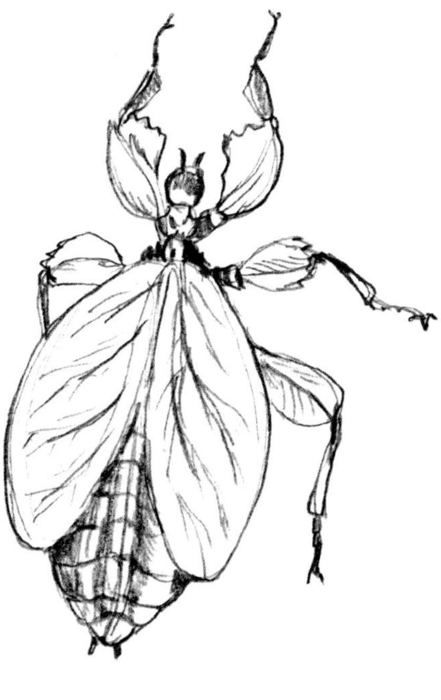

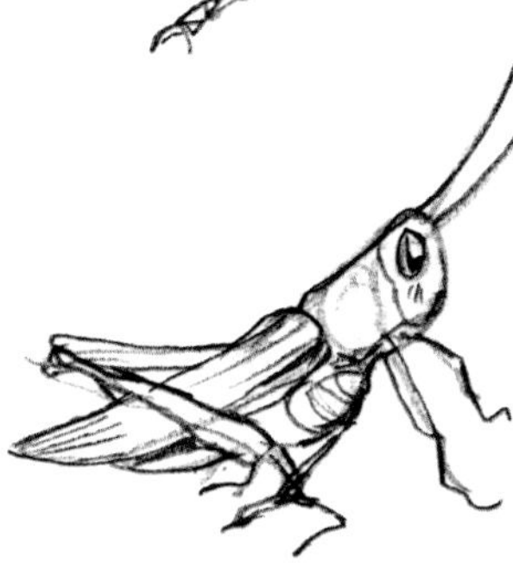

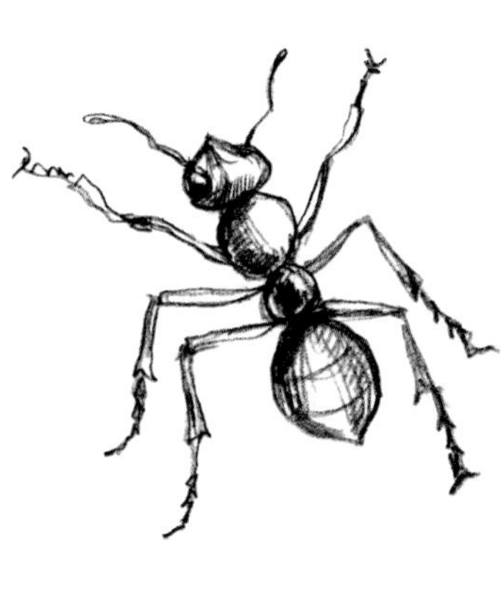

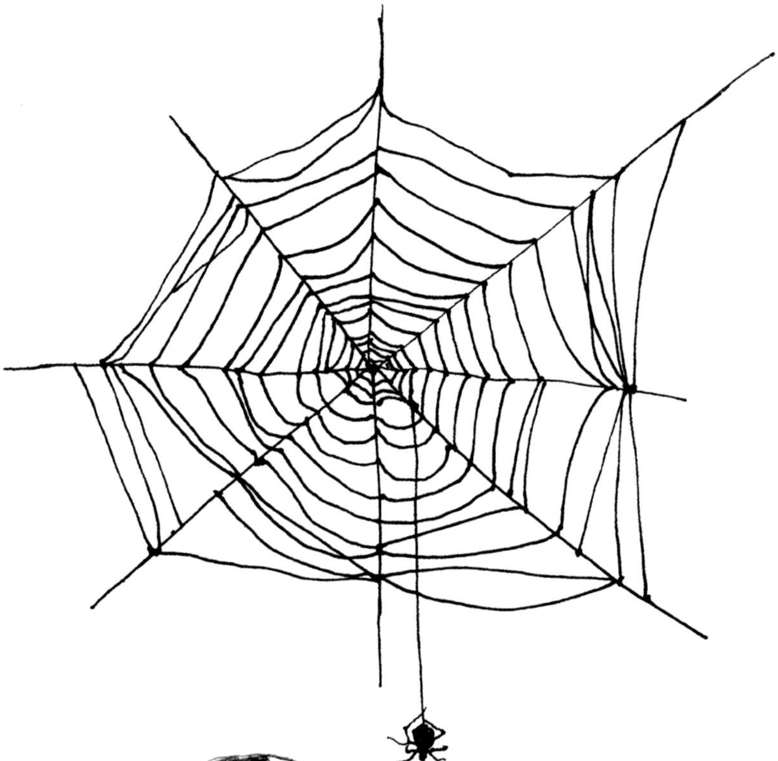

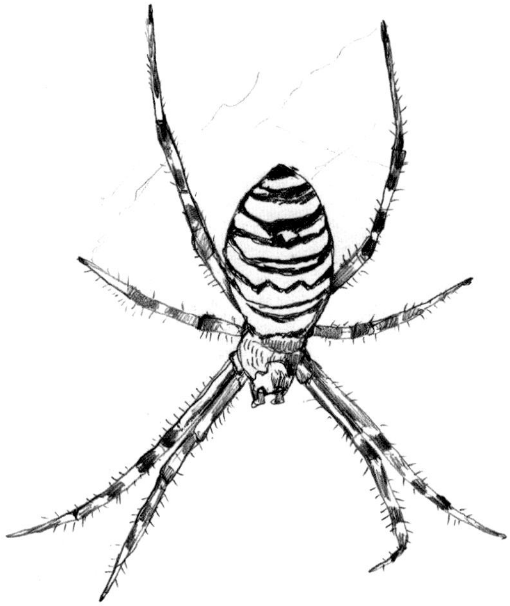

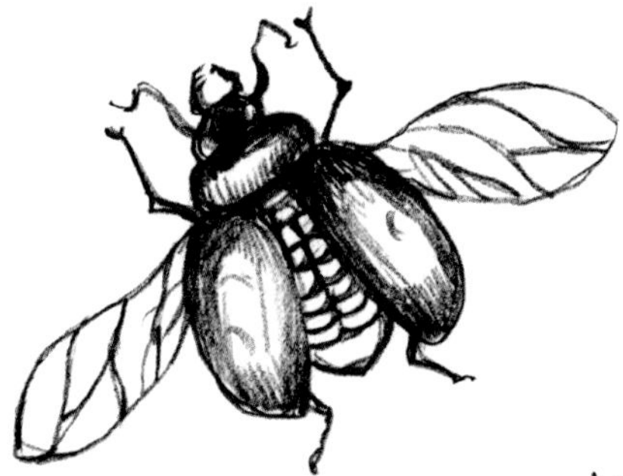

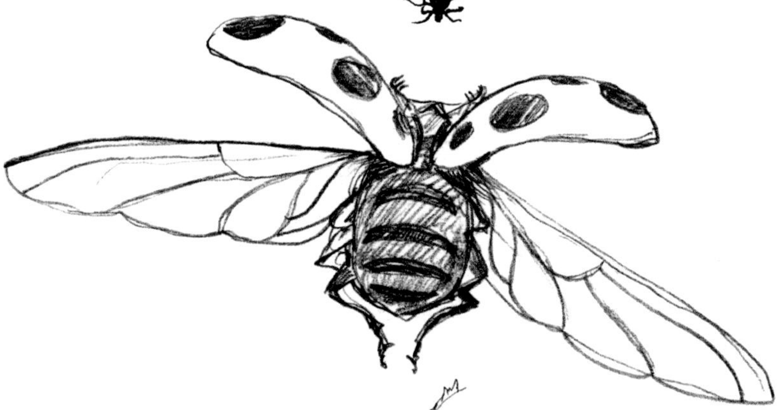

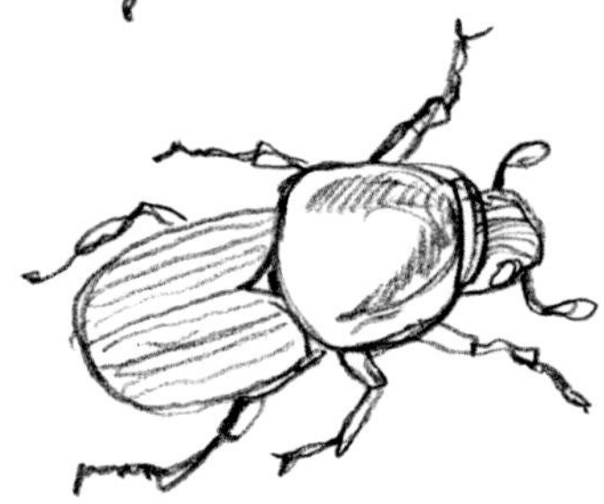

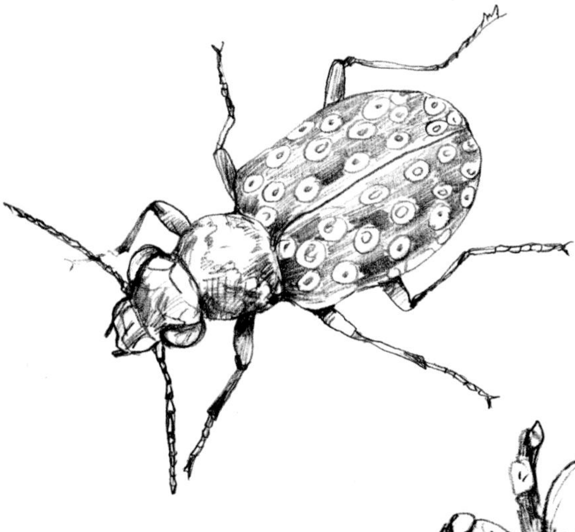

UNTER DEM DICKEN PANZER VERBIRGT DER KÄFER SEINE FLÜGEL. VIELE KÄFER BEWEGEN SICH KRABBELND UND FLIEGEND FORT

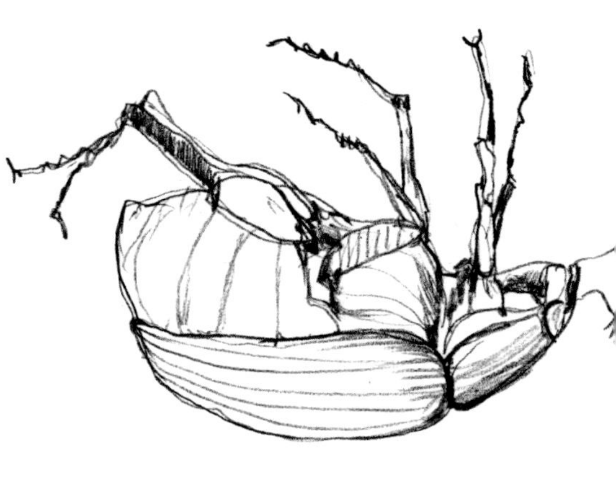

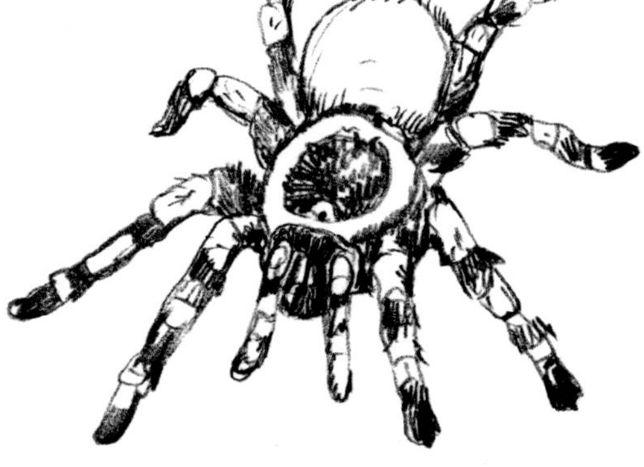

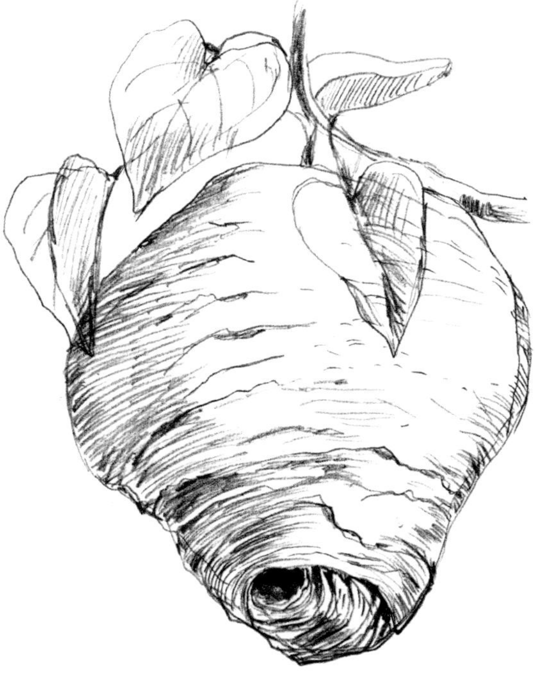

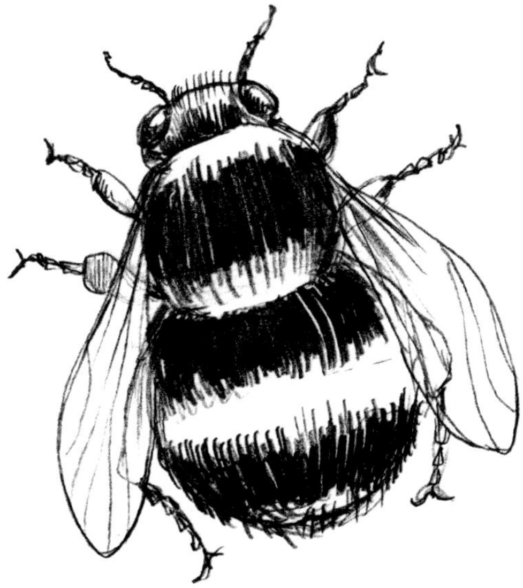

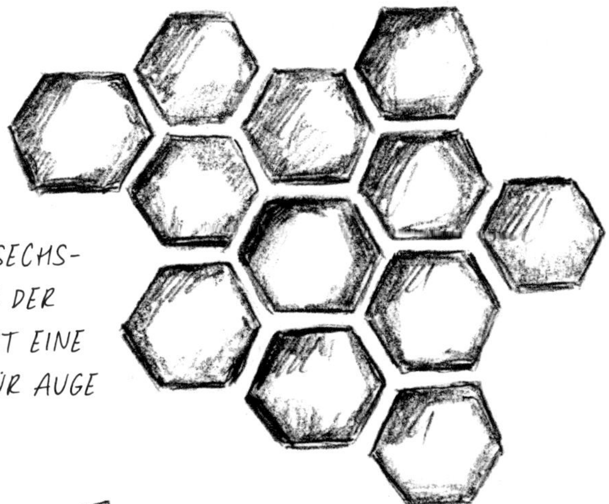

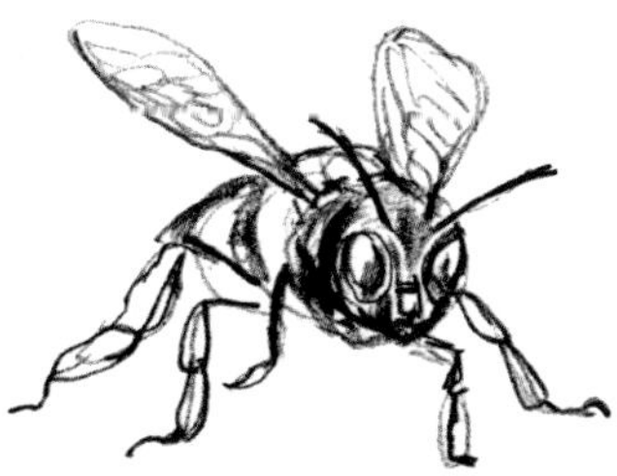

DAS TYPISCHE SECHS-
ECKIGE MUSTER DER
BIENENWABE IST EINE
GUTE ÜBUNG FÜR AUGE
UND HAND

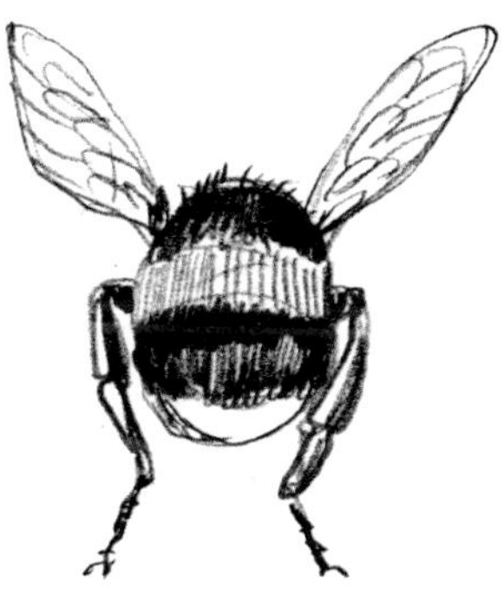

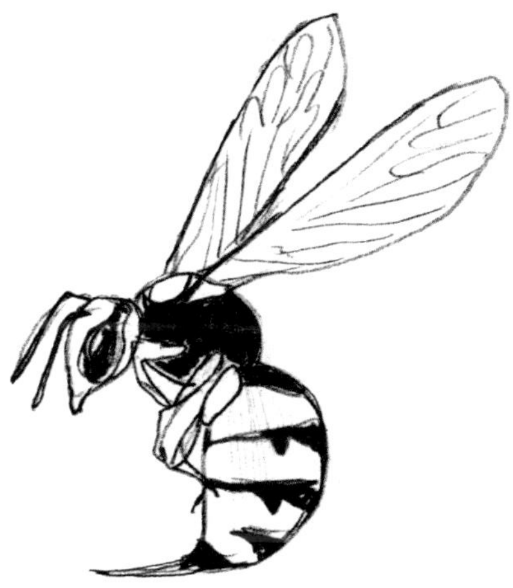

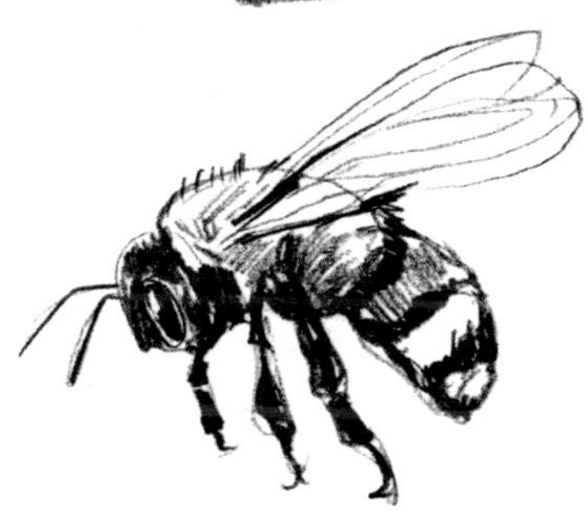

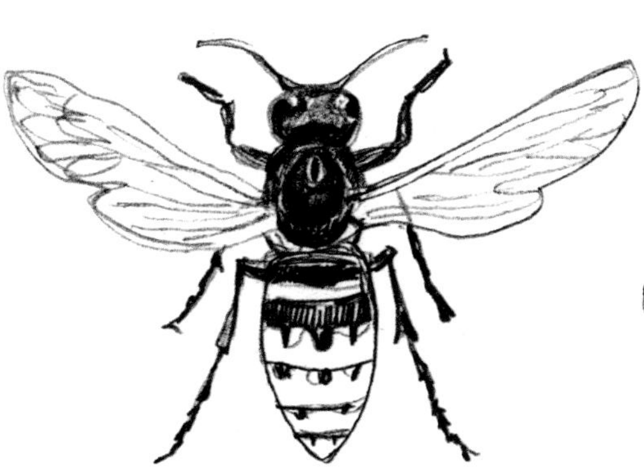

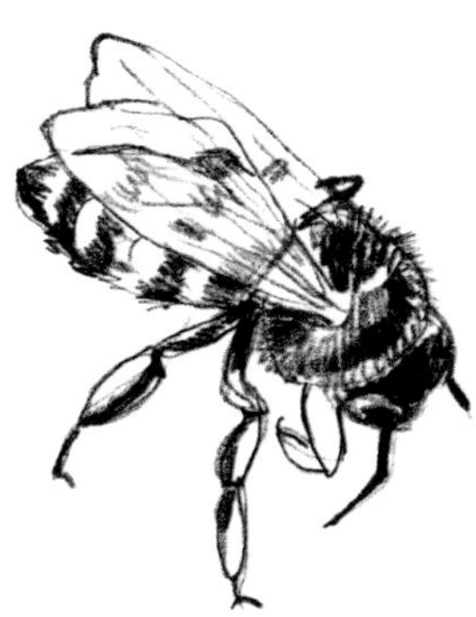

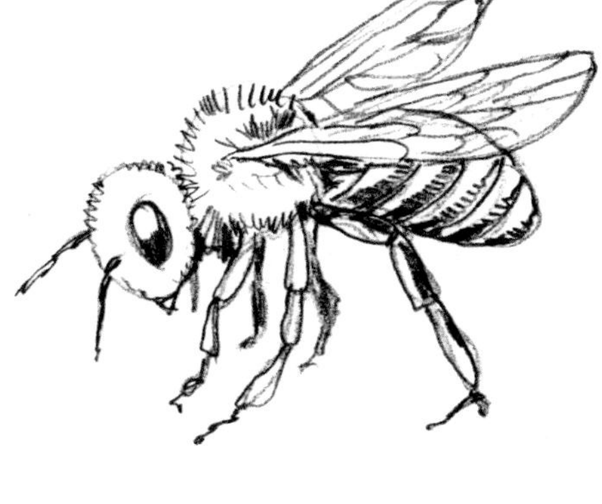

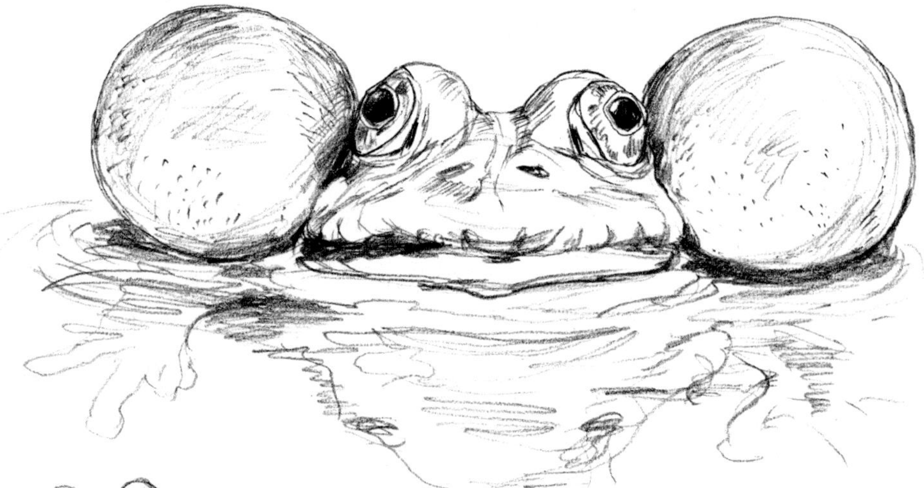

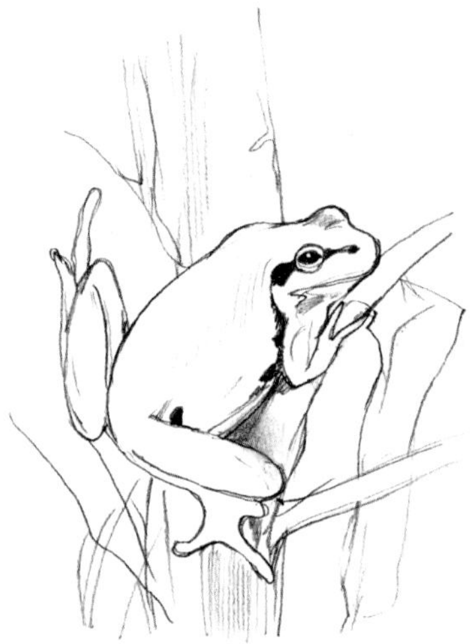

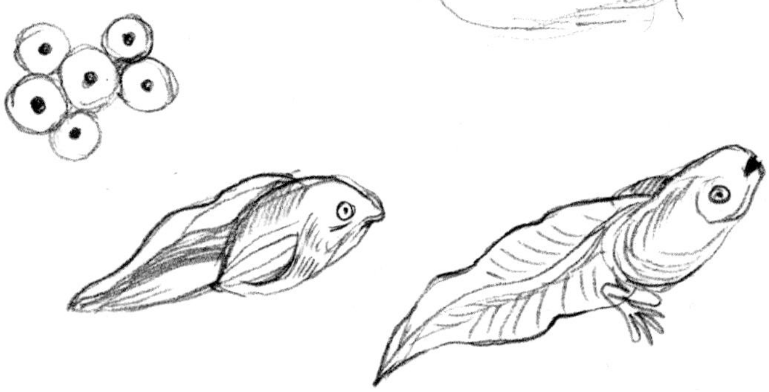

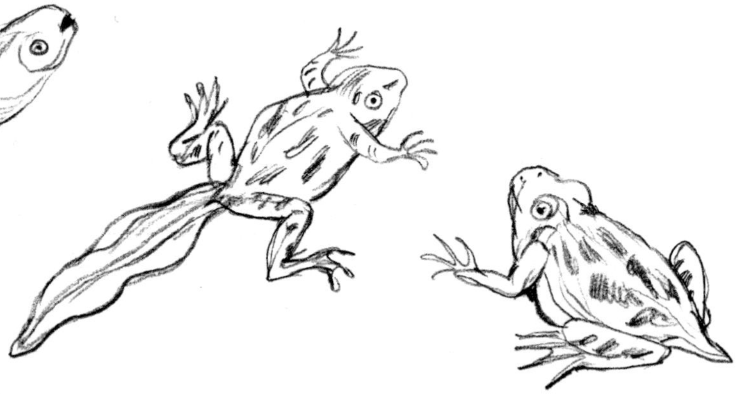

ENTWICKLUNGSSTADIEN EINES FROSCHS

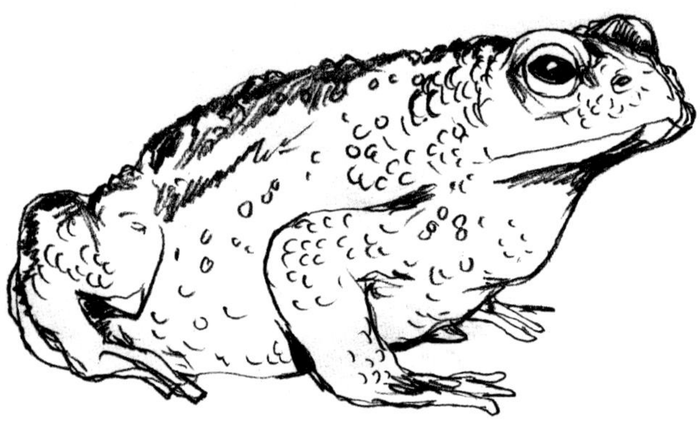

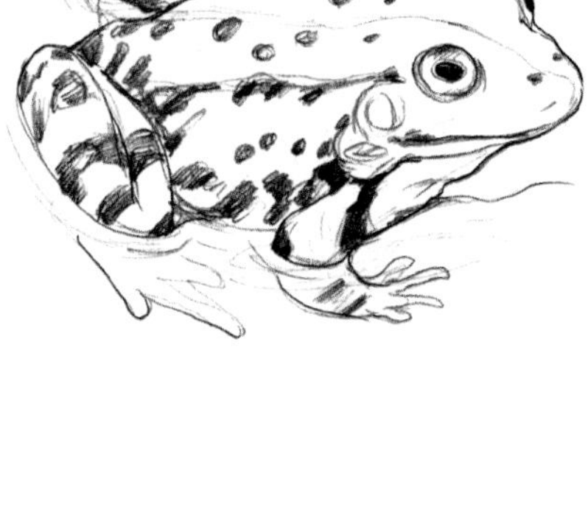

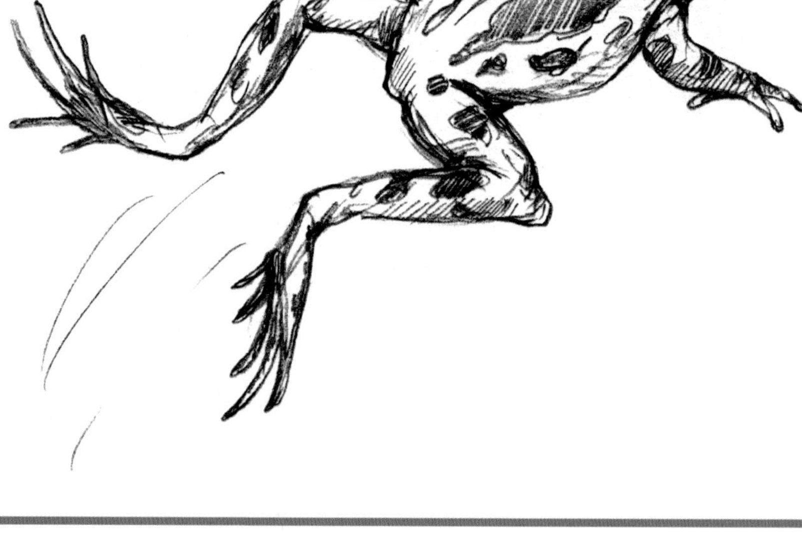

SO ZEICHNEST DU EIN CHAMÄLEON IN TYPISCHER HALTUNG:

1 SKIZZIERE DIE KLARE AUSSENFORM UND LEGE DIE POSITION VON AUGE, GLIEDMASSEN UND SCHWANZ FEST

2 LEGE DIE STRUKTURLINIEN AUF DER HAUTOBERFLÄCHE AN

3 FÜLLE DIE EINZELNEN BEREICHE MIT TYPISCHEN STRUKTUREN

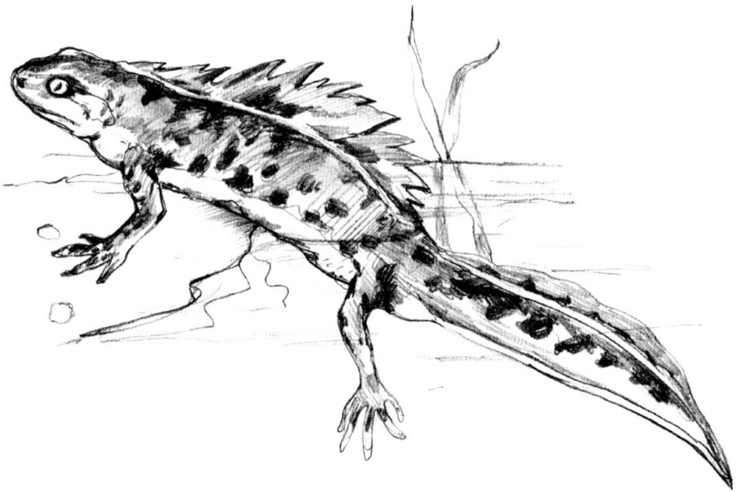

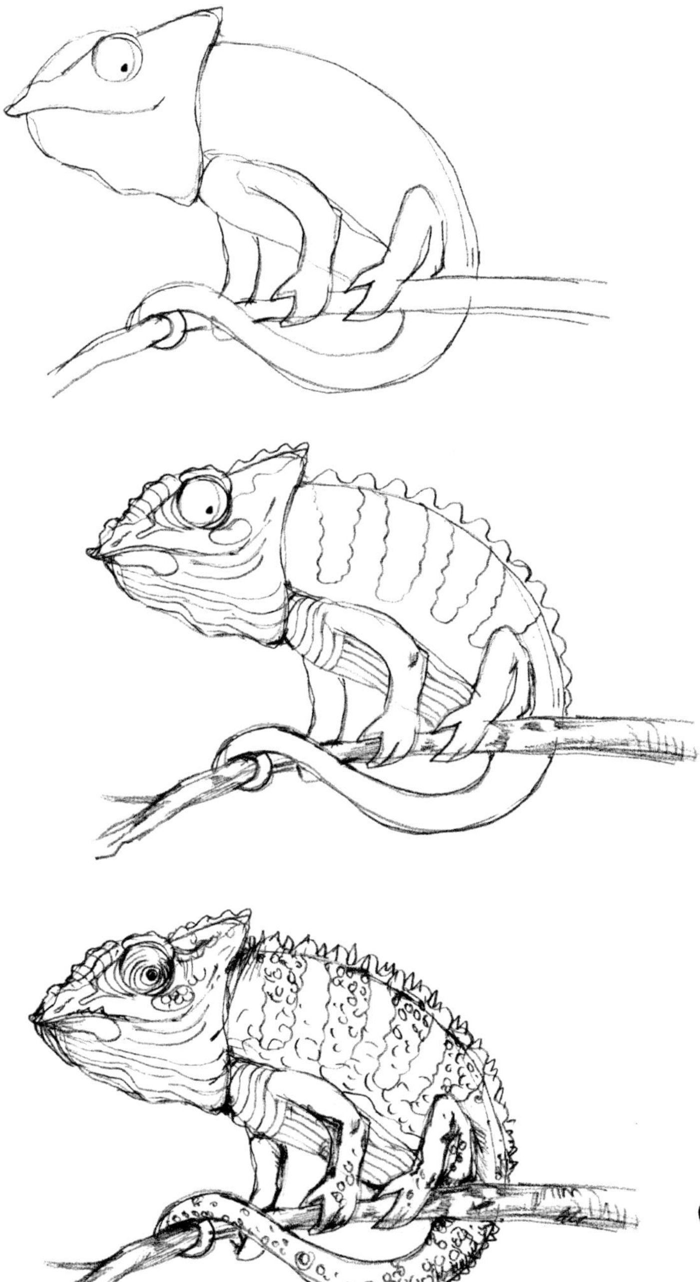

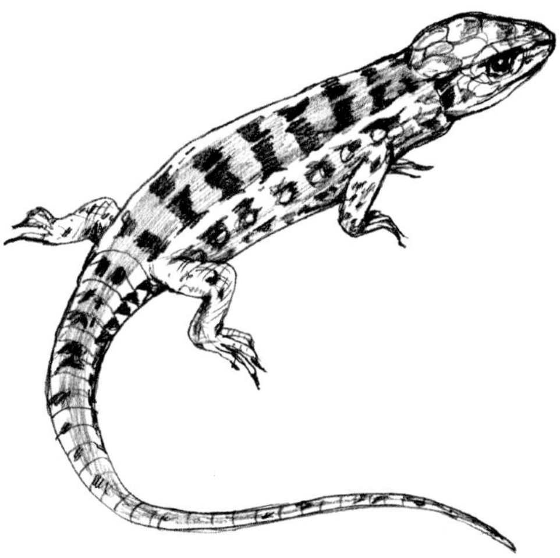

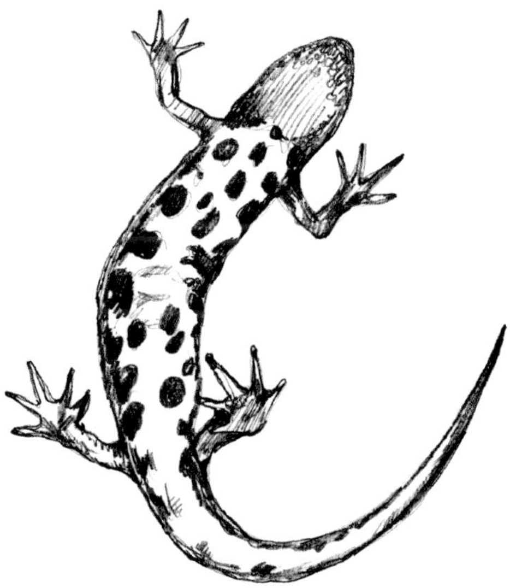

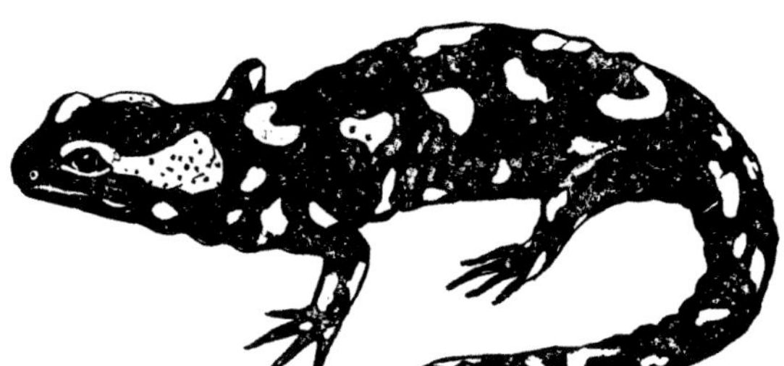

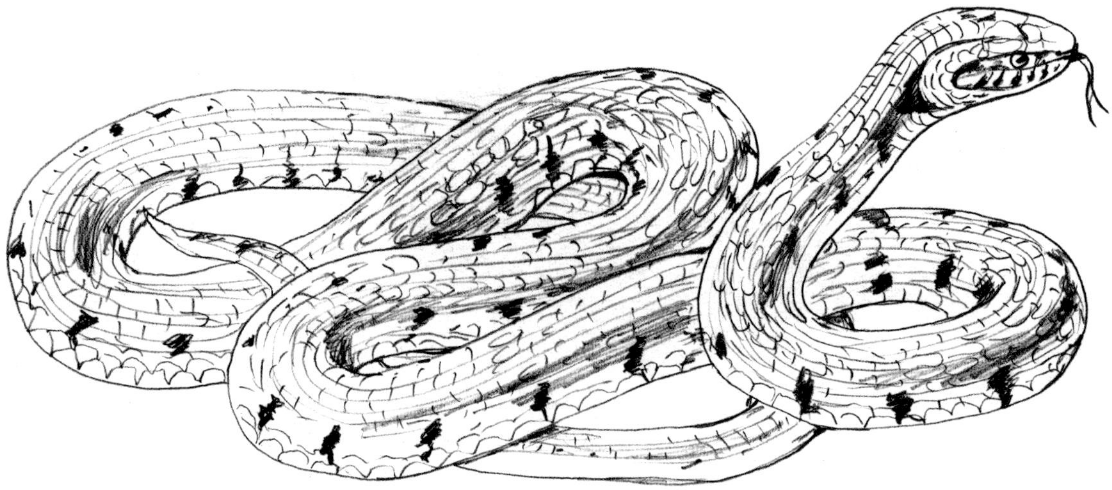

DIE SCHLÄNGELNDEN BEWEGUNGEN DES SCHLANGENKÖRPERS UND SEINE MUSTER GEBEN DER SCHLANGE IHR TYPISCHES, UNVERWECHSELBARES ÄUSSERES. DER LANGE, SCHMALE KOPF UND DIE GESCHLITZTE PUPILLE SIND WEITERE ERKENNUNGSMERKMALE

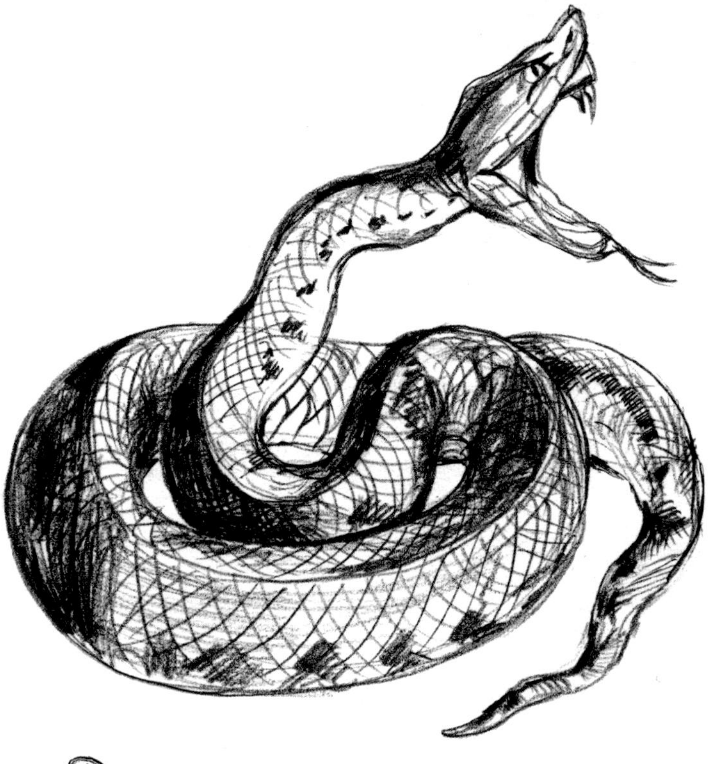

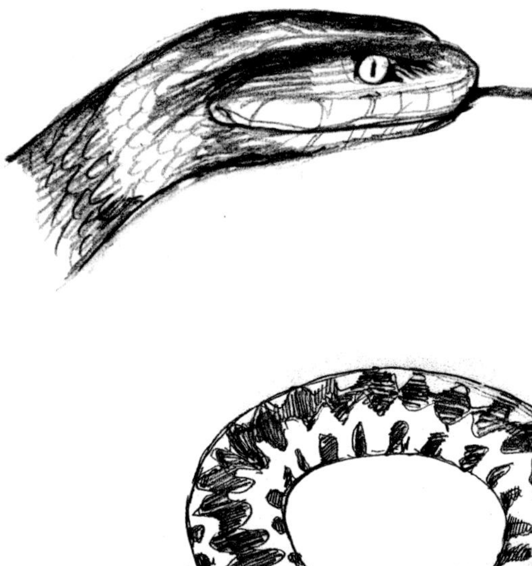

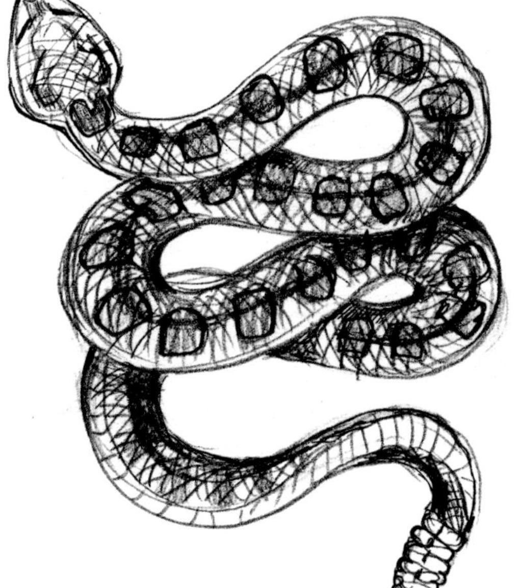

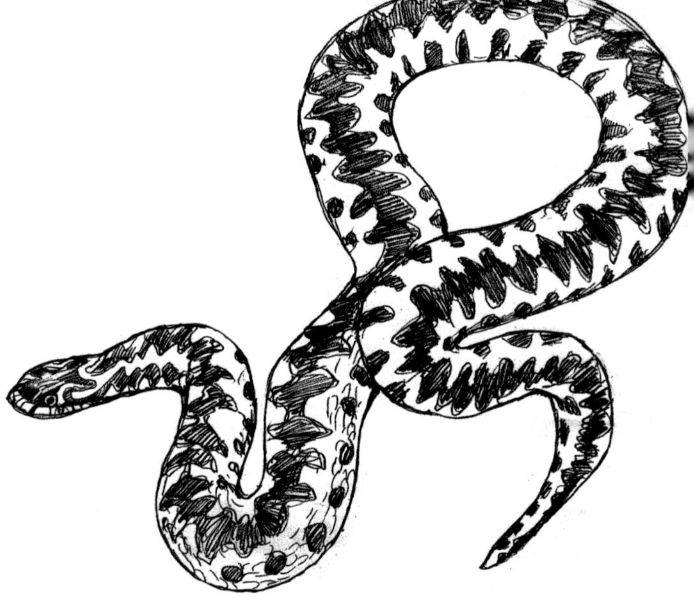

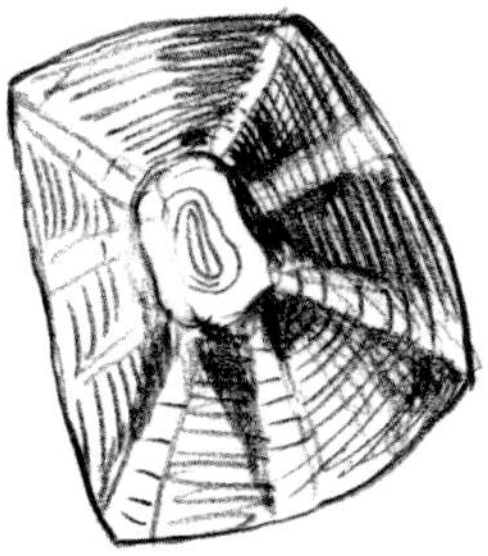

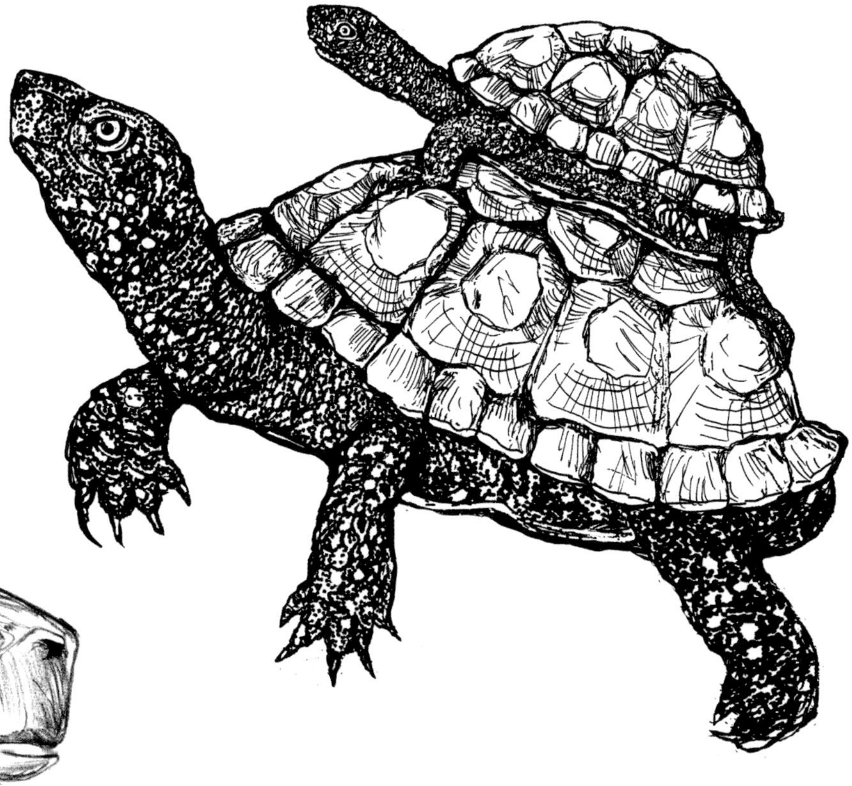

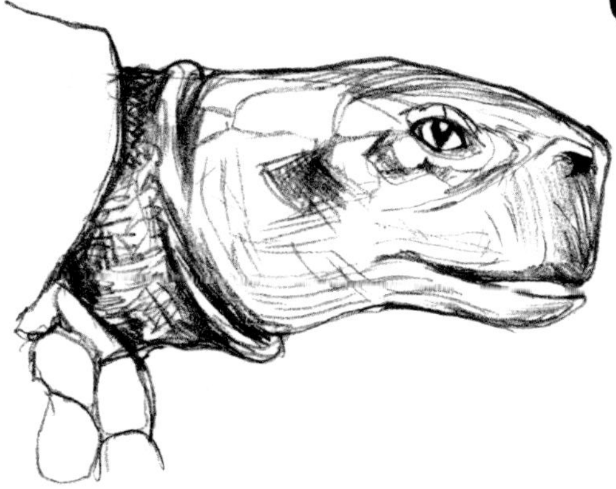

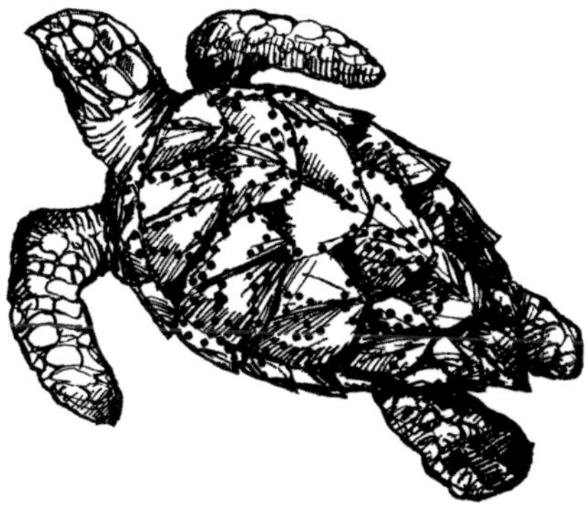

JEDE SCHILDKRÖTE HAT IHRE TYPISCHE SCHUPPENPANZERFORM, DIE DU GUT HERAUSARBEITEN MUSST. LANDSCHILDKRÖTEN HABEN EINEN HOHEN, GEWÖLBTEN PANZER UND AUSGESPROCHENE GRABESCHAUFELN, WASSERSCHILDKRÖTEN DAGEGEN EINEN BREITEN FLACHEN PANZER SOWIE SCHWIMMFLOSSENARTIGE VORDERGLIEDMASSEN UND MIT SCHWIMMHÄUTEN VERSEHENDE HINTERGLIEDMASSEN

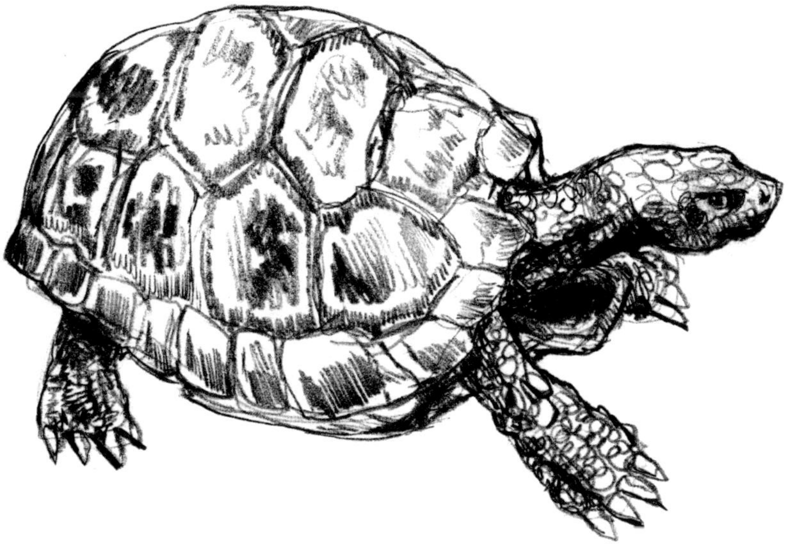

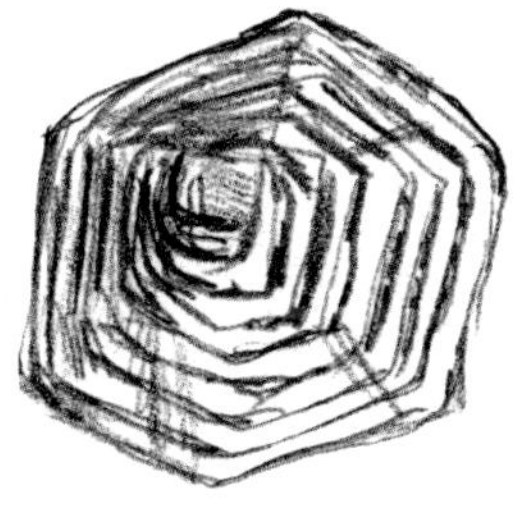

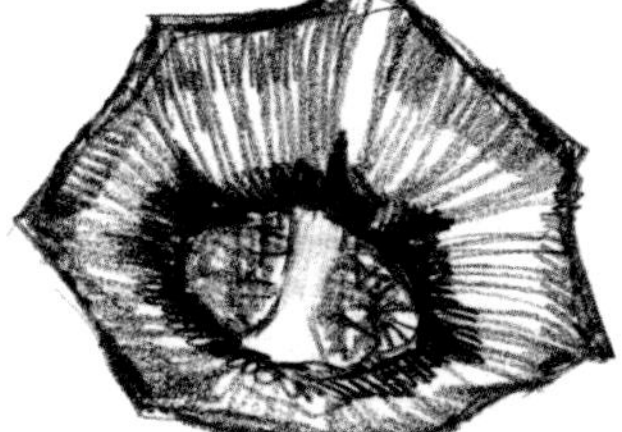

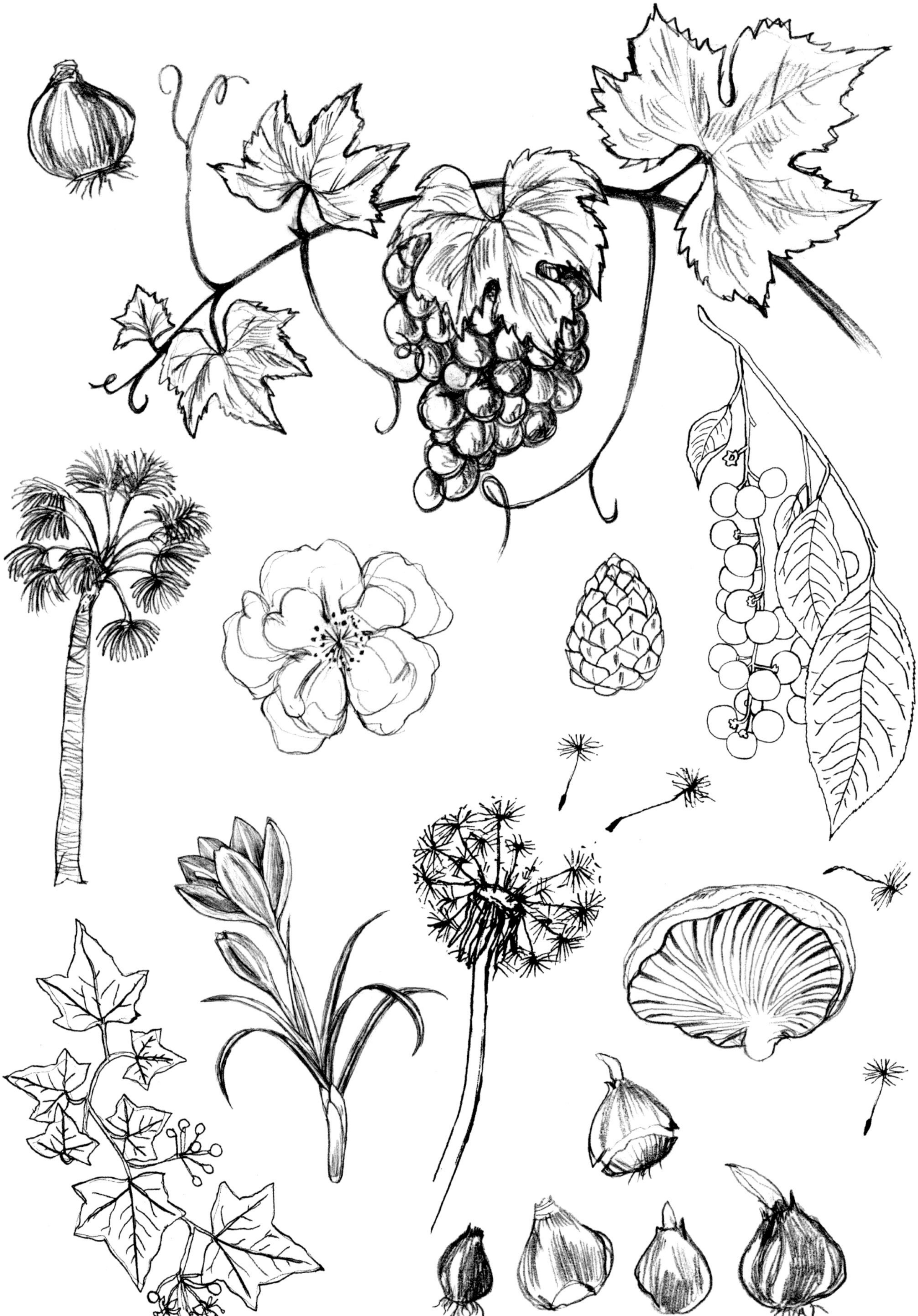

PFLANZEN

Das Pflanzenreich ist eine schier unerschöpfliche Inspirationsquelle für zeichnerische Darstellungen. Ob es sich um farbenfrohe Blumenranken, stachelige Kakteen, großblättrige Urwaldgewächse oder um zarte Gräser handelt, immer liegt der Fokus auf der Schönheit und Einzigartigkeit der jeweiligen Pflanzen.

Um diese zeichnerisch zu erfassen, gilt es, die Pflanze zunächst in der der Weg zu einer gelungenen Zeichnung nicht mehr weit.

BLÄTTER, BLÜTE, WURZEL – PFLANZEN

Pflanzen gehören neben Tier- und Menschendarstellungen zu den frühesten Bildmotiven. Sie wurden in Felsen- und Höhlenmalereien, Friesen und Fresken abgebildet und ihre vielfältigen Formen in Mustern verewigt.
Da viele Pflanzen als Nahrungsquelle des Menschen dienten, war es wichtig, Genießbares von Gefährlichem zu unterscheiden. Aus diesem Grund wurden Pflanzen abgebildet, in ersten Herbarien aufbewahrt und das gewonnene Wissen über Jahrhunderte weitergegeben.
Andere Pflanzen hatten schon immer eine rein ästhetische Funktion, man übernahm ihre Formen und schmückte damit Bauwerke oder erdachte immer wieder neue Muster aus ihnen. Vor allem Blumen sind wegen ihrer Schönheit und Dramatik in der Kunst gängige und beliebte Darstellungsobjekte. Die folgenden Zeichnungen zeigen die Schönheit und Besonderheit von Blumen und Pflanzen und führen gleichzeitig durchs Pflanzenjahr.
Blumen und Pflanzen sind gar nicht so schwierig zu zeichnen, weil viele von ihnen gemeinsame Merkmale wie Wurzeln, Stängel, Blätter, Blüten oder Früchte haben. Zerlegst du sie in einzelne Elemente mit einfachen Grundformen, hilft dir das enorm, die jeweilige Pflanze in ihren Proportionen erfassen. Wenn du darüber hinaus ihren Aufbau im Prinzip verstehst, beispielswiese die Stellung der Blätter zueinander oder die Anzahl und Stellung ihrer Blütenblätter, dann werden dir Pflanzen- und Blumenporträts gelingen, die genau die subjektiven Eigenarten deines Motivs ausdrücken.

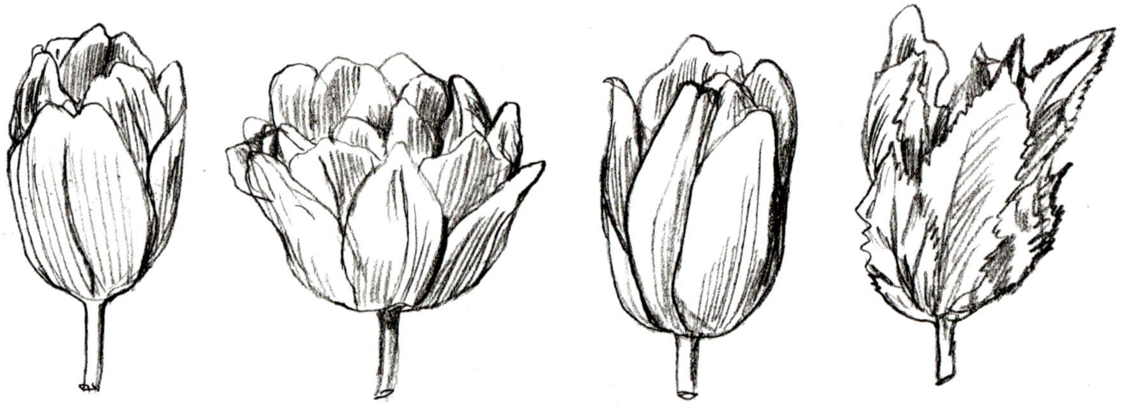

DAS SIND ALLES BLÜTENSTÄNDE VON TULPEN.
WIE UNTERSCHIEDLICH SIE IN FORM UND FARBE SEIN KÖNNEN!

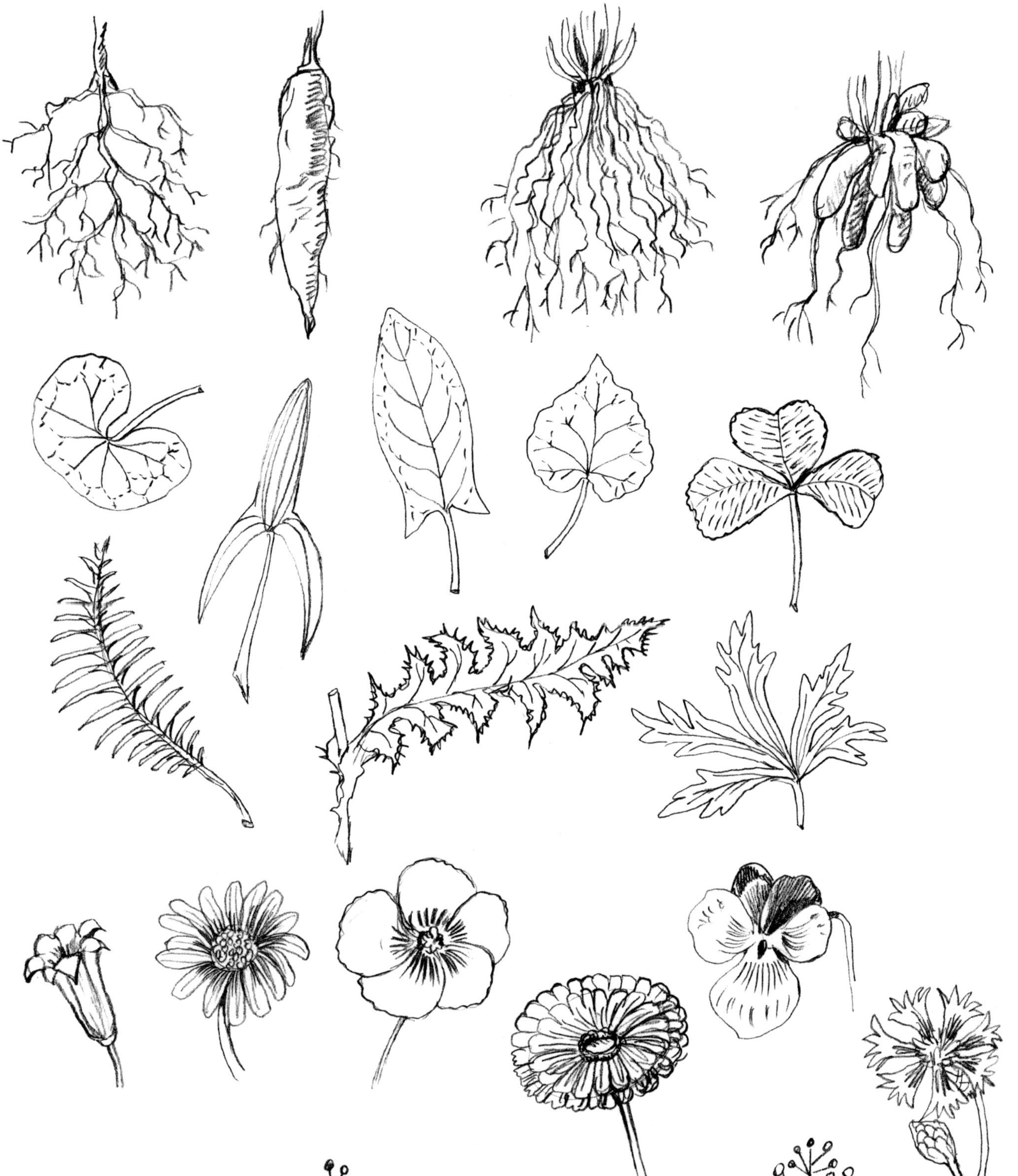

EINE KLEINE AUSWAHL DER EINZELNEN TEILE EINER PFLANZE. IHRE VIELFÄLTIGEN AUSFORMUNGEN HABEN SICH AN DEN LEBENSRAUM DER PFLANZE ANGEPASST

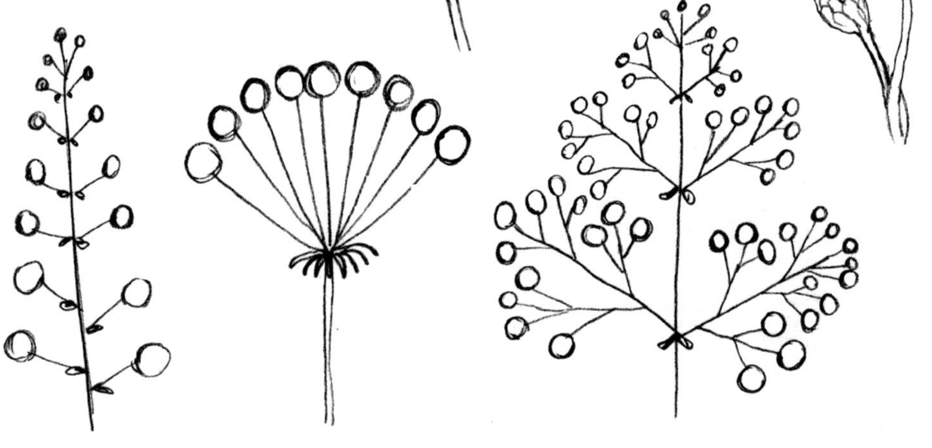

SO ZEICHNEST DU EINEN FRÜHLINGSSTRAUSS:

1 SKIZZIERE DIE KLARE, GEOMETRISCHE AUSSENFORM DES STRAUSSES UND LEGE DIE POSITION DER DOMINIERENDEN TULPENKÖPFE FEST

2 FÜLLE DIE ZWISCHENRÄUME MIT HYAZINTHENBLÜTENSTÄNDEN AUS

3 FÜLLE LEERE BEREICHE MIT TULPENBLÄTTERN AUF

4 SCHRAFFIERE TULPENBLÄTTER UND TULPENBLÜTEN UND ARBEITE STIELE UND DIE STRAUSSBINDUNG AUS

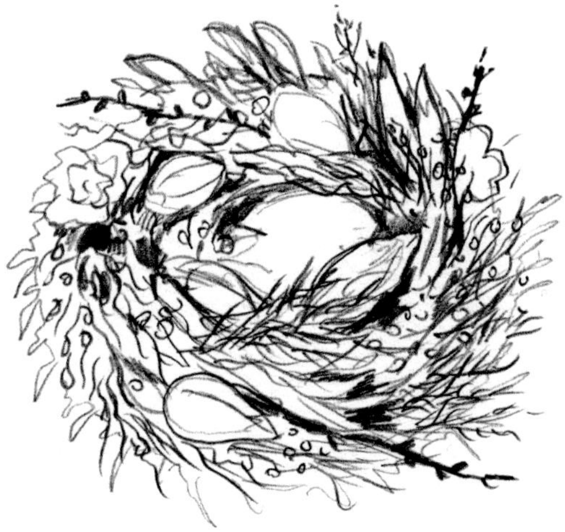

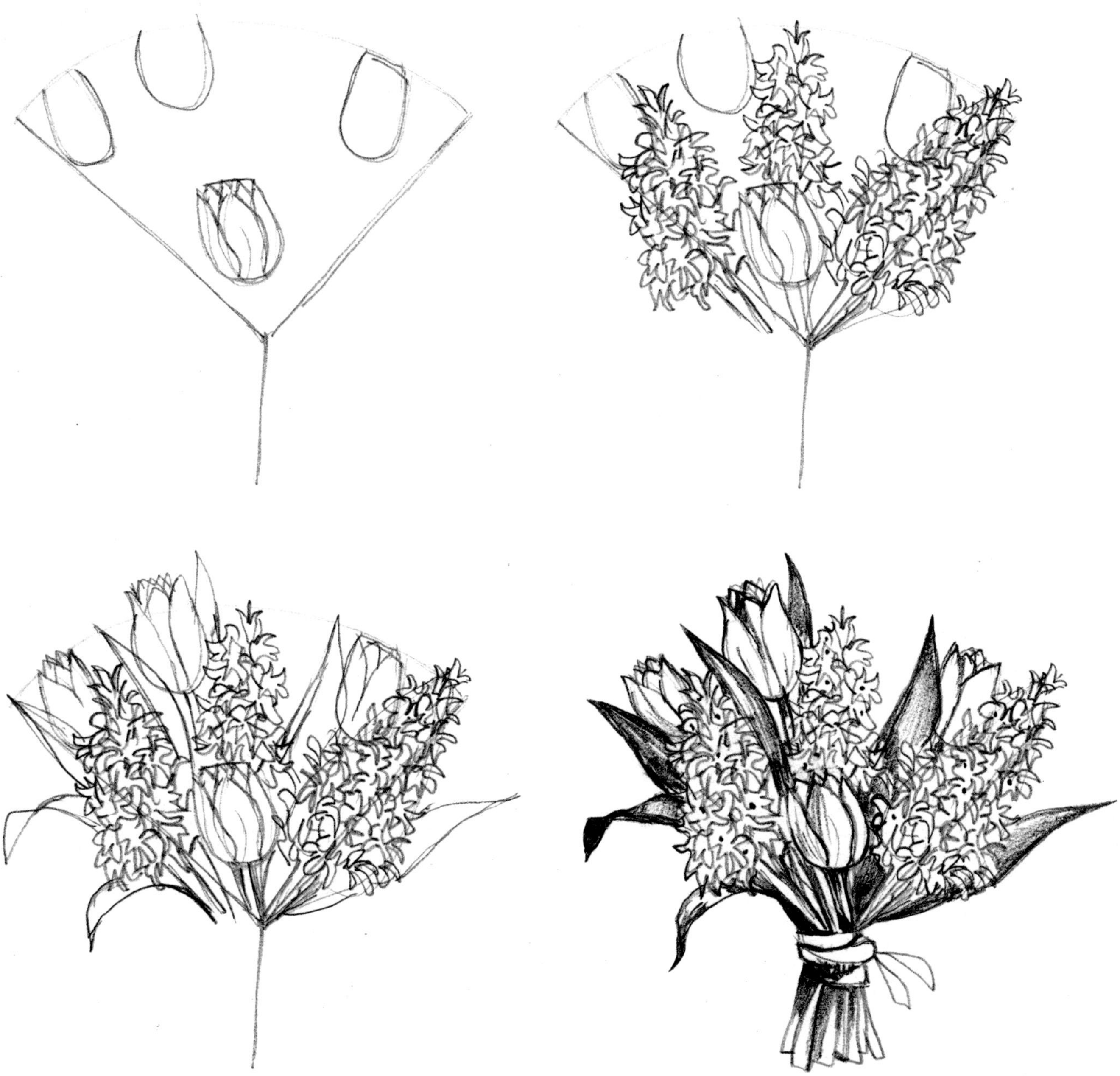

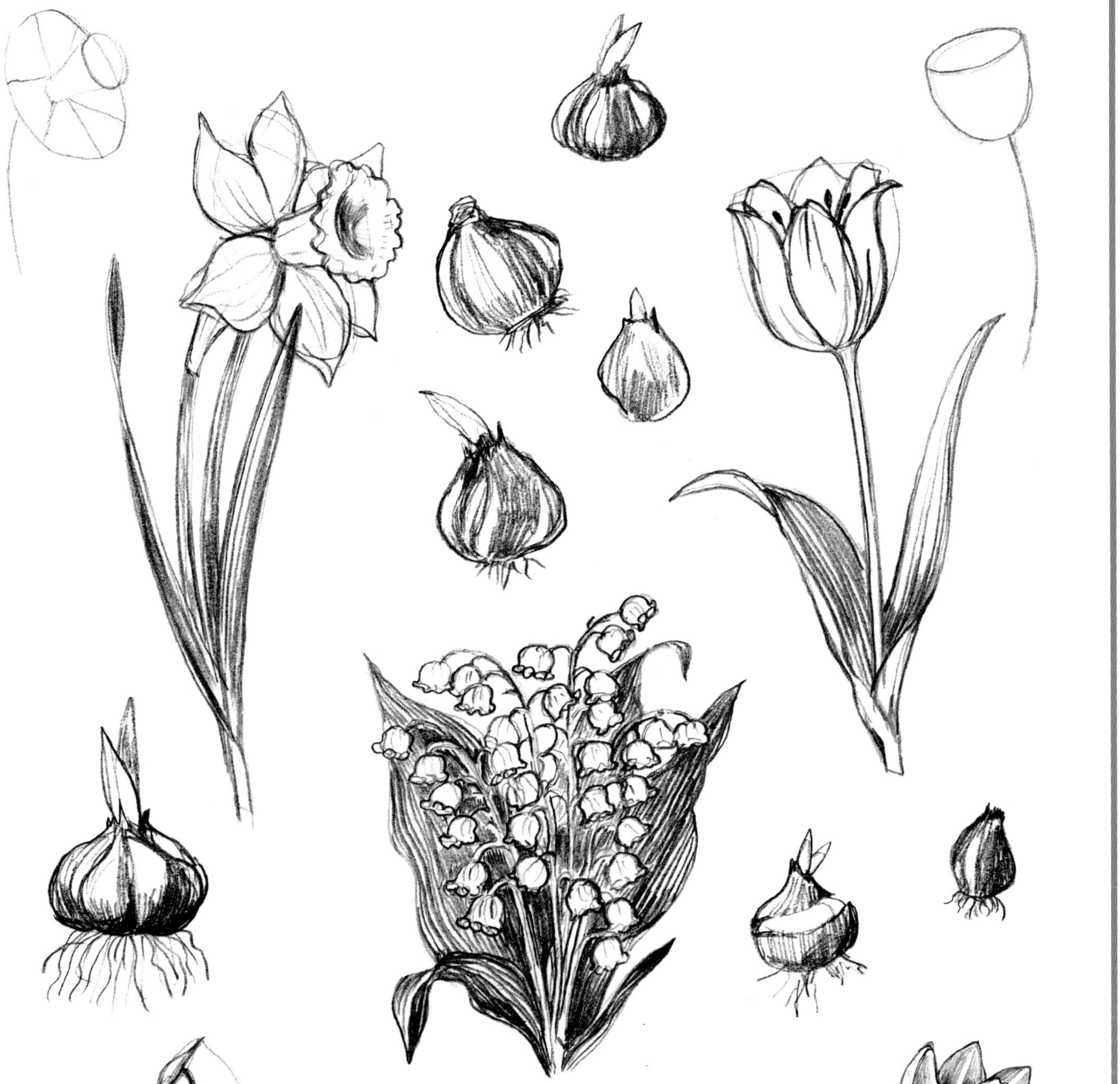

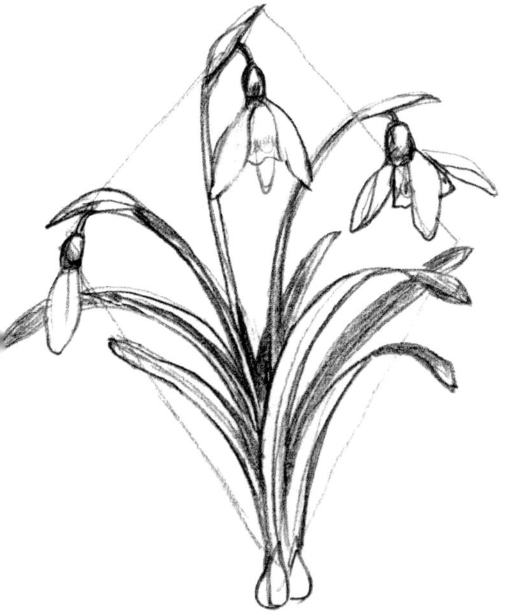

BUNTER FRÜHLINGSBLUMEN-
MIX UND TYPISCHE BLUMEN-
ZWIEBELN VON FRÜHBLÜHERN

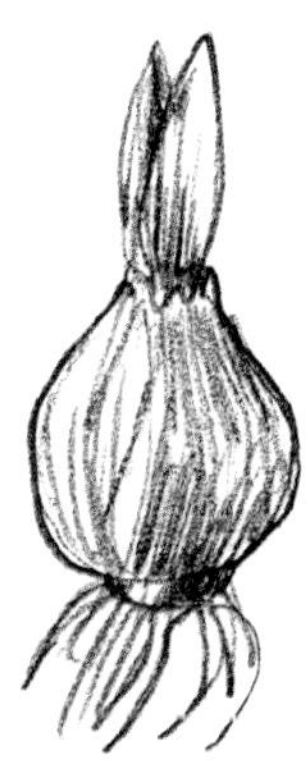

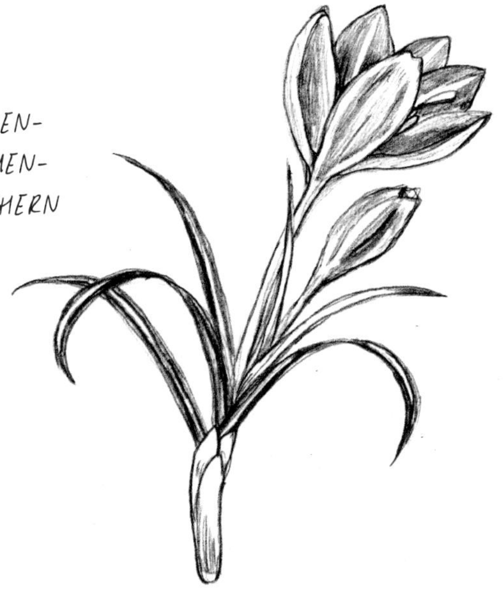

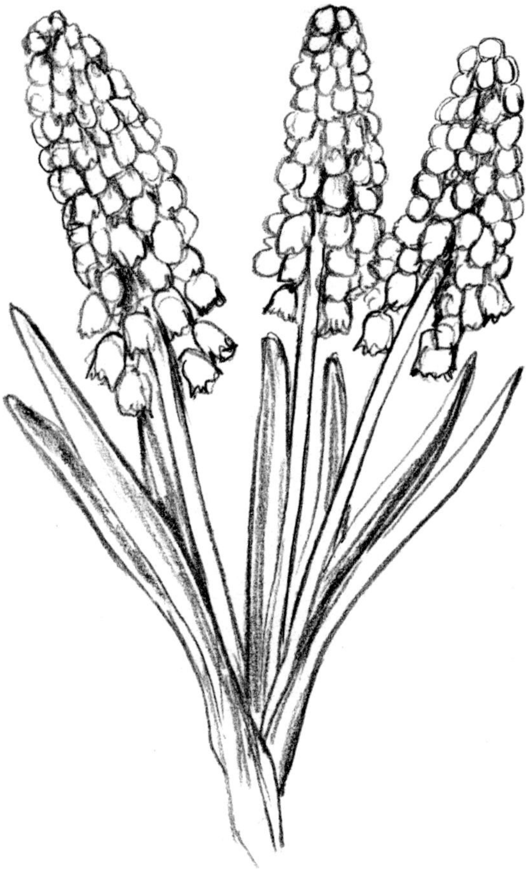

DER TRAUBENHYAZINTHE SIEHT MAN DIE VERWANDTSCHAFT ZUR HYAZINTHE AN. SIE IST AUF ALLE FÄLLE EINFACHER ZU ZEICHNEN

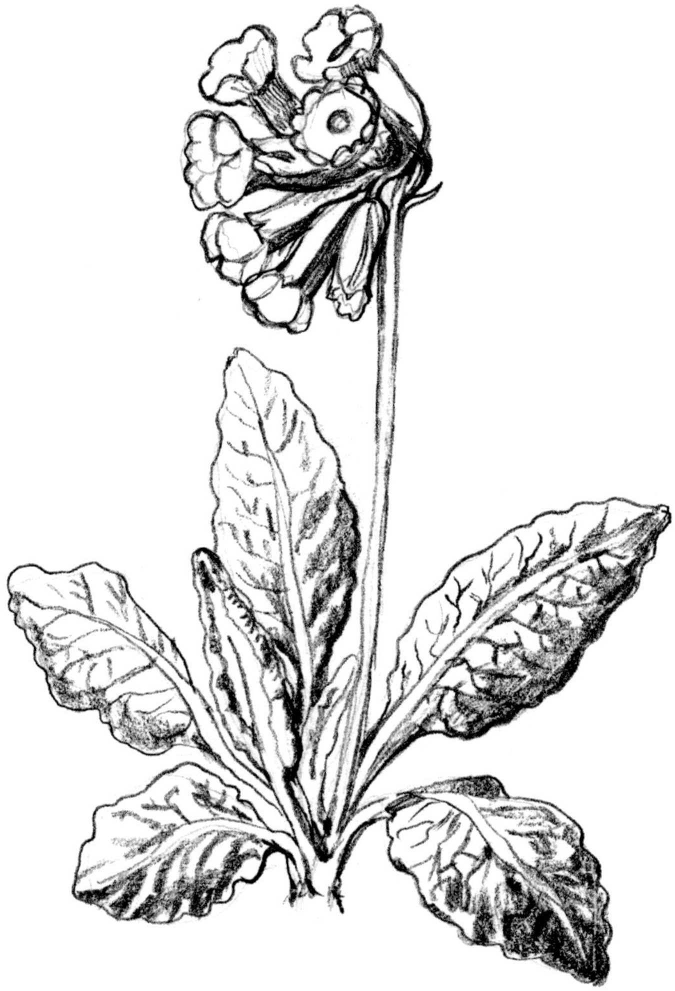

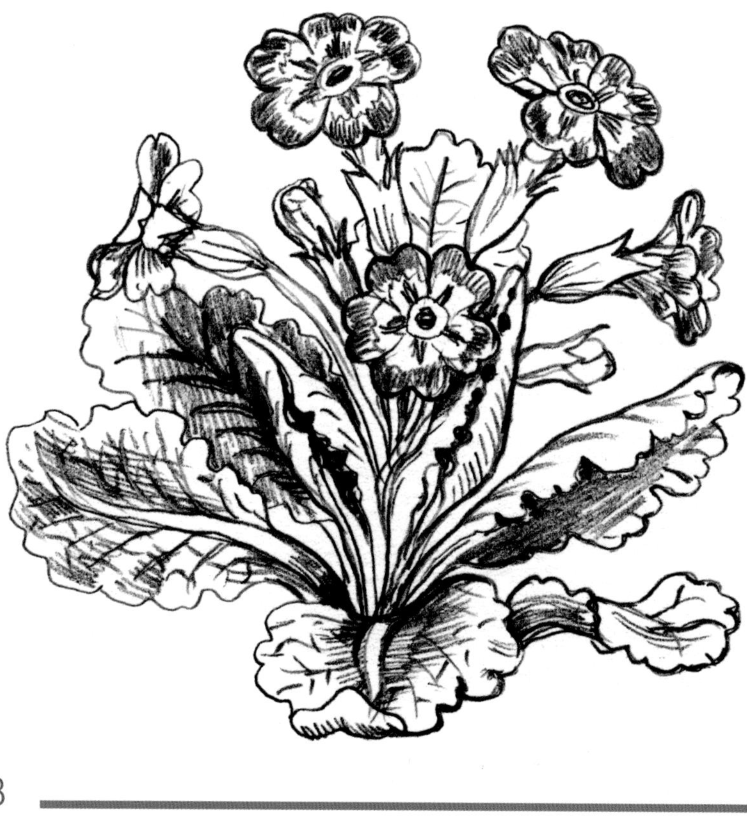

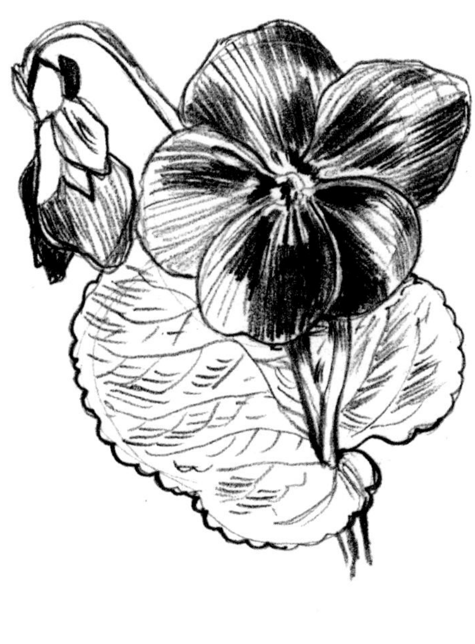

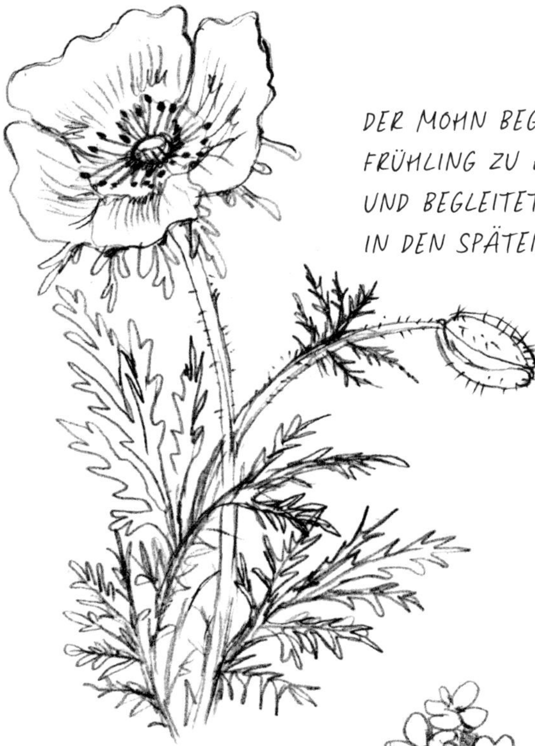

DER MOHN BEGINNT IM
FRÜHLING ZU BLÜHEN
UND BEGLEITET UNS BIS
IN DEN SPÄTEN SOMMER

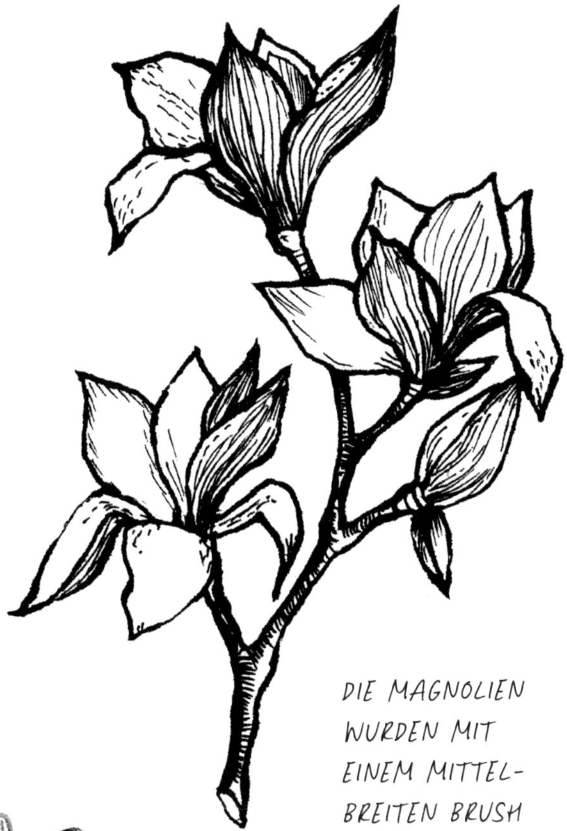

DIE MAGNOLIEN
WURDEN MIT
EINEM MITTEL-
BREITEN BRUSH
PEN GEZEICHNET

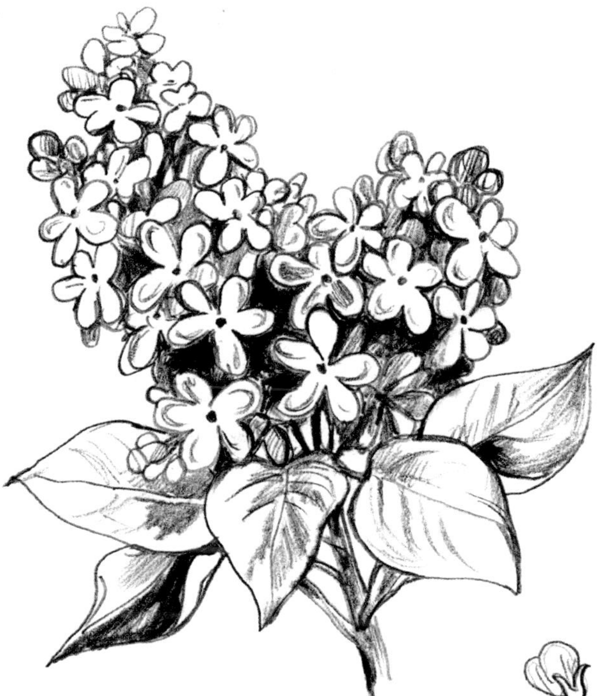

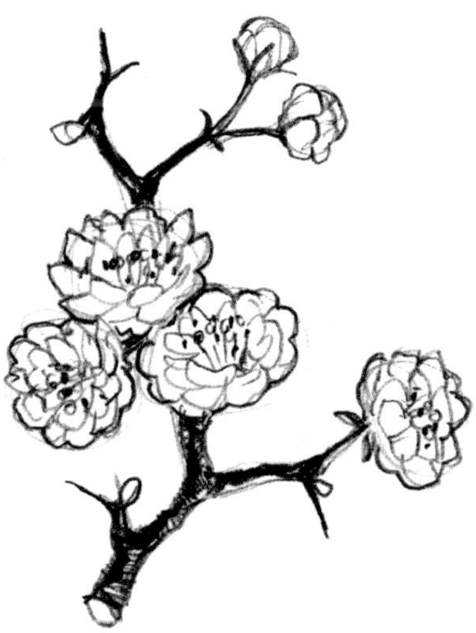

IM FRÜHLING BLÜHEN
VIELE STRÄUCHER UND
BÄUME – EIN FEST FÜR
BIENEN UND HUMMELN

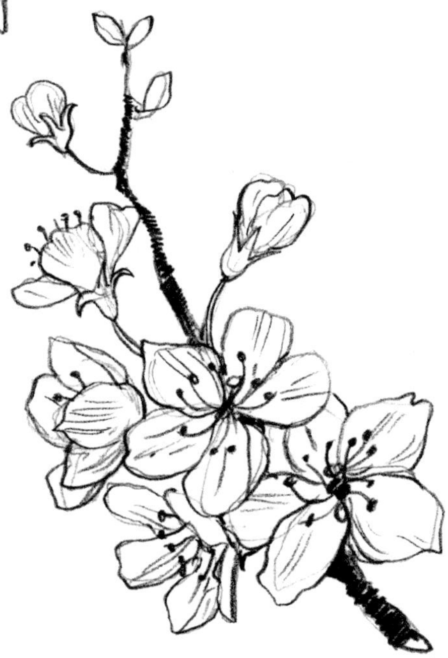

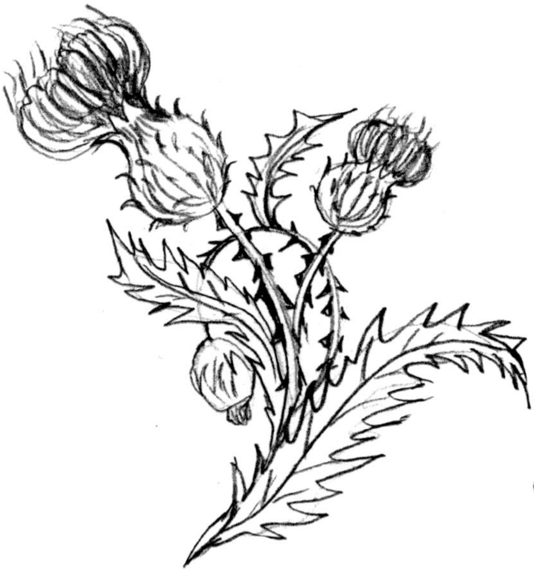

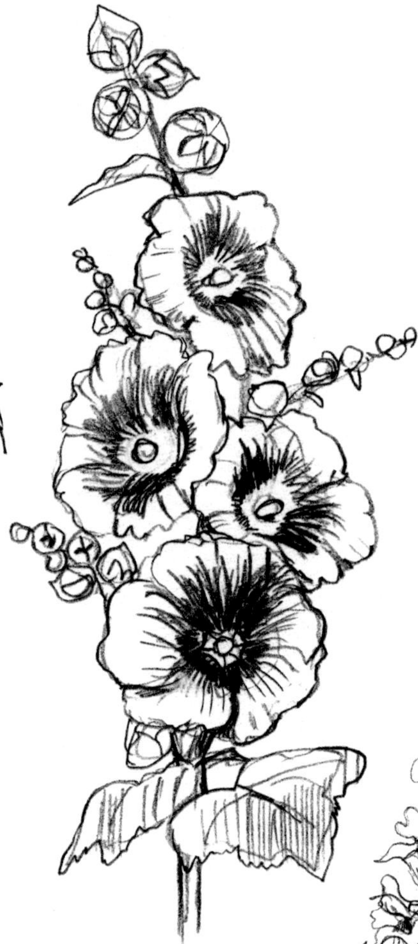

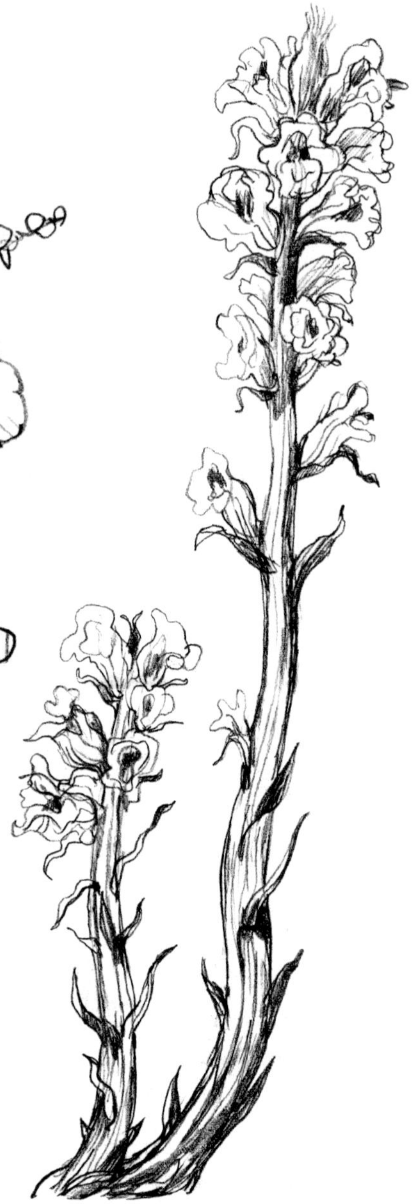

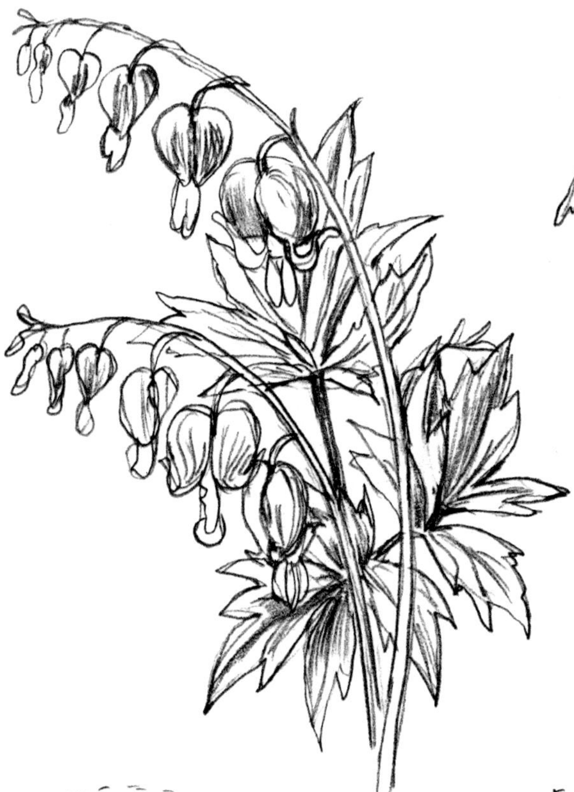

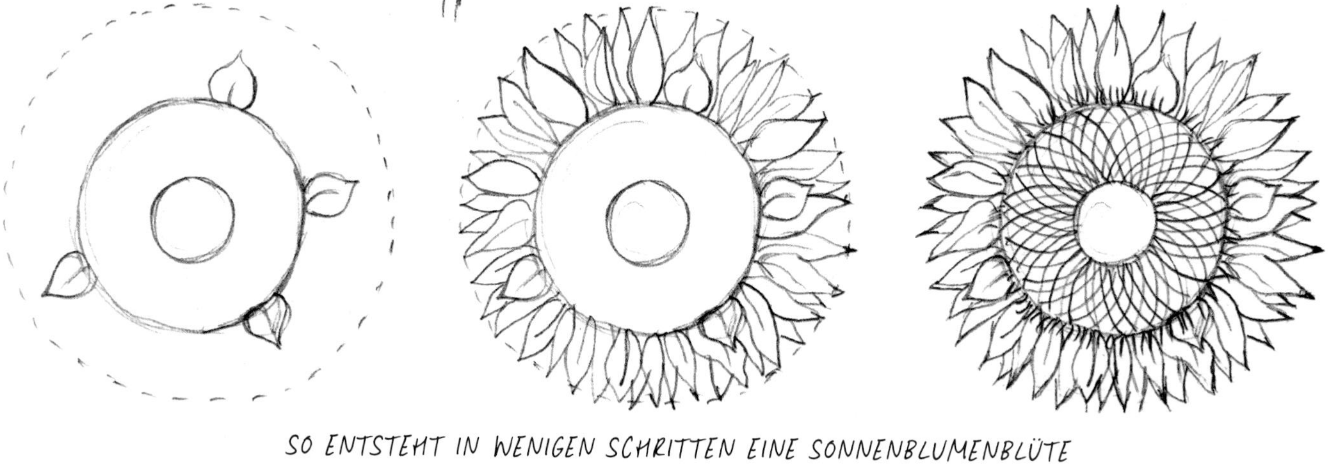

SO ENTSTEHT IN WENIGEN SCHRITTEN EINE SONNENBLUMENBLÜTE

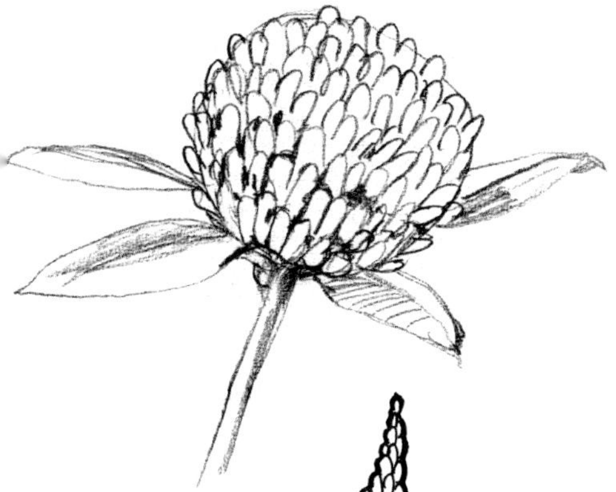

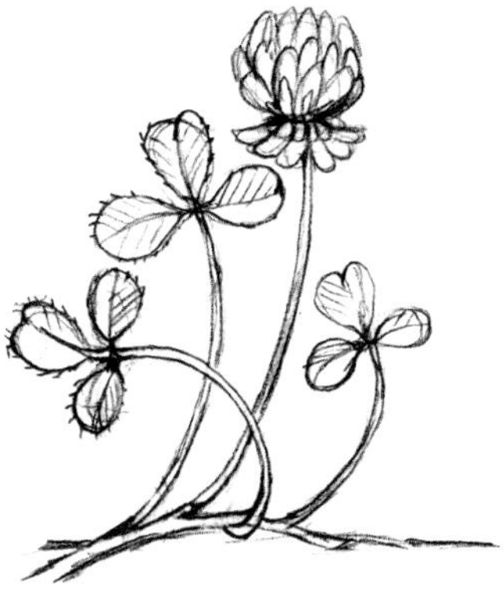

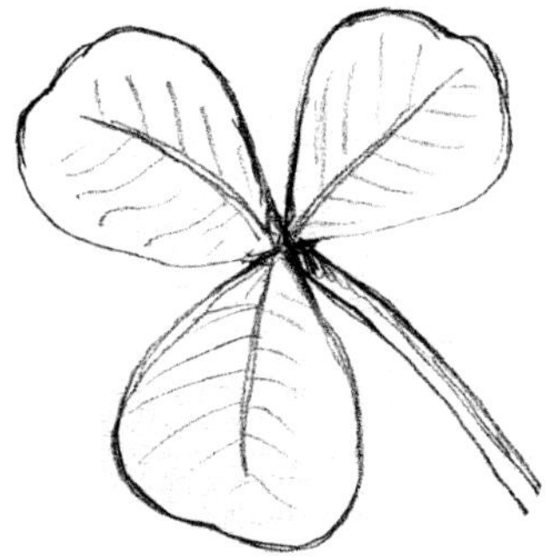

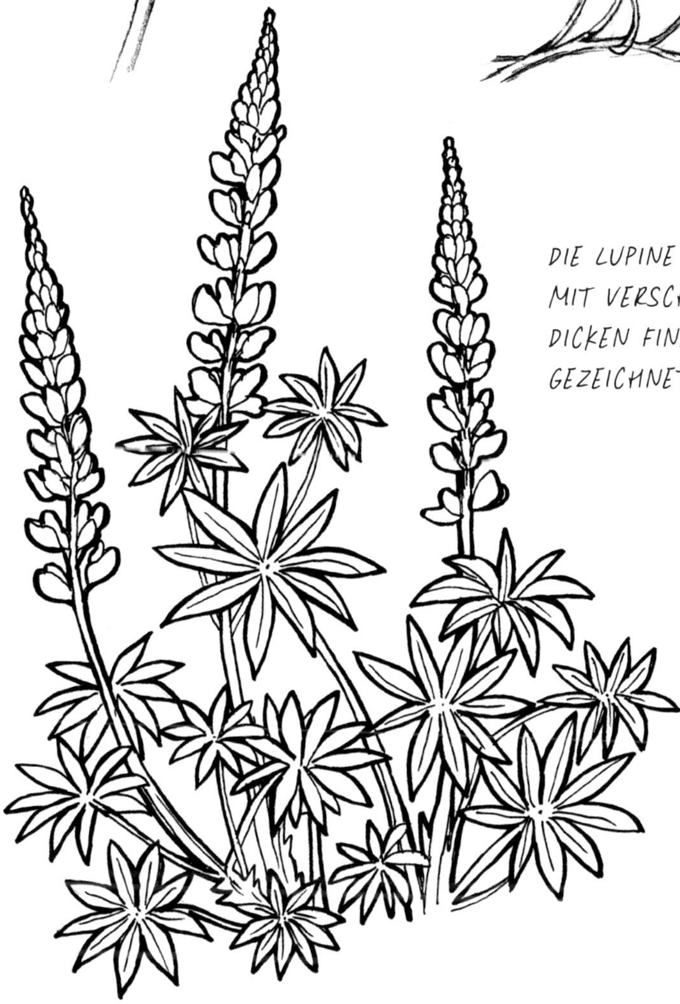

DIE LUPINE WURDE MIT VERSCHIEDEN DICKEN FINELINERN GEZEICHNET

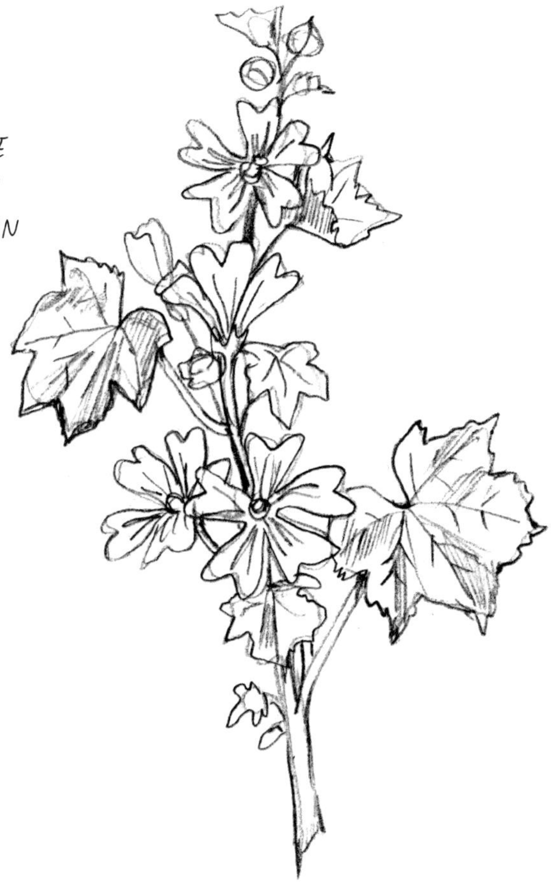

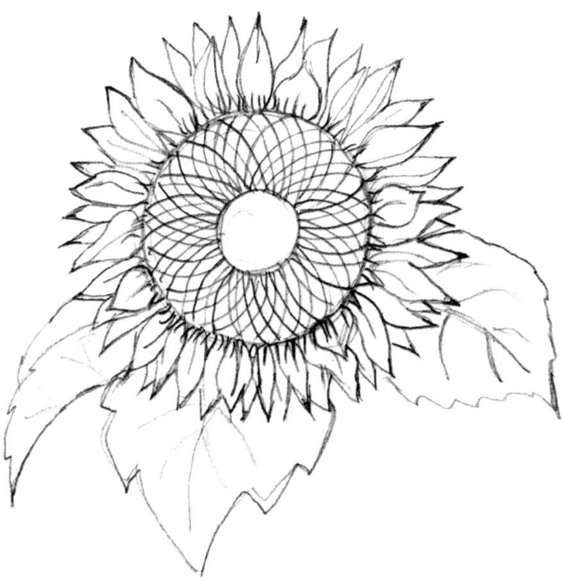

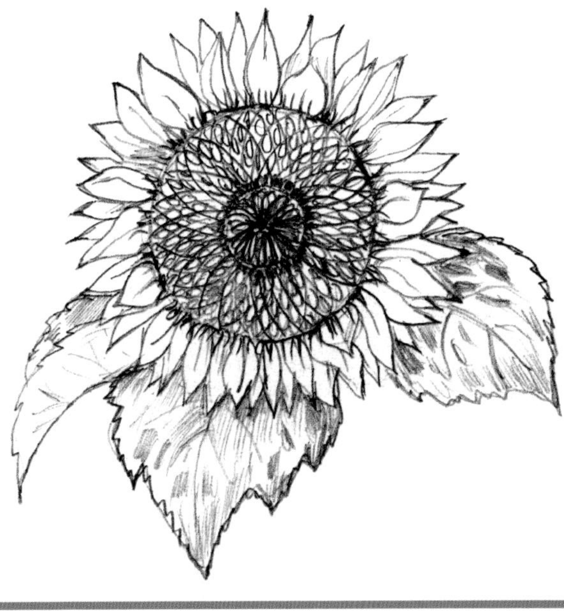

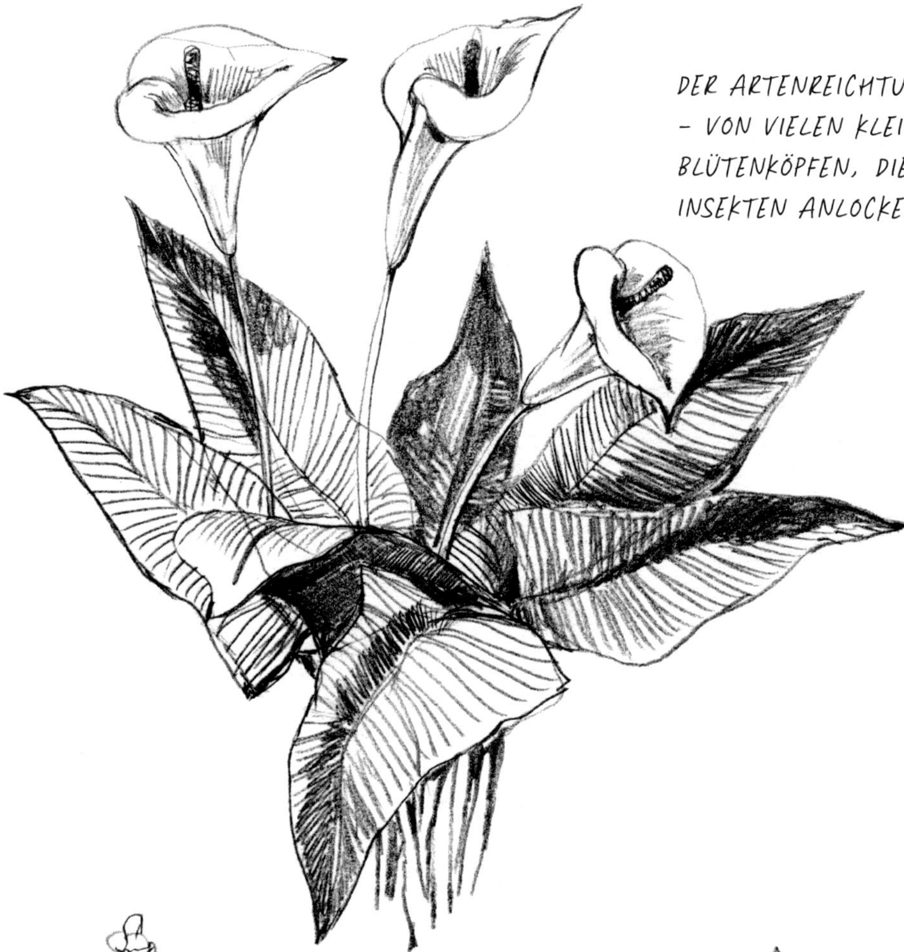

DER ARTENREICHTUM DER SOMMERBLÜHER IST GROSS – VON VIELEN KLEINEN BLÜTEN BIS HIN ZU GROSSEN BLÜTENKÖPFEN, DIE MIT IHREM SCHWEREN DUFT VIELE INSEKTEN ANLOCKEN

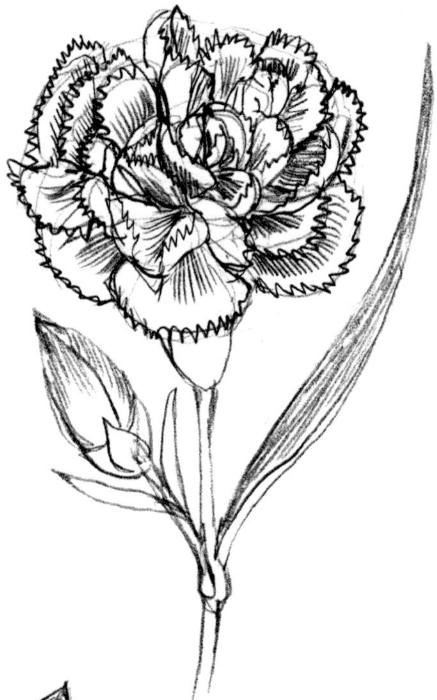

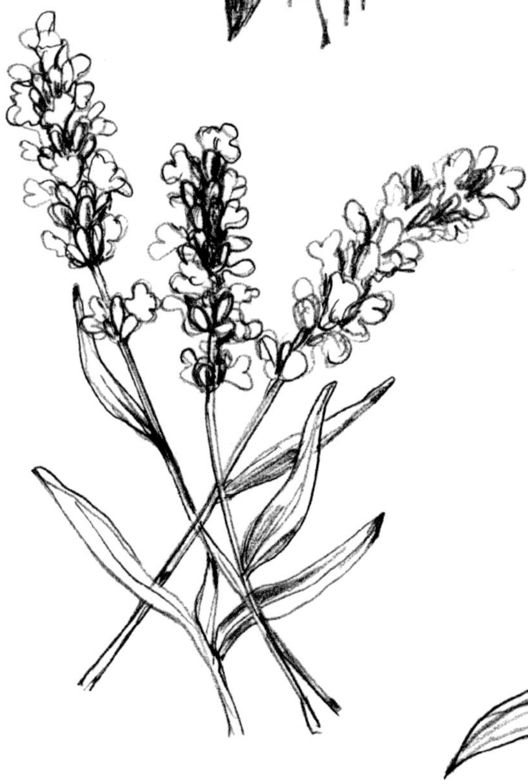

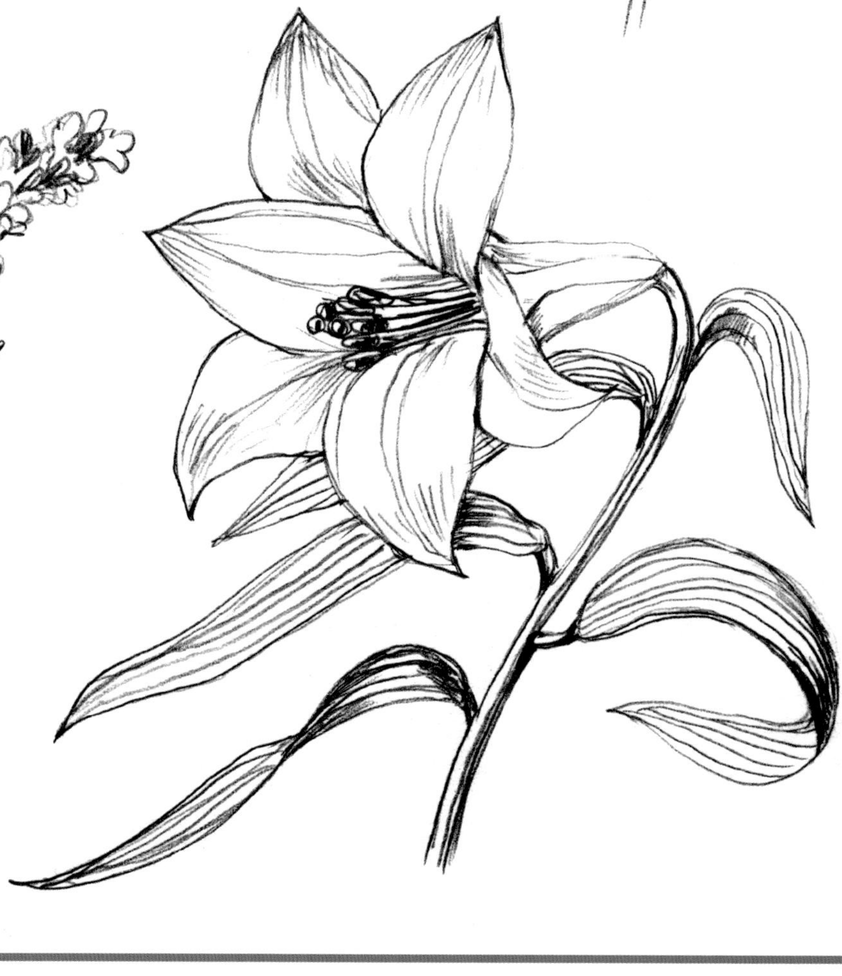

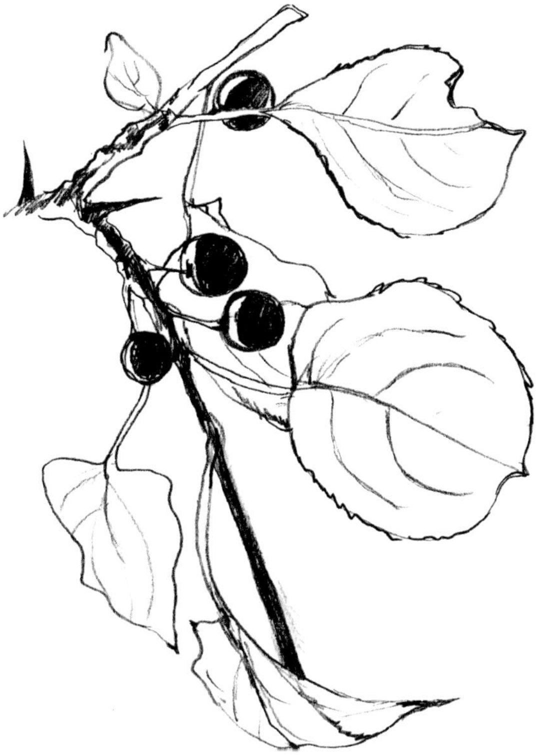

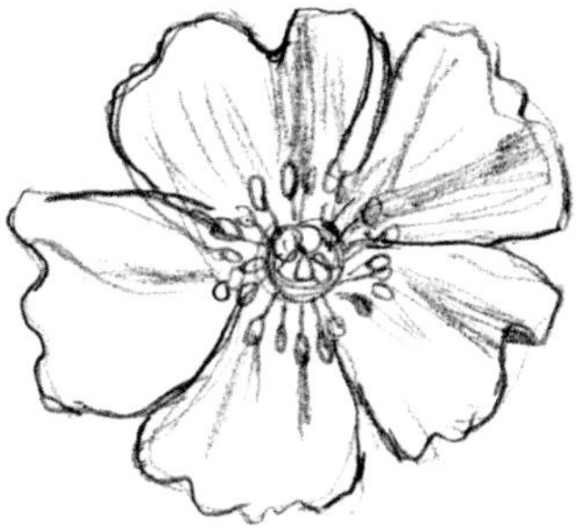

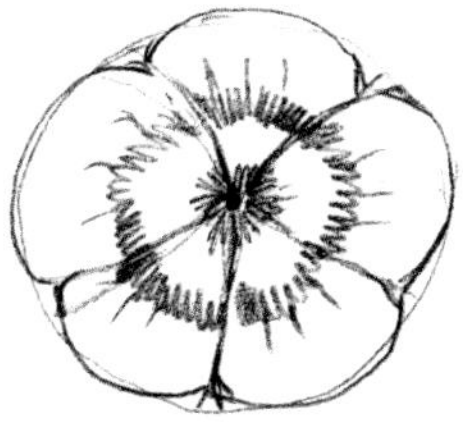

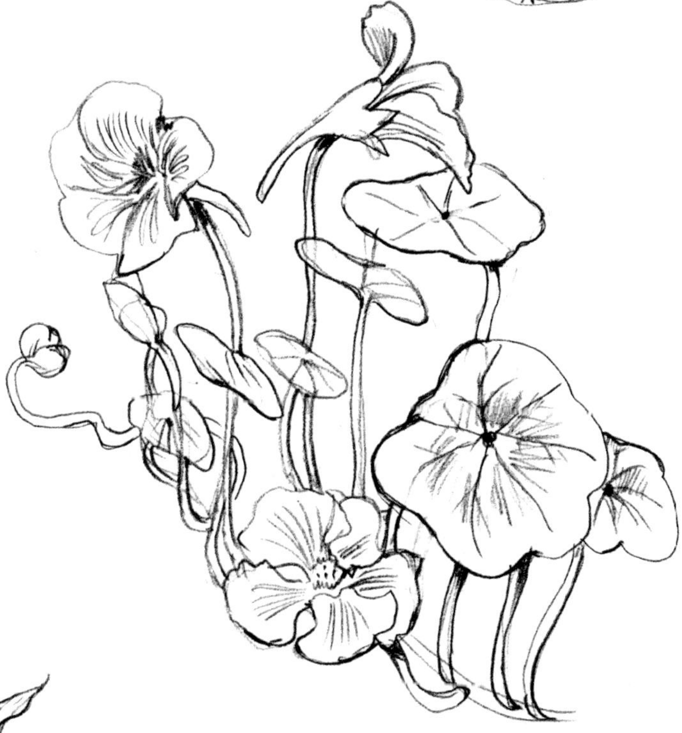

DAS PFLANZENREICH HÄLT EINE IMMENSE VIELFALT AN BLATT- UND BLÜTENFORMEN BEREIT. IM SOMMER BEGINNEN ERSTE FRÜCHTE ZU REIFEN

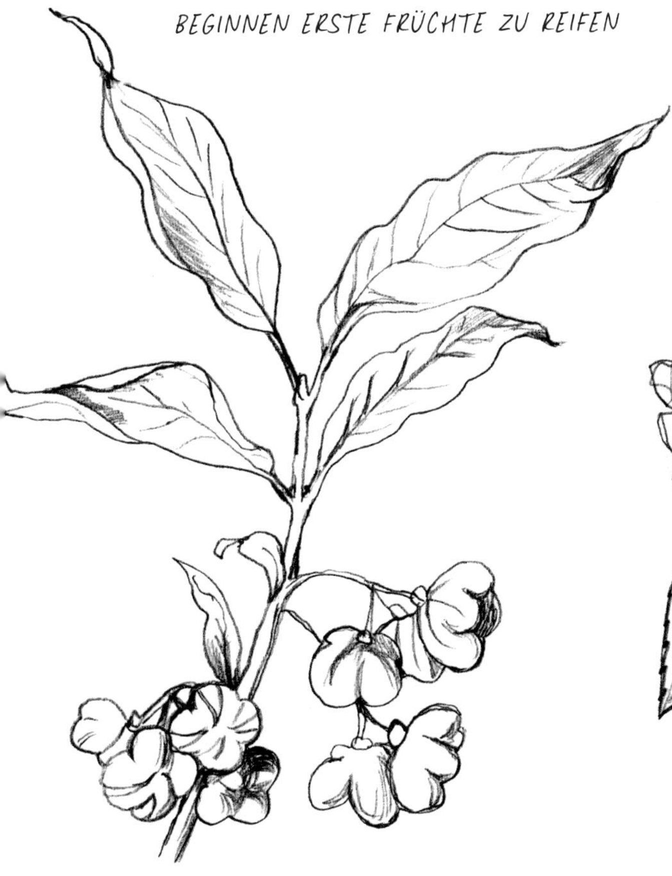

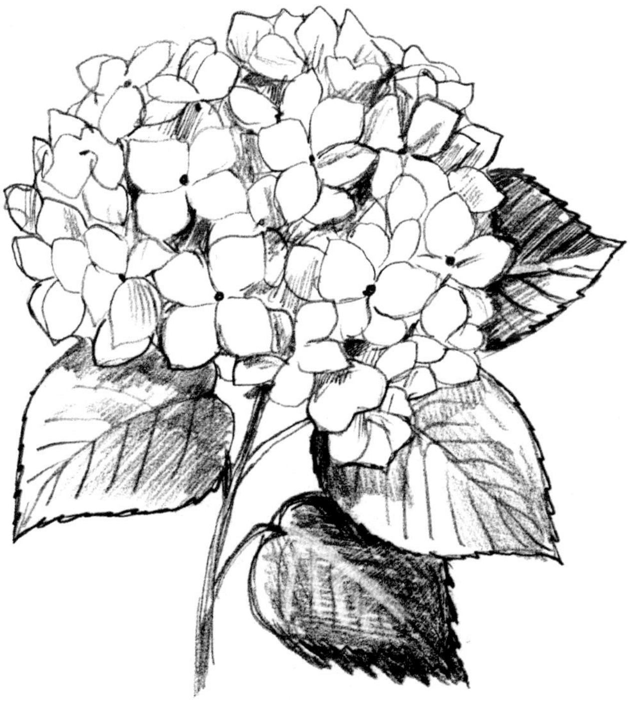

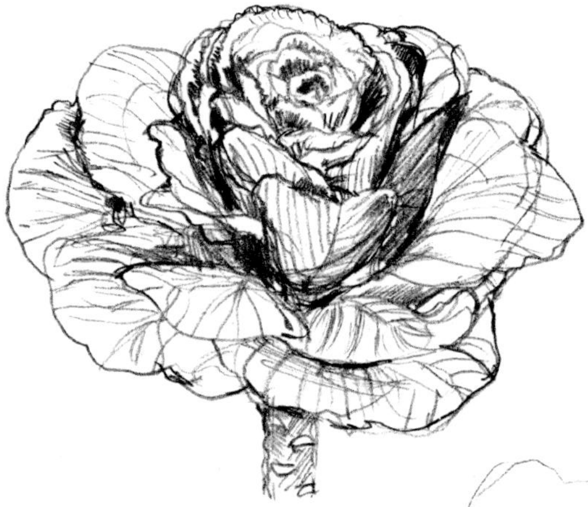

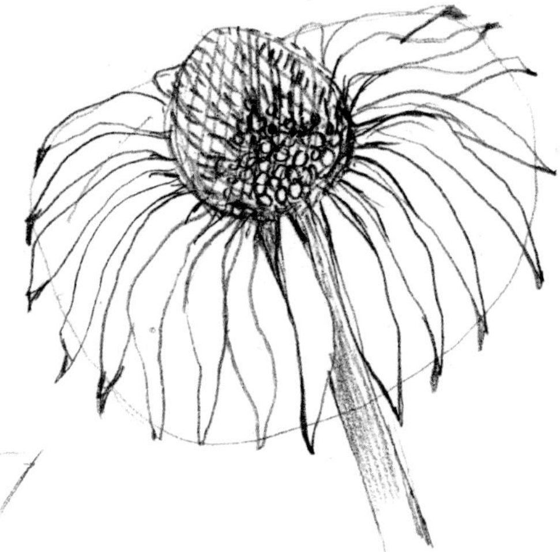

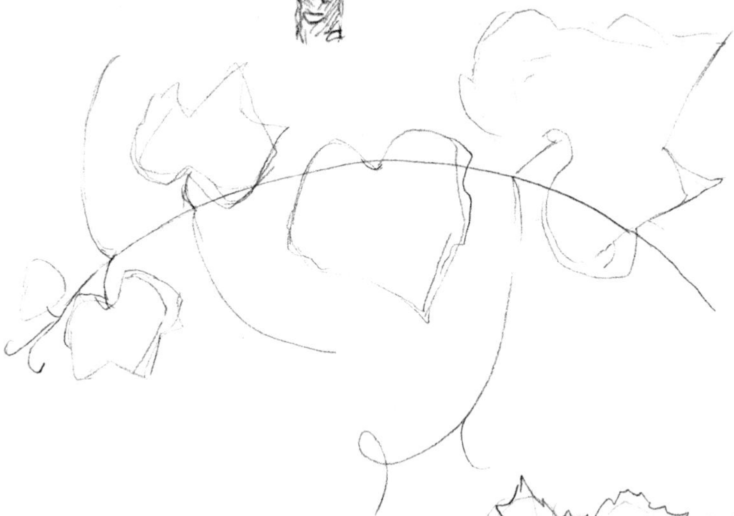

ES IST WICHTIG, DASS DU BEIM ZEICHNEN EINER WEINREBE DEN RANKENDEN CHARAKTER DER PFLANZE EBENSO EINFÄNGST WIE DIE SCHWERE DER TRAUBEN:

1 SKIZZIERE DIE EINZELNEN ELEMENTE: DEN GEWÖLBTEN ZWEIG MIT IHN ÜBERDECKENDEN BLÄTTERN SOWIE DEN ANSATZ DER RANKEN

2 ARBEITE DIE BLÄTTER MIT DEN TYPISCHEN, GEZACKTEN RÄNDERN UND HAUPTADERN AUS UND LEGE DIE POSITION DER WEINREBE FEST

3 ZEICHNE DIE WEINTRAUBEN UND BLATTADERN

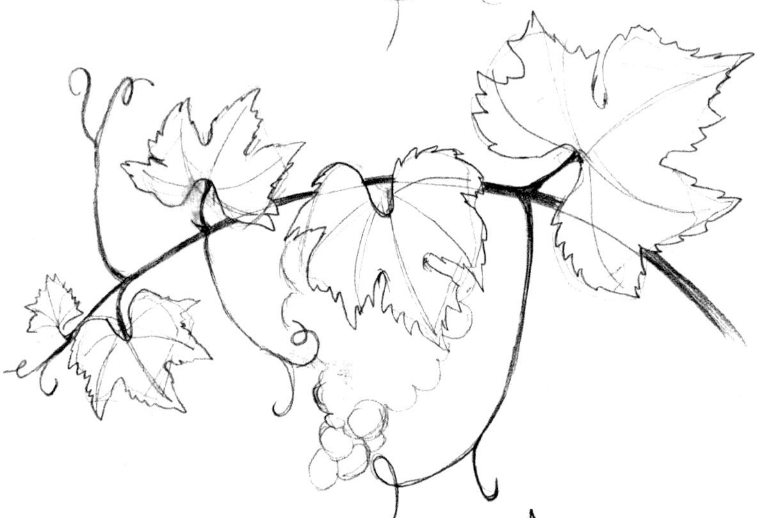

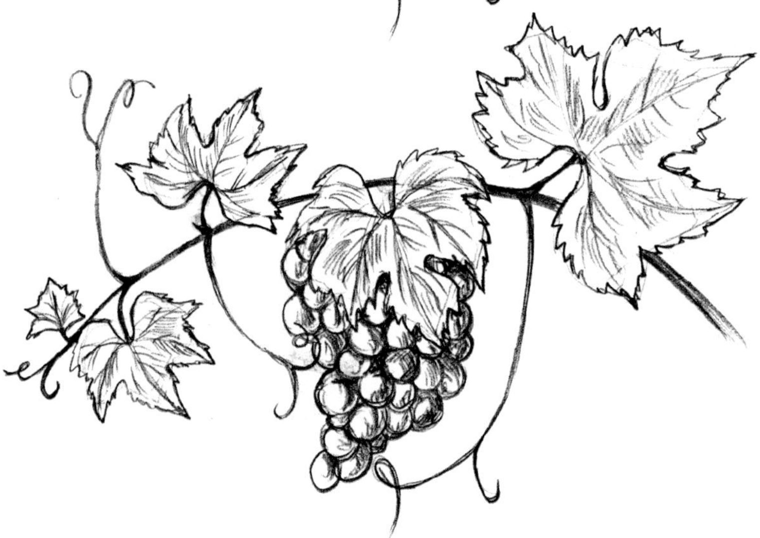

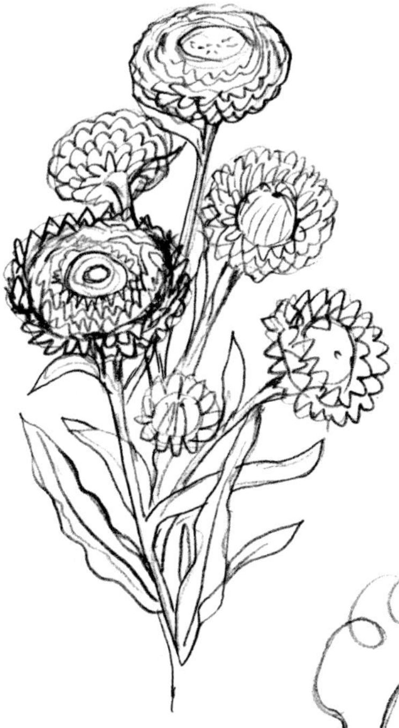

DIE KÜRBISPFLANZE BREITET SICH MIT IHREN TRIEBEN WEIT HIN. DIE KÜRBISSE KÖNNEN GANZ UNTERSCHIEDLICH GEFORMT SEIN

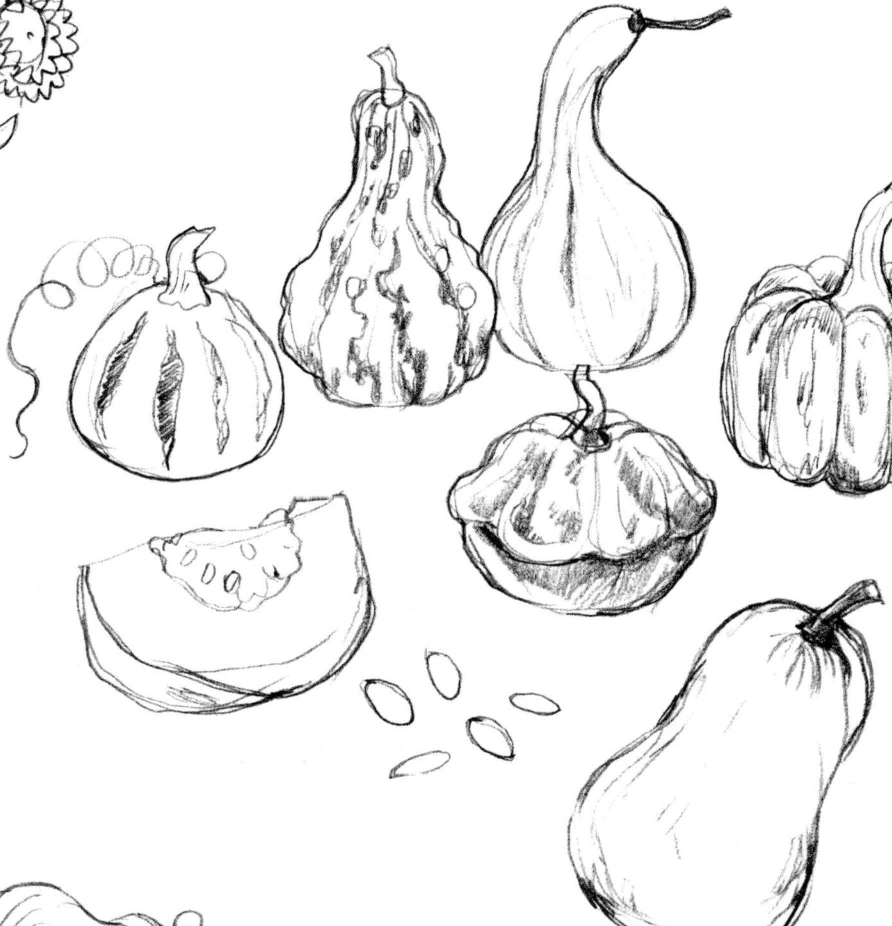

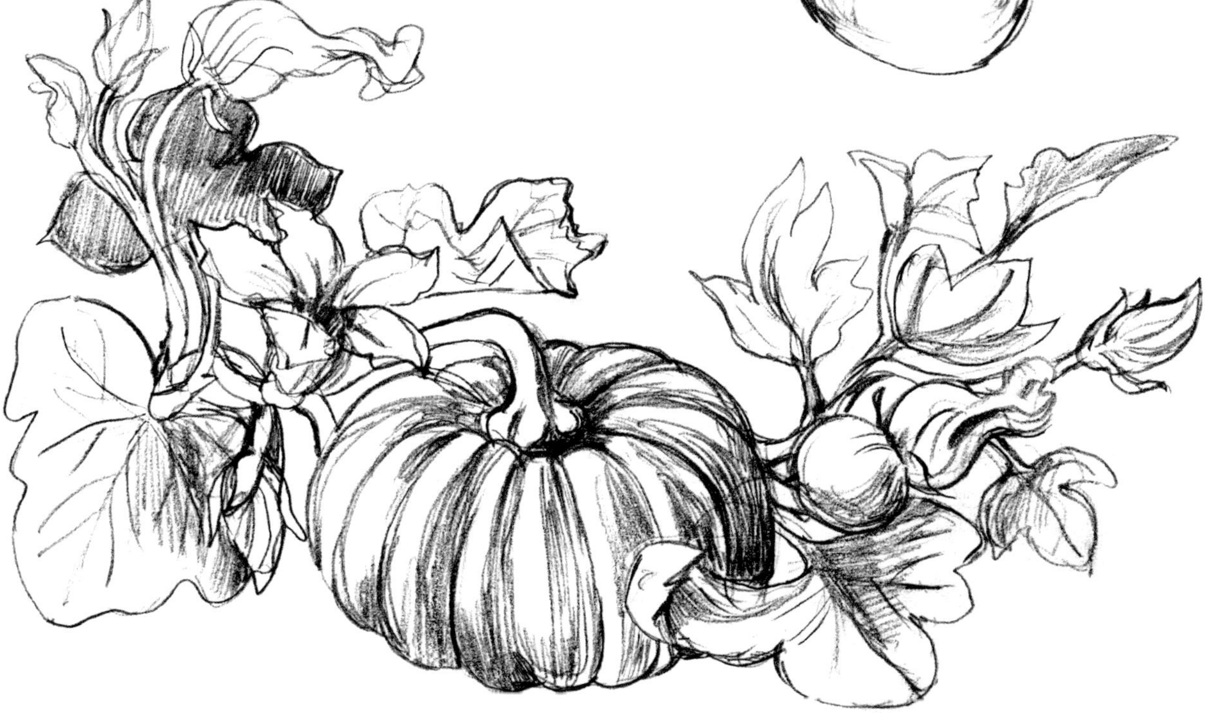

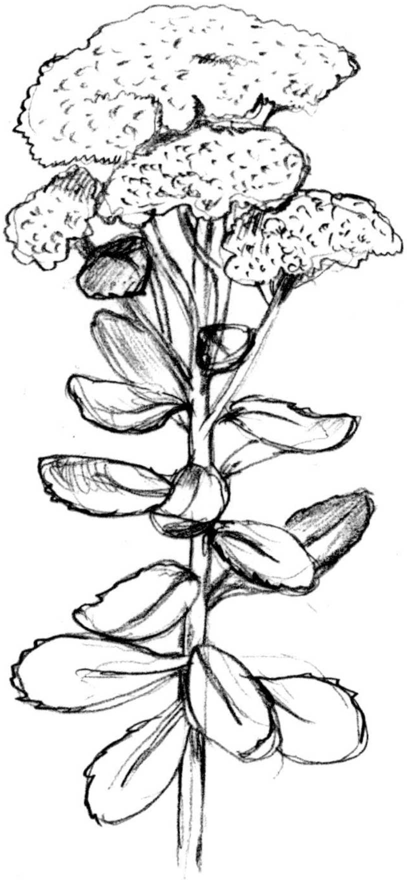

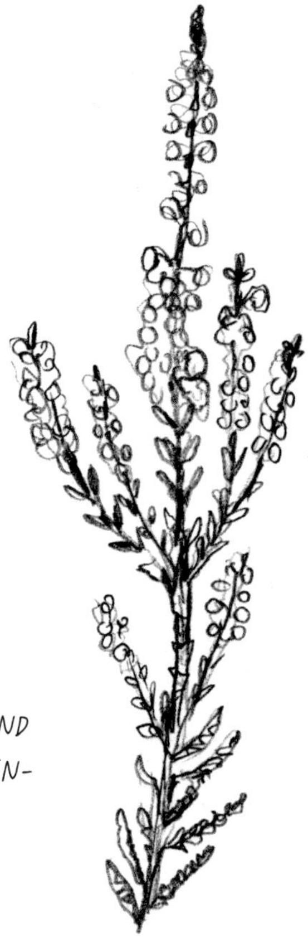

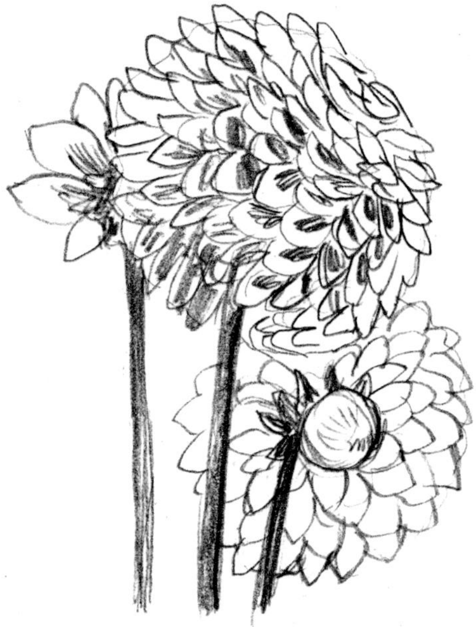

IM HERBST FÄRBEN SICH BLÄTTER UND BLÜTEN ZU EINER INTENSIV LEUCHTENDEN, HERBSTLICHEN PRACHT

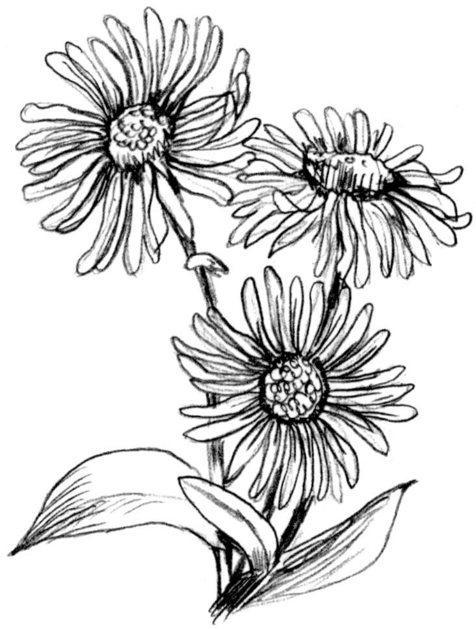

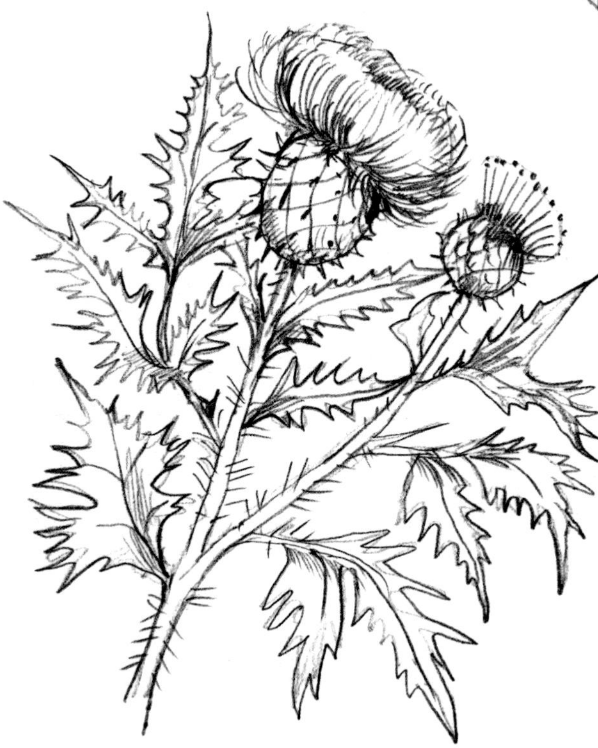

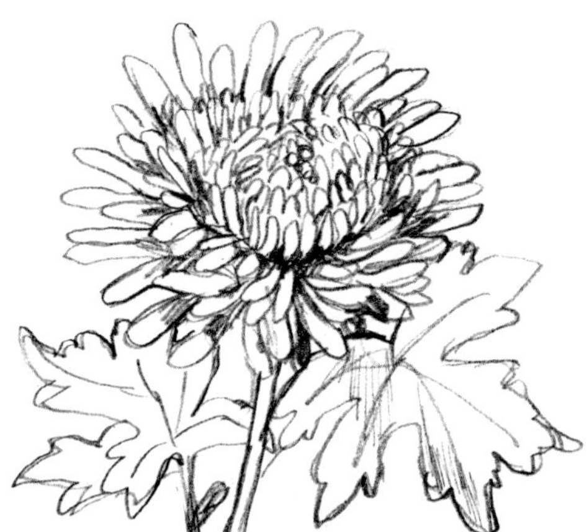

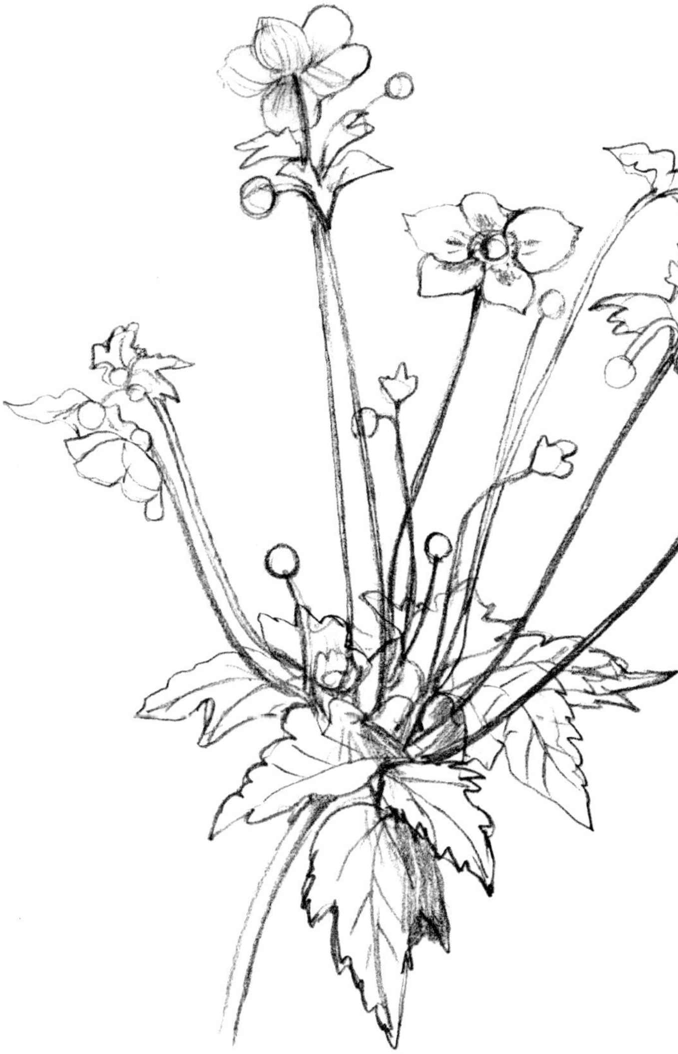

DIE RUNDEN FORMEN VON REIFEN BEEREN UND FRÜCHTEN SIND HERBSTLICHE BOTEN

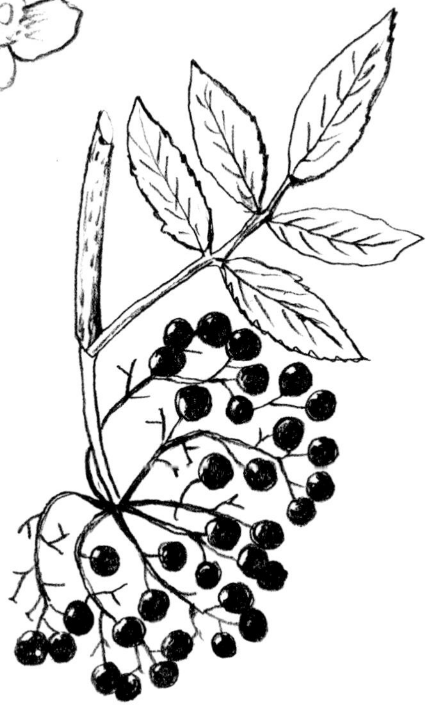

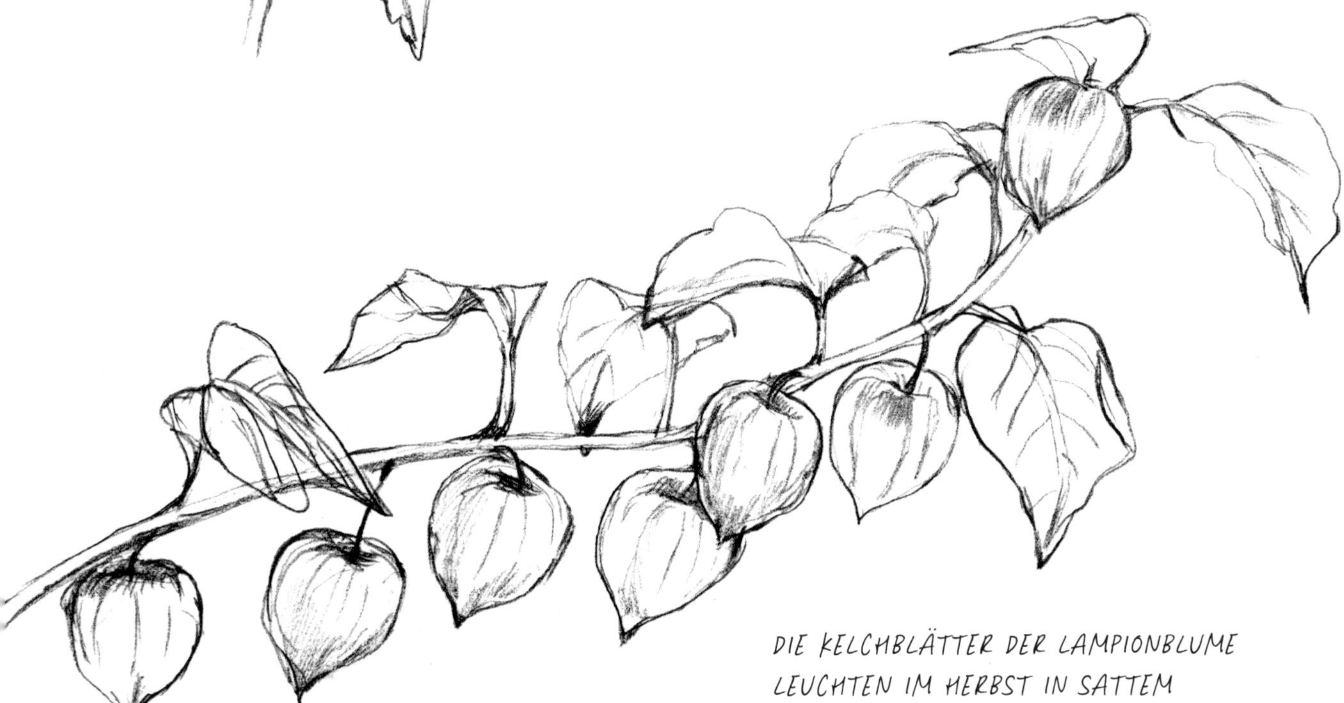

DIE KELCHBLÄTTER DER LAMPIONBLUME LEUCHTEN IM HERBST IN SATTEM ORANGEROT

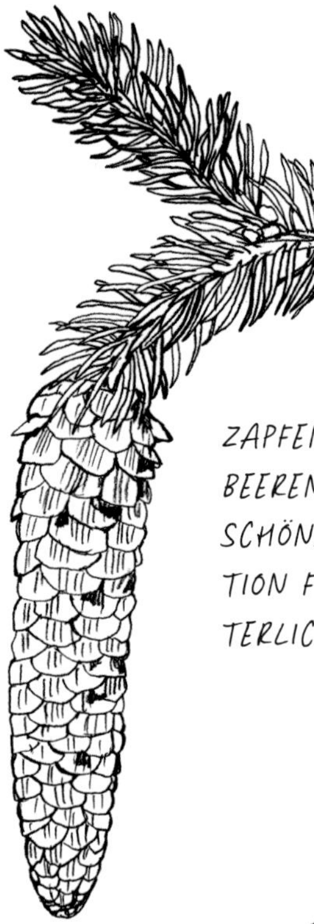

HAGEBUTTEN SIND DIE FRÜCHTE DER WILDEN ROSE

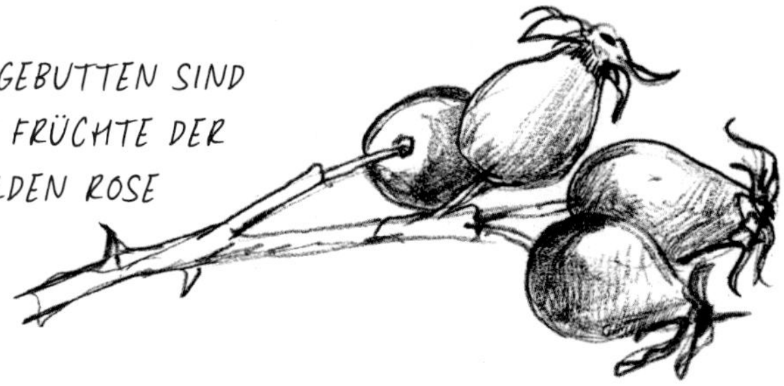

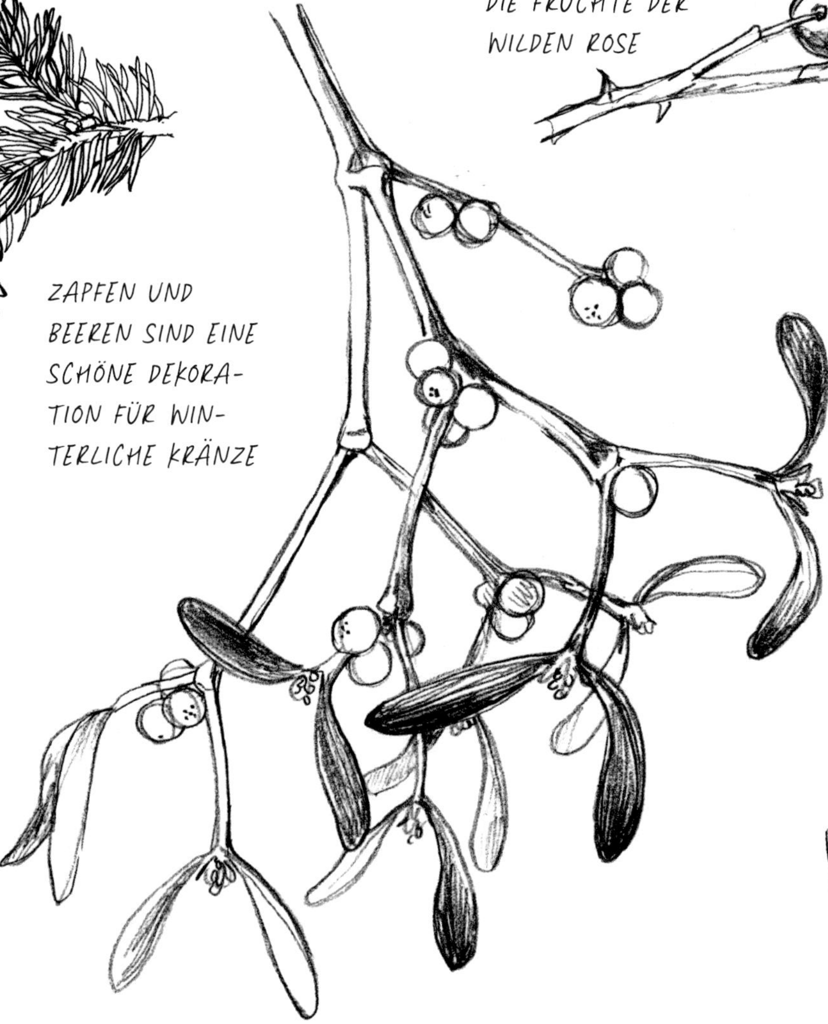

ZAPFEN UND BEEREN SIND EINE SCHÖNE DEKORATION FÜR WINTERLICHE KRÄNZE

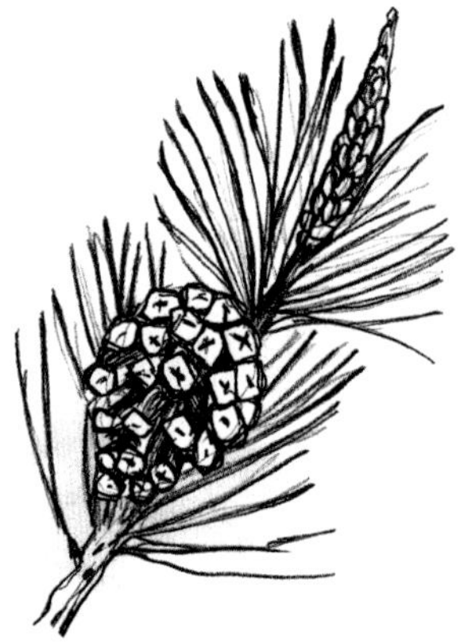

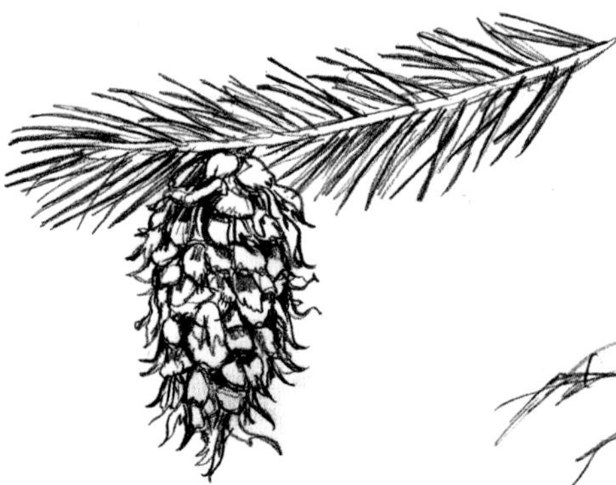

UNTER DEM SCHNEE ERSTARRT DAS LEBEN

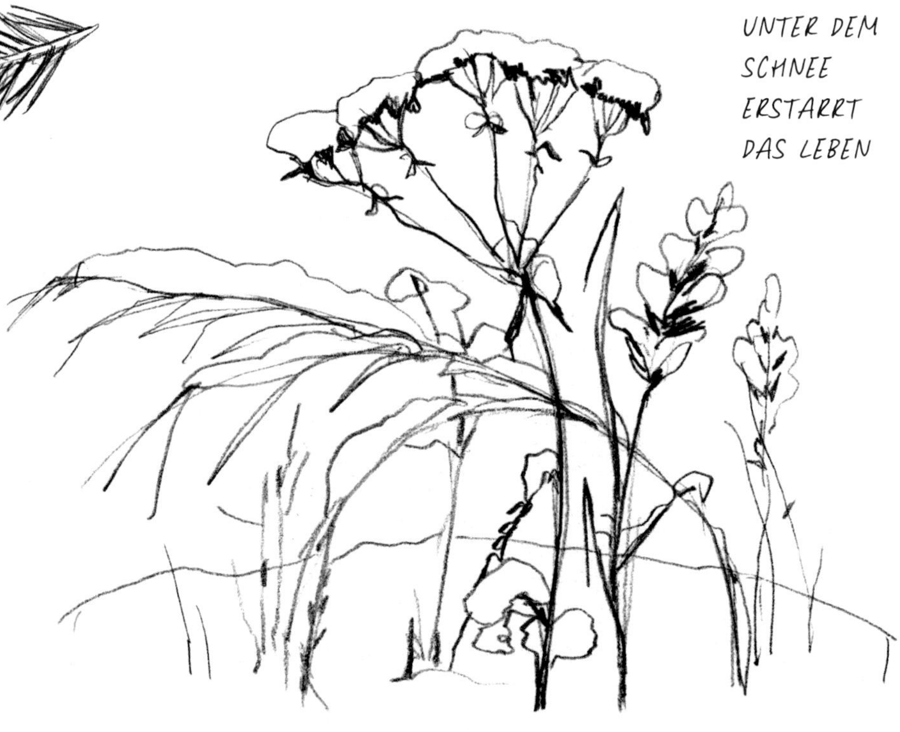

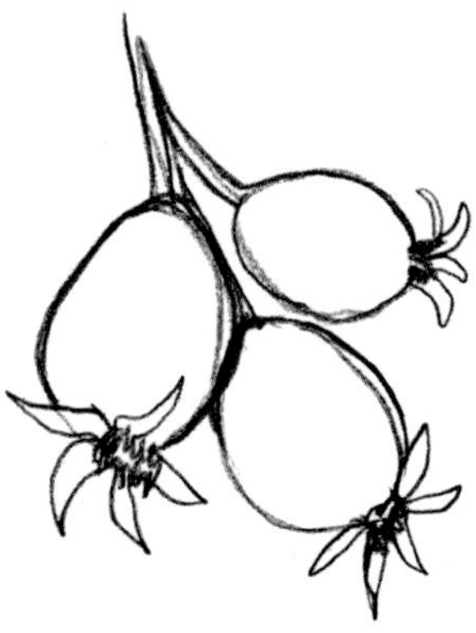

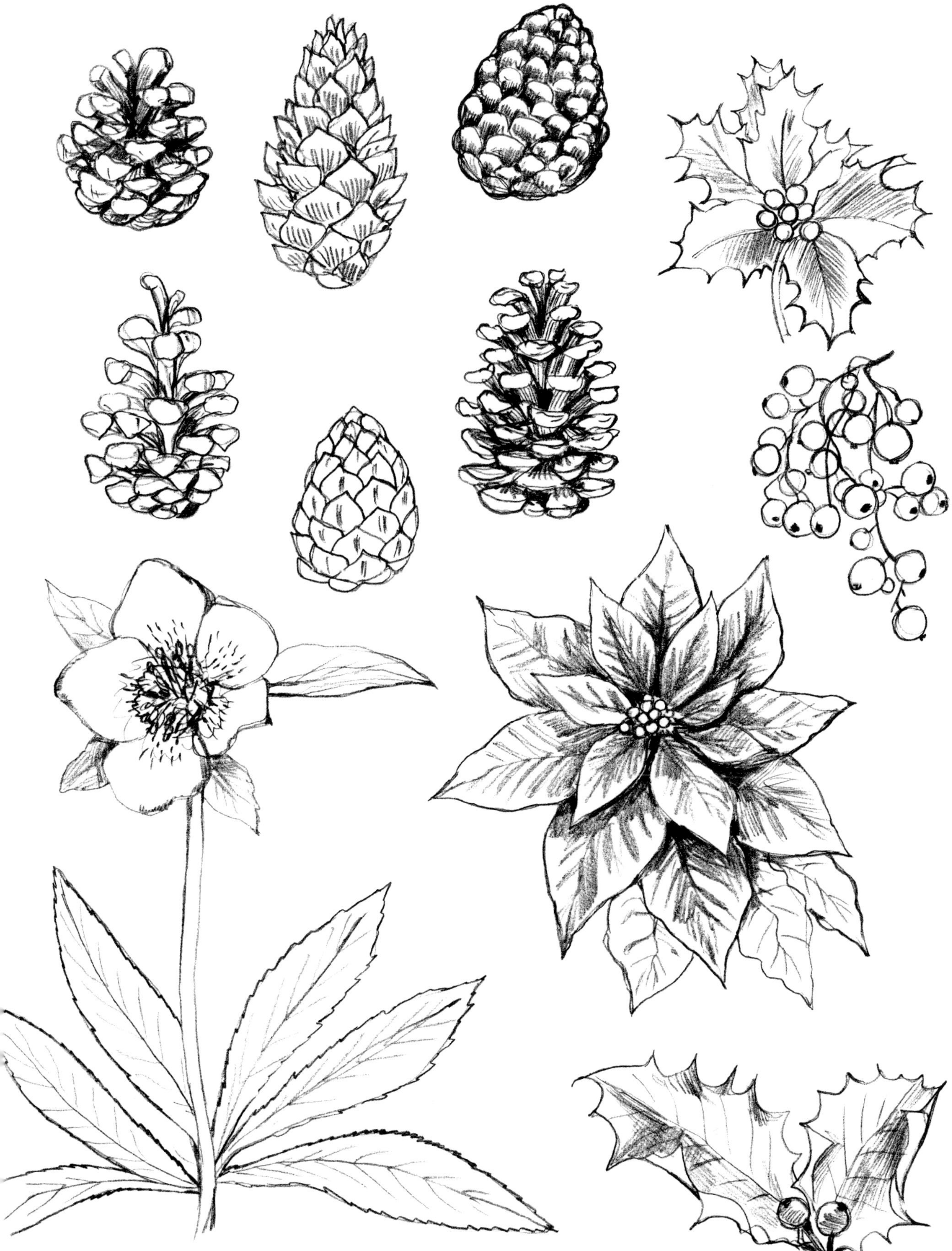

IN DER WEIHNACHTSZEIT LIEBEN WIR DAS GRÜN UND ROT
VON STECHPALMENZWEIGE UND WEIHNACHTSSTERN

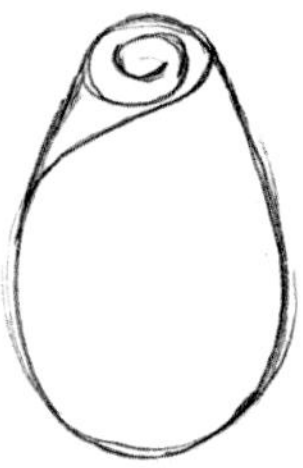

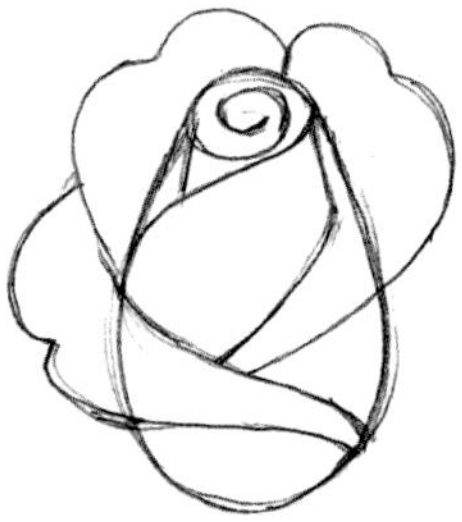

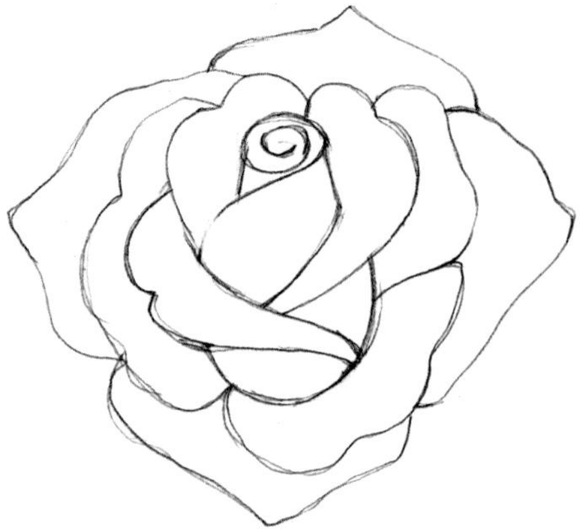

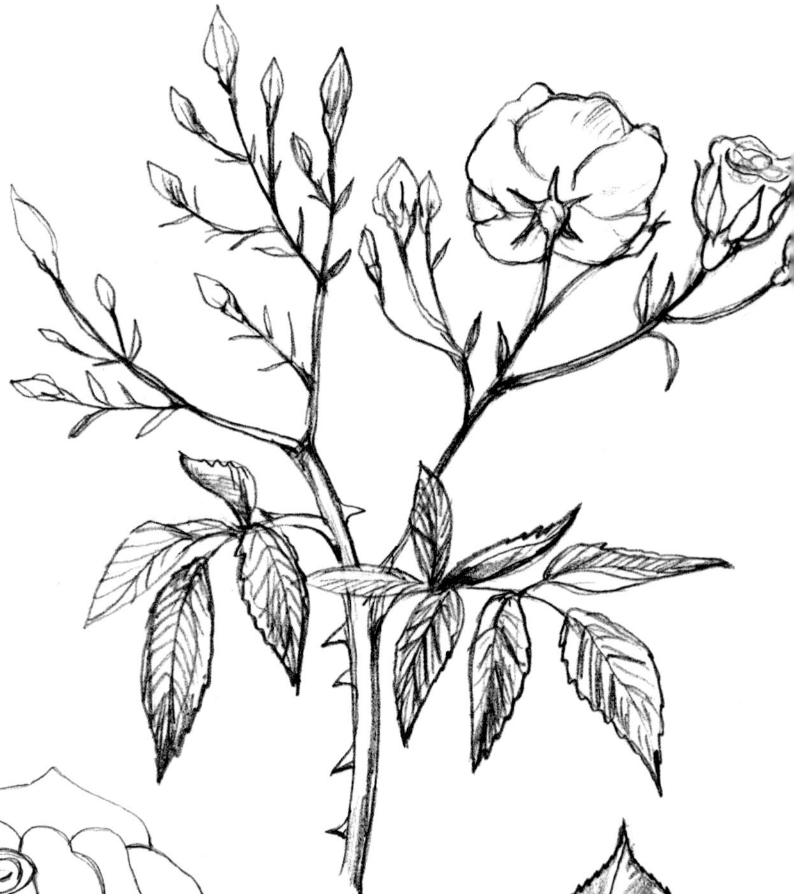

SO ZEICHNEST DU EINEN ROSENZWEIG:

1 SKIZZIERE ZUERST DIE OVALE INNERE FORM

2 ZEICHNE DIE GROSSEN BLÜTENBLÄTTER NACH UND NACH ÜBERLAPPEND HINZU

3 ZEICHNE STIEL UND BLÄTTER

4 SCHRAFFUREN GEBEN RÄUMLICHE TIEFE

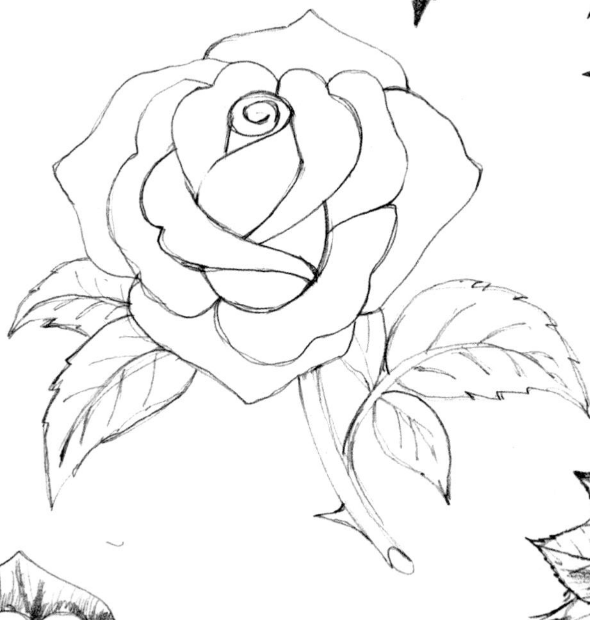

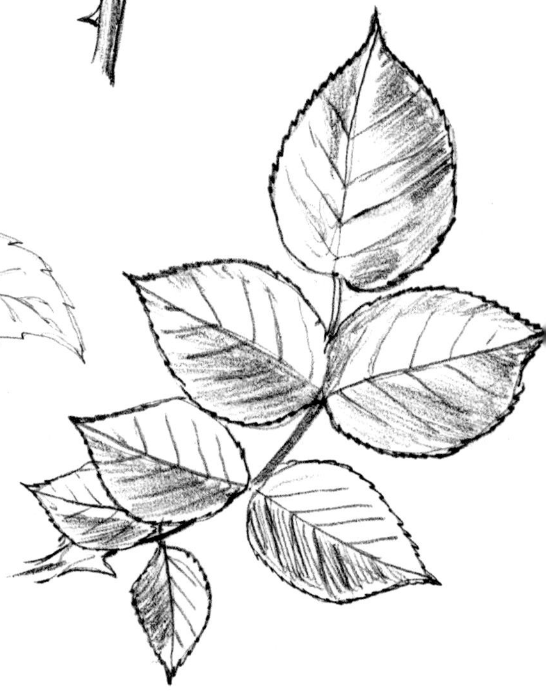

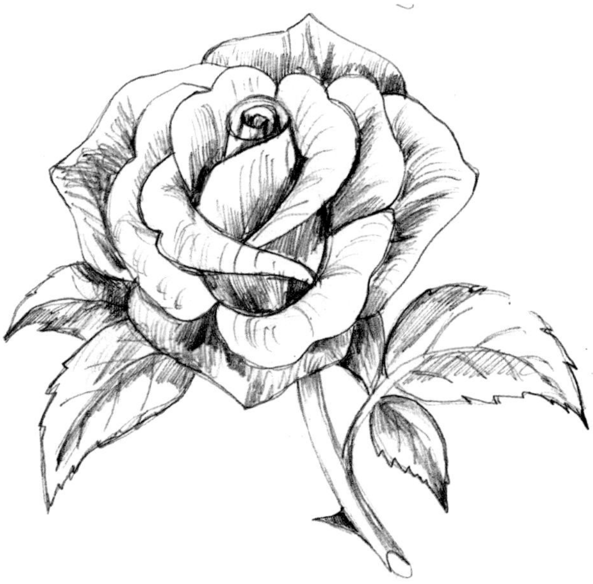

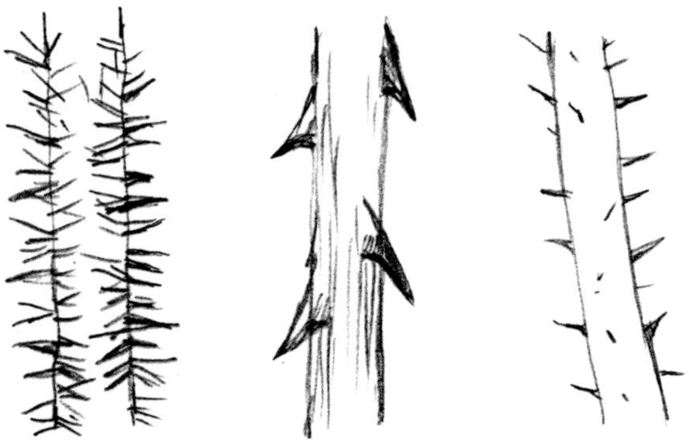

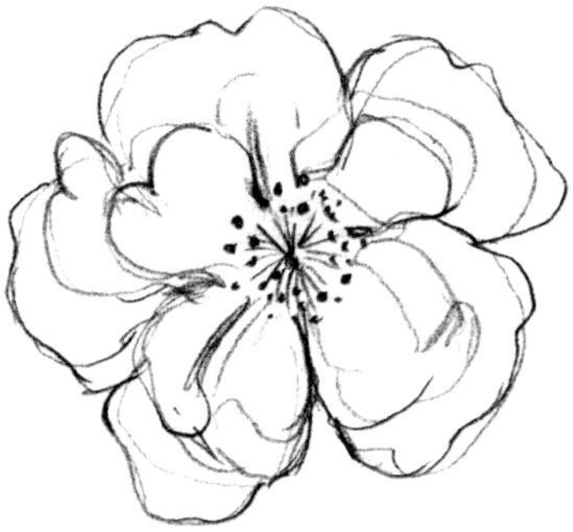

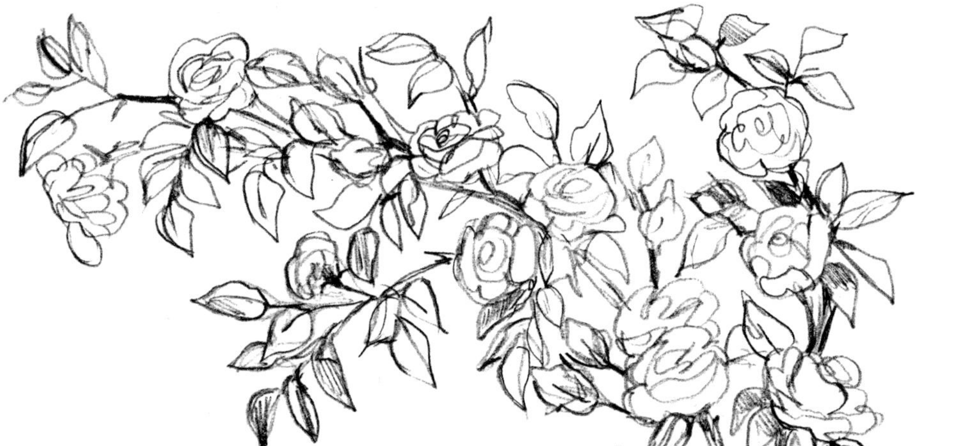

DER ARTEN- UND FORMEN-
REICHTUM VON ROSEN IST
RIESIG. WILDROSEN SIND
EINFACH FÜNFBLÄTTRIG UND
UNGEFÜLLT. IHRE FRÜCHTE
SIND DIE HAGEBUTTEN

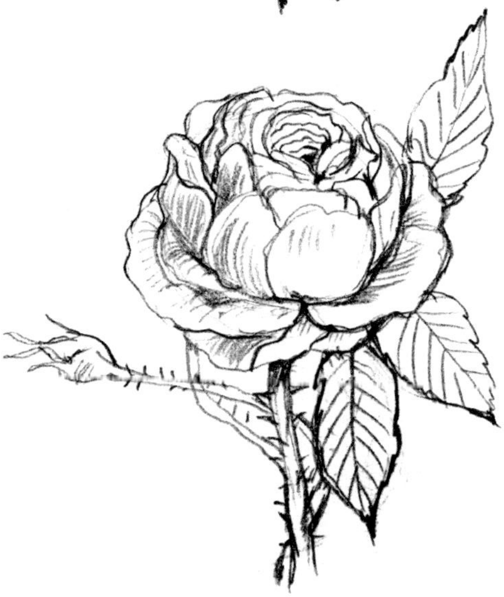

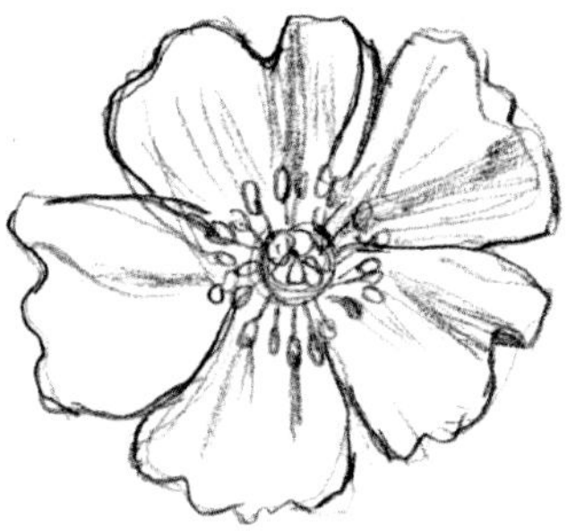

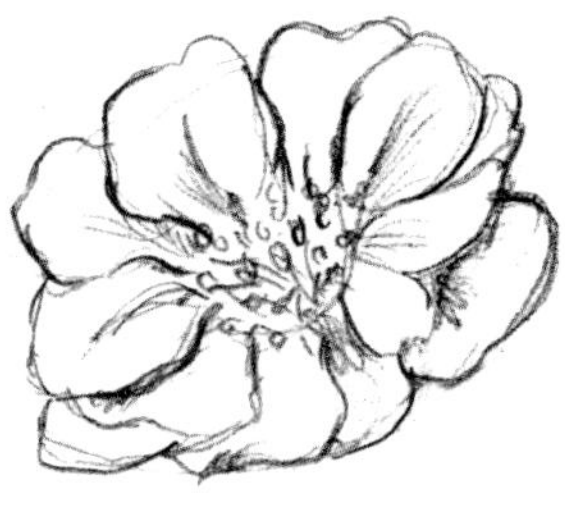

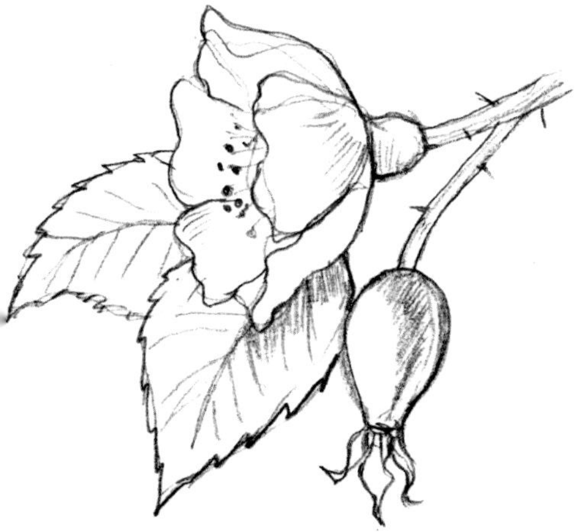

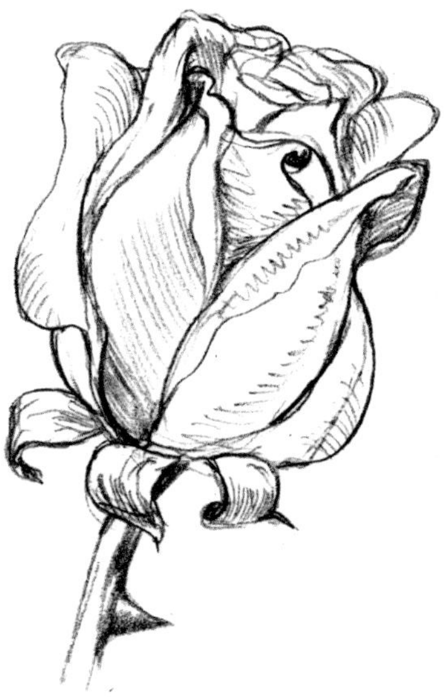

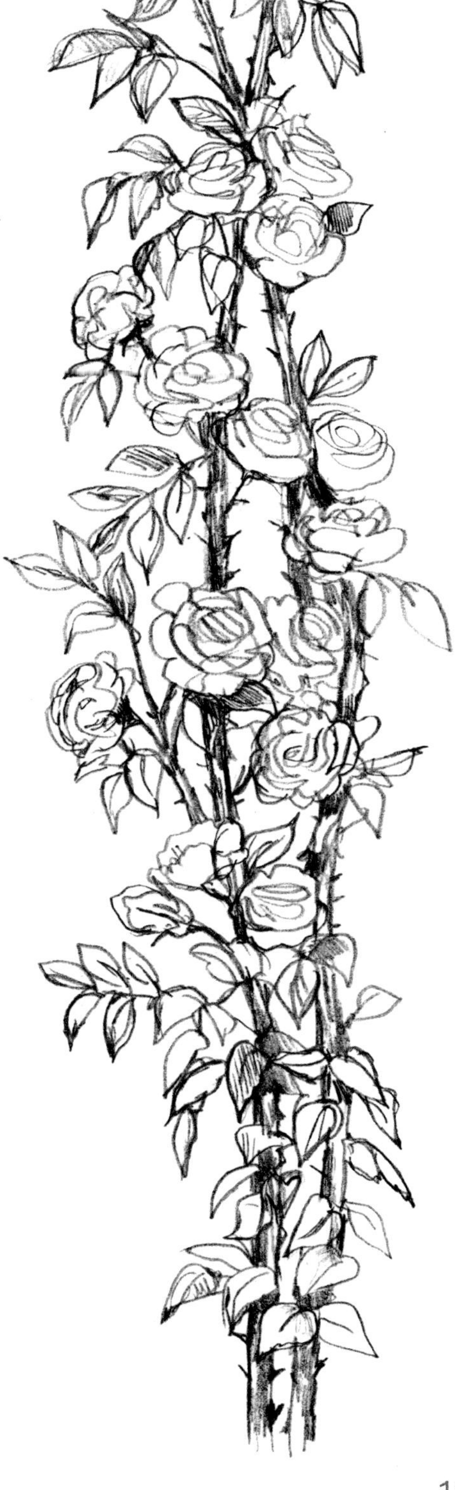

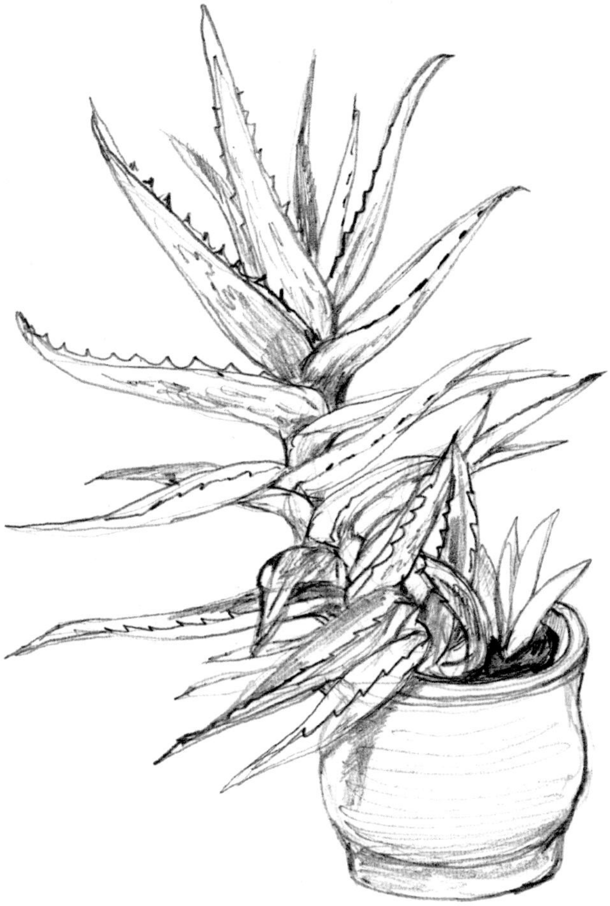

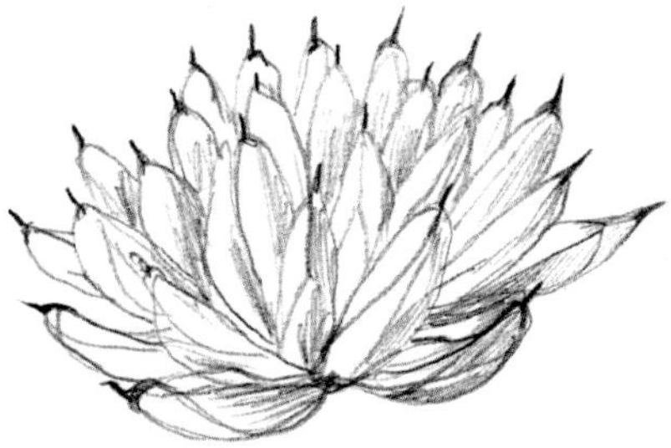

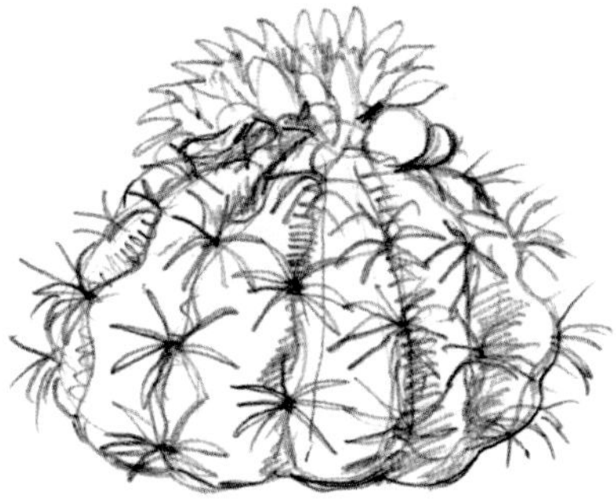

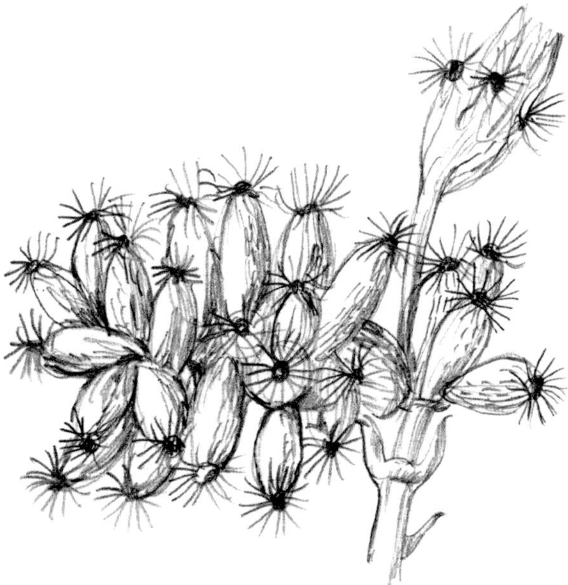

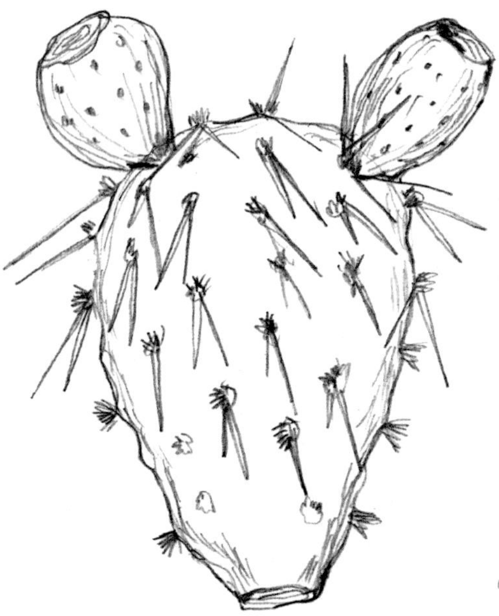

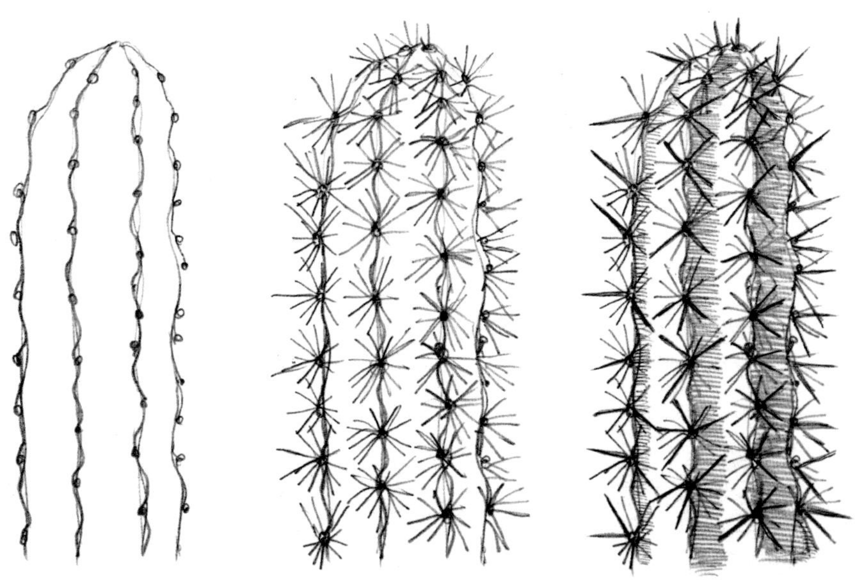

IN DREI EINFACHEN SCHRITTEN ZUR DARSTELLUNG EINES SÄULENKAKTUS

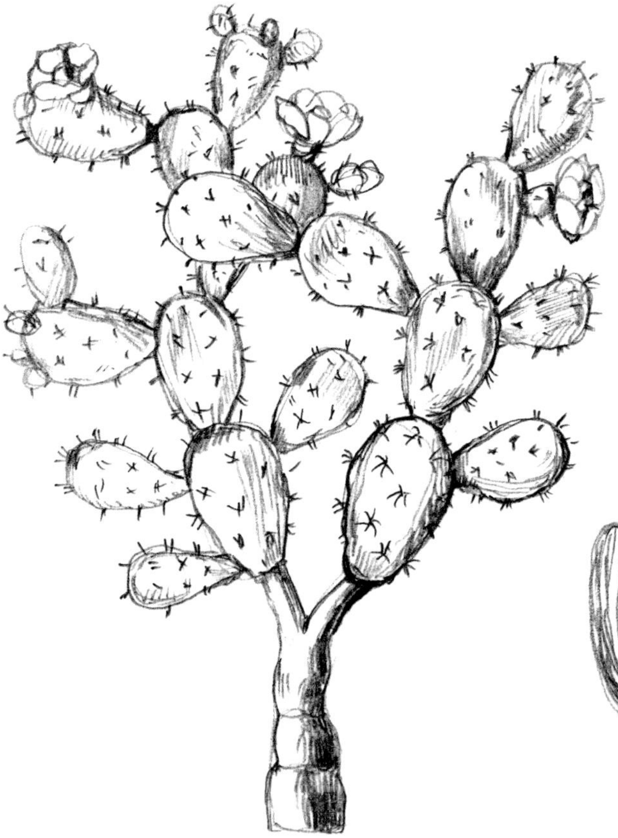

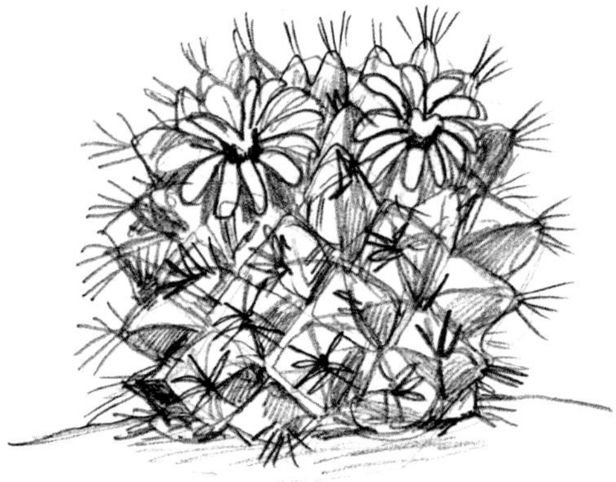

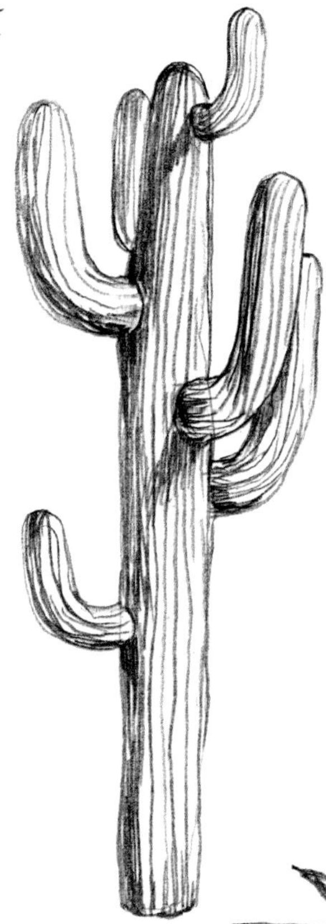

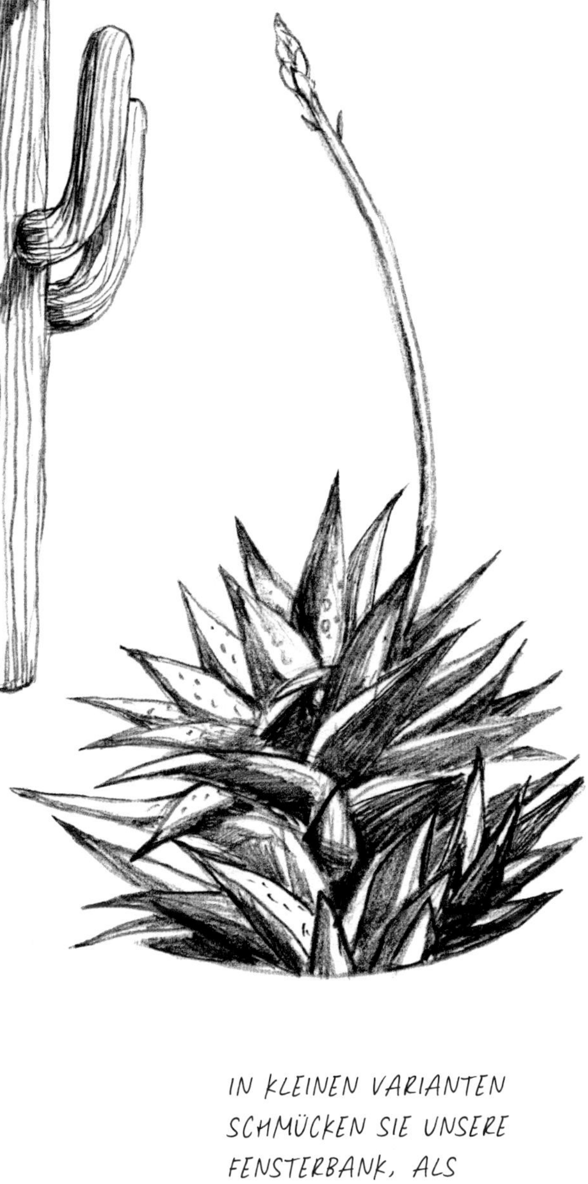

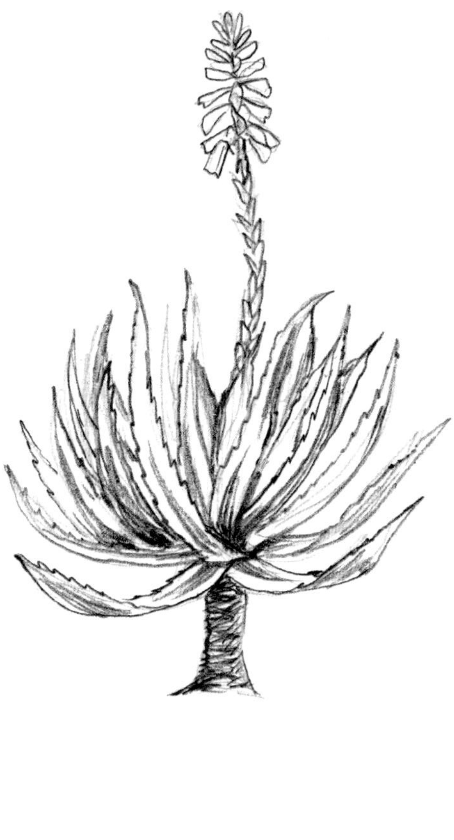

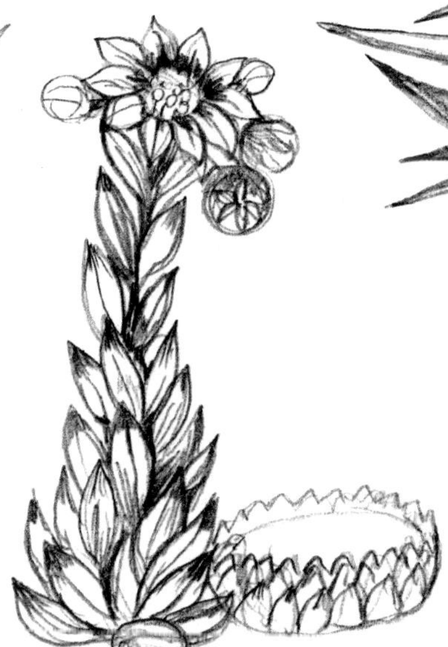

IN KLEINEN VARIANTEN SCHMÜCKEN SIE UNSERE FENSTERBANK, ALS RIESIGE PFLANZEN WACHSEN KAKTEEN IN WÜSTEN UND STEPPEN

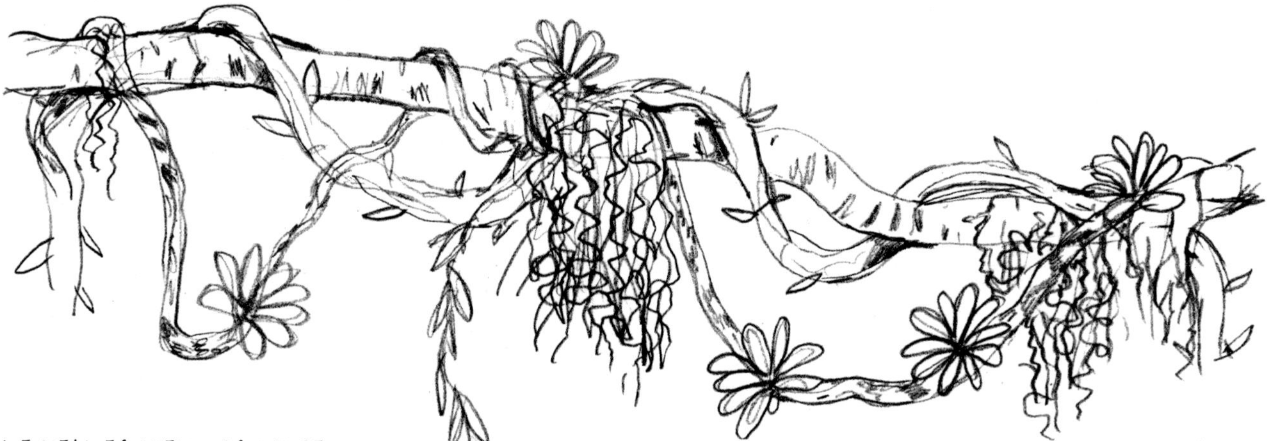

ZU EINEM ECHTEN DSCHUNGEL GEHÖREN RIESIGE BLÄTTER IN ALLEN FORMEN, EXOTISCHE BLÜTEN UND SICH SCHLÄNGELNDE LIANEN

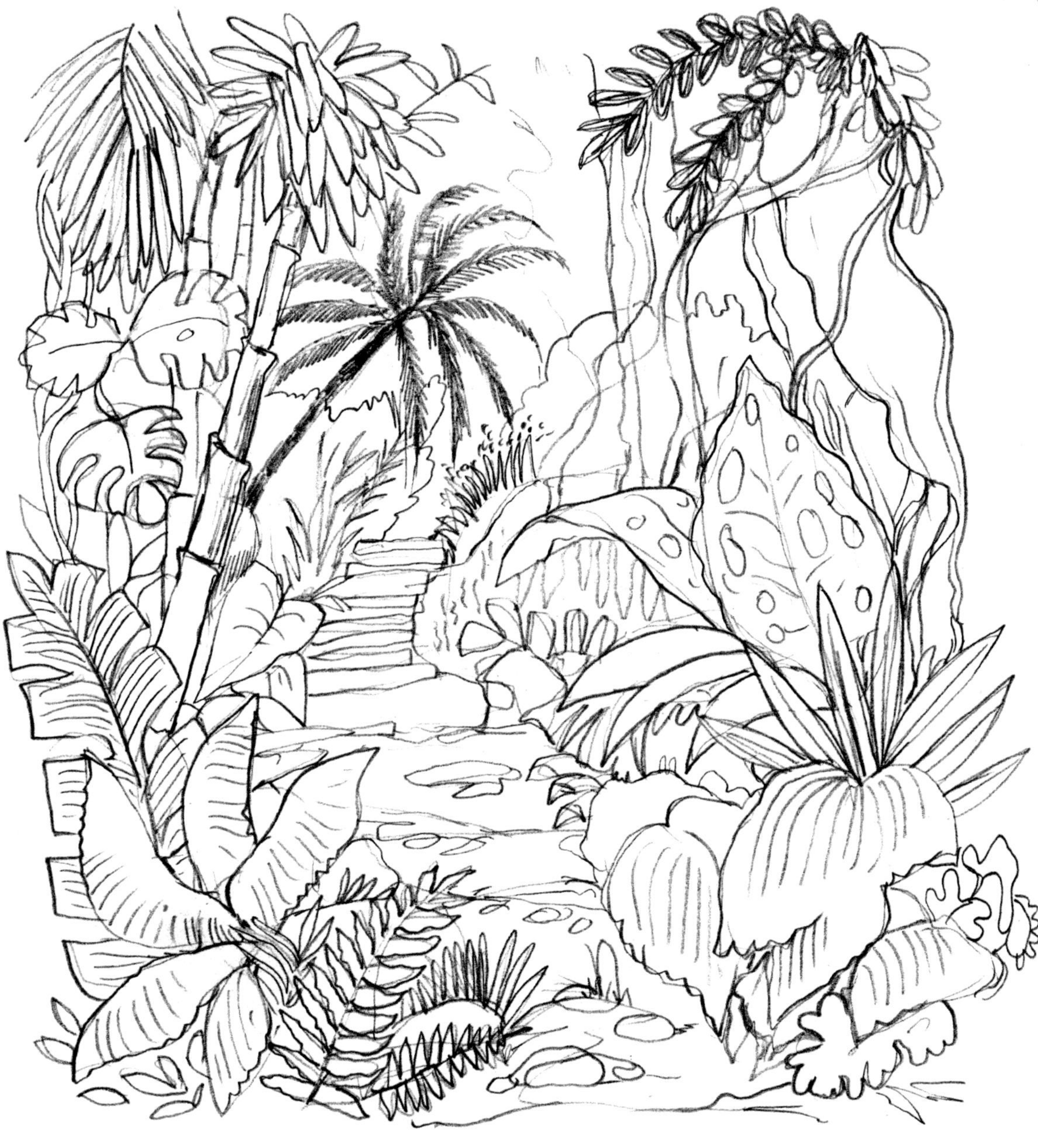

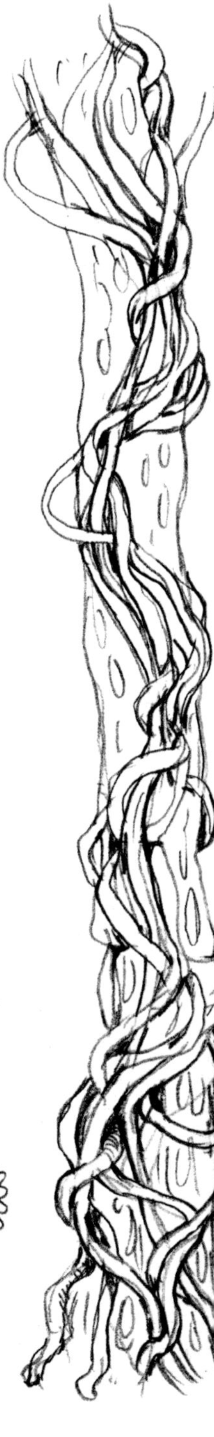

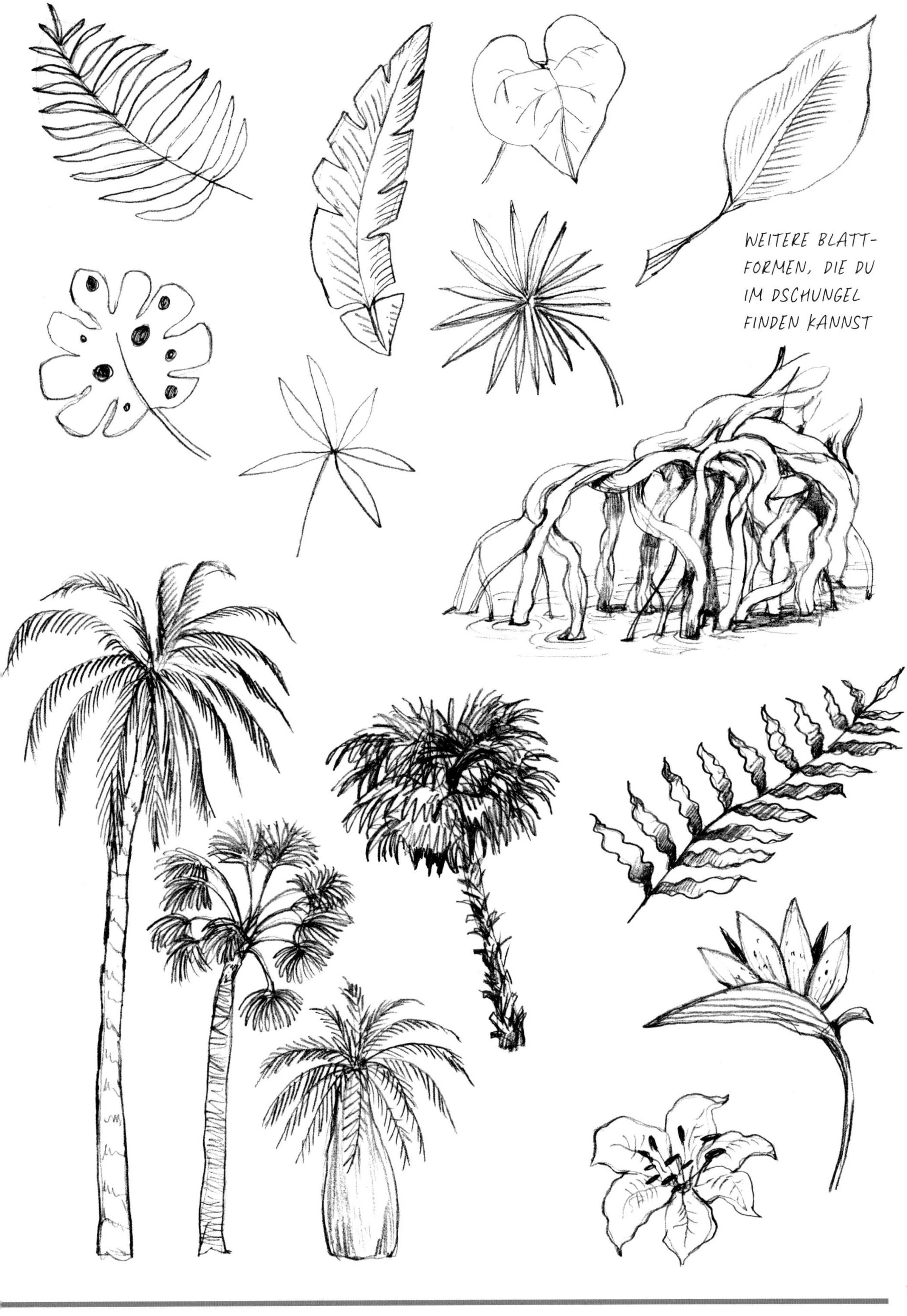
WEITERE BLATT-
FORMEN, DIE DU
IM DSCHUNGEL
FINDEN KANNST

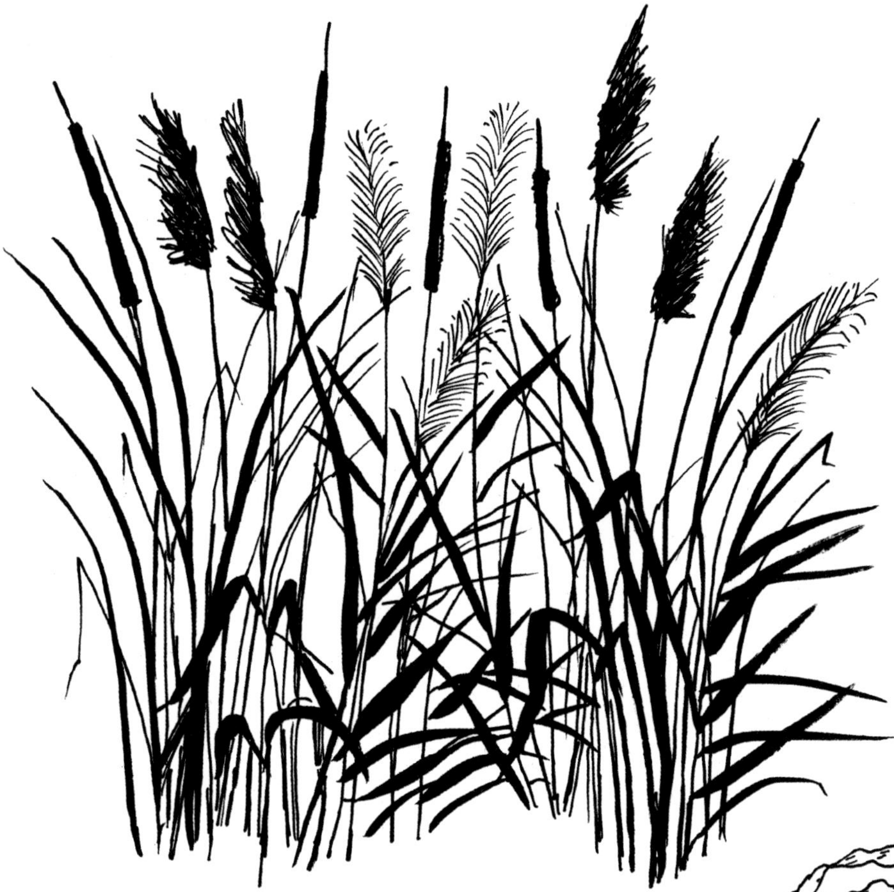

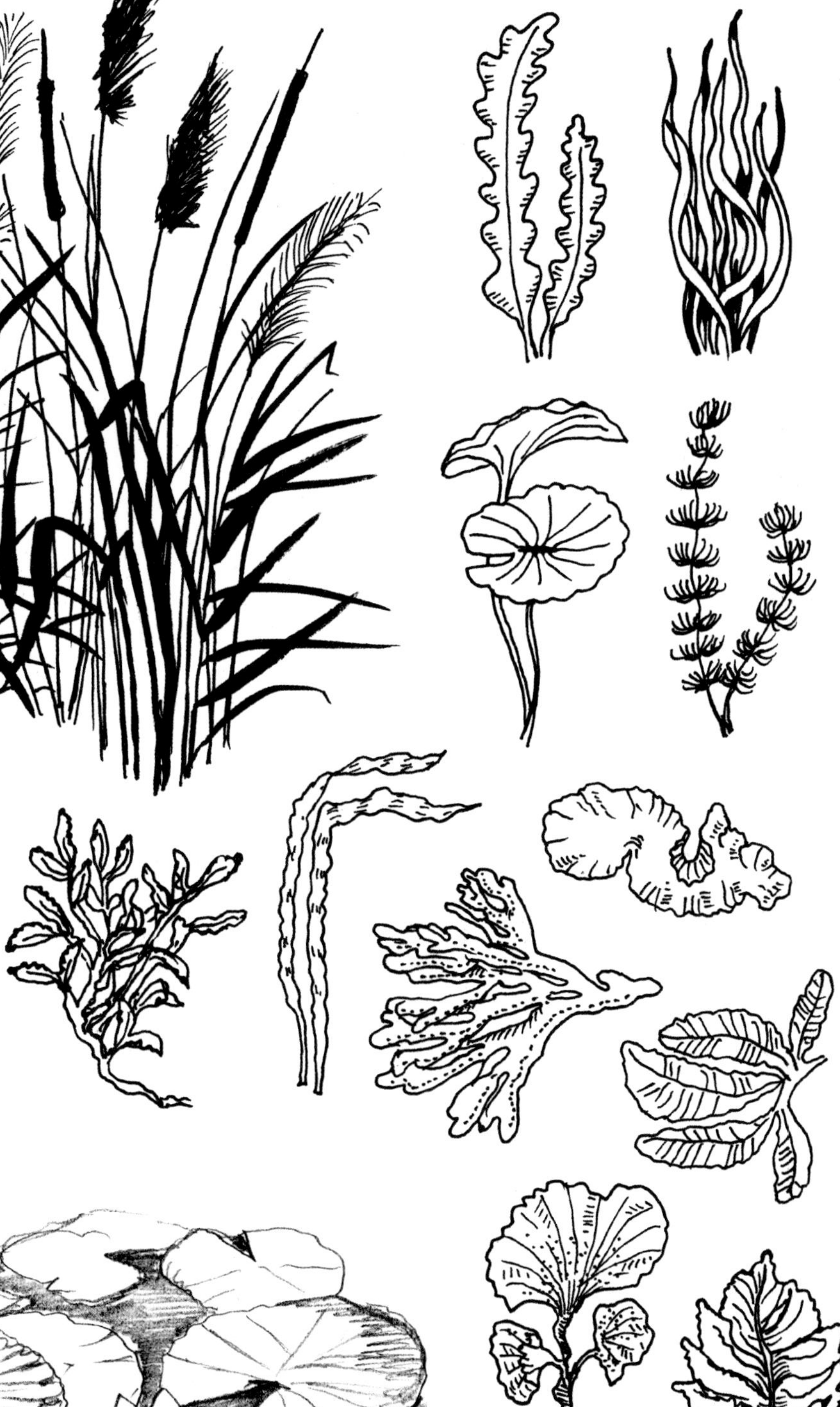

DIESES STÜCK SCHILF LÄSST SICH WUNDERBAR MIT EINEM PINSELSTIFT UND EINEM DÜNNEN FINELINER ZEICHNEN

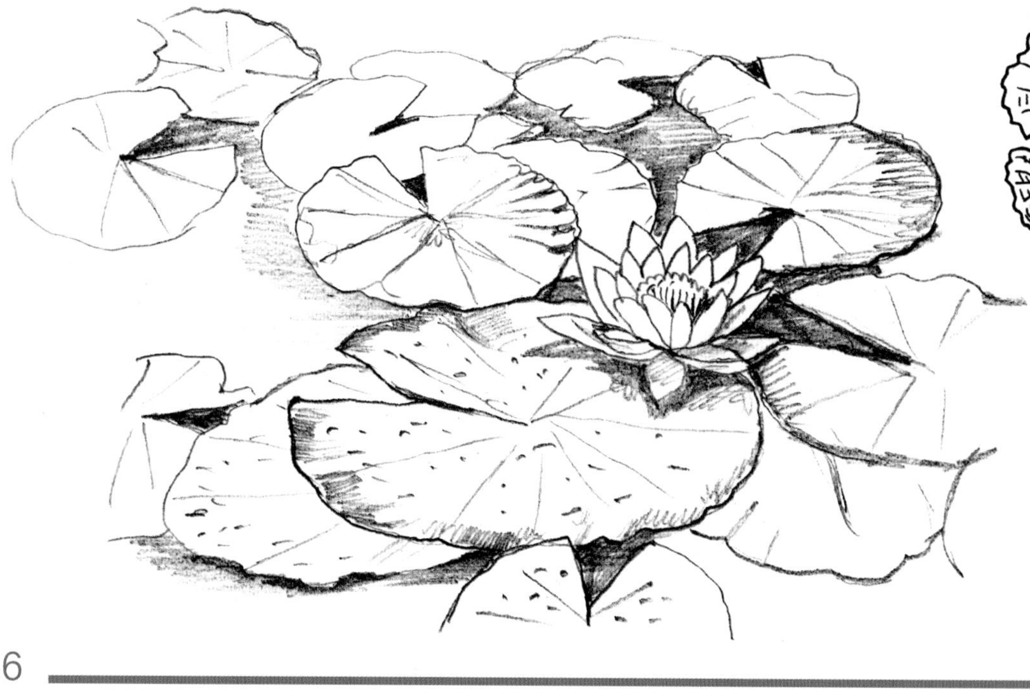

SEEROSENBLÄTTER SEHEN AUS WIE EINE RIESIGE PIZZA, AUS DER JEWEILS EIN KLEINES STÜCK HERAUSGESCHNITTEN IST

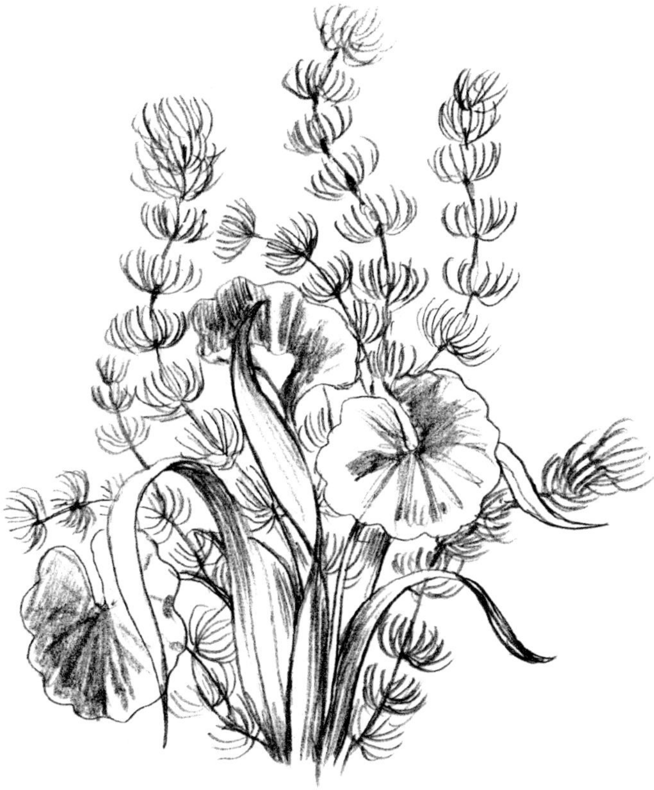

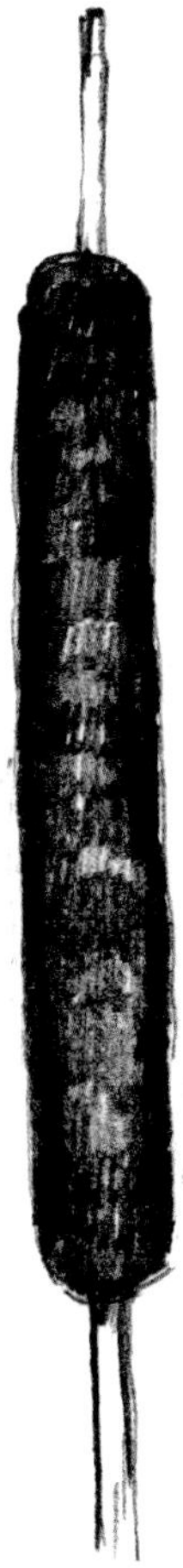

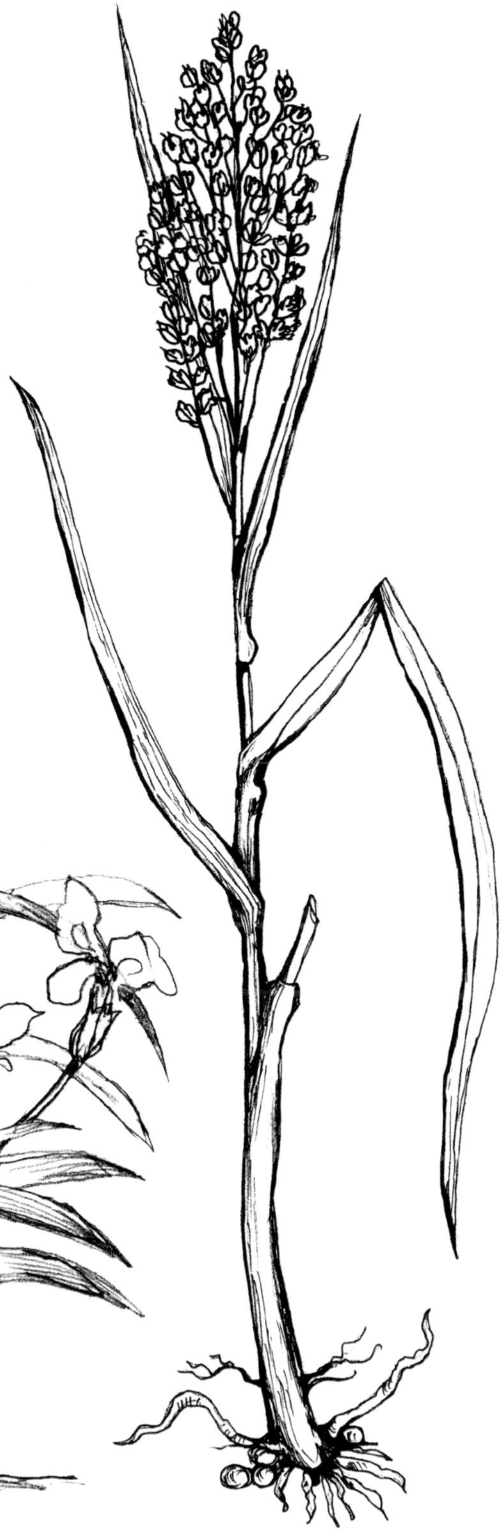

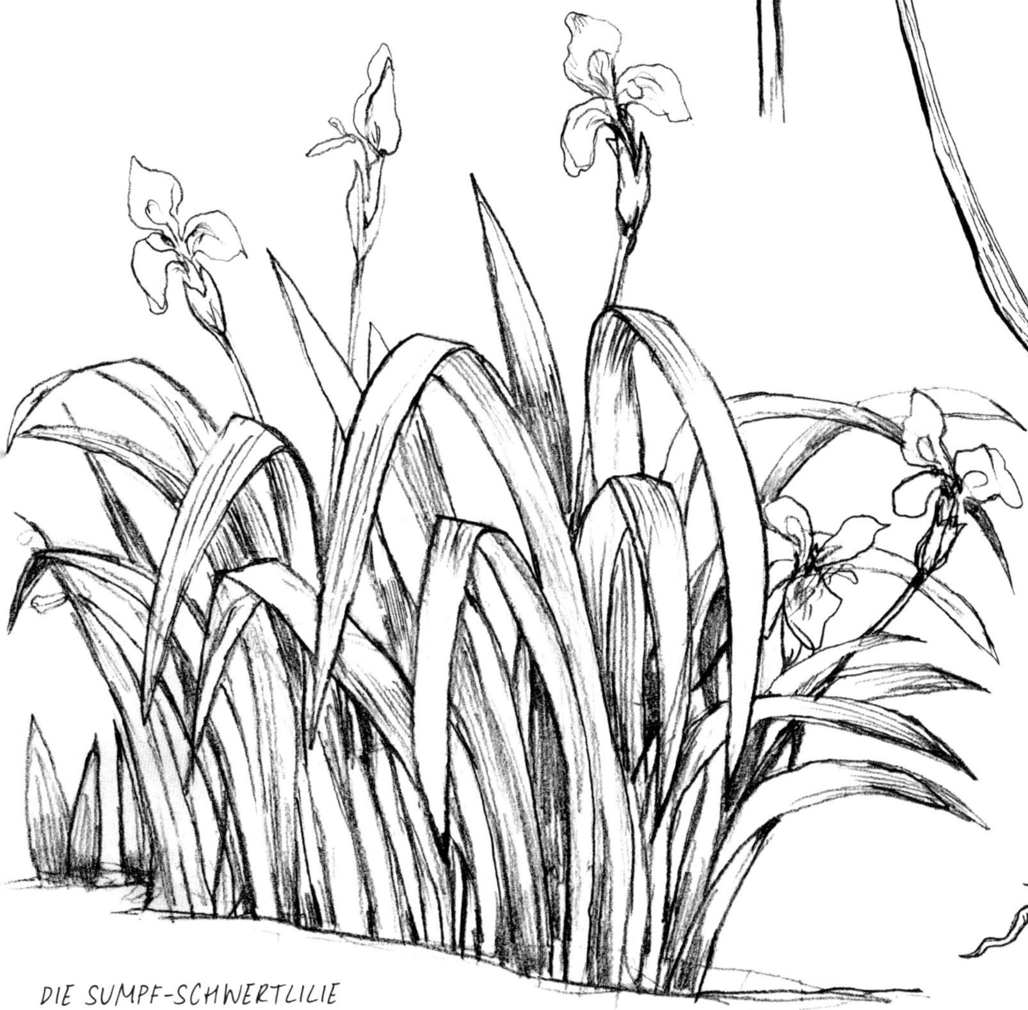

DIE SUMPF-SCHWERTLILIE
WÄCHST IN GROSSEN GRUPPEN AN
DER UFERBÖSCHUNG VON SEEN UND FLÜSSEN

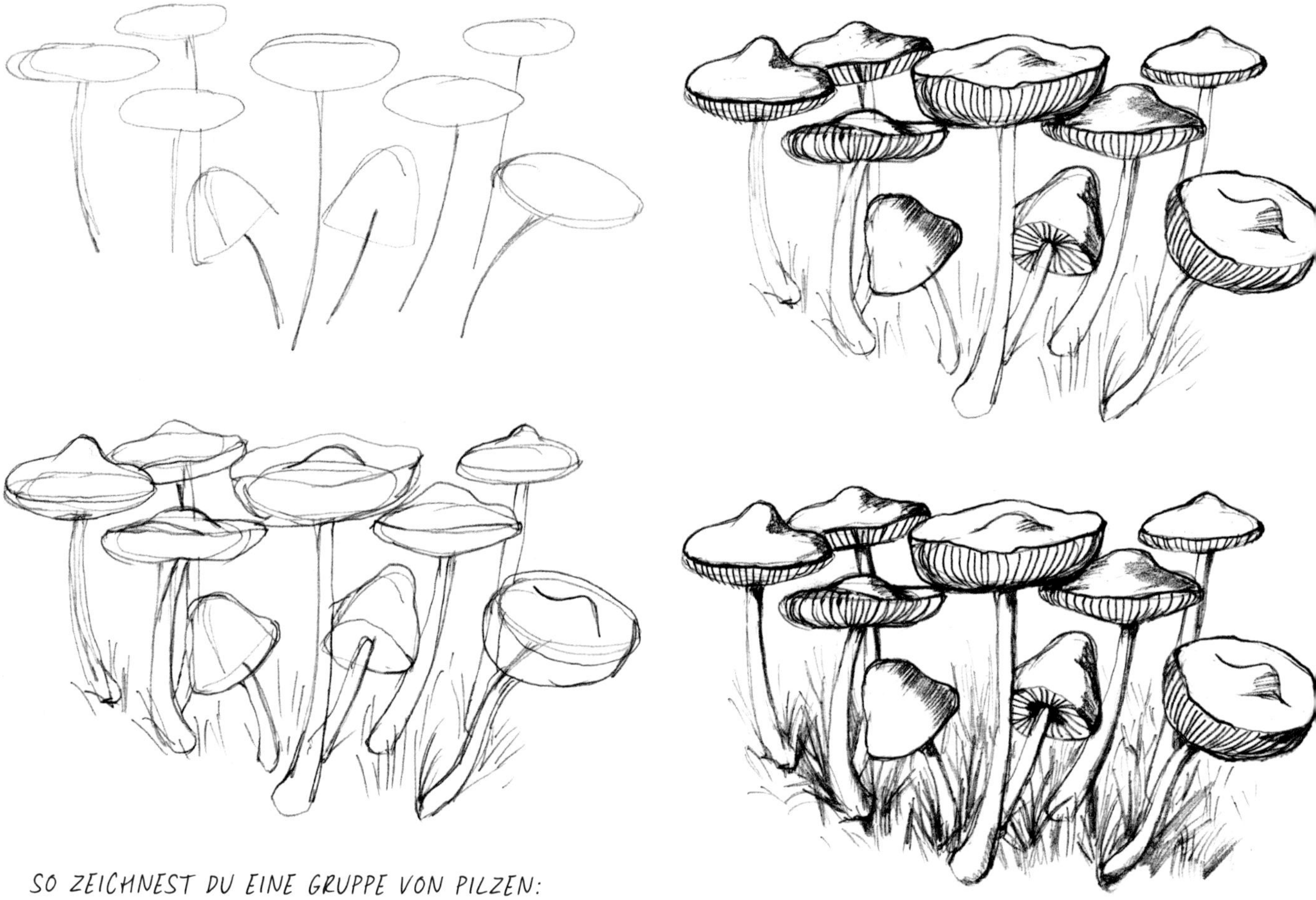

SO ZEICHNEST DU EINE GRUPPE VON PILZEN:

1 GRUPPIERE DIE PILZE IN EINFACHEN FORMEN. ACHTE DABEI AUF ÜBERSCHNEIDUNGEN

2 ZEICHNE STIELE UND PILZHÜTE. DAMIT GIBST DU DEN PILZEN IHRE INDIVIDUELLE FORM UND LEGST DEN BLICKWINKEL FEST

3 ARBEITE PILZHÜTE UND LAMELLEN AUS

4 LEGE DUNKLE BEREICHE MIT SCHRAFFUREN AN UND ARBEITE DAS GRAS UNTER DEN PILZEN AUS, UM MEHR RÄUMLICHKEIT ZU SCHAFFEN

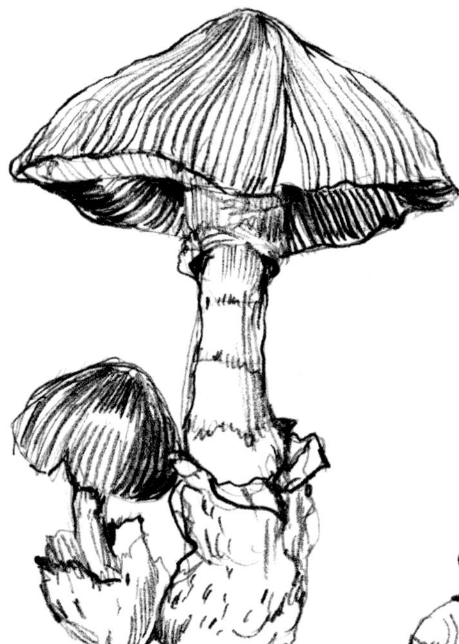

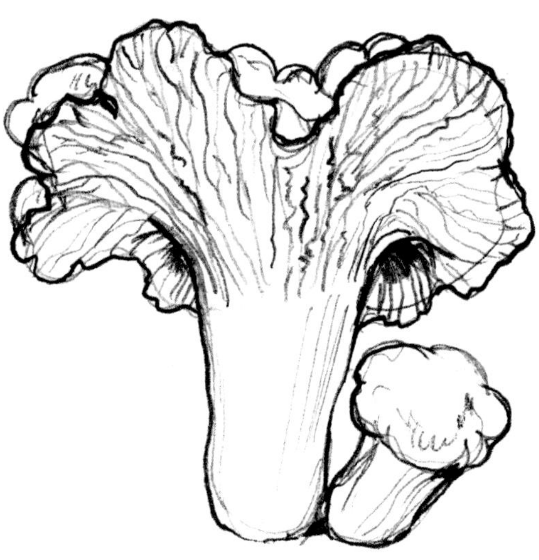

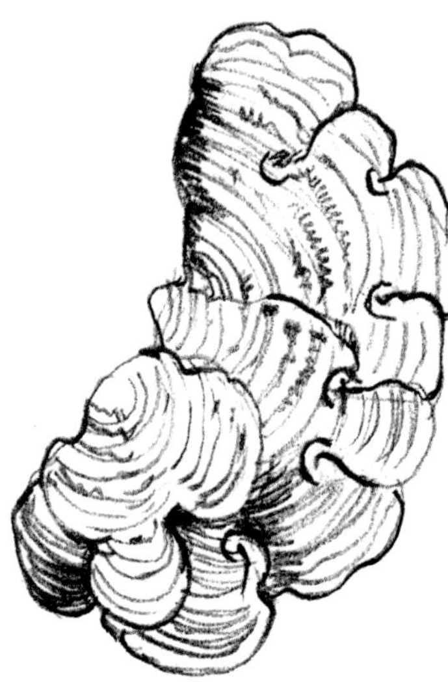

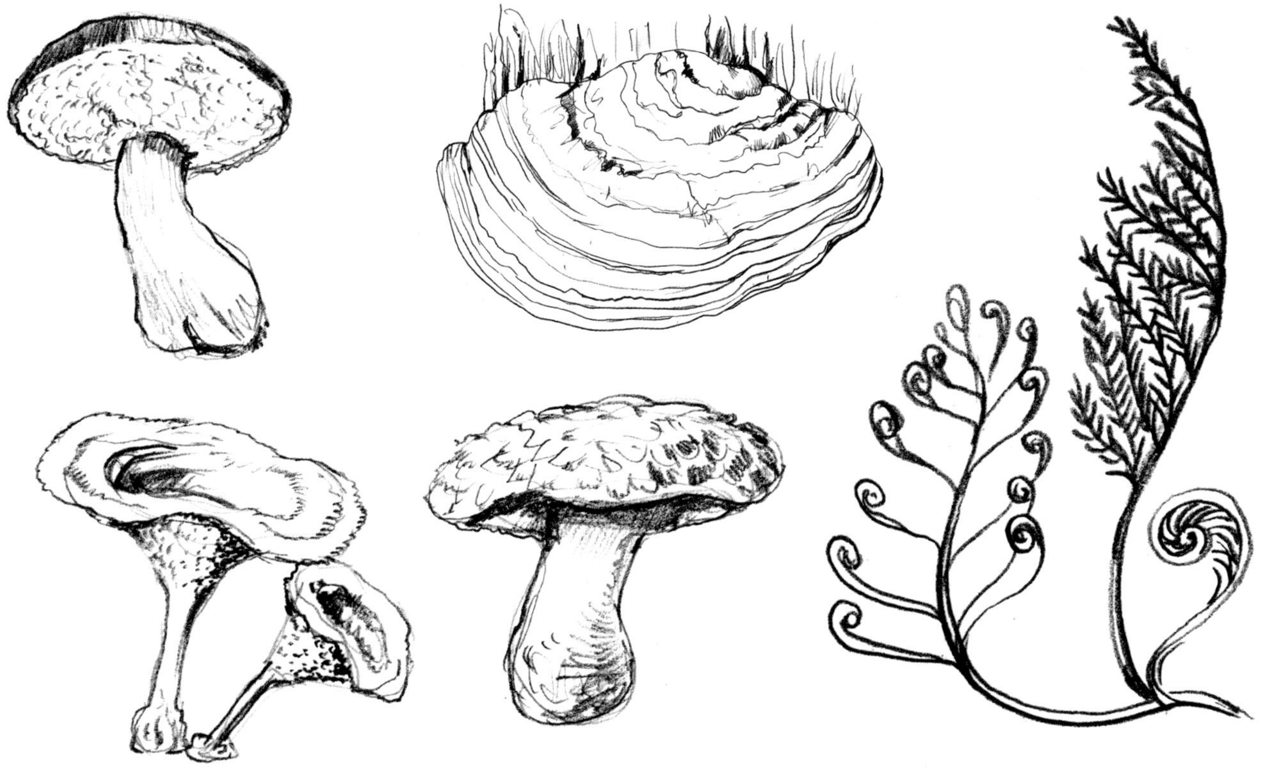

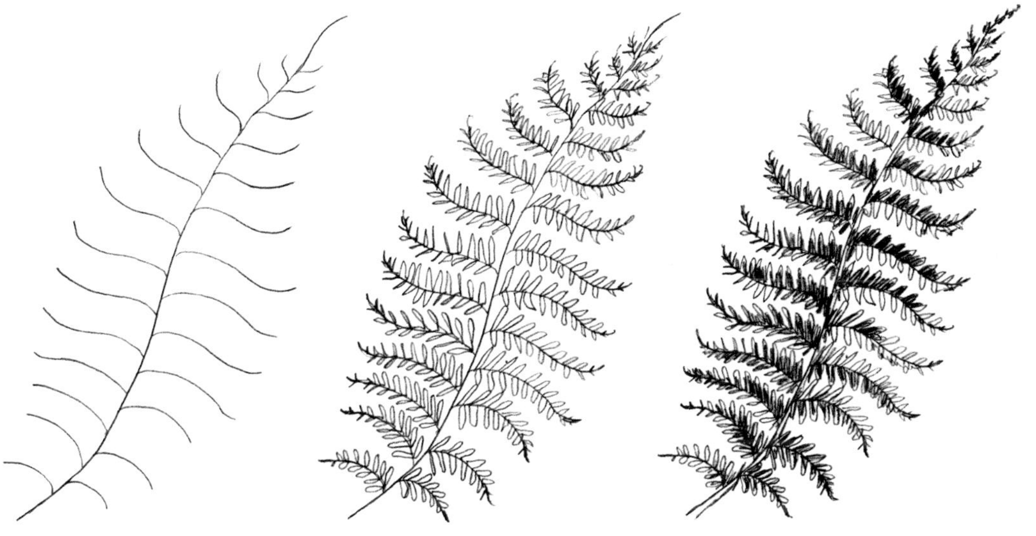

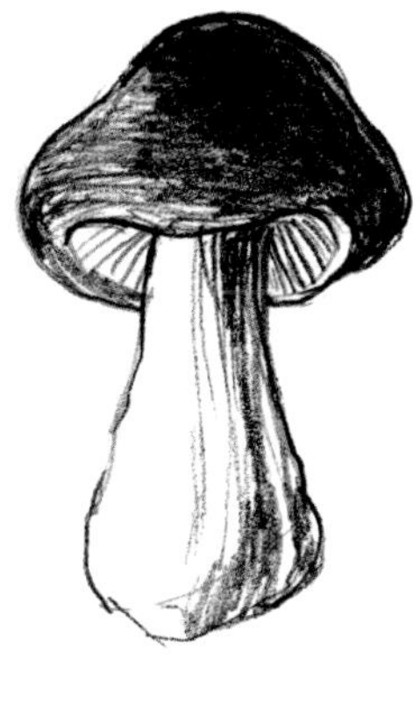

IN DREI EINFACHEN SCHRITTEN ZUR DARSTELLUNG EINES FARNBLATTS

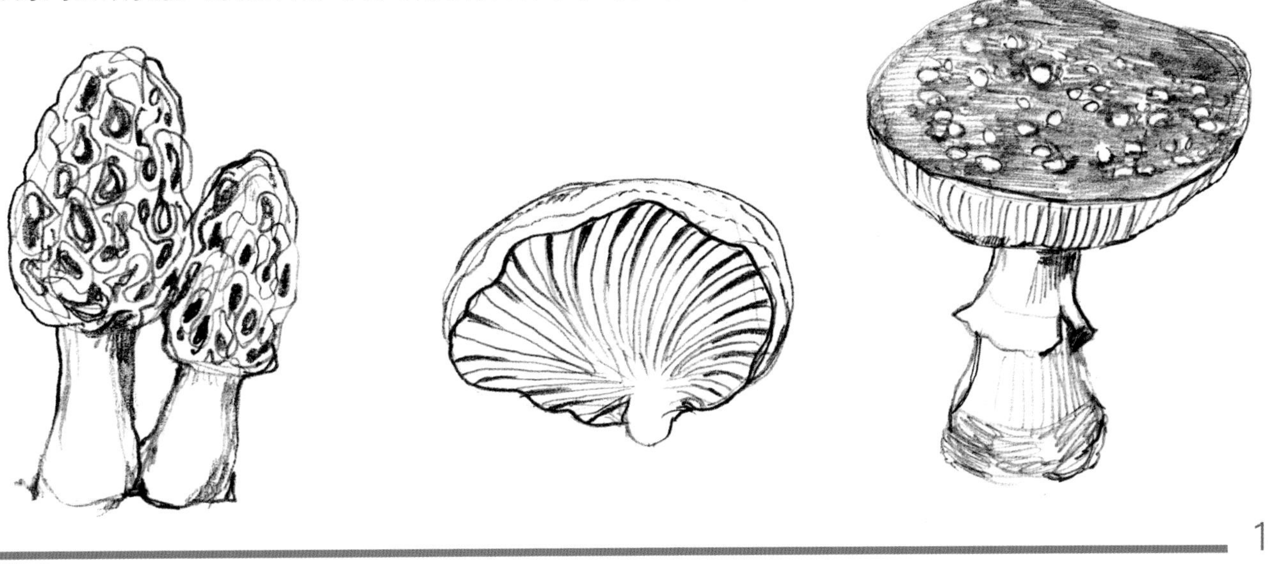

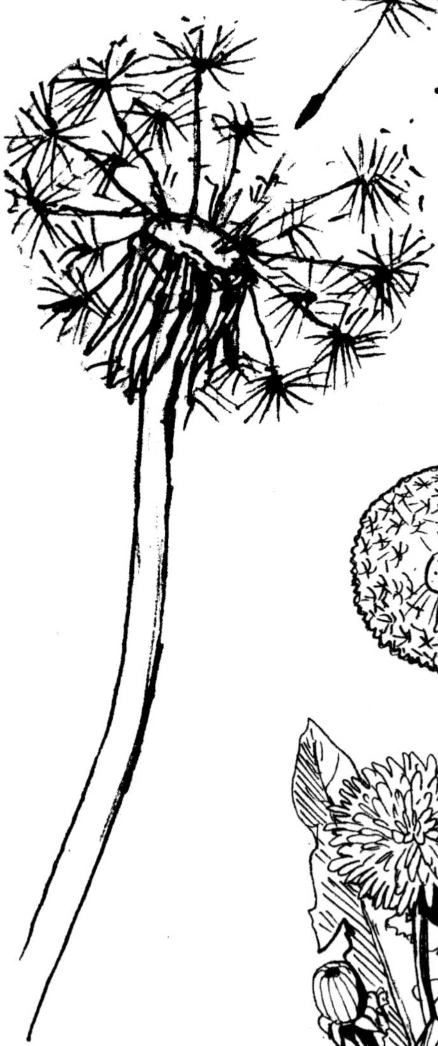

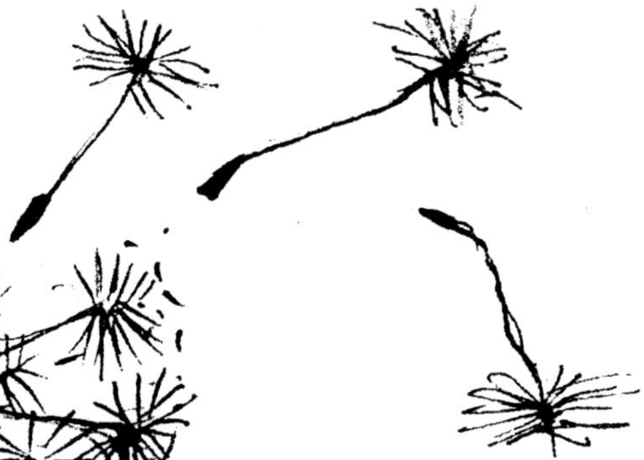

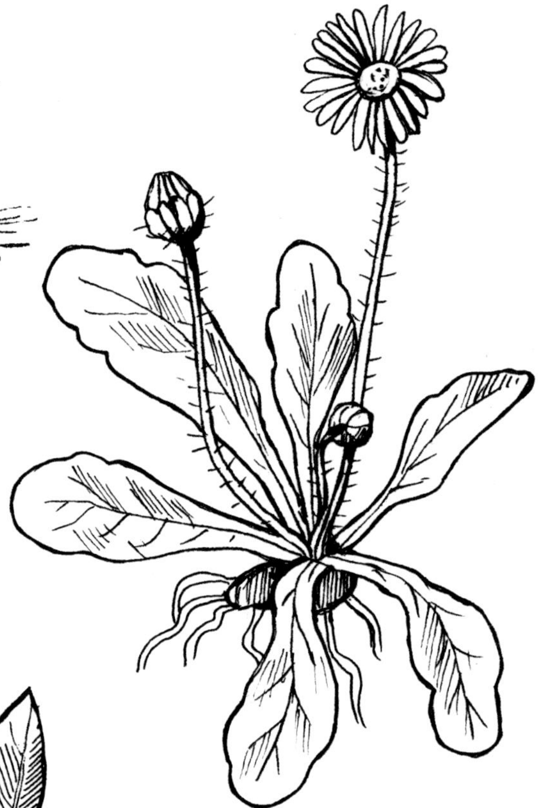

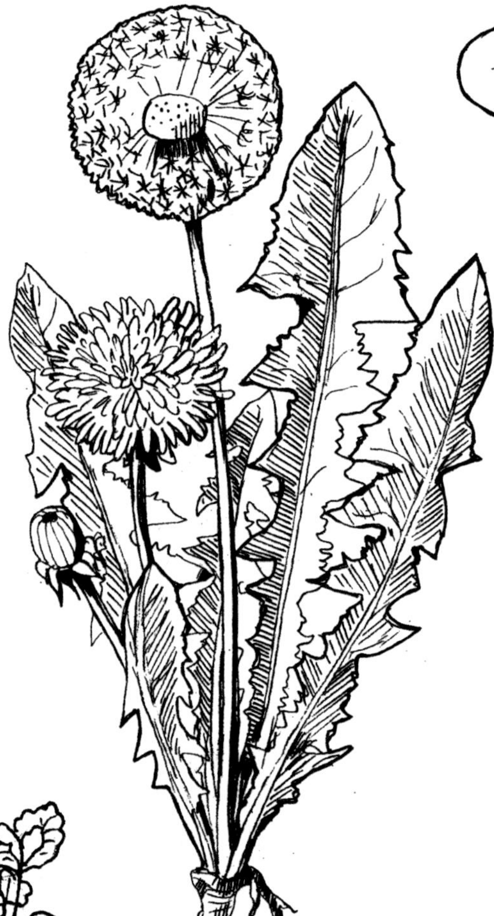

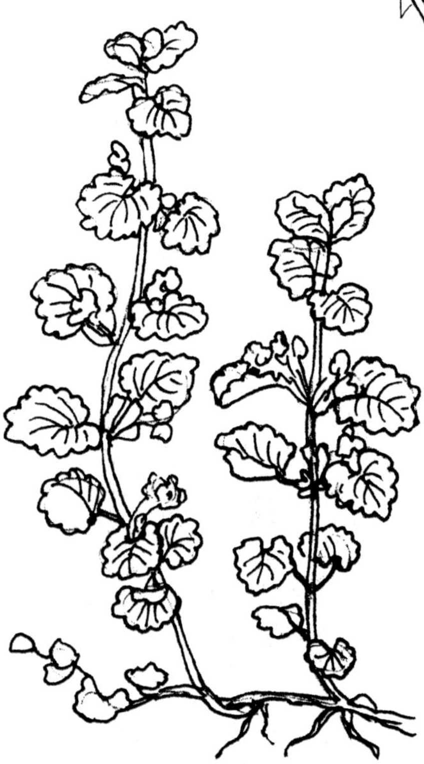

ALLE DIESE WILDPFLANZEN SIND MIT EINEM FINELINER GEZEICHNET. DU SIEHST AN DIESEN BEISPIELEN, WIE SEHR DIE STELLUNG VON STIEL UND BLÄTTERN DAS AUSSEHEN EINER PFLANZE BEEINFLUSST

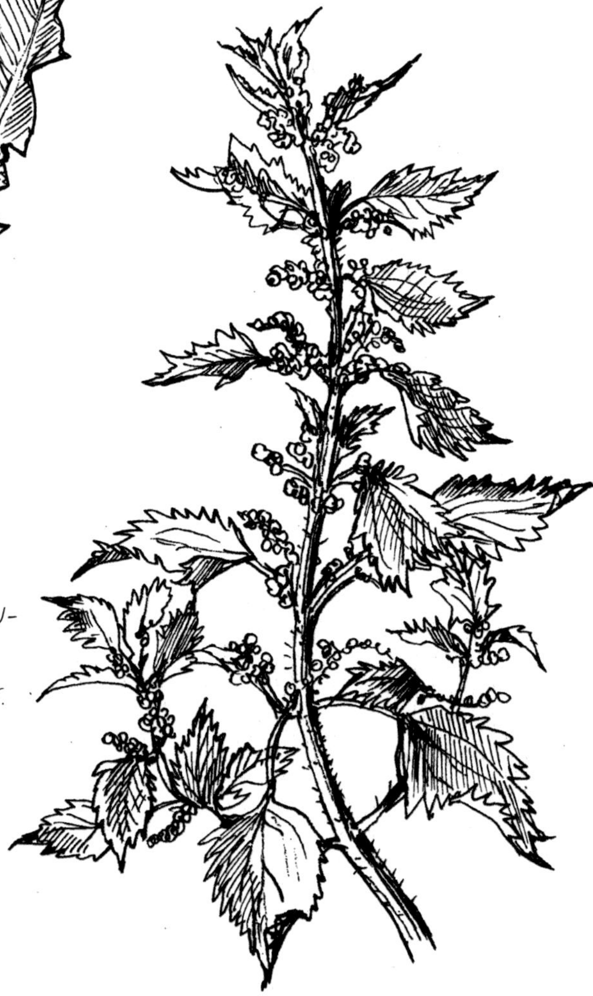

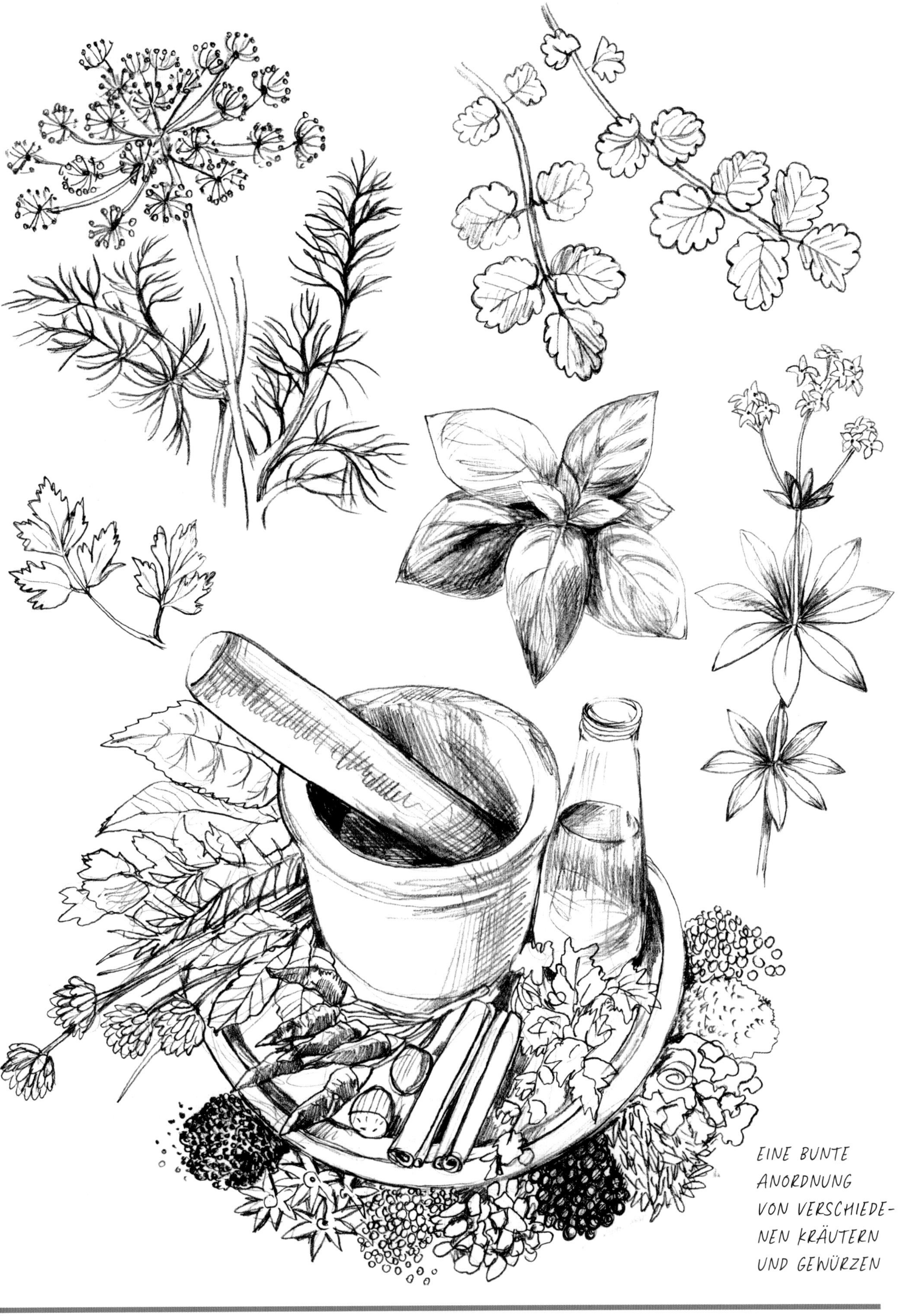

EINE BUNTE ANORDNUNG VON VERSCHIEDENEN KRÄUTERN UND GEWÜRZEN

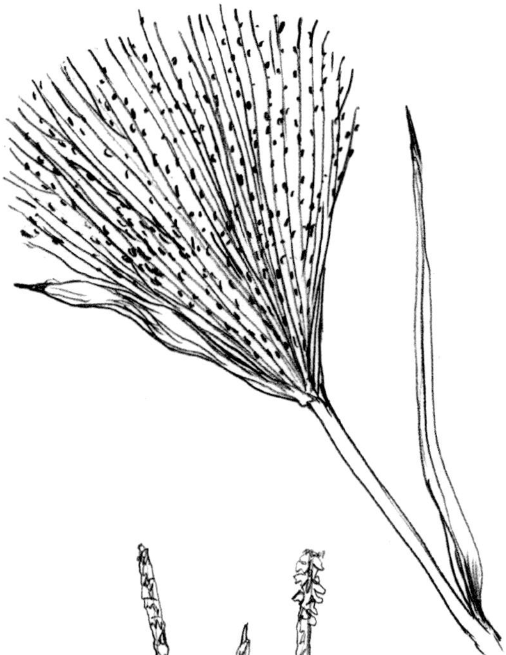

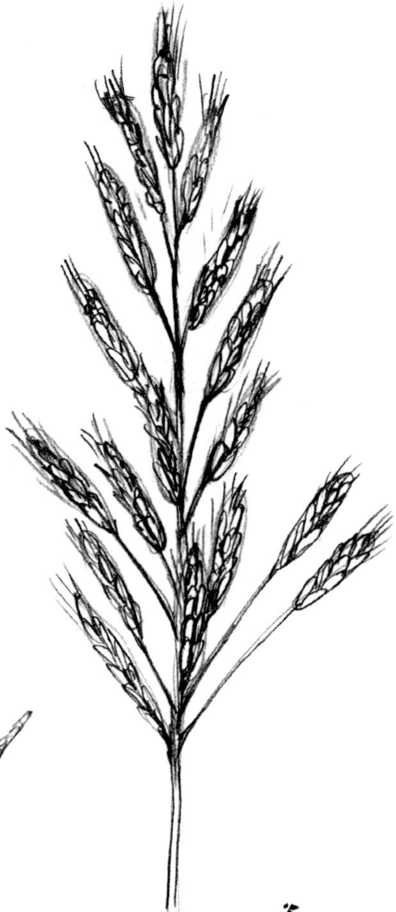

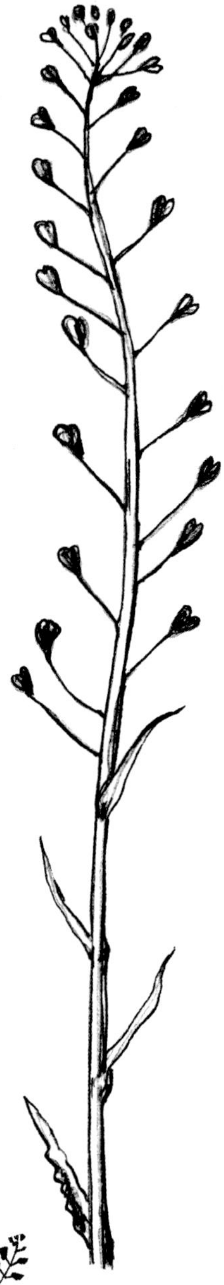

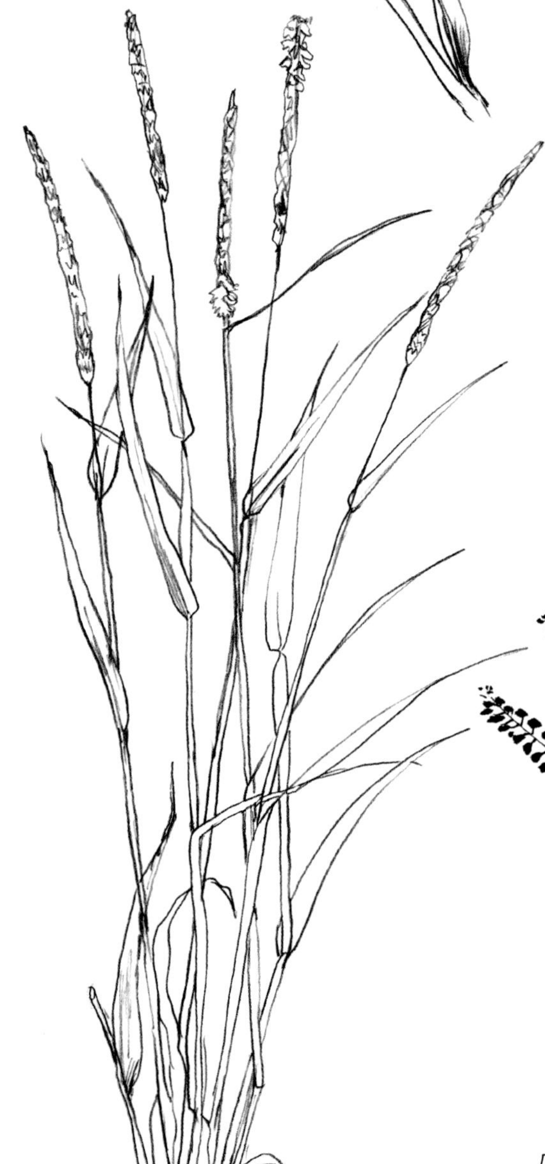

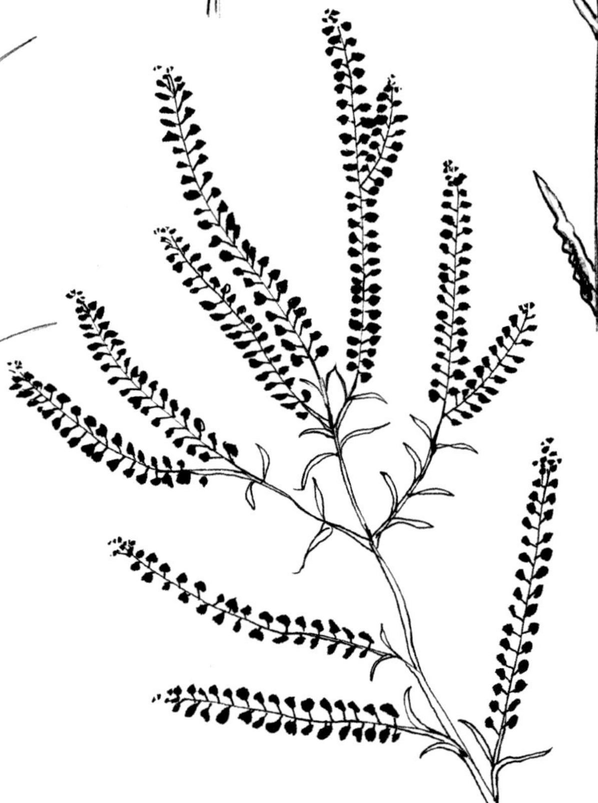

DIE EINZELNEN BLÄTTCHEN
DIESER PFLANZE WURDEN MIT
EINEM BRUSH PEN GEZEICHNET

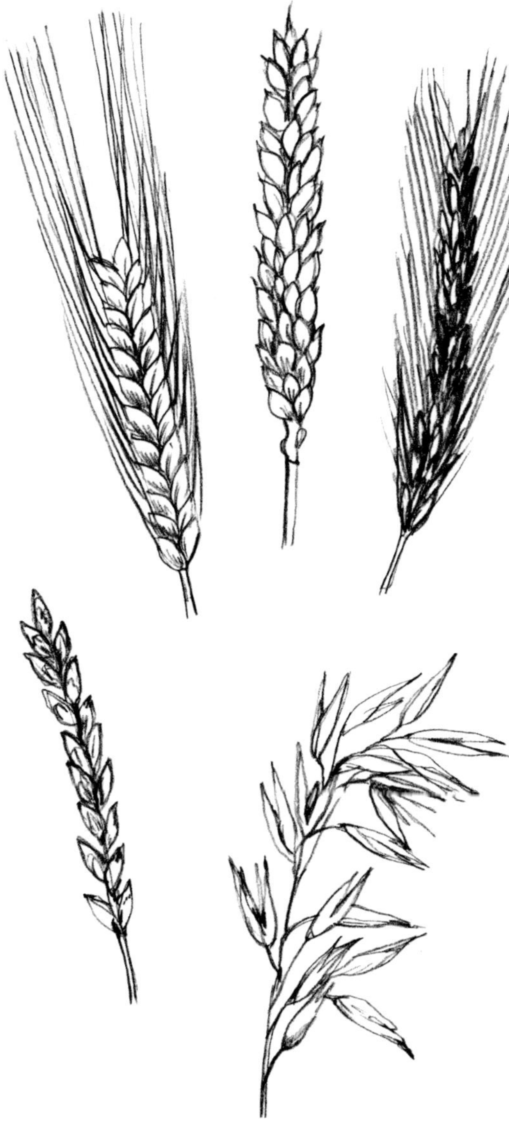

HIER SIEHST DU DIE ÄHREN DER AM HÄUFIGSTEN BEI UNS WACHSENDEN GETREIDEARTEN: ROGGEN, GERSTE, WEIZEN, DINKEL, HAFER

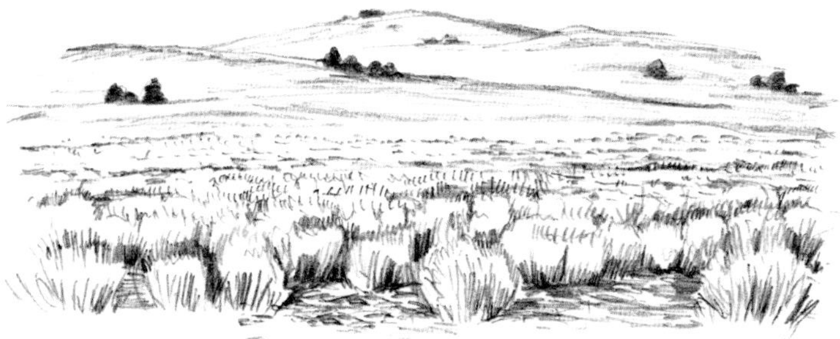

SIE SIND ÜBER JAHRHUNDERTE HINWEG AUS KREUZUNGEN UND ZÜCHTUNGEN VON WILDGRÄSERN ENTSTANDEN. IHRE VERWANDTSCHAFT IST GUT ZU ERKENNEN – SIEHST DU ES BEI DEN HIER GEZEICHNETEN WILDGRÄSERN?

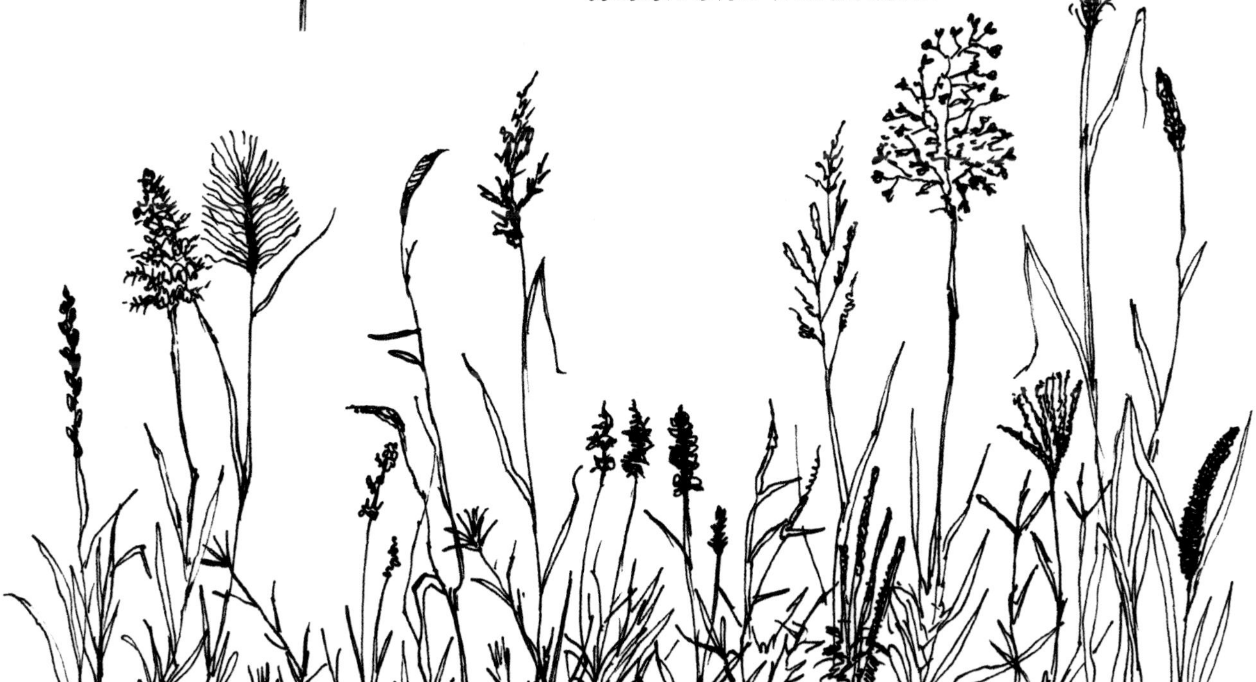

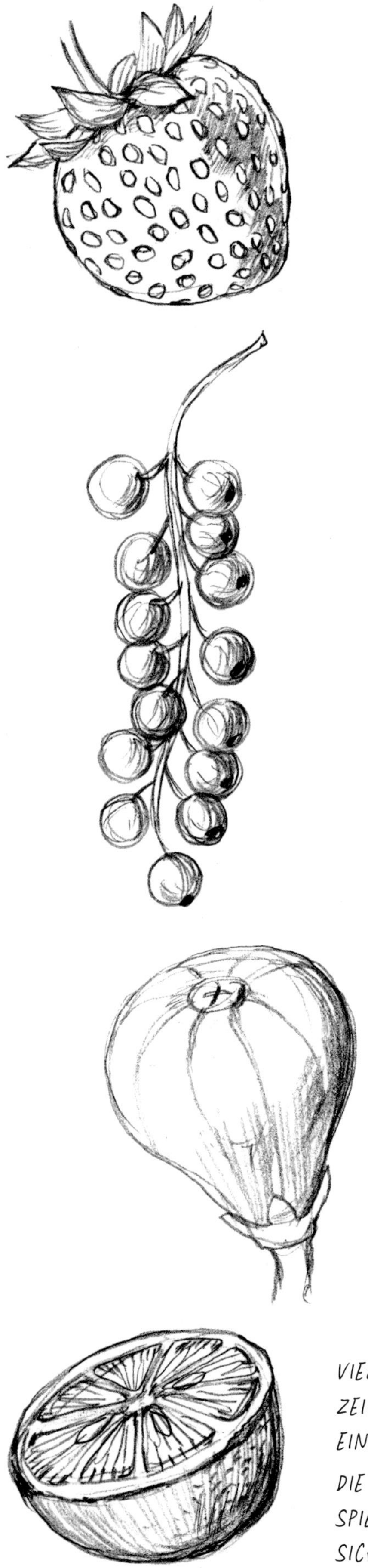

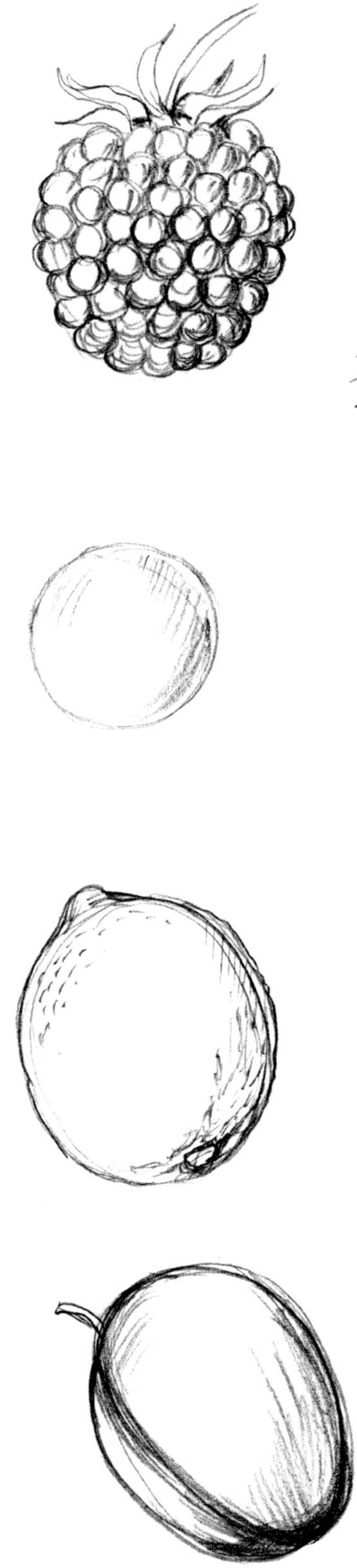

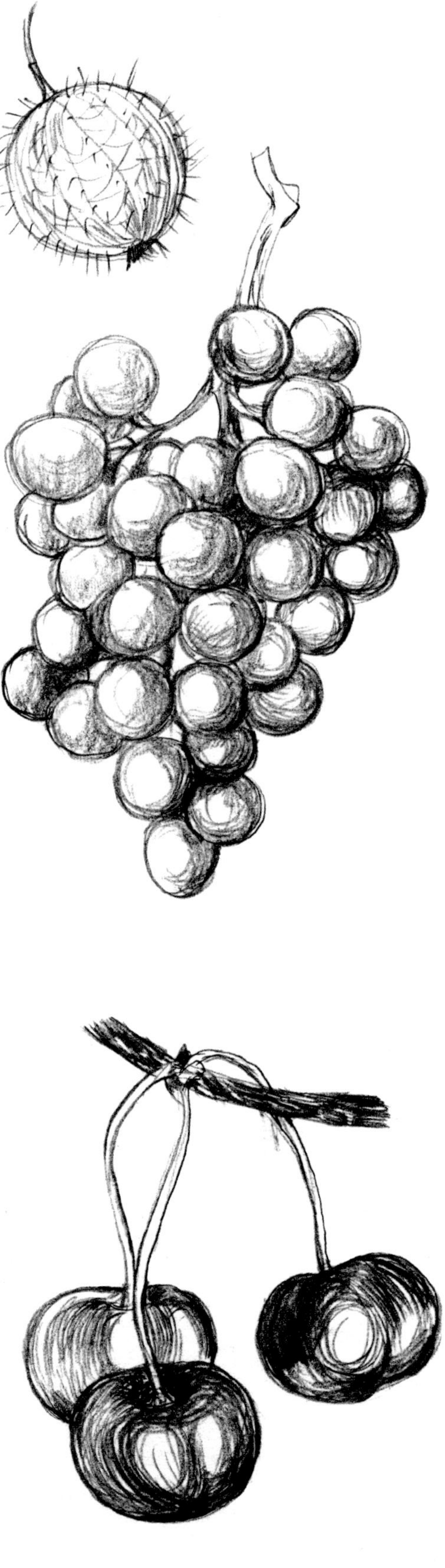

VIELE FRÜCHTE LASSEN SICH BEIM ZEICHNEN AUF DIE GRUNDFORM EINER KUGEL ZURÜCKFÜHREN

DIE STRUKTUR IHRER OBERFLÄCHE SPIELT EINE GROSSE ROLLE, UM SIE SICHER ZU IDENTIFIZIEREN

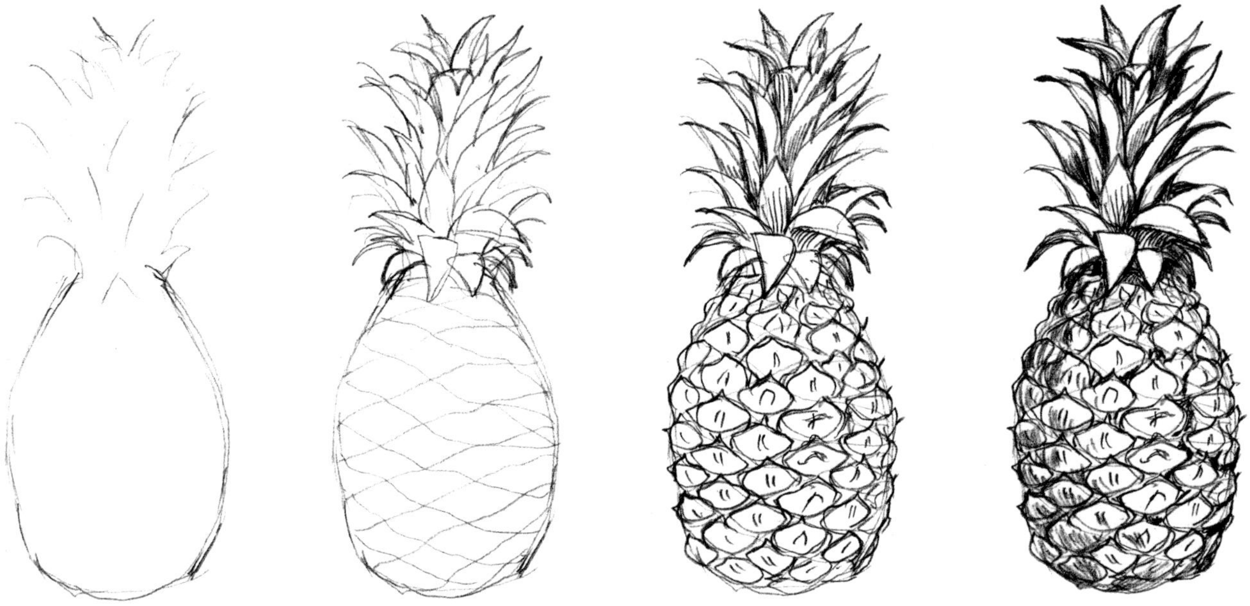

IN VIER SCHRITTEN ZUR DARSTELLUNG EINER ANANAS

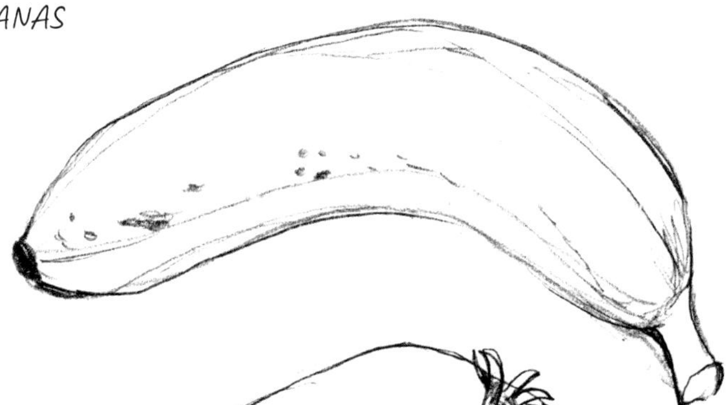

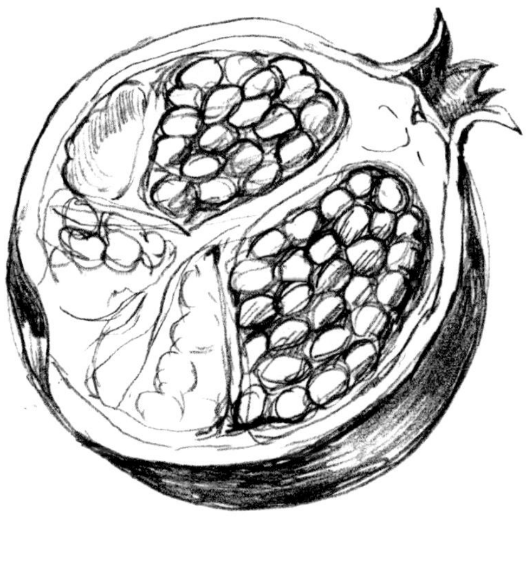

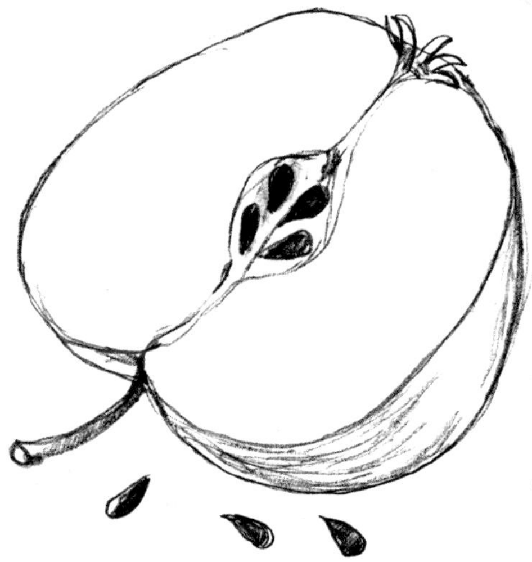

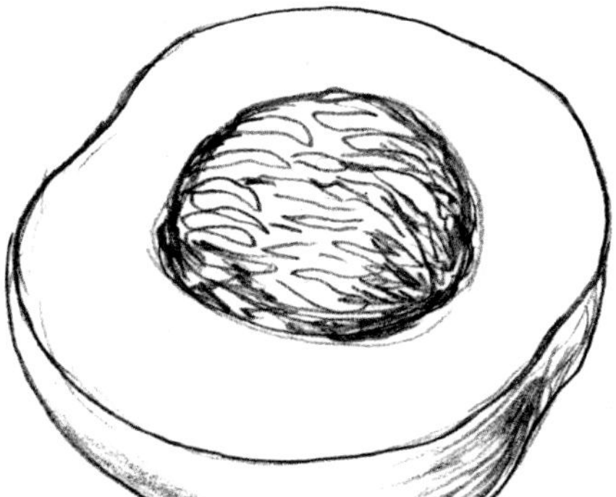

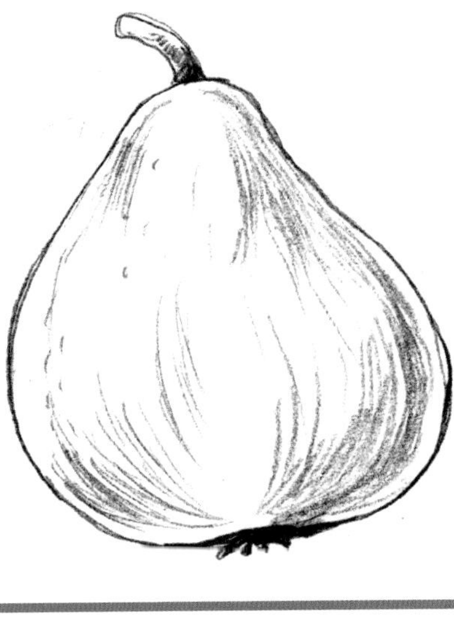

MANCHMAL IST DER ANBLICK EINER AUFGESCHNITTENEN FRUCHT REIZVOLLER UND INTERESSANTER ALS DER EINER GESCHLOSSENEN

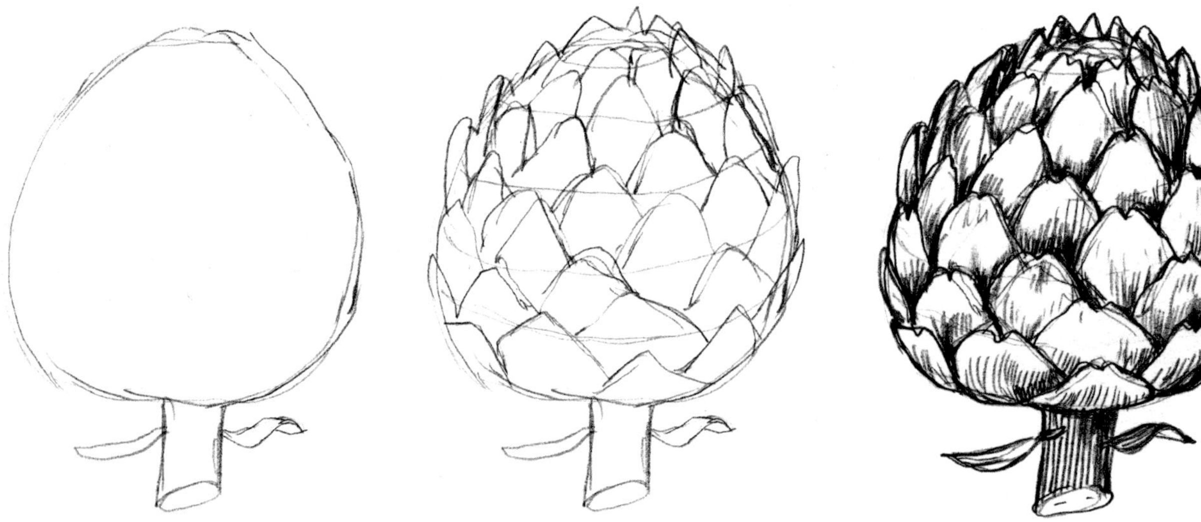

IN DREI EINFACHEN SCHRITTEN ZUR DARSTELLUNG EINER ARTISCHOCKE

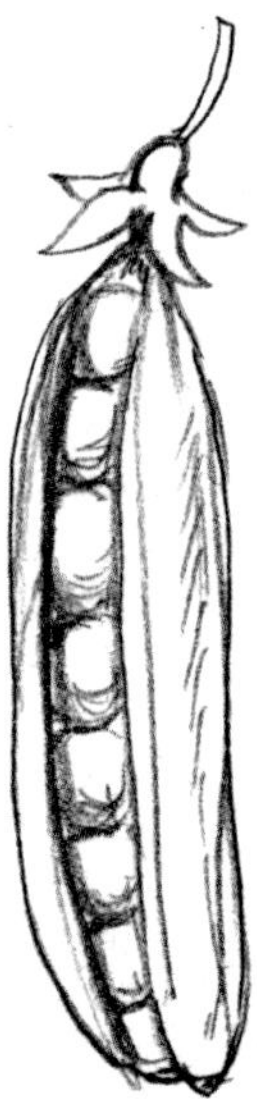

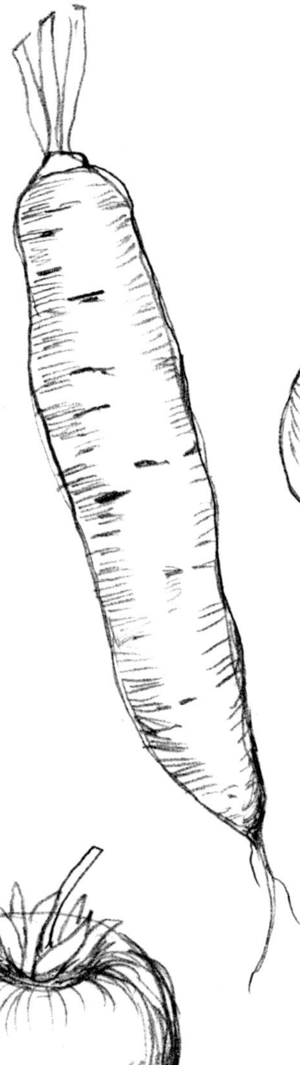

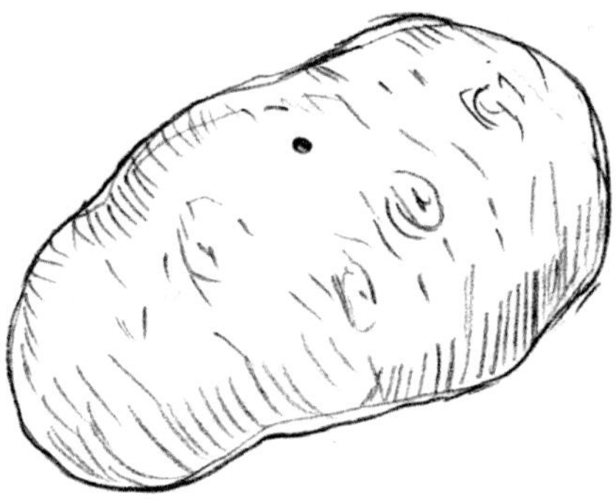

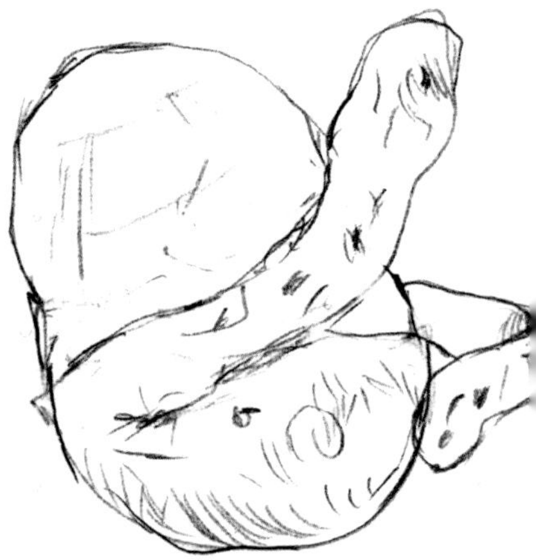

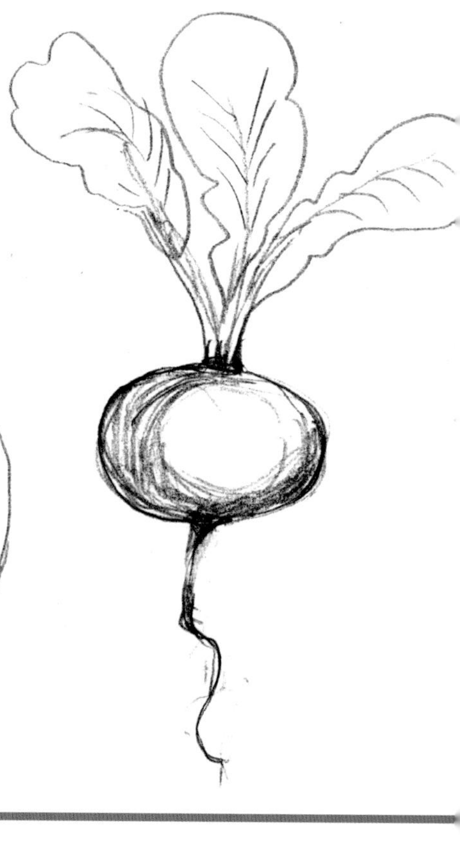

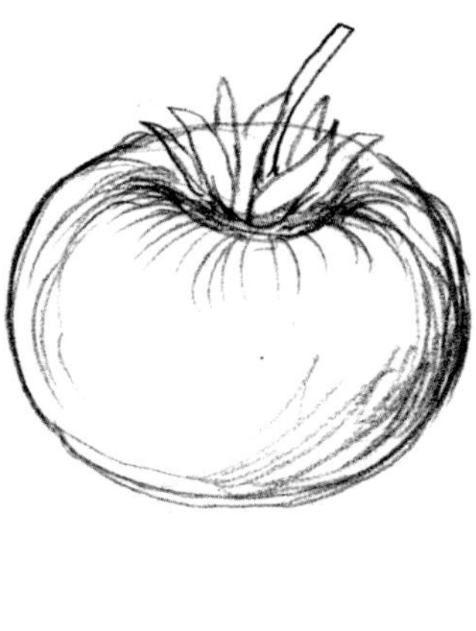

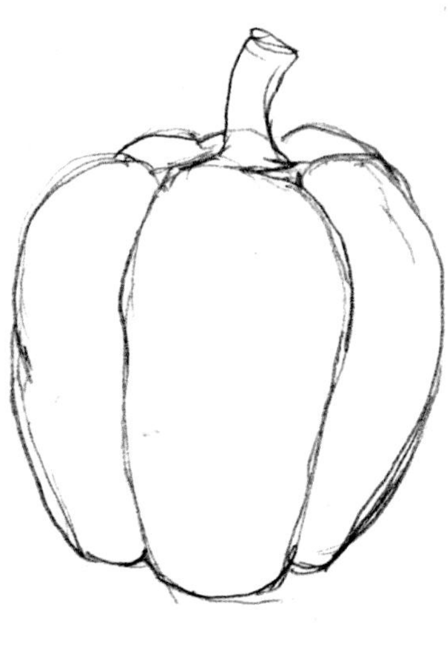

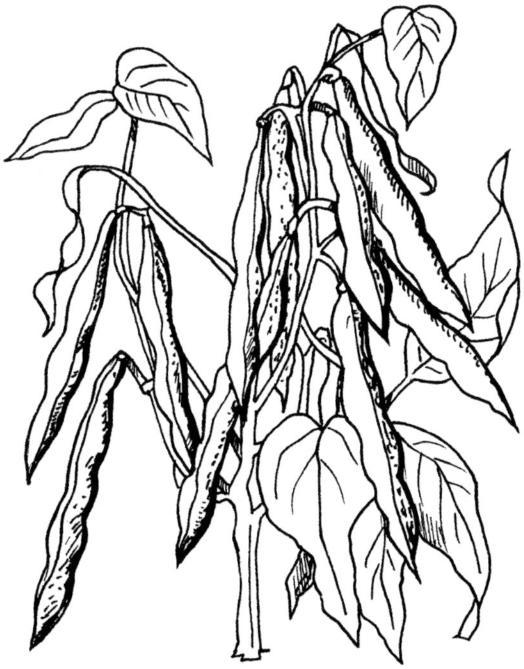

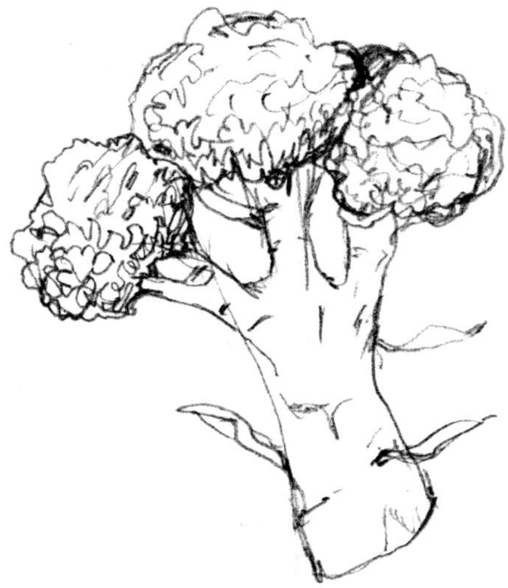

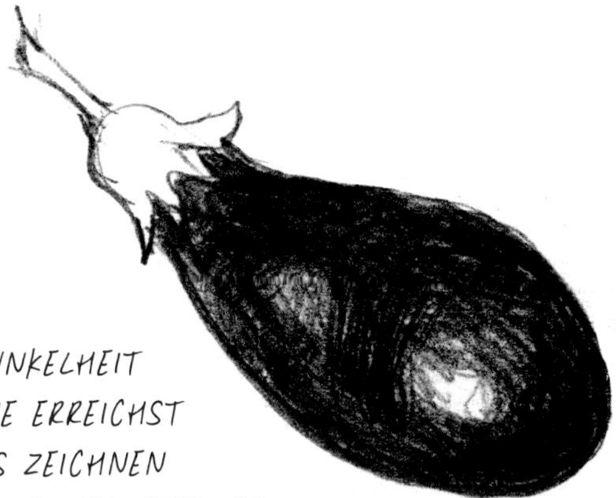

DIE MATTE DUNKELHEIT
DER AUBERGINE ERREICHST
DU DURCH DAS ZEICHNEN
VIELER ÜBEREINANDERLIEGENDER
SCHRAFFUREN

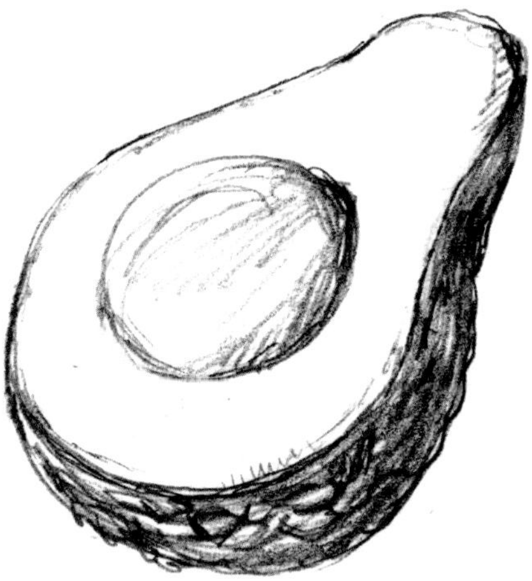

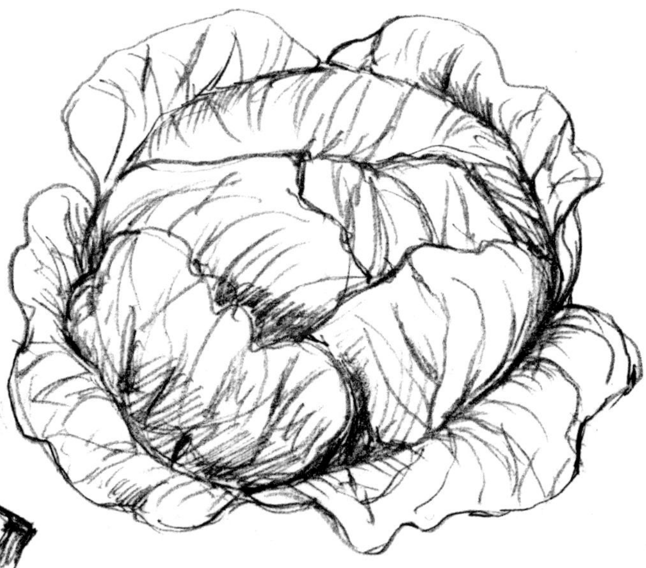

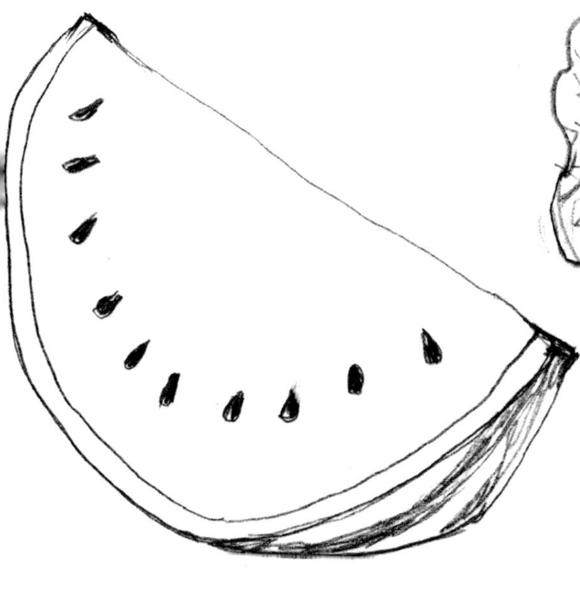

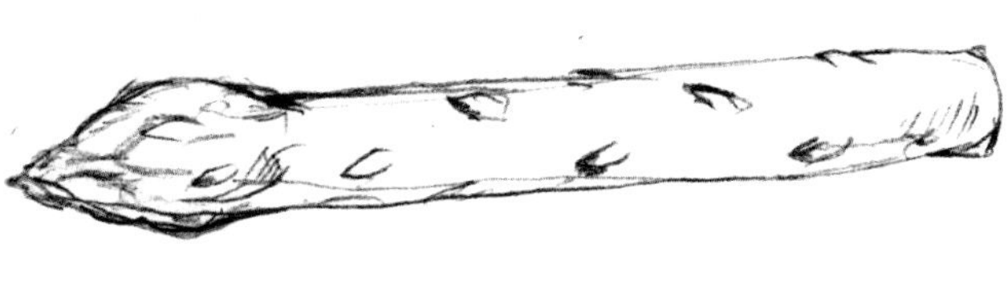

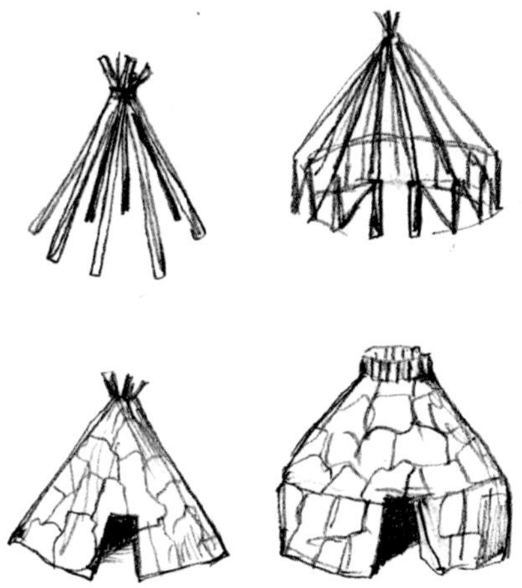
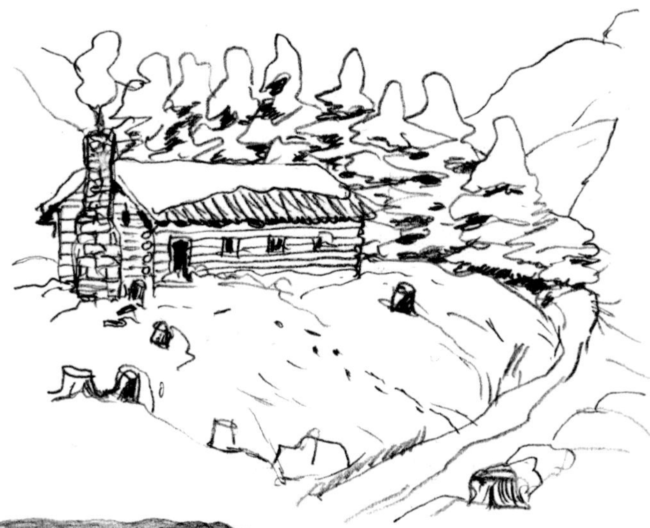
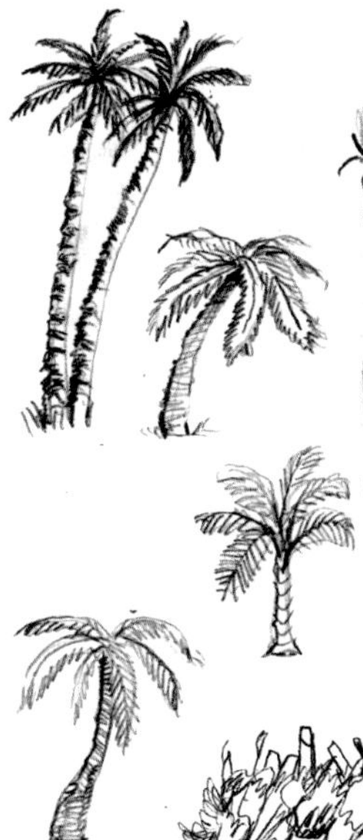
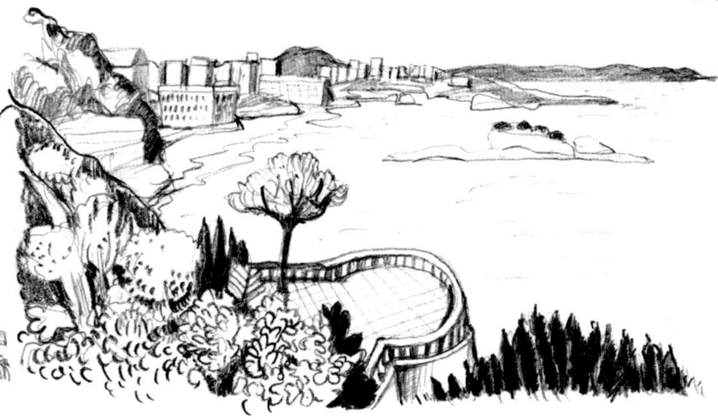
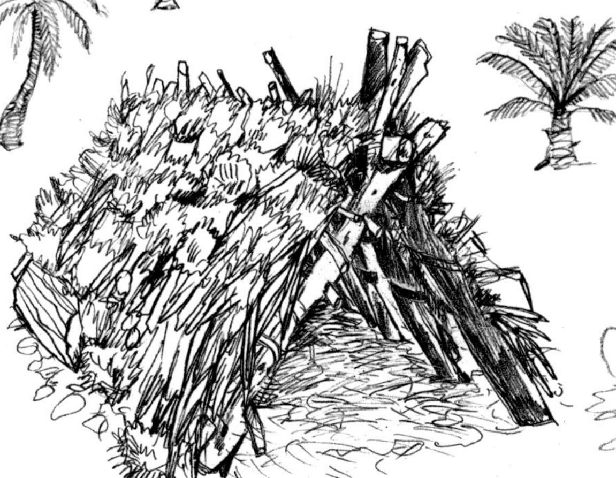
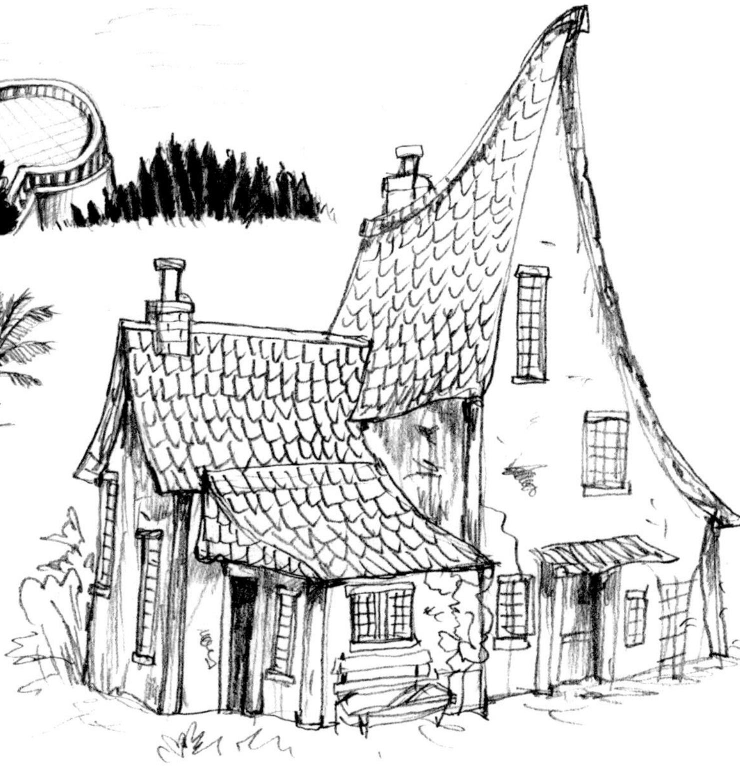
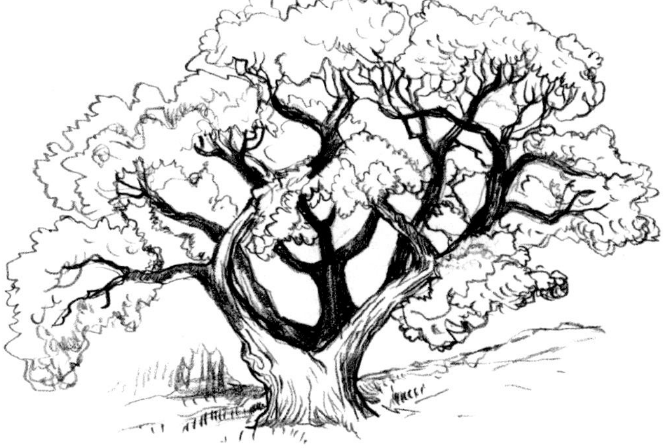
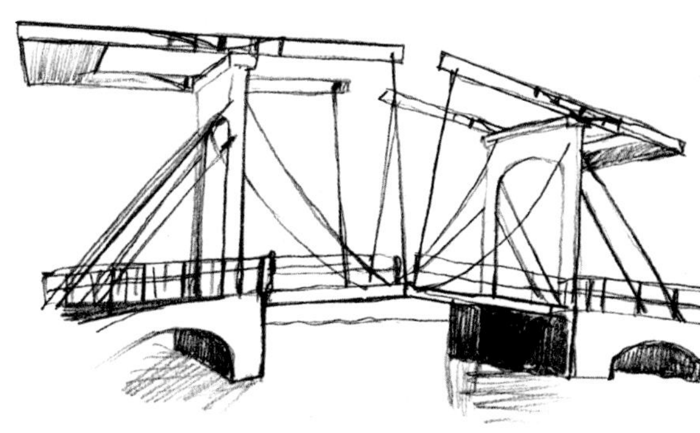

LAND-SCHAFT

Wälder, Seen, die Berge, das Meer – die Sehnsuchtsorte der Menschen sind beliebte Motive in der Kunst. Dabei spielt es keine Rolle, ob wir eine reale oder imaginäre Landschaft abbilden oder betrachten. Ausschlaggebend sind vielmehr der persönliche Bezug und die Emotionen, die wir mit der Landschaftsdarstellung verbinden.

Um sie zeichnerisch zu erfassen, kann manchmal die Kunst des Weglassens entscheidend sein. Zudem braucht es grundlegende Kenntnisse der Perspektive.

BERGE, WÄLDER, SEEN – LANDSCHAFT

Von einem Landschaftsbild spricht man, wenn ein bestimmter Ausschnitt aus einem von der Natur oder von Menschenhand geschaffenen Raum abgebildet wird. Das können sowohl reale als auch idealisierte Landschaften sein. Du hast eine bestimmte Idee, einen persönlichen Bezug oder eine emotionale Stimmung, die zu deiner Landschaftsdarstellung, so wie du sie abbilden willst, passt? Diese Darstellung kann sehr detailreich sein. Aber du entscheidest, was du brauchst. Die eigentliche Kunst liegt im Weglassen. Mit der Darstellung einer bestimmten Landschaft nimmst du bewusst Stellung. Mit der Wahl einer bestimmten Landschaft als Hintergrund oder Umgebung für eine Tier-, Menschen- oder Pflanzendarstellung übermittelst du den Betrachtenden (d)eine Botschaft. Typische Landschaftsbilder zeigen Berglandschaften, Hügelland, Wälder, Seestücke, Meeresküsten, Flüsse, Seen und vieles mehr. Natürlich spielt in diesem Zusammenhang das Thema Perspektive eine Rolle – ich werde es hier und da kurz anschneiden.

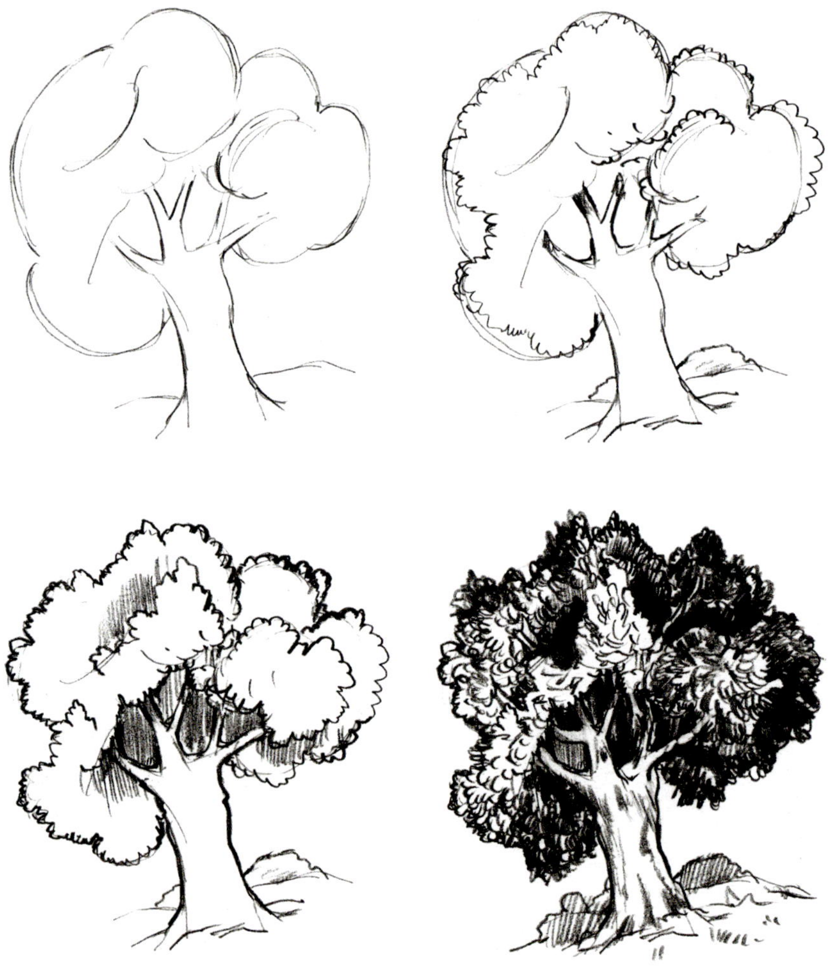

SO ZEICHNEST DU EINEN BAUM SCHRITT FÜR SCHRITT:

1 SKIZZIERE ZUERST GROB DIE FORM. ZEICHNE DAS SICHTBARE ASTWERK, STAMM UND DIE BAUMKRONE MIT EINEM HÄRTEREN BLEISTIFT, DAMIT DU DIE LINIEN SPÄTER WEGRADIEREN KANNST

2 ARBEITE DIE EINZELNEN KONTUREN DER BAUMKRONE UNGLEICHMÄSSIG HERAUS. LEGE DEN ÜBERGANG VON WURZEL ZUR ERDE FEST UND ERGÄNZE DIE UMGEBUNG

3 ZEICHNE DIE HAUPTSCHATTENBEREICHE IN DIE BAUMKRONE EIN UND FÜLLE SIE INNEN MIT WEITEREN BLATTKONTUREN

4 FÜLLE DIE BAUMKRONE INNEN MIT EINER PASSENDEN BLÄTTERTEXTUR AUS. ZEICHNE DIE UMGEBUNG DES BAUMES DETAILLIERTER DURCH EINZELNE STRICHE UND SCHRAFFUREN

ZWEIPUNKT-PERSPEKTIVE

Die Horizontlinie (H) ist die gedachte Trennlinie zwischen Erde und Himmel. Sie ist die Linie, in der sich Aufsicht (Vogelperspektive) und Untersicht (Froschperspektive) trennen. Das bedeutet, dass du auf alles, was sich unterhalb der Horizontlinie befindet, hinabblickst, also von oben siehst (A). Das nennt man Aufsicht. Zu allem, was sich oberhalb des Horizontes befindet, blickst du hinauf und siehst es von unten (U), also in der Untersicht.
Du legst in deiner Zeichnung als erstes die gedachte Horizontlinie (H) fest. Sie befindet sich auf deiner Augenhöhe und sagt etwas über deinen Standpunkt zur gezeichneten Darstellung aus. Dieser Horizont sollte nicht mit dem umgangssprachlichen Horizont, der geformten sichtbaren Trennlinie zwischen Himmel und Erde, verwechselt werden.
Auf der Horizontlinie befinden sich die Fluchtpunkte, in unserem Fall zwei (1 + 2). Alle parallel verlaufenden Linien des dargestellten Quaders fluchten in einem Punkt. Linien, die nicht parallel zueinander verlaufen, fluchten in unterschiedliche Fluchtpunkte. Wir sehen die im Winkel von 90° zueinander verlaufenden Seiten des Quaders. Also haben wir zwei Fluchtpunkte.
Das einfallende Licht von links definiert die einzelnen unterschiedlich starken Licht- und Schattenbereiche. Selbst der Schatten (S) ist so in dieses System einzupassen.
Dieses System der steigenden und fallenden Linien ist bei der Darstellung von Landschaften zu beachten, aber bitte nicht sklavisch zu konstruieren. Bewahre dir bei aller perspektivischen Bedeutsamkeit immer eine Leichtigkeit in deiner Zeichnung.

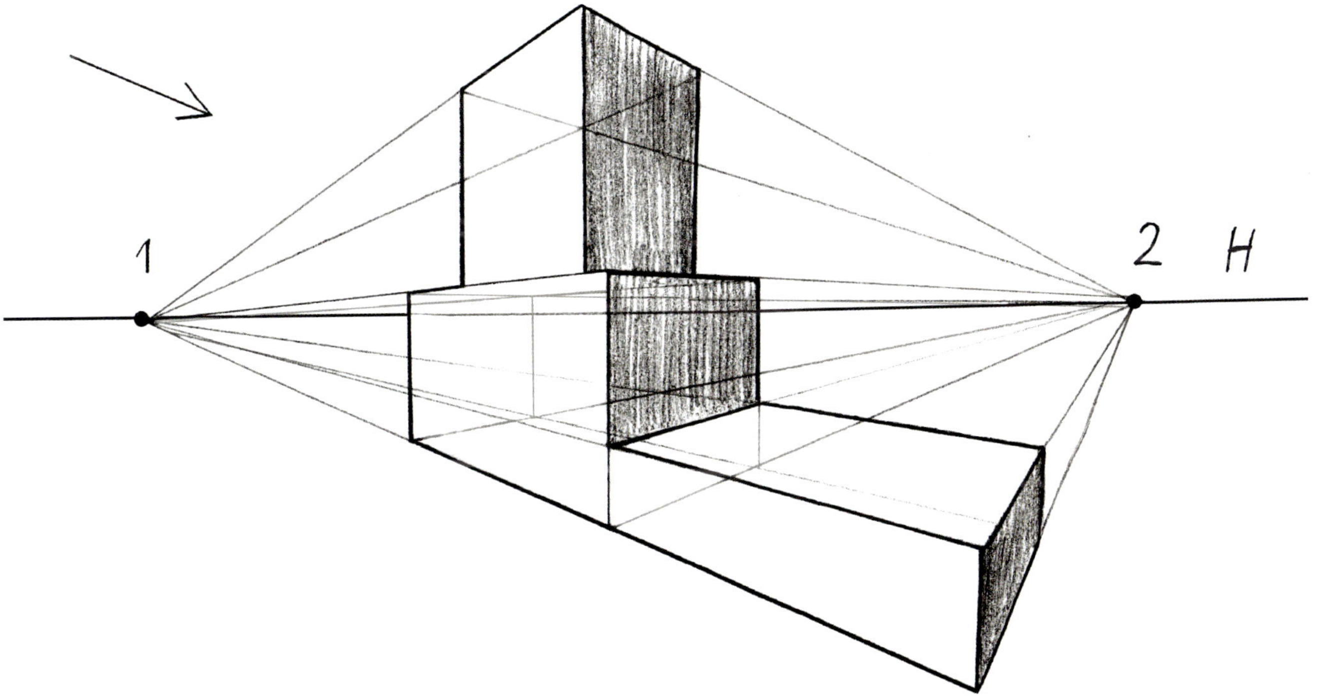

ANHAND DIESER SKIZZE MÖCHTE ICH DIR EINIGE WICHTIGE BEGRIFFE UND GRUNDSÄTZE DER ZWEIPUNKT-PERSPEKTIVE ERKLÄREN

DEIN STANDPUNKT, ALSO DER ORT, AN DEM DU DICH BEIM ZEICHNEN BEFINDEST, SPIELT EINE GROSSE ROLLE

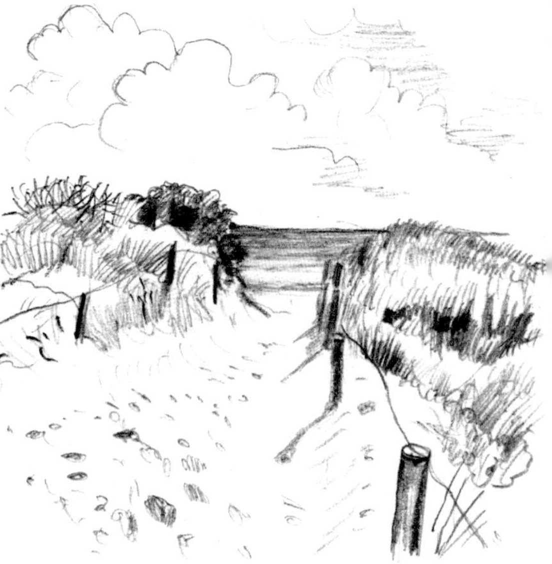

DER BLICK VON EINEM NEUTRALEN STANDPUNKT AUS ZEIGT EIN AUSGEWOGENES VERHÄLTNIS VON HIMMEL UND WASSER

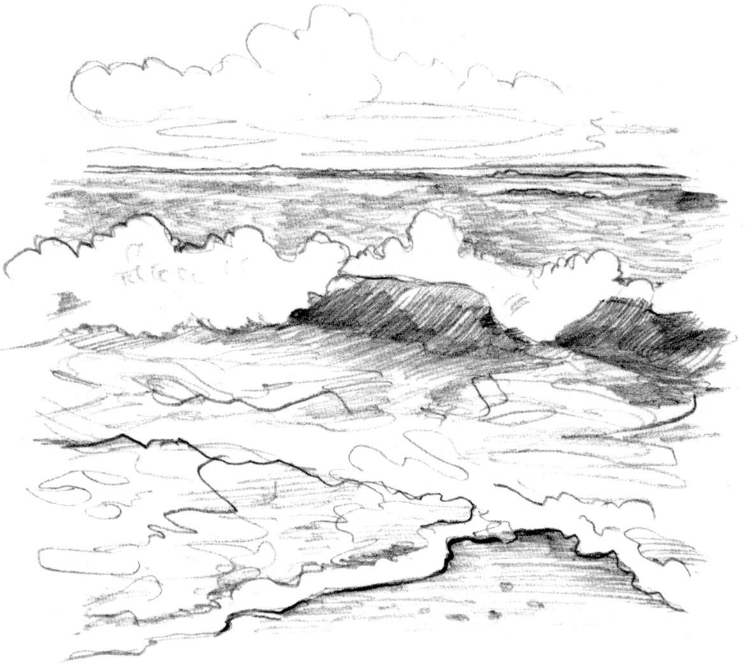

DER BLICK VON OBEN ZEIGT SICH IN EINER HOHEN HORIZONTLINIE MIT VIEL WASSERFLÄCHE UND EINEM RELATIV KLEINEN HIMMEL

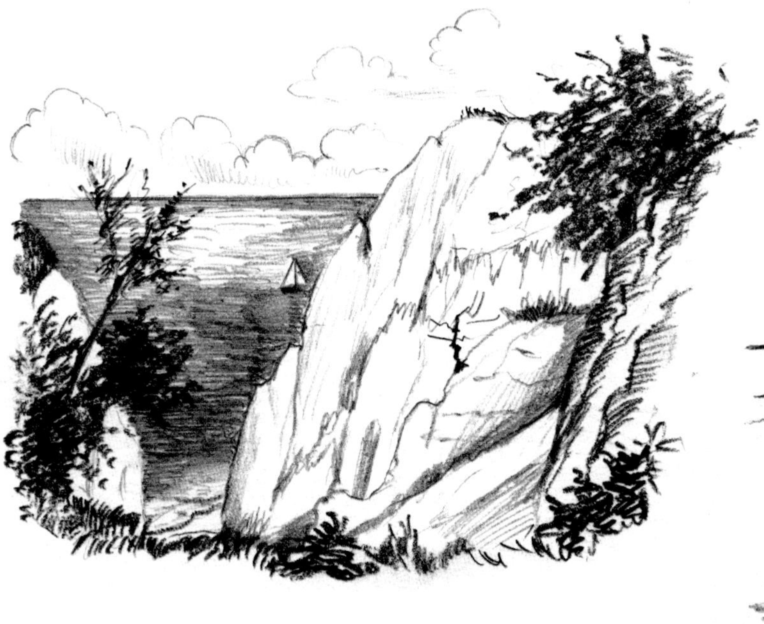

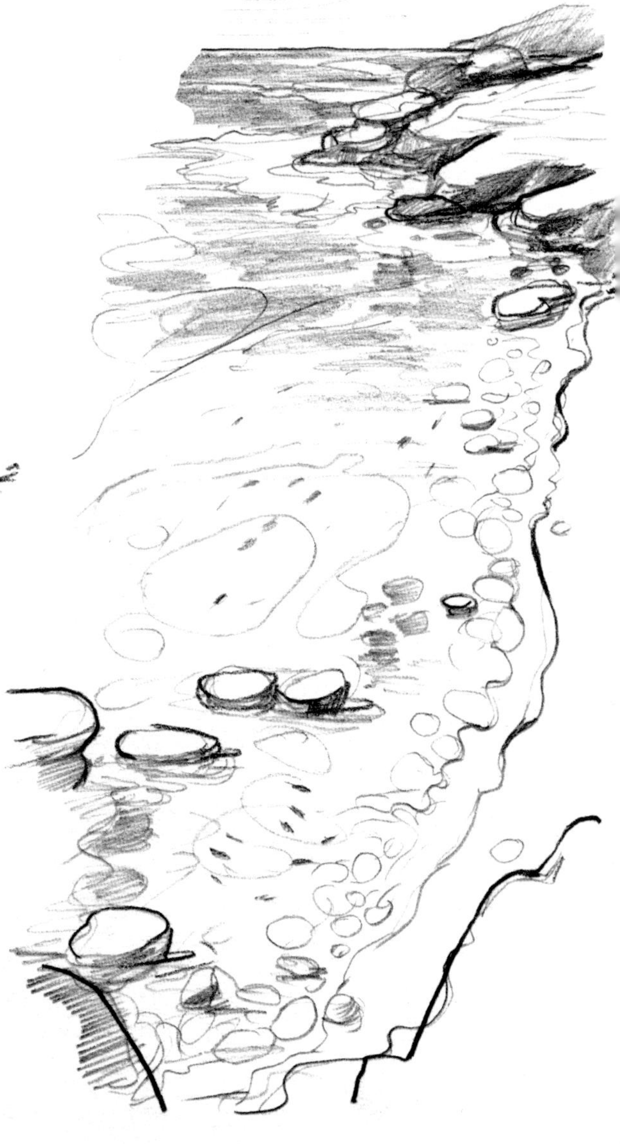

STRUKTUREN SCHAFFEN BEWEGUNG IM BILD, DIE DEN CHARAKTER DER LANDSCHAFT UNTERSTREICHT

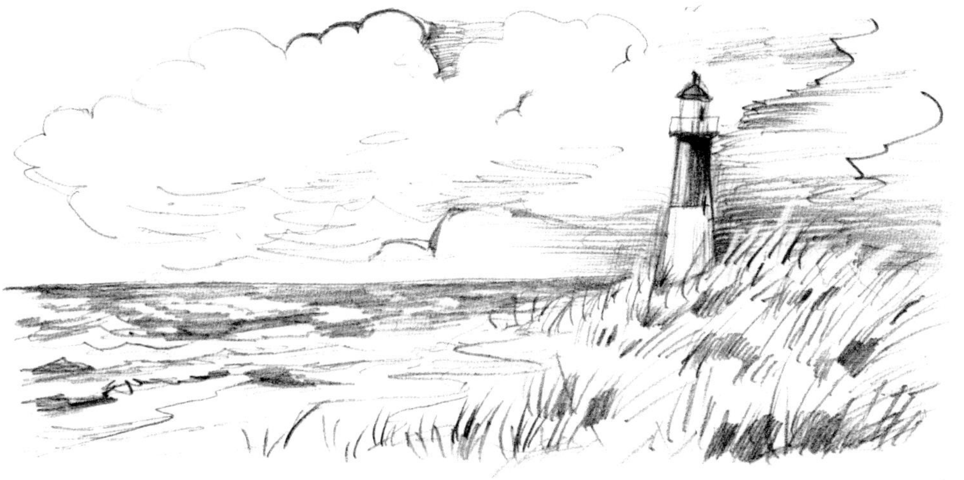

STÜRMISCHE SEE VOR EINEM HERAUFZIEHENDEN UNWETTER

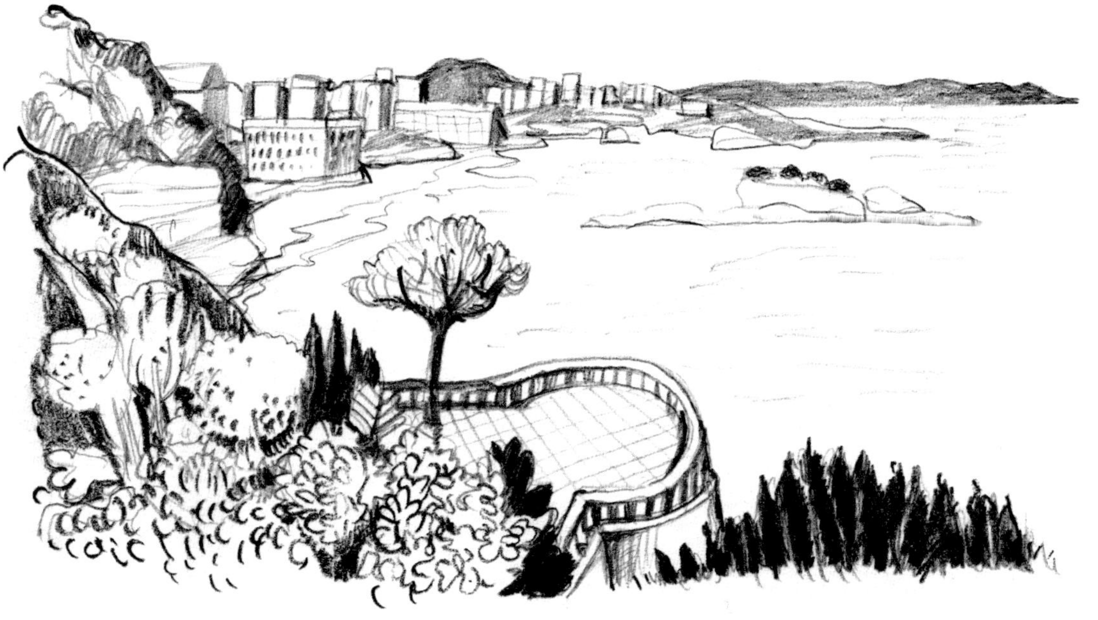

WINDSTILLE UND HITZE AM MITTELMEER

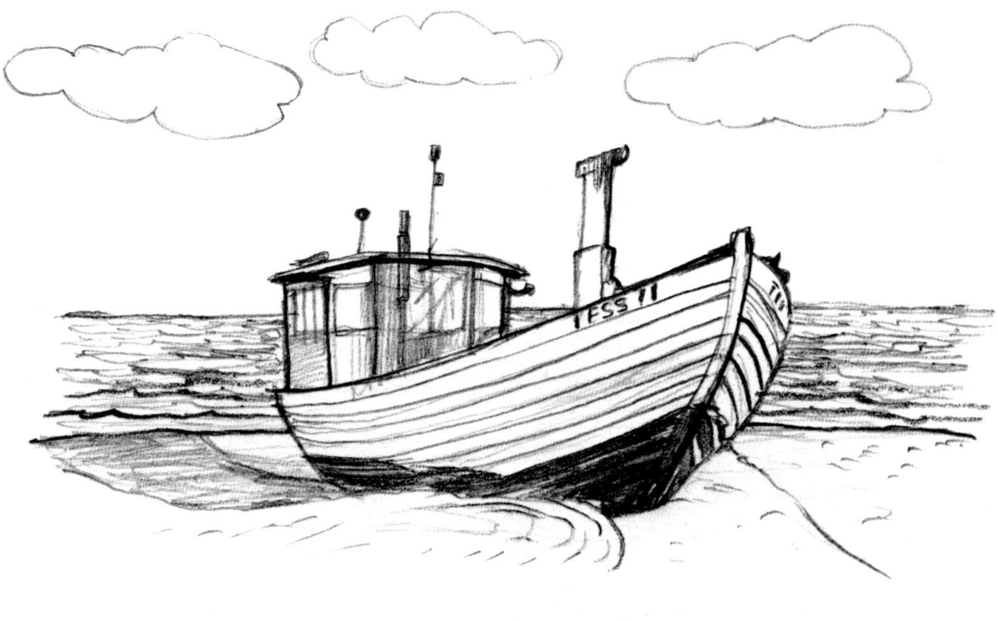

EINE LEICHTE BRISE, BEVOR EIN BOOT IN SEE STICHT

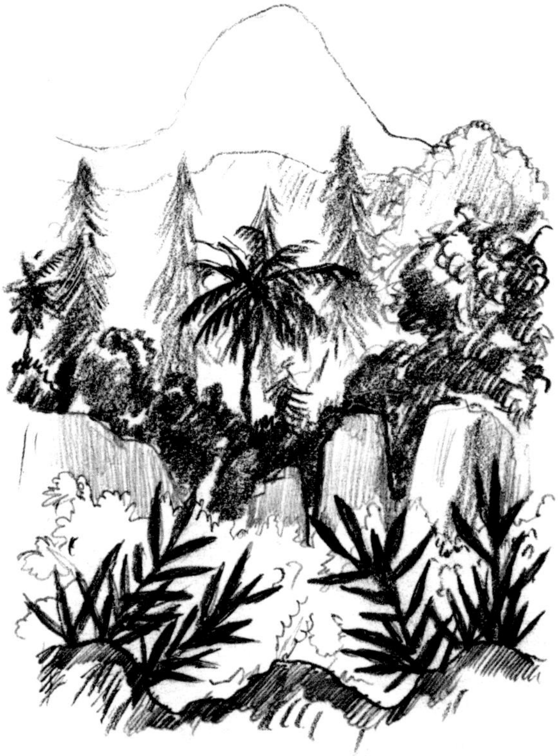

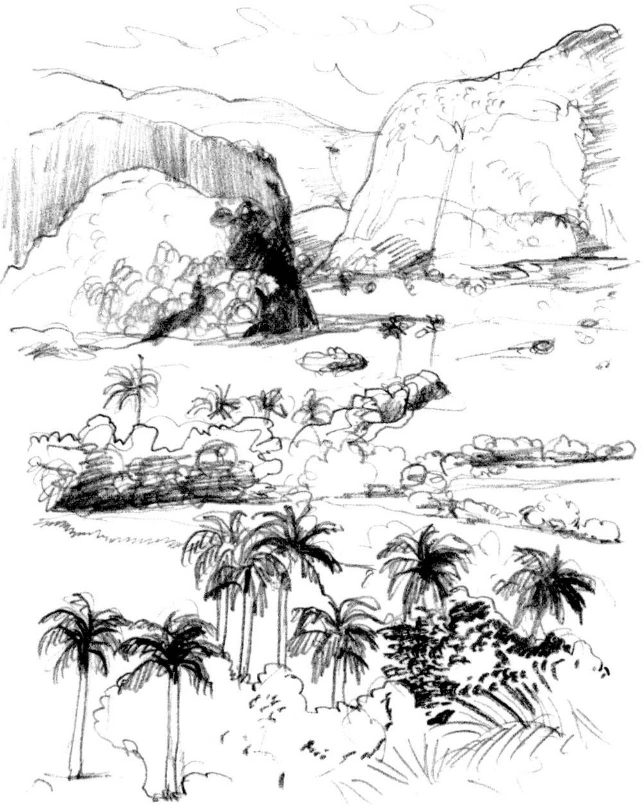

DIE RÄUMLICHE WIRKUNG WIRD VERSTÄRKT, WENN DU DAS BILD IN VORDER-, MITTEL- UND HINTERGRUND UNTERTEILST. DIE EBENEN LIEGEN DABEI IN UNTERSCHIEDLICHER ENTFERNUNG UND ÜBERLAPPEN SICH GEGENSEITIG – DAS SCHAFFT RÄUMLICHE TIEFE

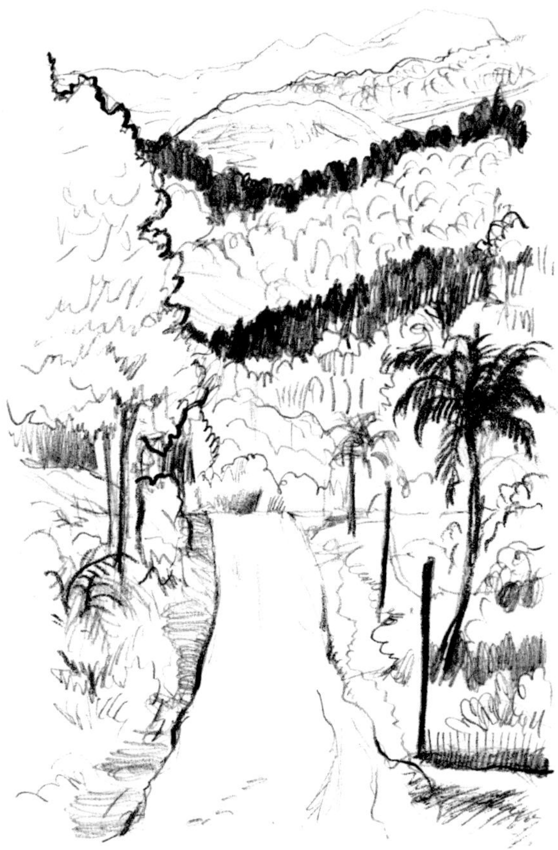

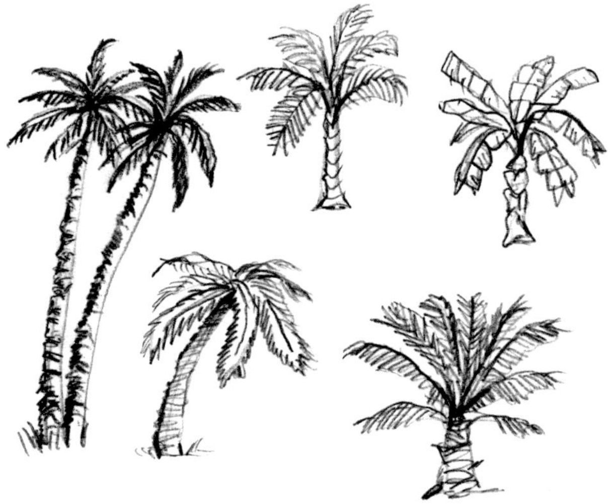

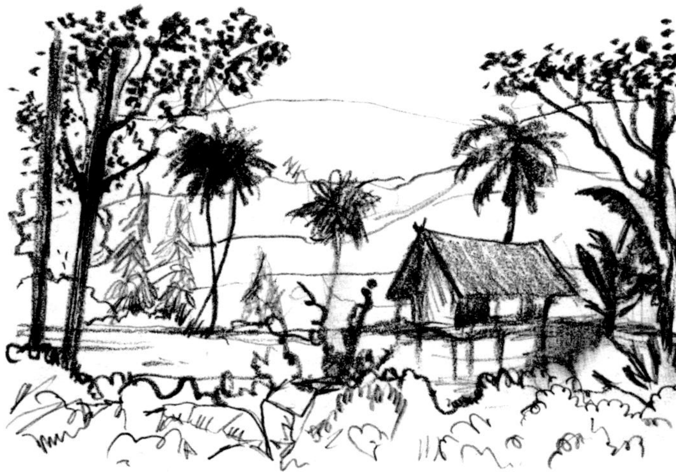

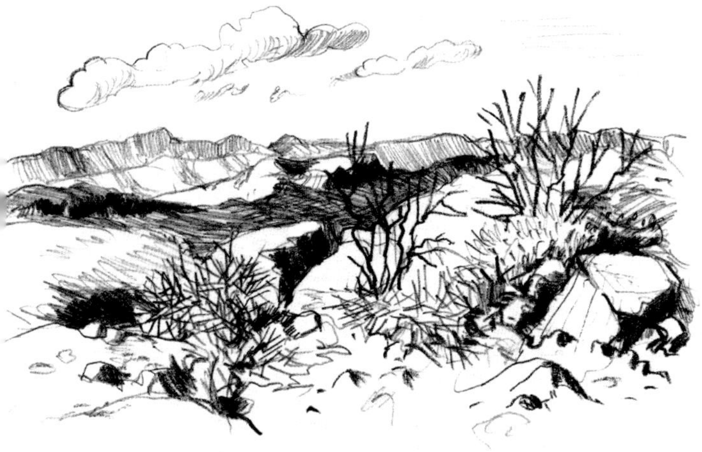

ÜR DIESE ZEICHNUNG HABE ICH EINEN KOHLESTIFT EIN-
ESETZT, DER EINEN SATTEN SCHWARZTON ERZEUGT

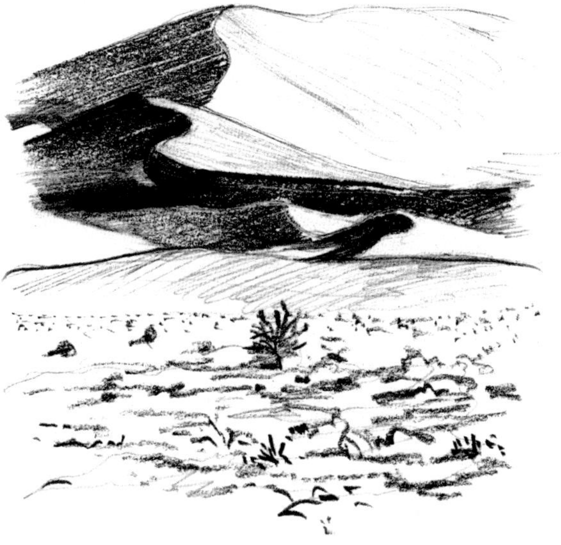

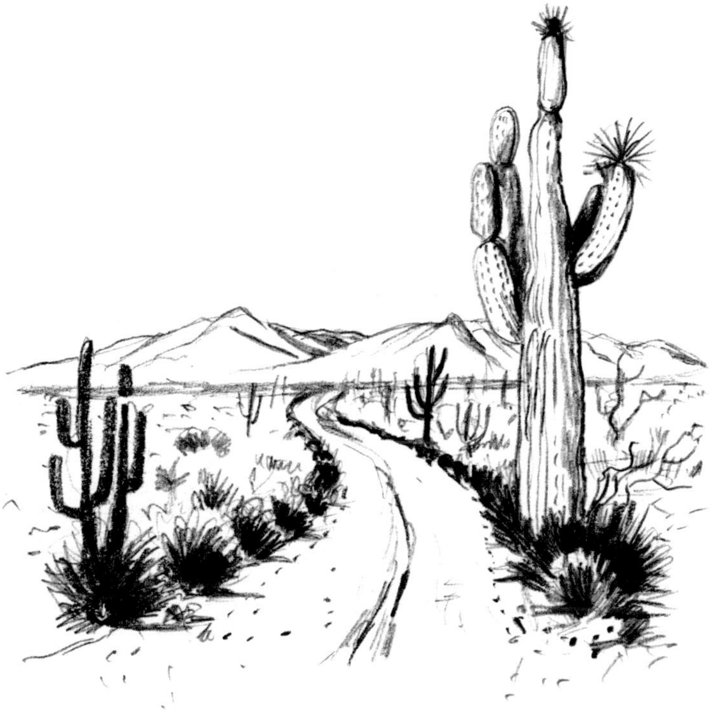

DIE PERSPEKTIVISCHE VERKÜRZUNG IST EIN EFFEKT, DER BESONDERS DEUTLICH WIRD, WENN DU RELATIV GERADE AUF EIN OBJEKT, WIE HIER IM FALL DIE SANDDÜNEN, BLICKST, DIE SICH IN DIE TIEFE AUSSTRECKEN. DIE TIEFENWIRKUNG WIRD NOCH DURCH DIE STARKE SCHATTIERUNG UNTERSTRICHEN

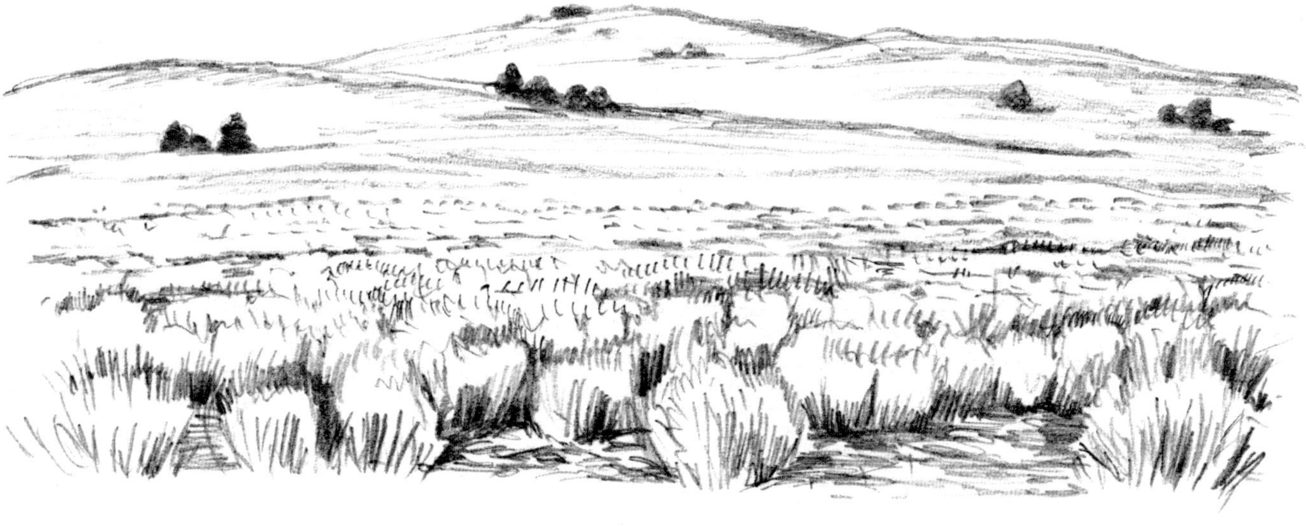

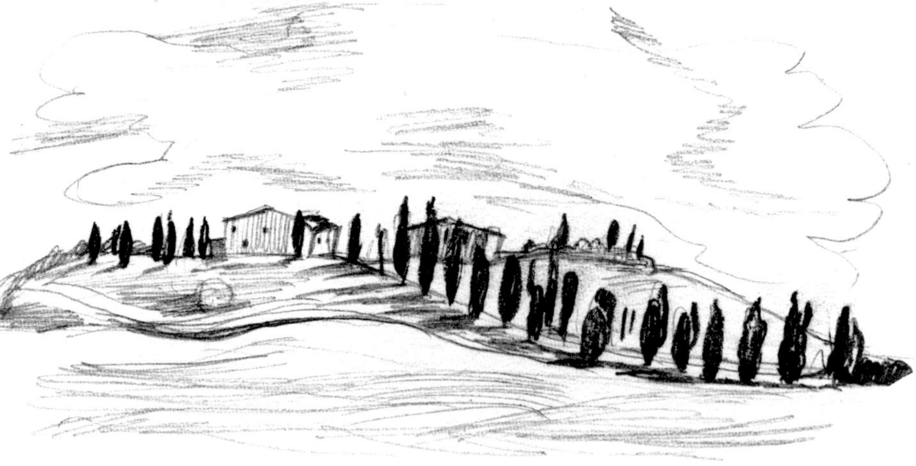

HÜGEL- UND BERGLANDSCHAFTEN, DIE DIE DURCH DEN LICHTEINFALL VON RECHTS VORN MODELLIERT WERDEN. EINFACHE SCHRAFFUREN SORGEN FÜR EINEN DEUTLICHEN KONTRAST ZWISCHEN BELEUCHTETEN UND UNBELEUCHTETEN FLÄCHEN

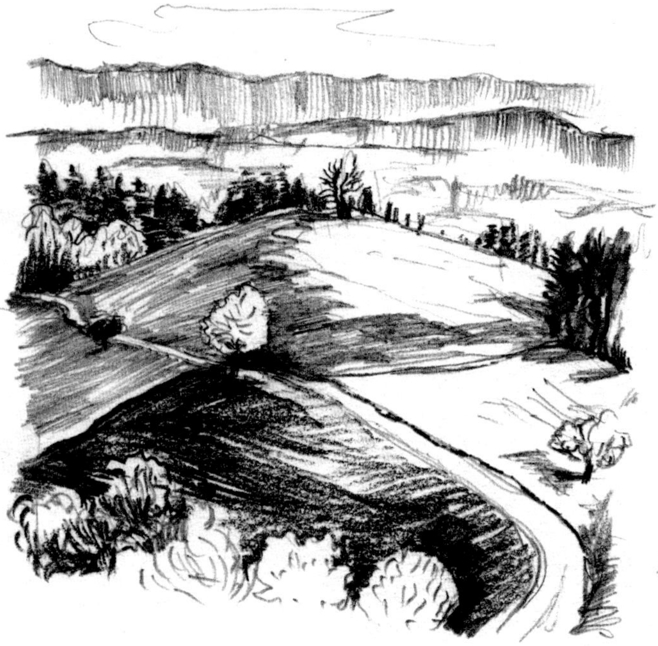

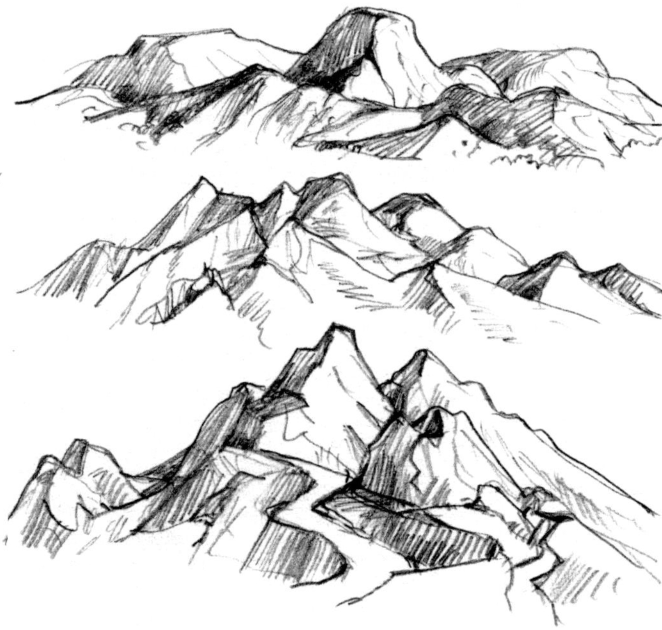

IN DIESER ZEICHNUNG ENTSTEHT DIE RÄUMLICHE TIEFE DURCH DEN UNTERSCHIED ZWISCHEN DETAILREICH GEZEICHNETEM VORDERGRUND UND DEM EHER ANGEDEUTETEN HINTERGRUND

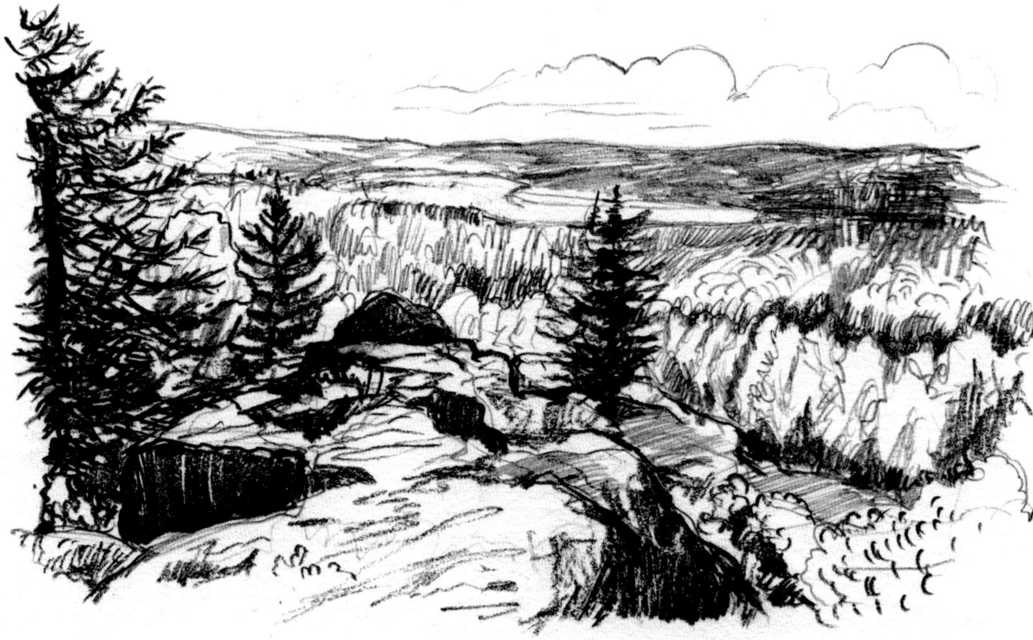

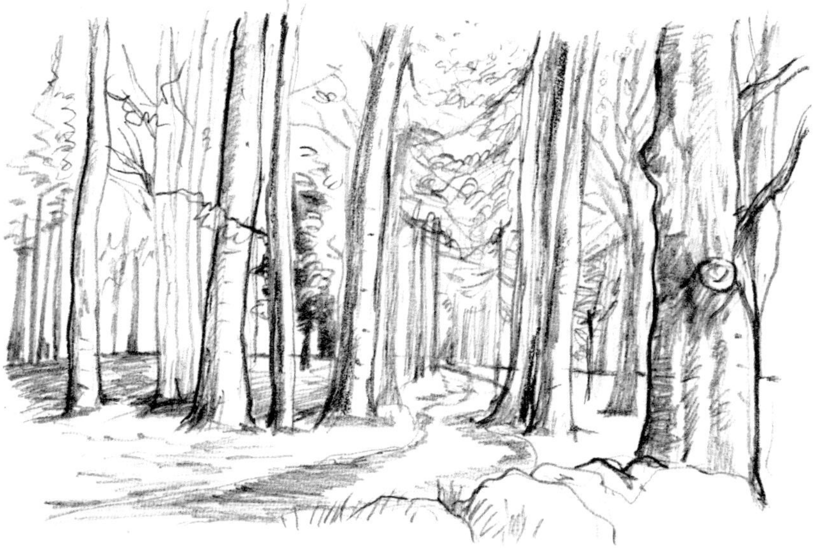

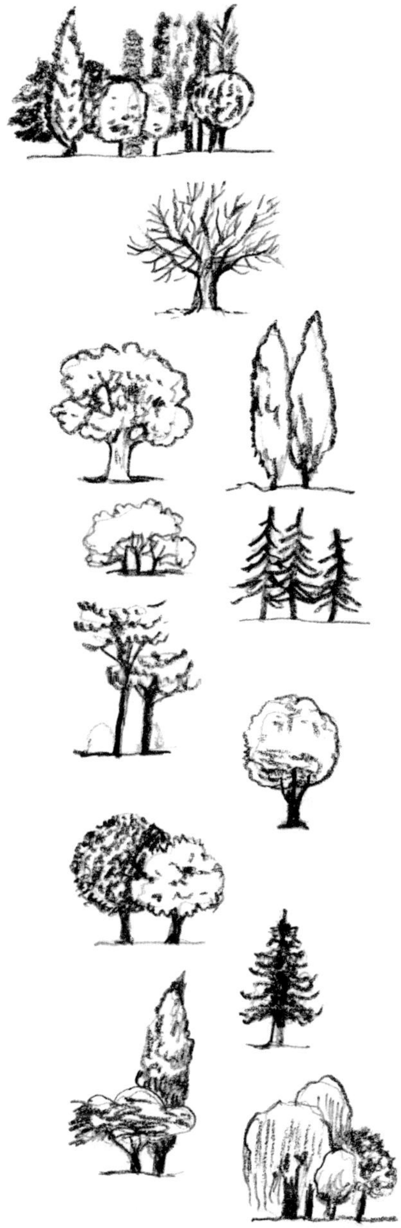

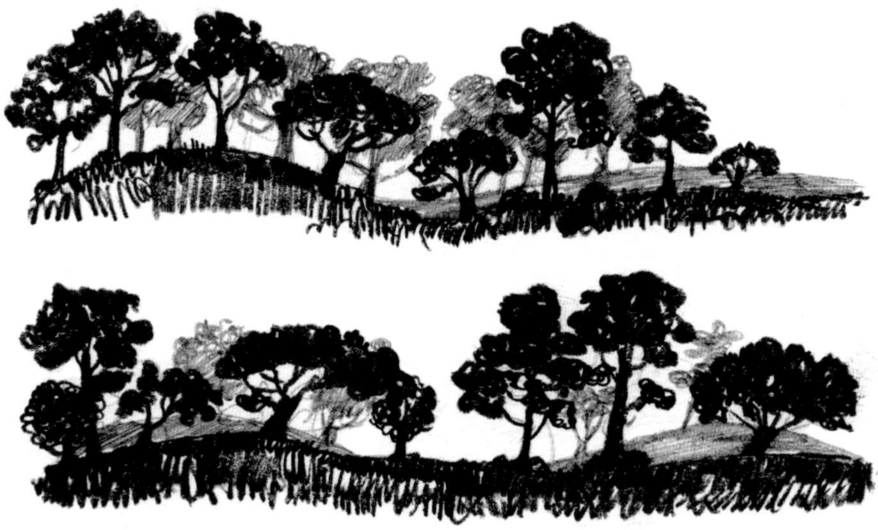

DIE ÜBERSCHNEIDUNG ZWEIER IN UNTERSCHIEDLICH STARKEN GRAUTÖNEN DARGESTELLTEN BAUMREIHEN HEBT DIE RÄUMLICHE TIEFENWIRKUNG HERVOR. BEFINDET SICH EIN OBJEKT VOR DEM ANDEREN UND VERDECKT ES TEILWEISE, ENTSTEHT RÄUMLICHE TIEFE. EINE VERKLEINERUNG DER HINTEREN BAUMREIHE VERSTÄRKT DIESE RAUMWIRKUNG NOCH

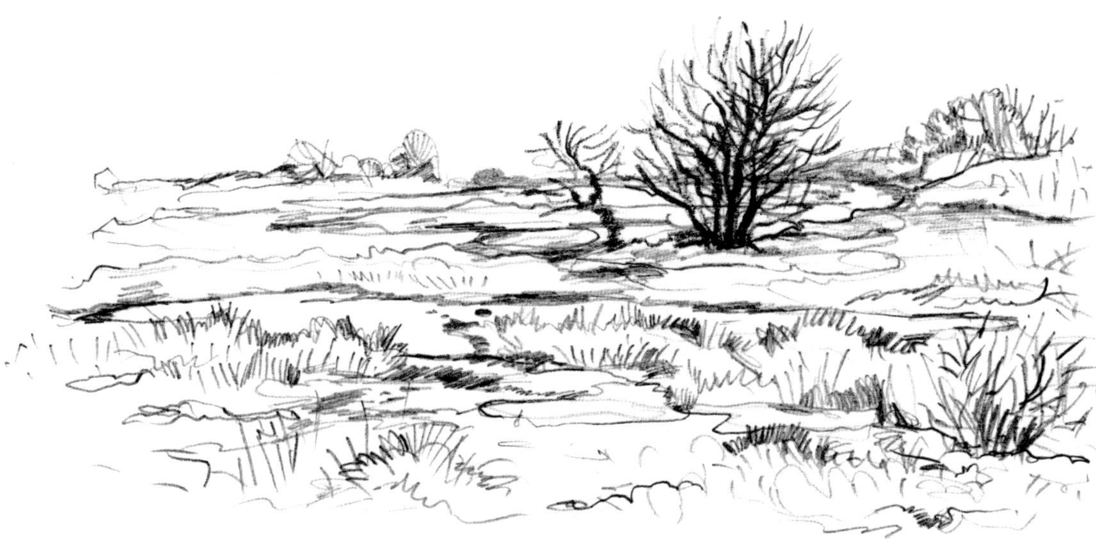

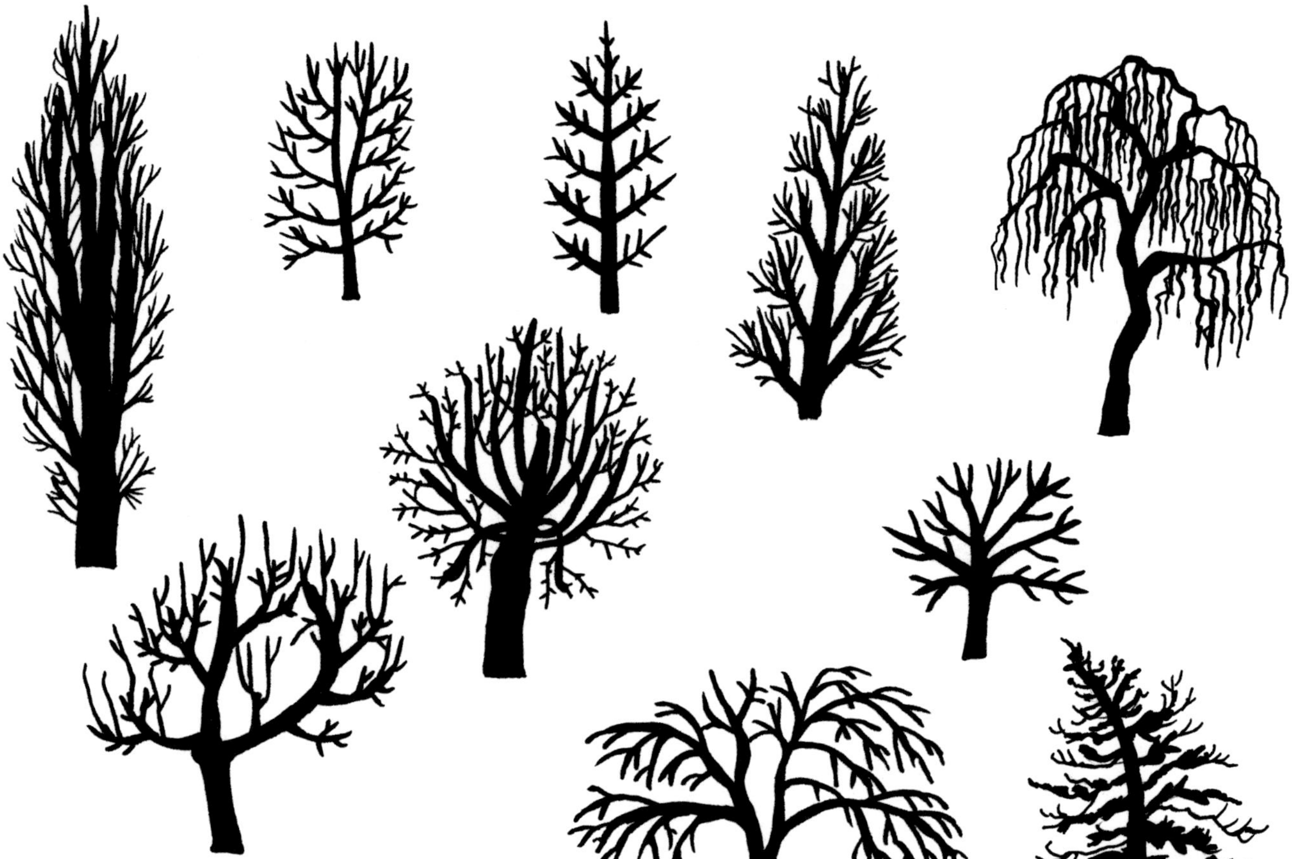

EINE INTERESSANTE UND LOHNENSWERTE ÜBUNG FÜR DICH: ZEICHNE KAHLE BAUMKRONEN! ICH HABE HIER MIT EINEM MITTELBREITEN BRUSH PEN DIE STÄMME UND DICKEREN ÄSTE GEMALT SOWIE MIT EINEM DÜNNEN FINELINER DIE FEINEN UND DÜNNEREN ÄSTE DARGESTELLT

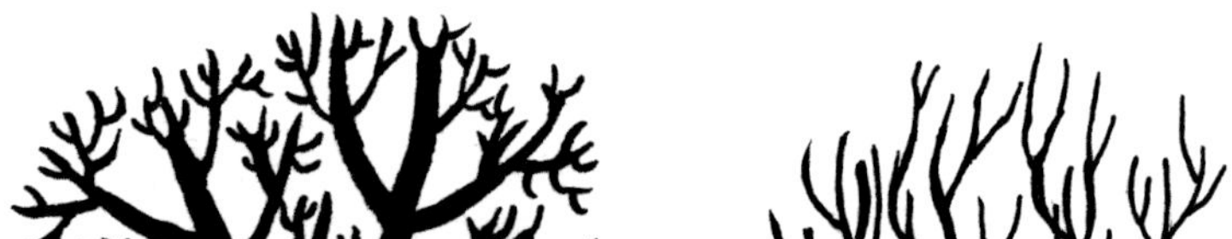

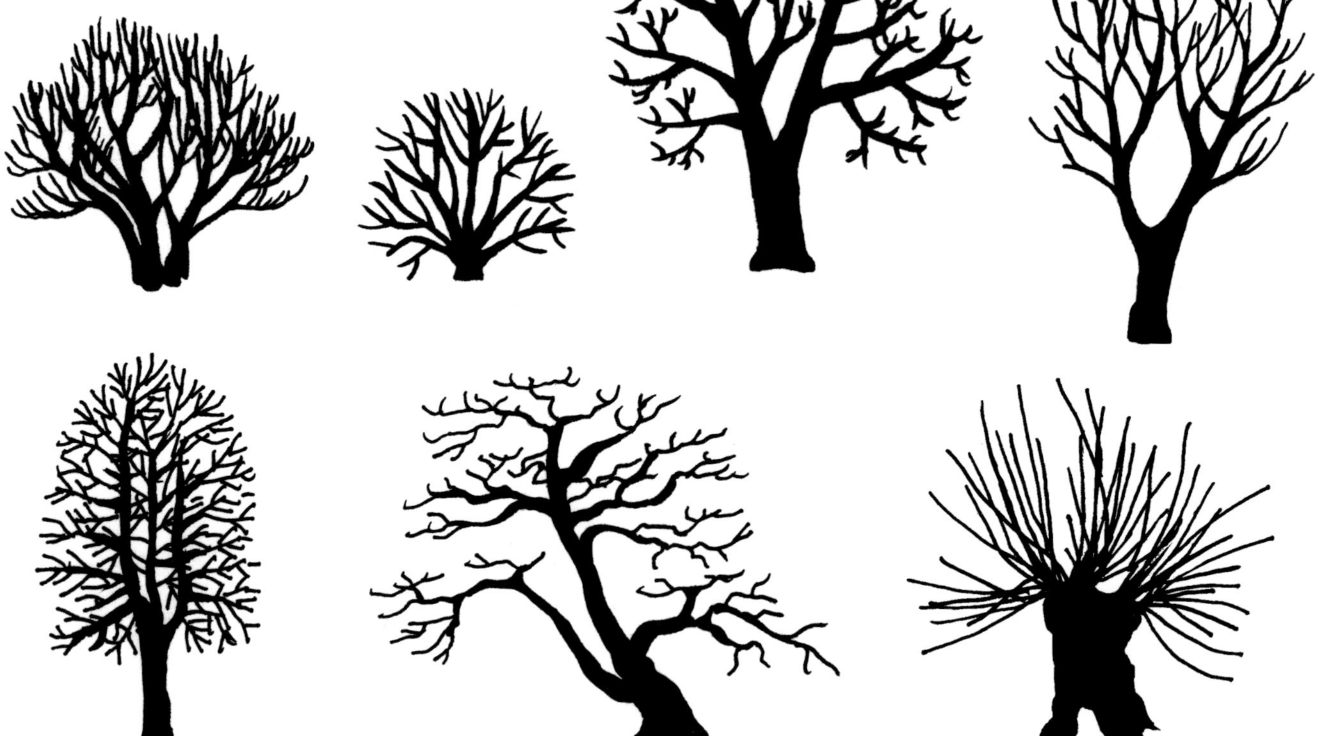

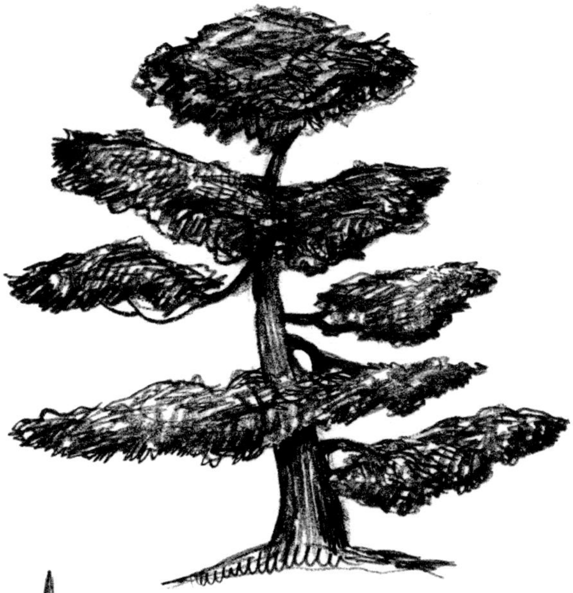

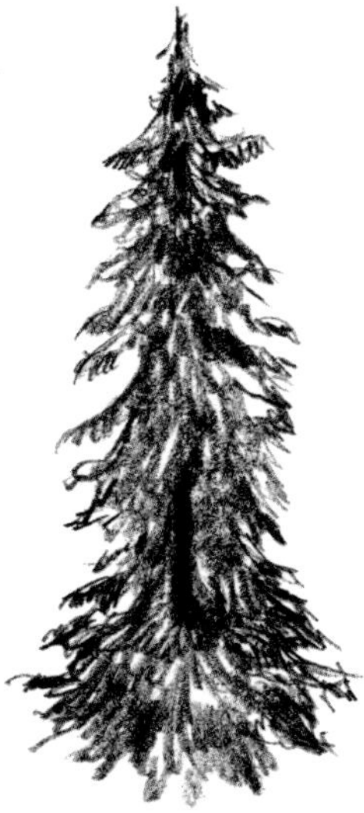

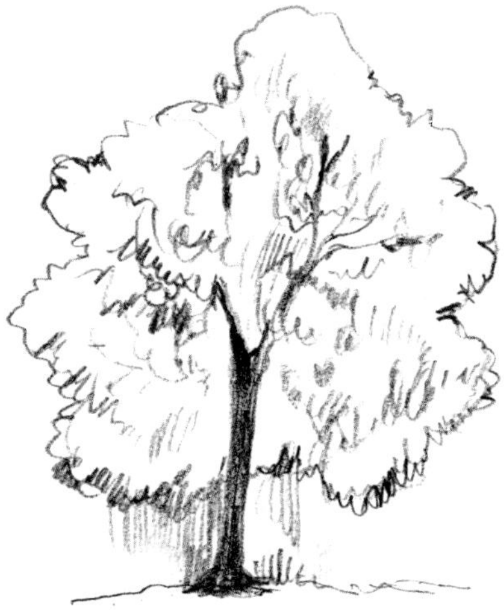

DAMIT ICH MICH NICHT IN DEN DETAILS DER BLATTDARSTELLUNG VERLIERE, HABE ICH BEIM ZEICHNEN DIESER BAUMKRONEN GRÖSSTENTEILS AUF EINEN KOHLESTIFT ZURÜCKGEGRIFFEN. ER EIGNET SICH BESTENS FÜR DAS FREIE, LOCKERE ANLEGEN VON STRUKTUREN

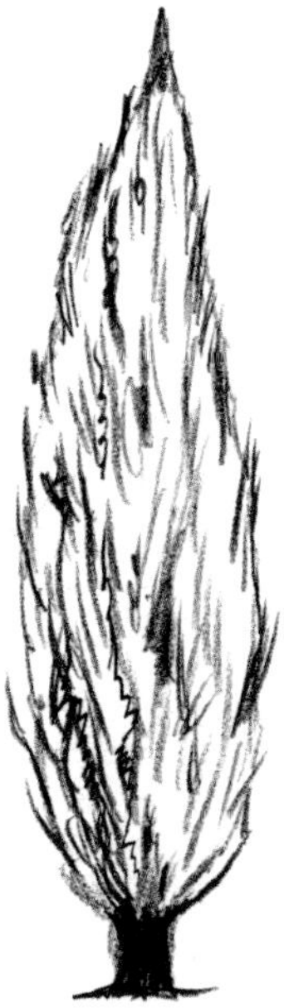

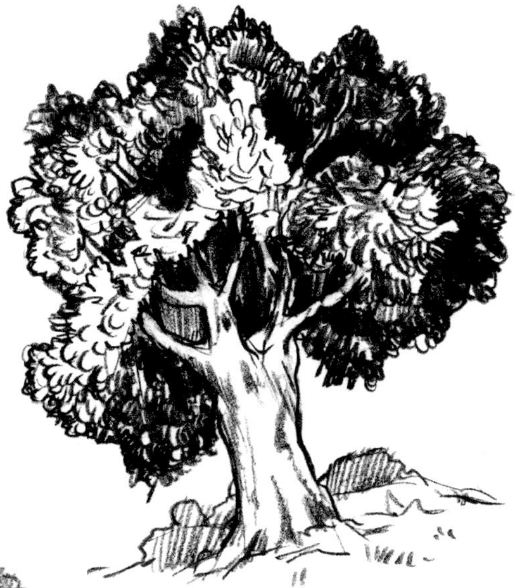

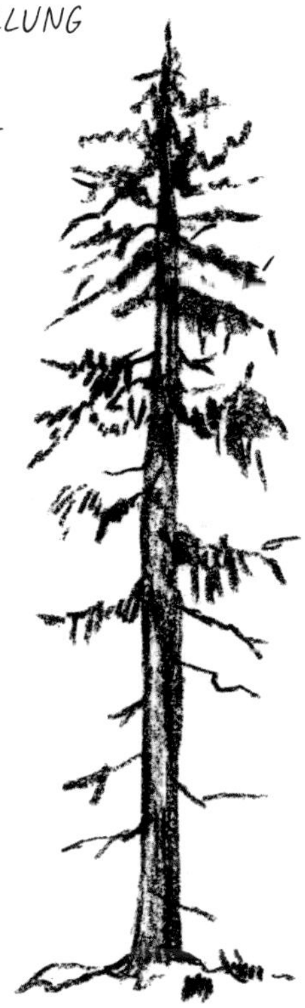

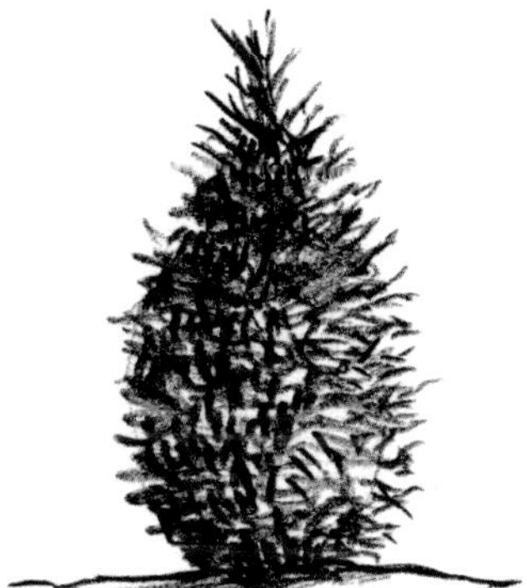

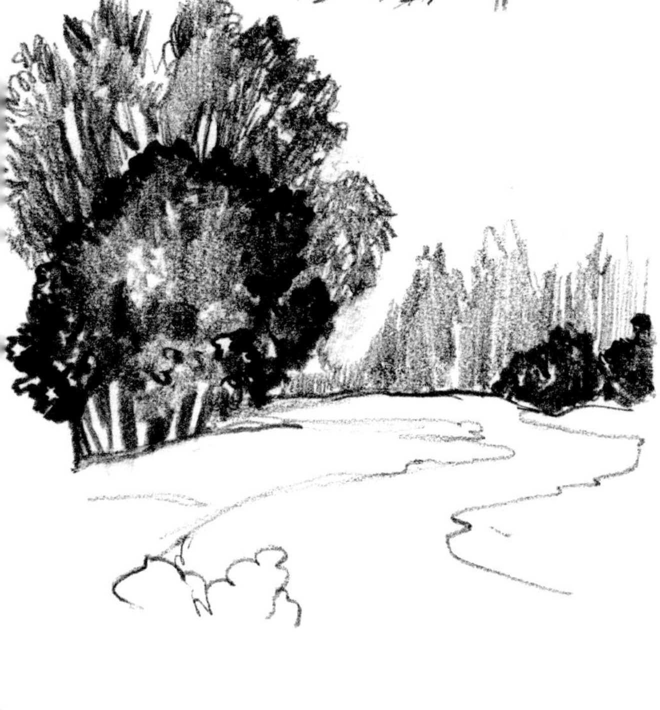

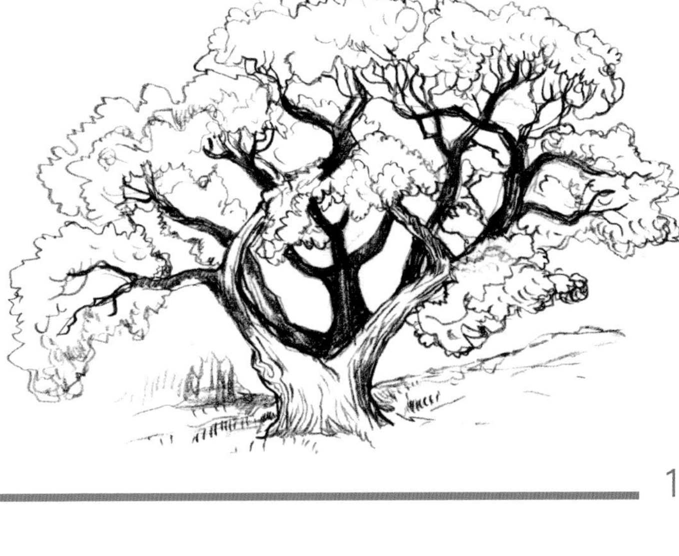

UM WOLKEN GEZIELT IN DEINEN ZEICHNUNGEN EINSETZEN ZU KÖNNEN, SOLLTEST DU EIN PAAR DER WICHTIGSTEN WOLKENARTEN KENNEN:

CUMULUSWOLKEN SIND ZUMEIST BEI SONNIGEM WETTER AM HIMMEL ZU FINDEN

CIRRUSWOLKEN TRETEN IN SEHR GROSSER HÖHE ALS EISWOLKEN AUF. SIE KÖNNTEN ETWA AN EINEM STRAHLEND SONNIGEN WINTERTAG AM HIMMEL ZU SEHEN SEIN

DER CUMULONIMBUS IST EINE MASSIGE UND DICHTE WOLKE VON BETRÄCHTLICHER VERTIKALER AUSDEHNUNG IN FORM EINES MÄCHTIGEN TURMS. SIE IST DIE EIGENTLICHE GEWITTERWOLKE

BEI NIMBOSTRATUSWOLKEN HANDELT ES SICH UM EINE MEHR ODER WENIGER KONTURLOSE BLAUGRAUE WOLKENDECKE. SIE BEGINNT MEIST AB MITTLEREN HÖHEN UND VERURSACHT LANGANHALTENDE NIEDERSCHLÄGE

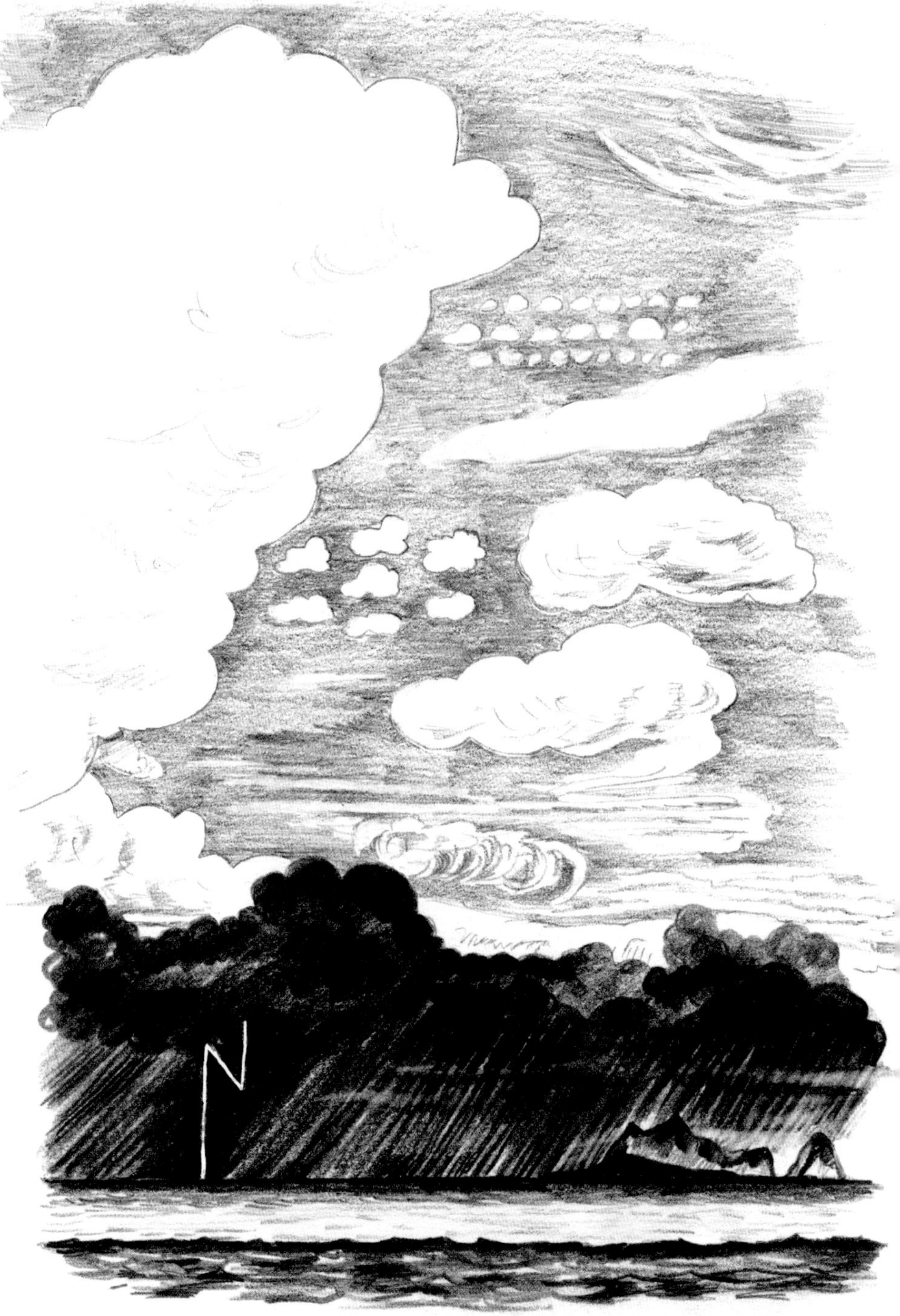

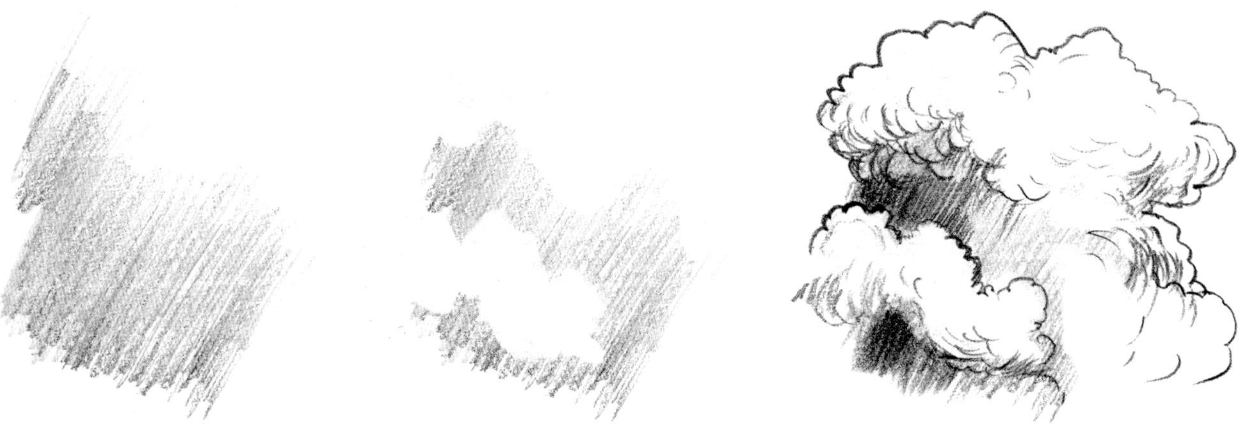

SO KANNST DU GANZ EINFACH EINE WOLKE IN EINEN SCHRAFFIERTEN HIMMEL EINZEICHNEN

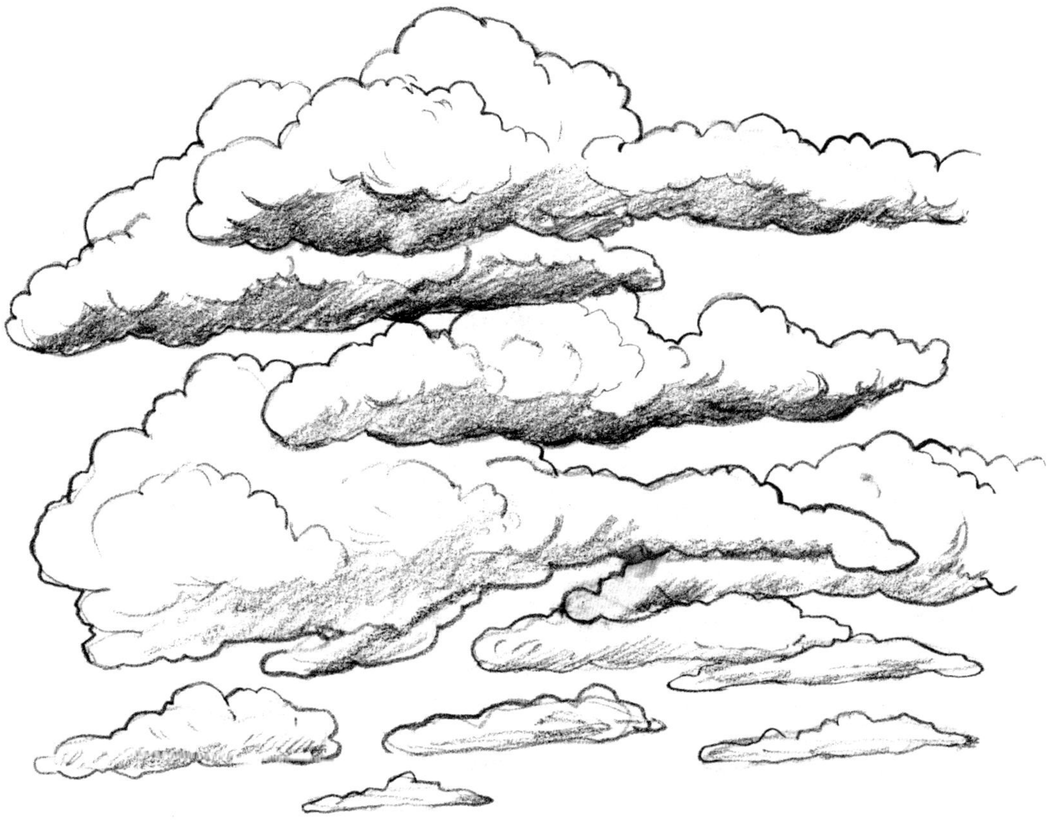

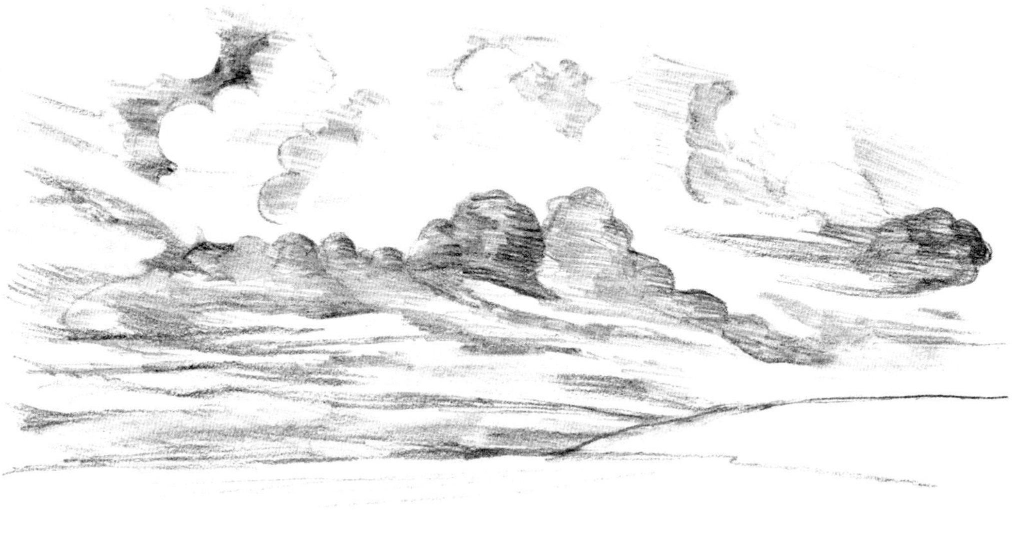

HIER EIN BEISPIEL EINES HIMMELS MIT NIMBOSTRATUSWOLKEN. DER HIMMEL IST SEHR DRAMATISCH. UM SEINE GROSSARTIGKEIT ZU VERSTÄRKEN, HABE ICH DIE LANDSCHAFT DARUNTER BETONT EINFACH GELASSEN

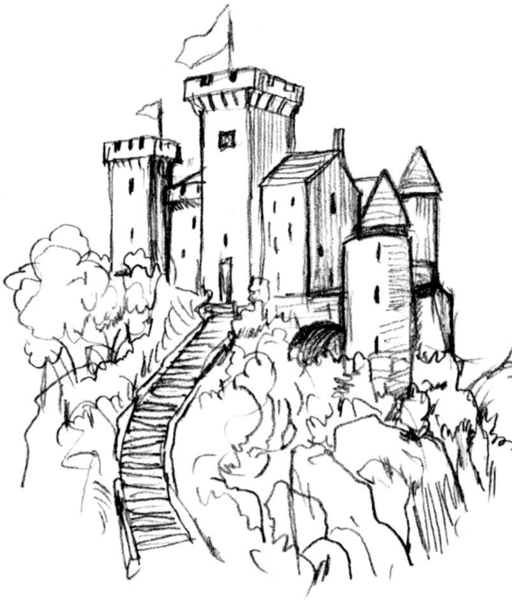

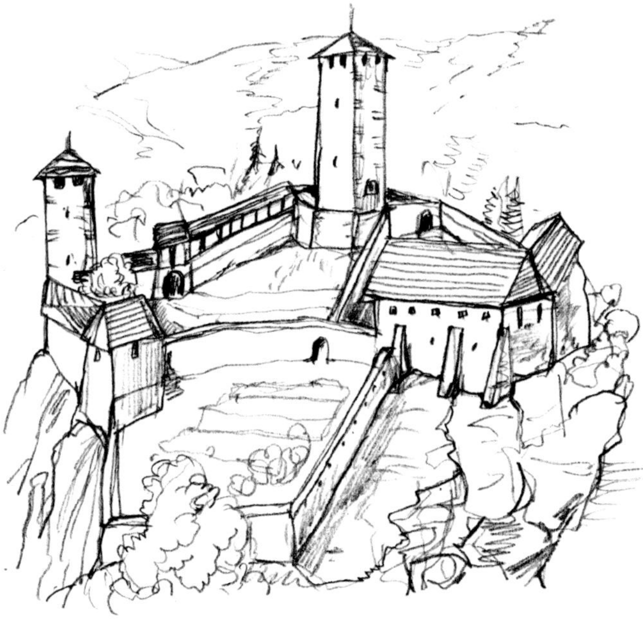

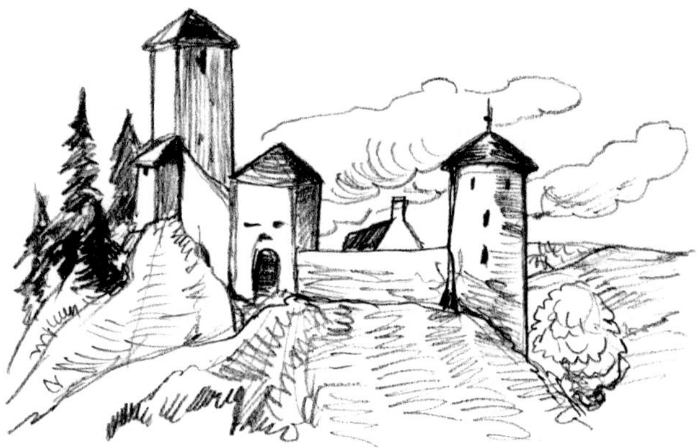

GEBÄUDE STEHEN EHER SELTEN ALLEINE IN DER LANDSCHAFT. MEIST SIND ES GEBÄUDEKOMPLEXE MIT TÜRMEN, MAUERN, HÄUSERN UND DURCHBRÜCHEN, ZU DENEN WEGE, STRASSEN ODER AUCH FLÜSSE FÜHREN

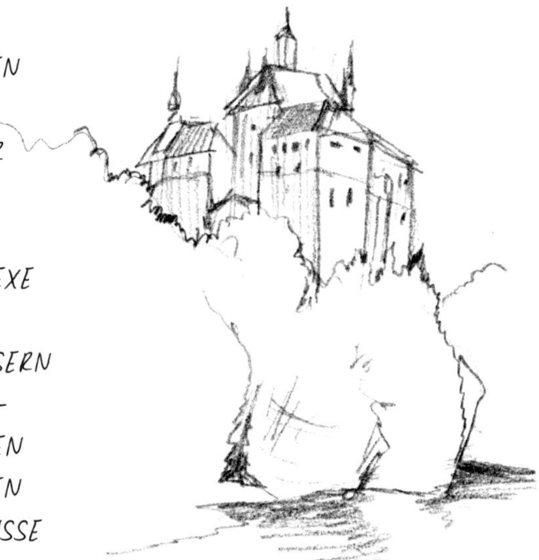

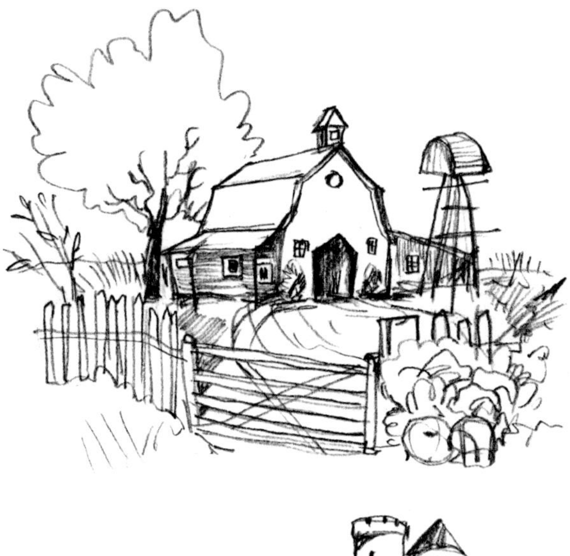

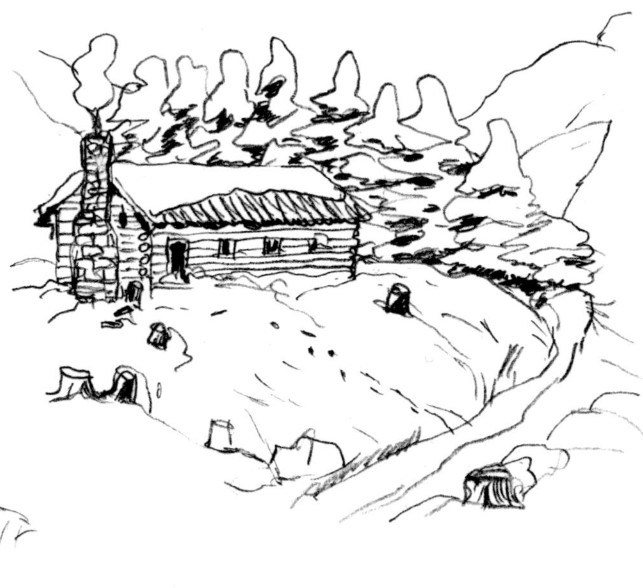

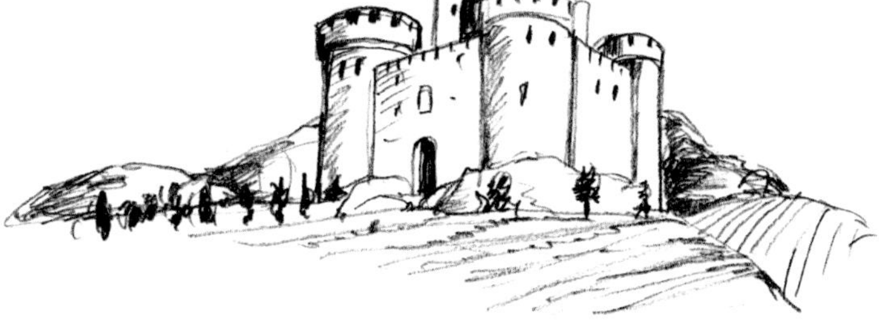

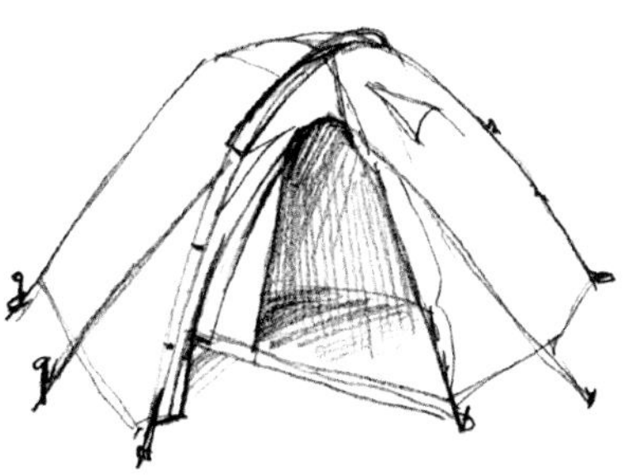
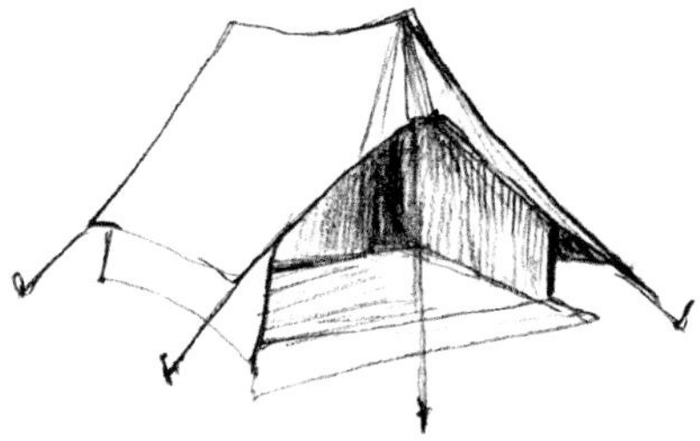
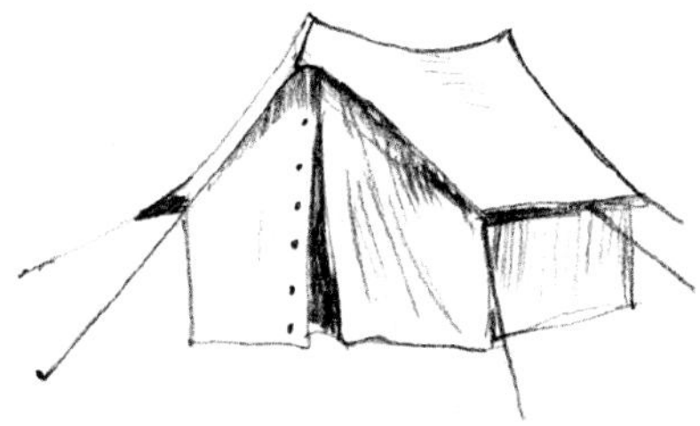
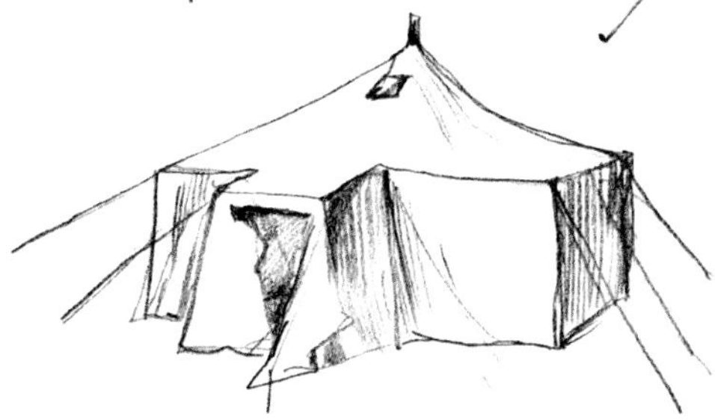
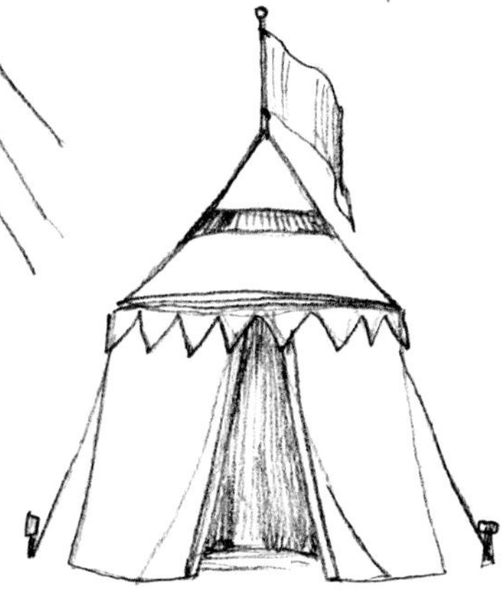
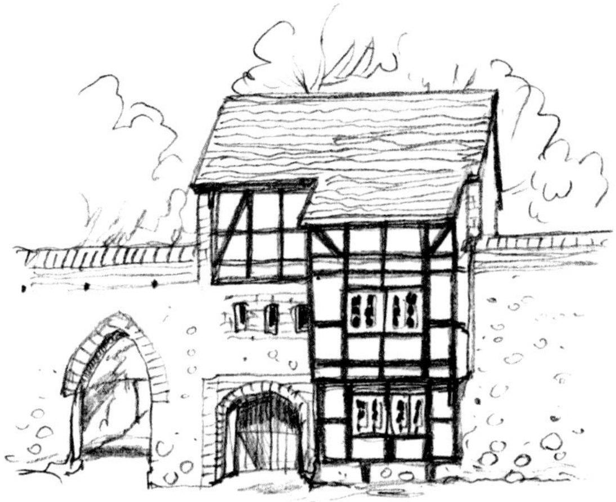

DAS ZELT IST DIE URFORM EINER SCHÜTZENDEN BEHAUSUNG. ALS DIE MENSCHEN SESSHAFT WURDEN, FOLGTEN HÄUSER IN LEHM- UND STEINBAUWEISE

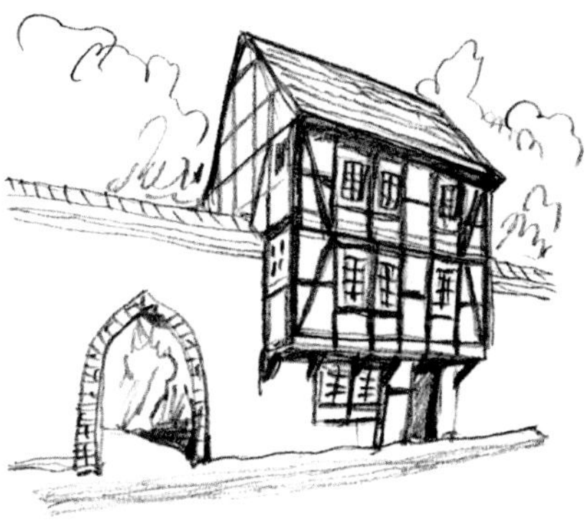
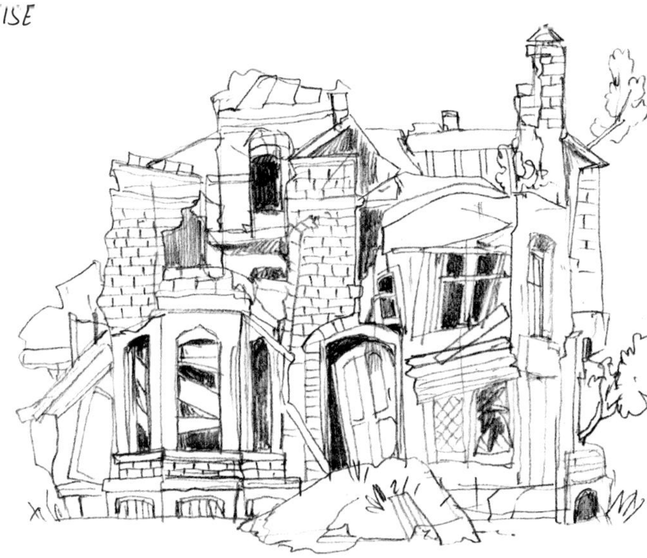
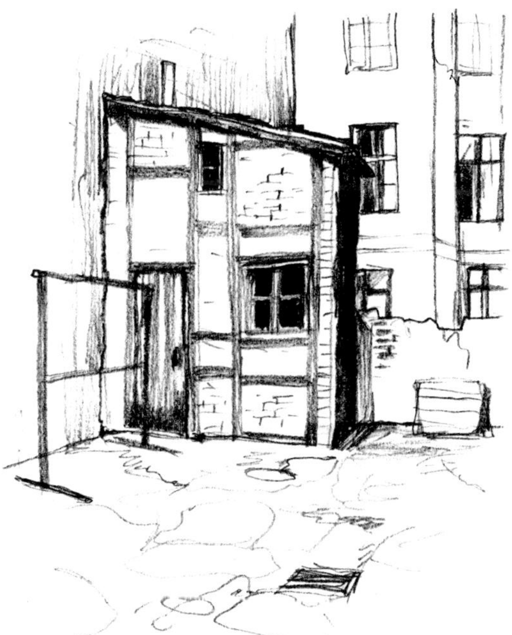
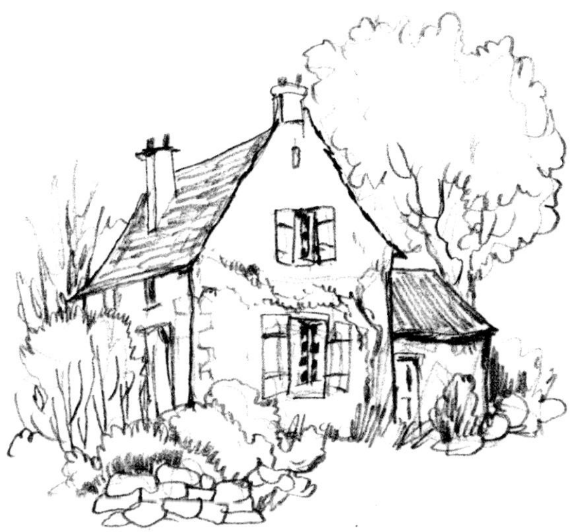

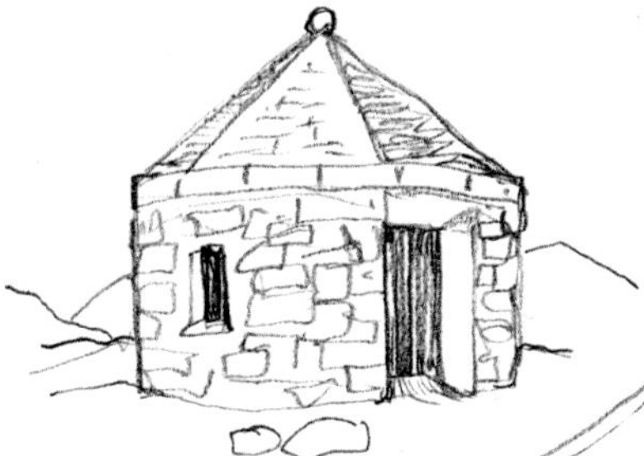

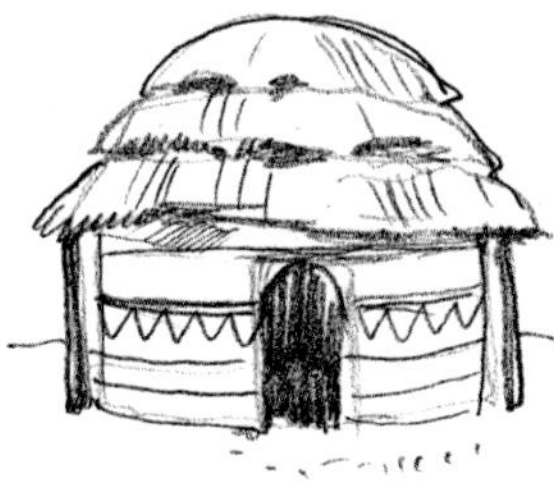

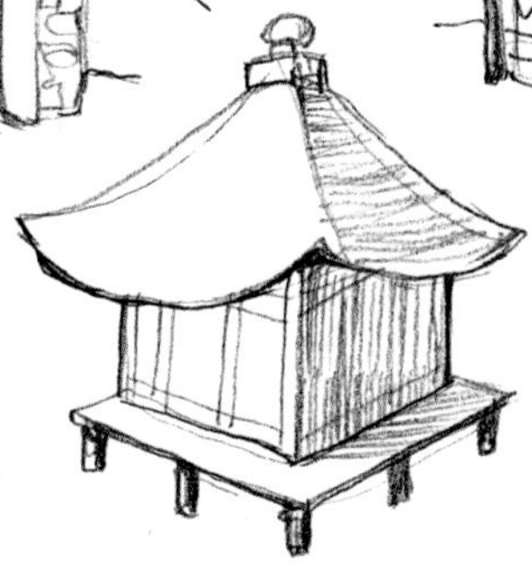

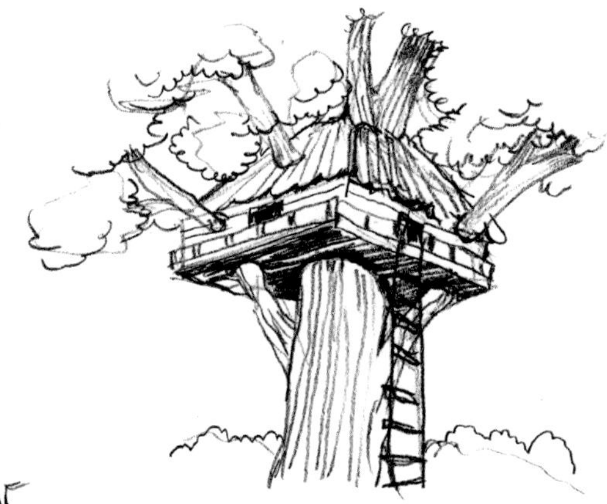

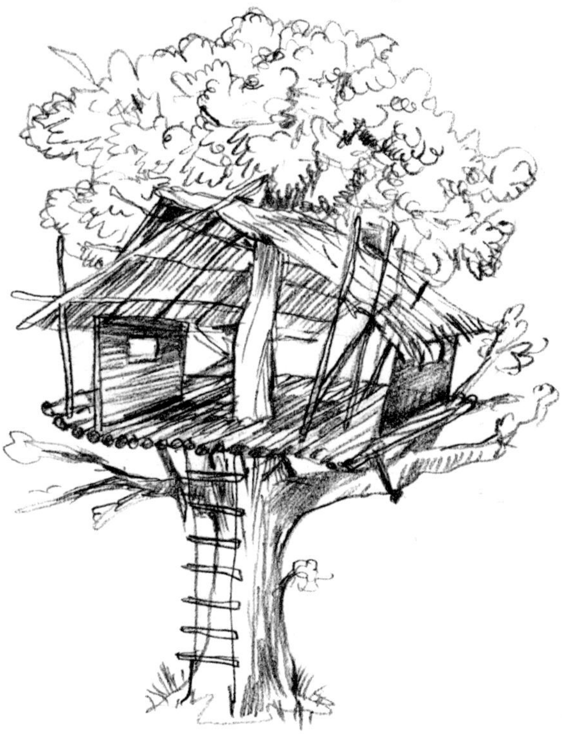

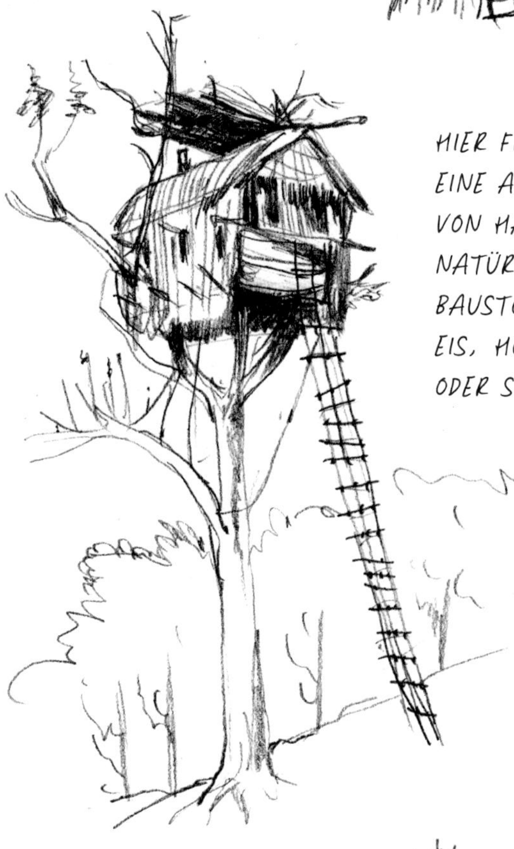

HIER FINDEST DU EINE AUSWAHL VON HÄUSERN AUS NATÜRLICHEN BAUSTOFFEN WIE EIS, HOLZ, STEIN ODER STROH

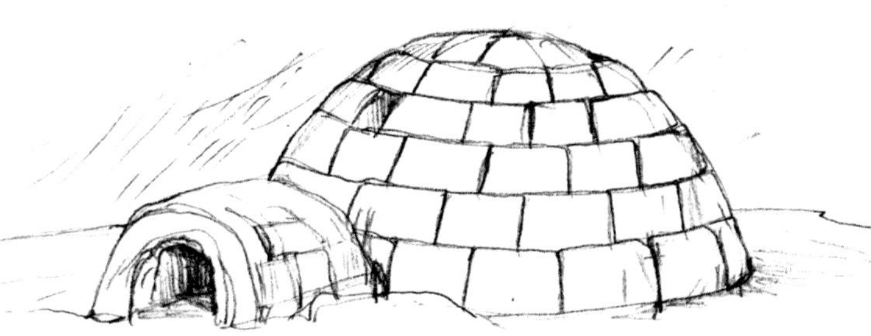

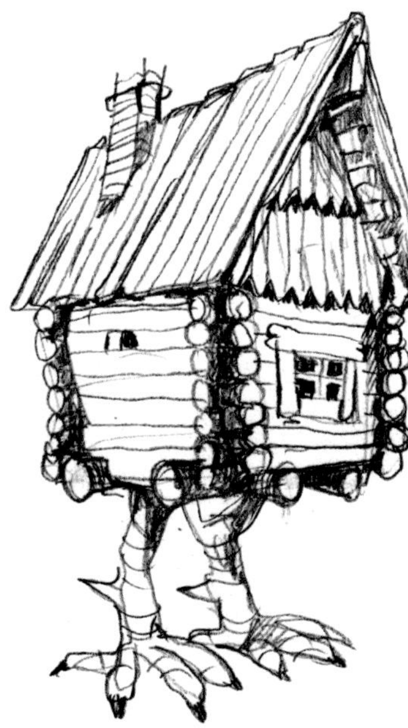

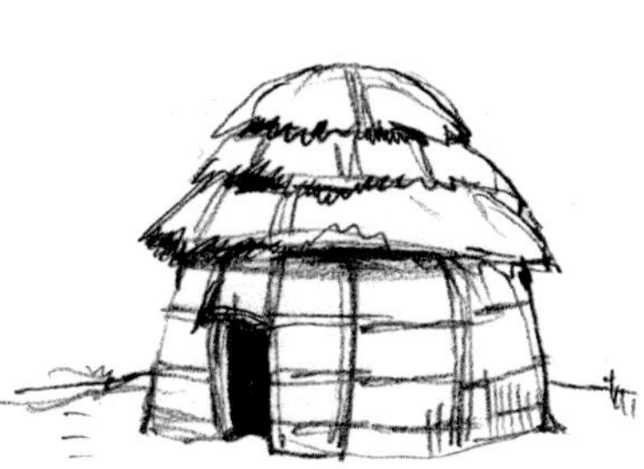

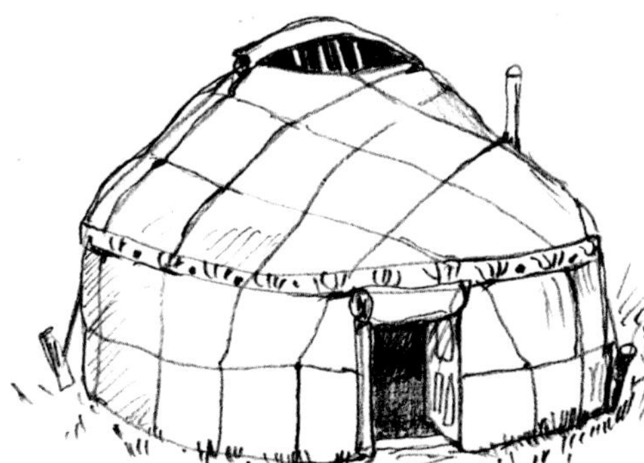

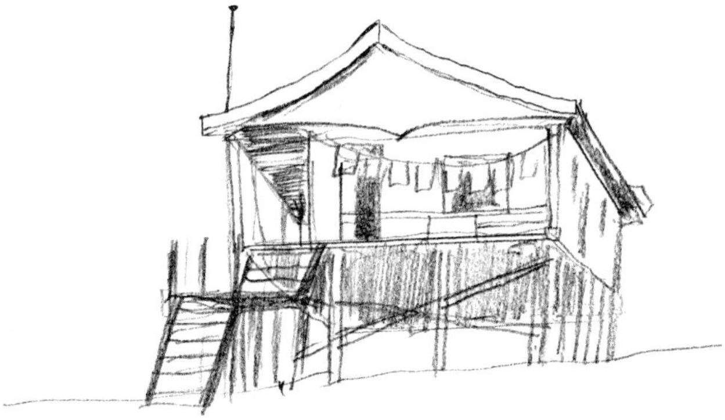

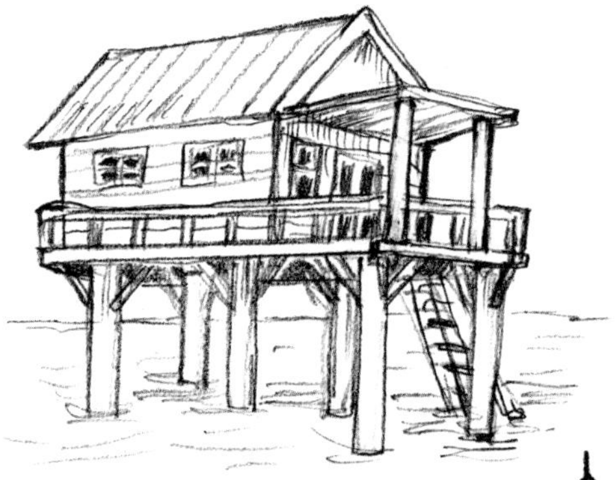

AM ODER IM WASSER GEBAUT: DIE KONSTRUKTIONSWEISE DIESER GEBÄUDE ZEIGT, WIE DER MENSCH SICH DIE NÄHE DES WASSERS NUTZBAR MACHTE – ABER AUCH, WIE ER SICH VOR DIESEM RECHT LAUNIGEN MEDIUM ZU SCHÜTZEN VERSUCHTE

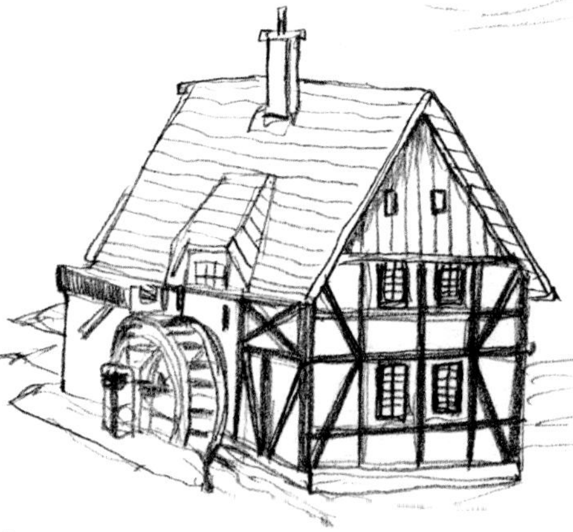

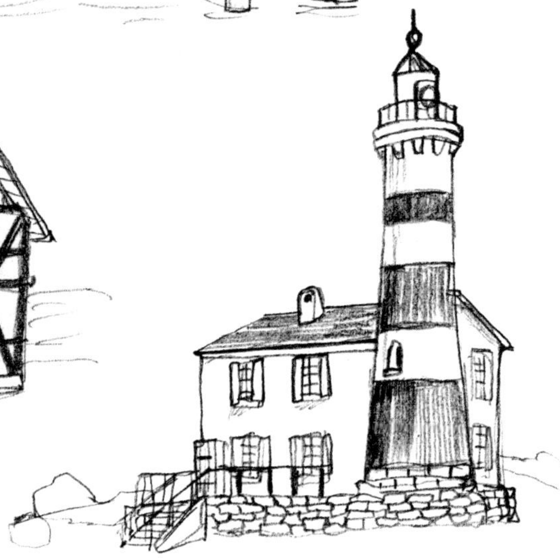

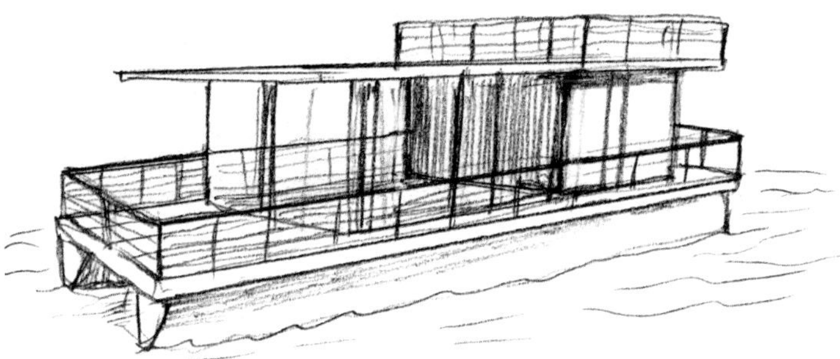

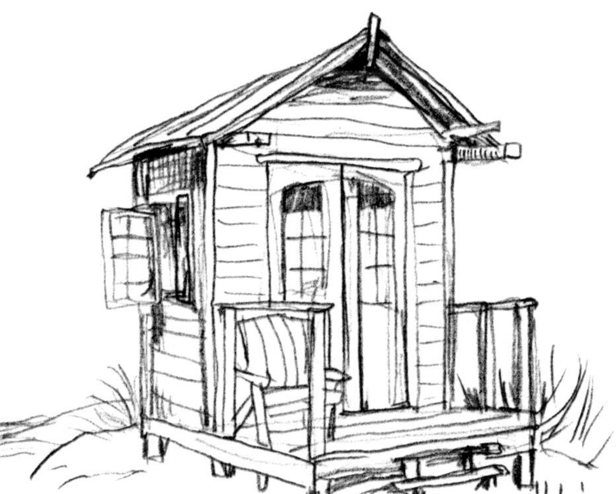

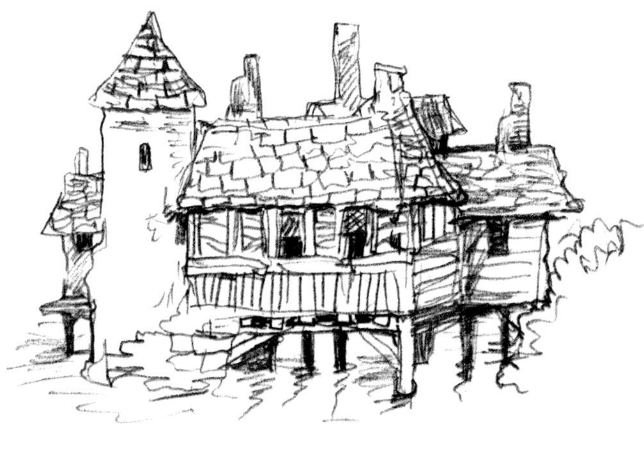

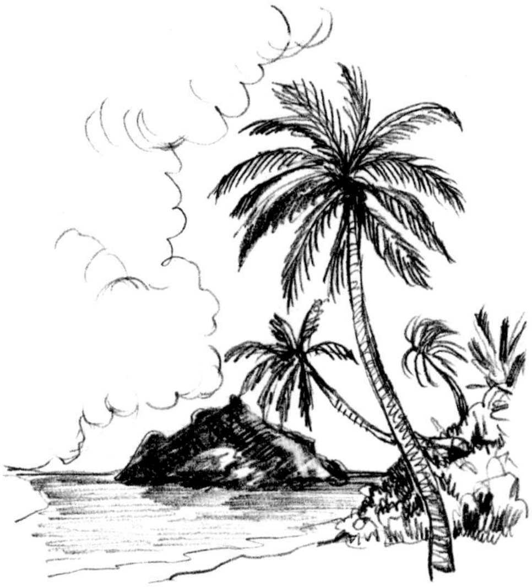

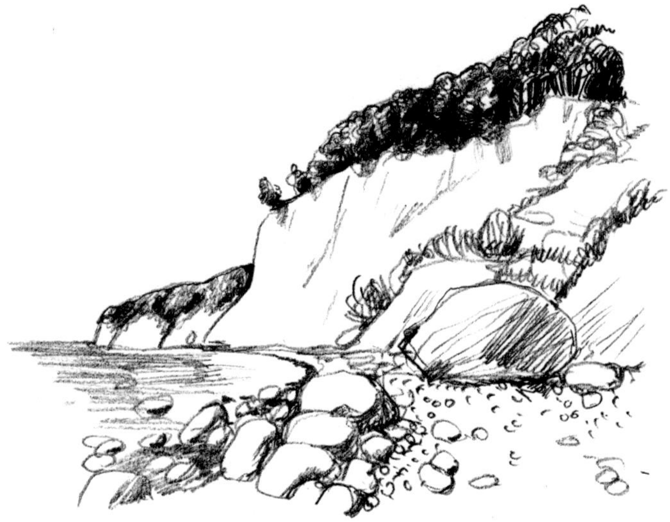

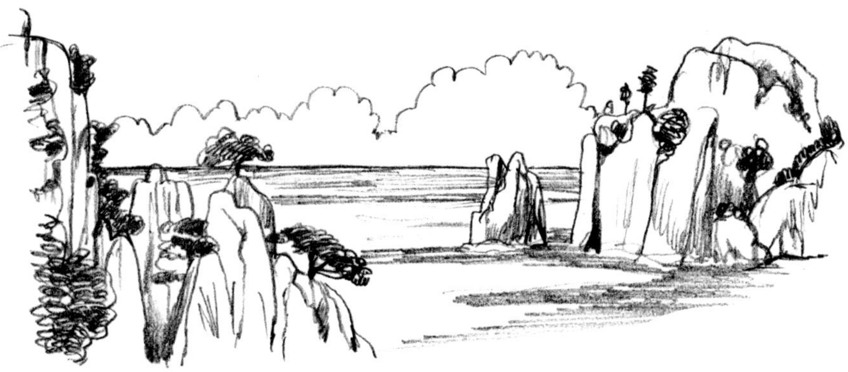

DIE KÜSTE IST DER ÜBERGANG VOM MEER ZUM LAND. SIE IST GEFORMT DURCH DAS TEILWEISE SEHR STÜRMISCHE AUFTRETEN UNTERSCHIEDLICHER ELEMENTE. IHRE DARSTELLUNG VERSETZT DIE BETRACHTENDEN SOFORT IN EINE SPEZIELLE STIMMUNG. DAS KANNST DU DIR BEI DER AUSSAGE DEINES BILDES ZU NUTZE MACHEN

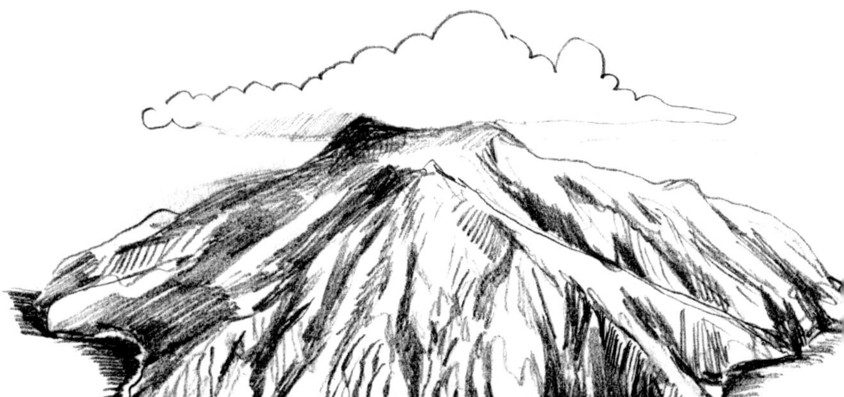

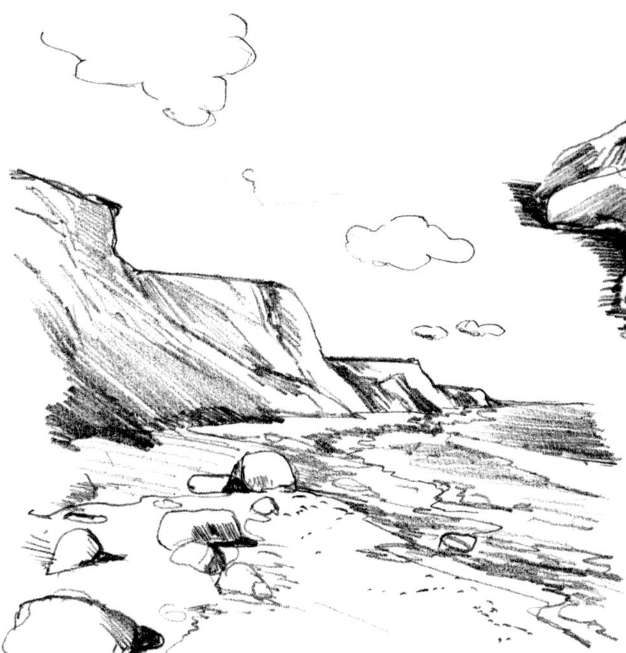

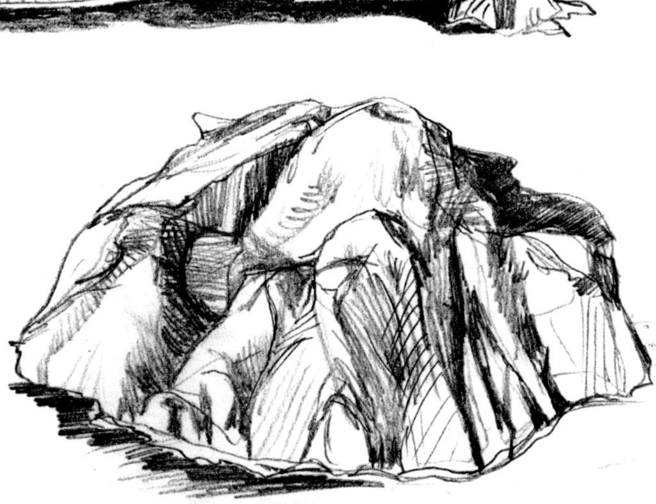

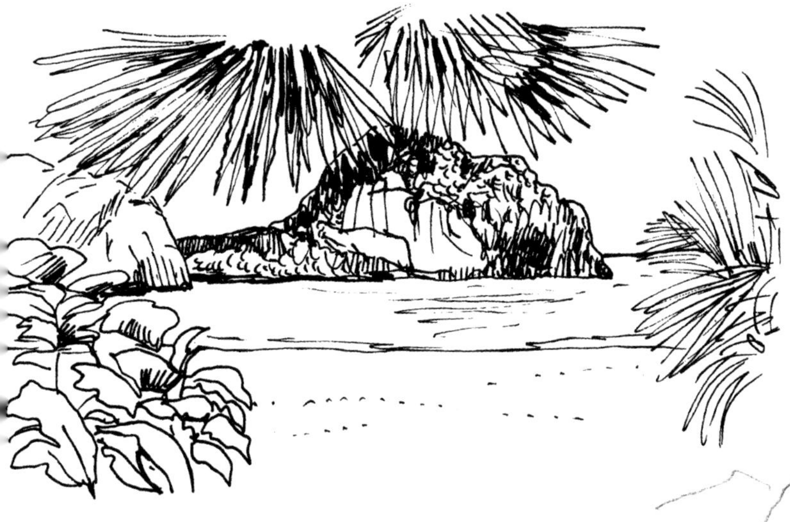

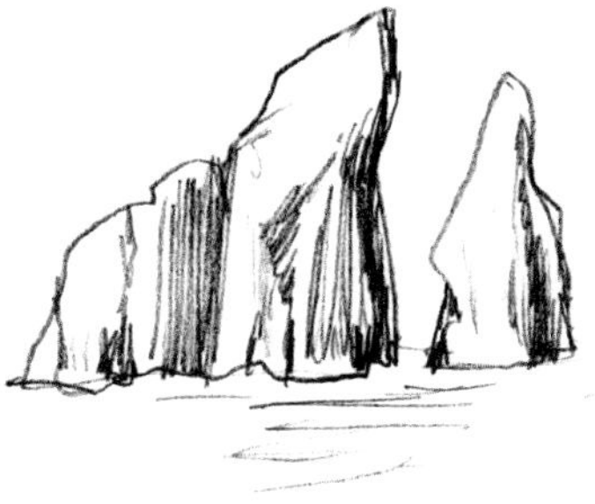

EINZELNE EISBERGE WIRKEN WIE BEEINDRUCKENDE, SCHWIMMENDE INSELN

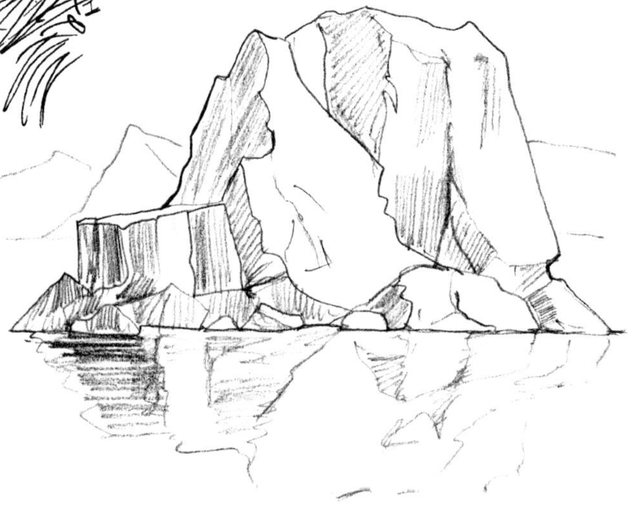

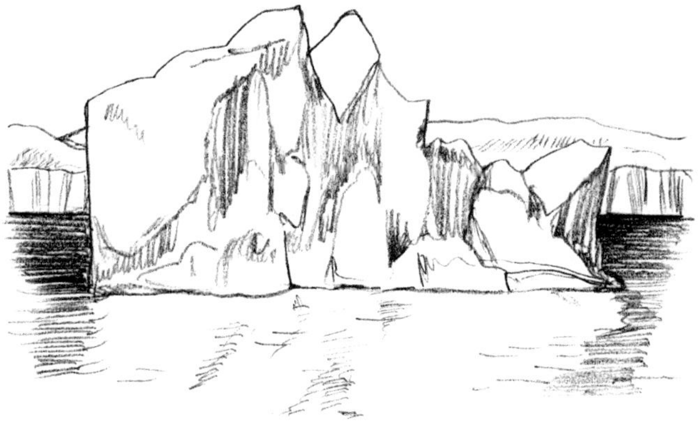

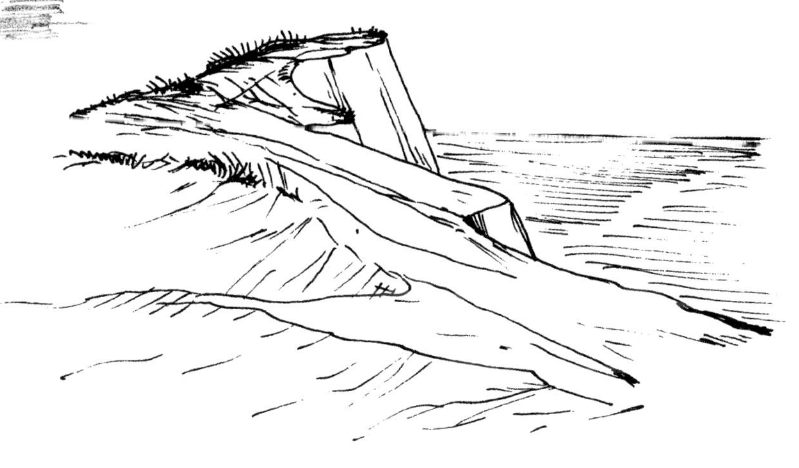

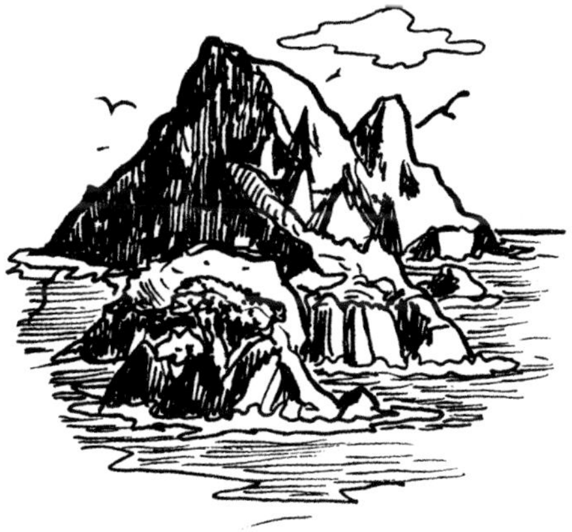

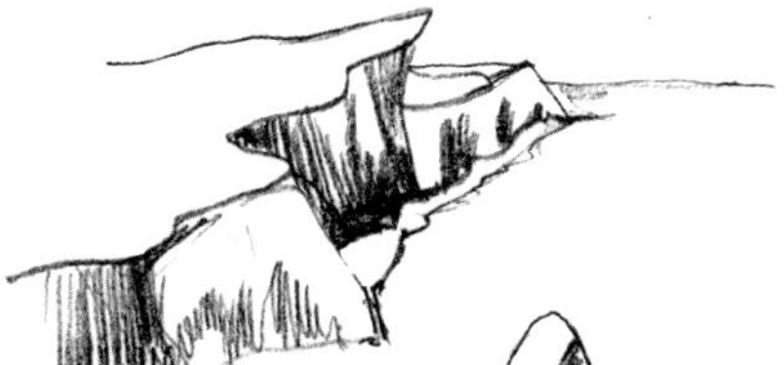

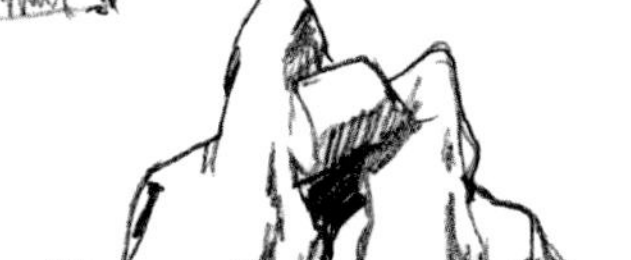

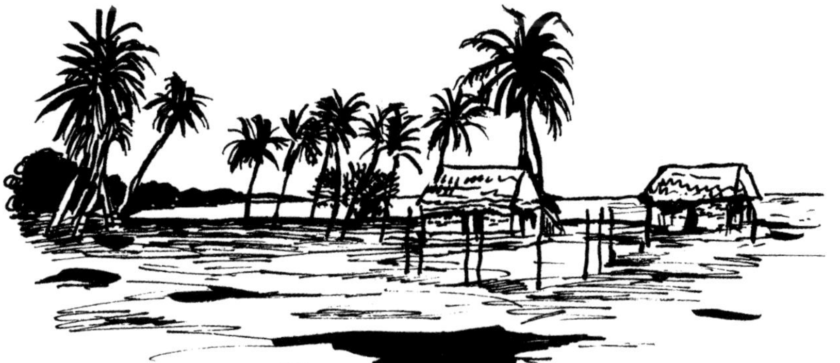

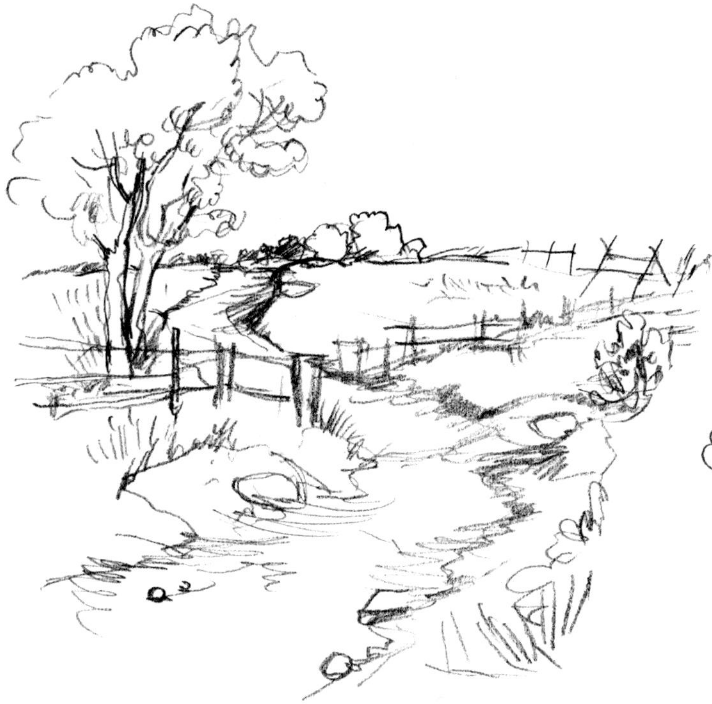

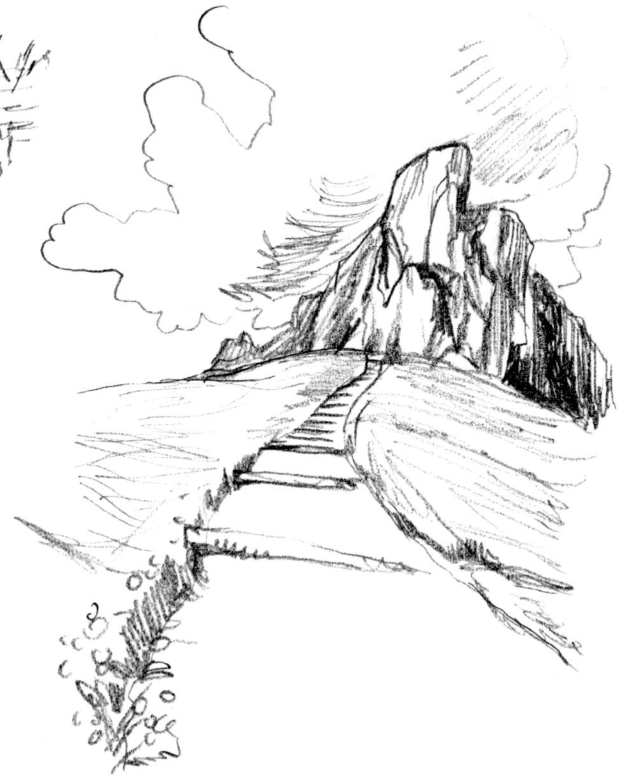

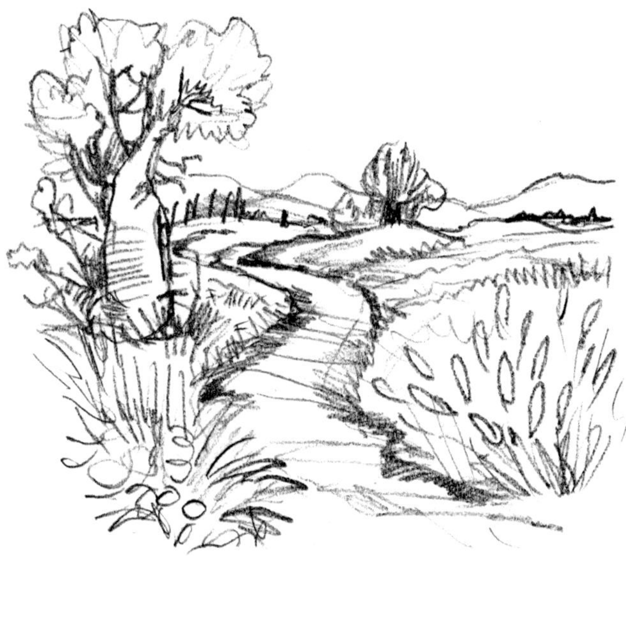

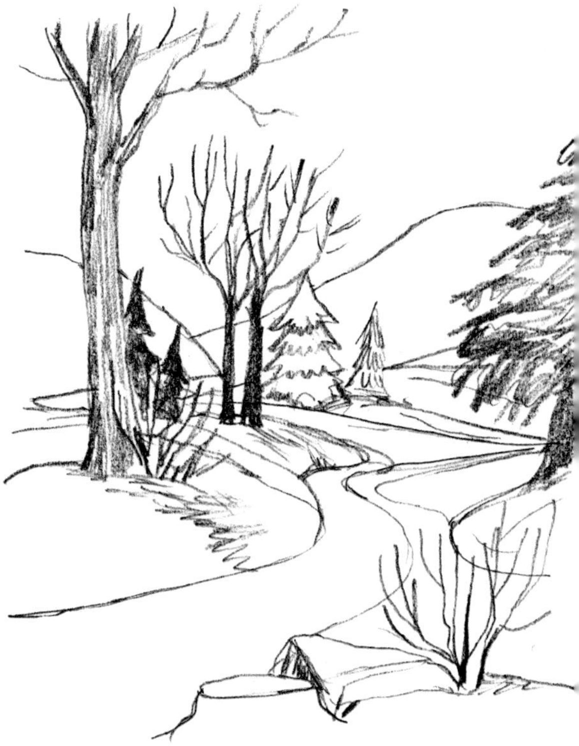

ES GEHÖRT ZU DEN BESONDERHEITEN UNSERER SPEZIES, DASS WIR JEDES ANZEICHEN VON MENSCHLICHEM LEBEN SOFORT WAHRNEHMEN UND MIT GROSSER AUFMERKSAMKEIT BEOBACHTEN. EIN WEG ZEIGT UNS, DASS HIER JEMAND VOR UNS GEGANGEN IST, DASS ES EINE VERBINDUNG ZU EINER NEUEN STATION AUF UNSERER REISE GIBT. IN DIESEM SINNE SCHLÄNGELN DIESE WEGE UNS ZU NEUEN WELTEN, ERLEBNISSEN ODER ERFAHRUNGEN

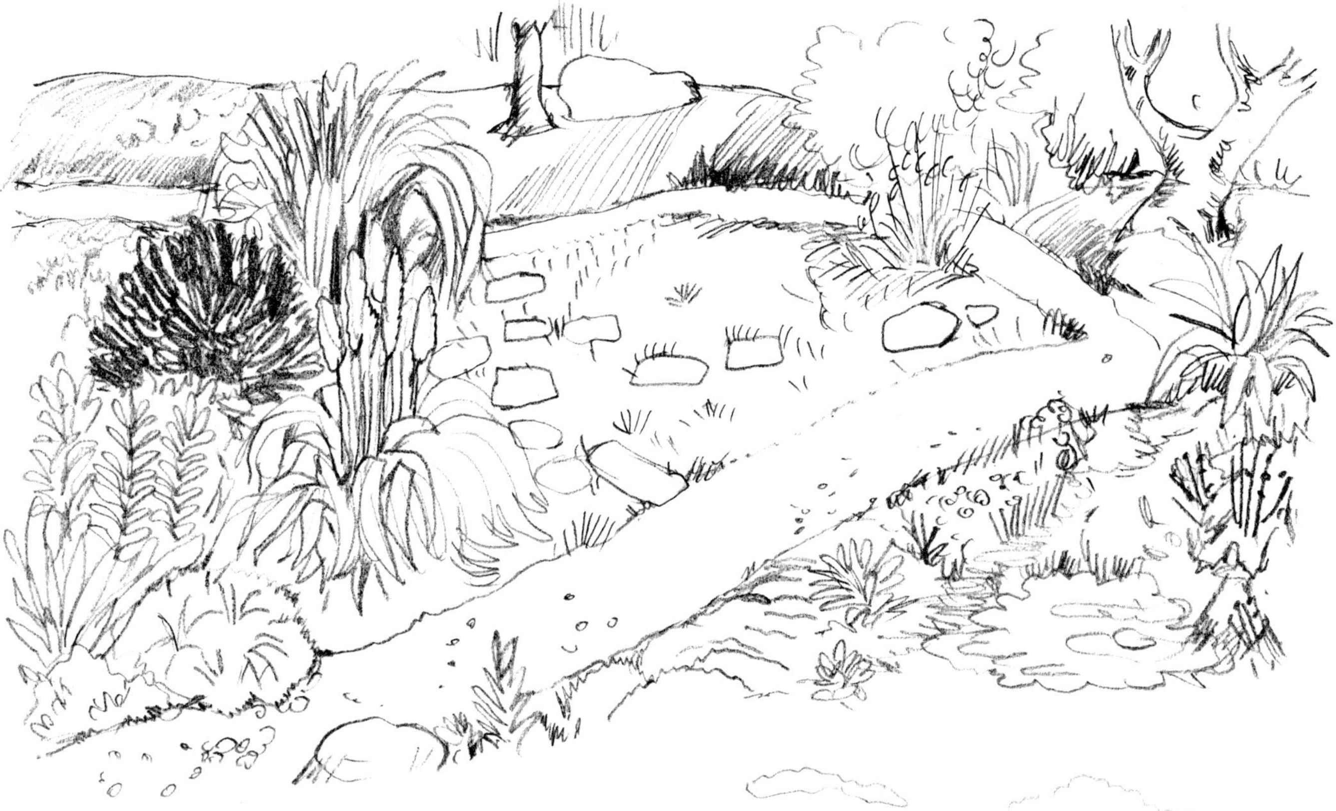

DER WEG FÜHRT DURCH NATUR-
BELASSENE GEBIETE UND SEINE
BEGRENZUNG VERBIETET UNS DAS
BETRETEN DIESER BEREICHE

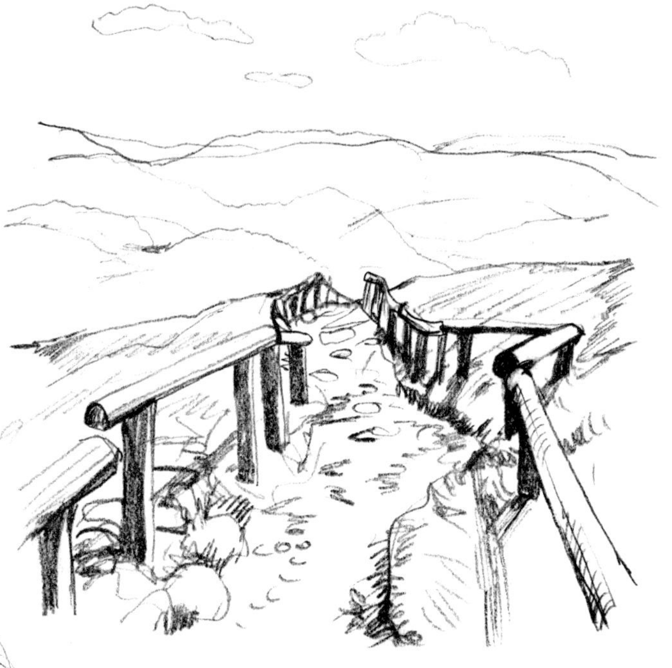

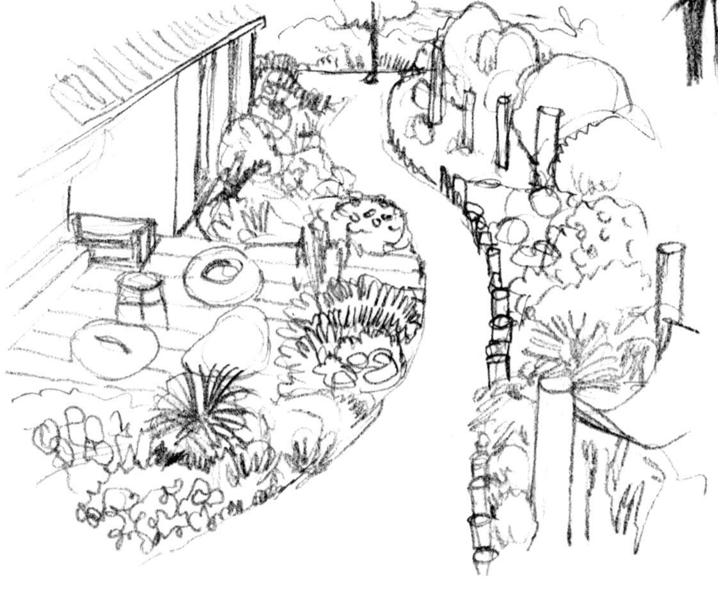

GANZ ANDERS GEHT ES UNS
AUF GARTENWEGEN. HIER SIND
WIR AUFGEFORDERT, DEN WEG
ZU VERLASSEN UND DIE VOM
MENSCHEN MIT LIEBE GESTAL-
TETEN BEREICHE ZU BETRETEN

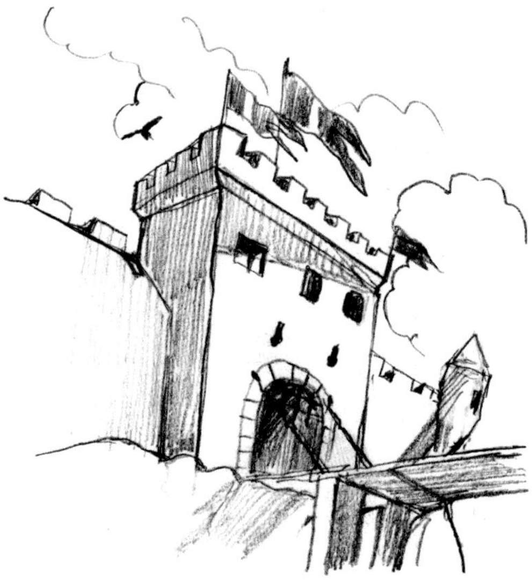

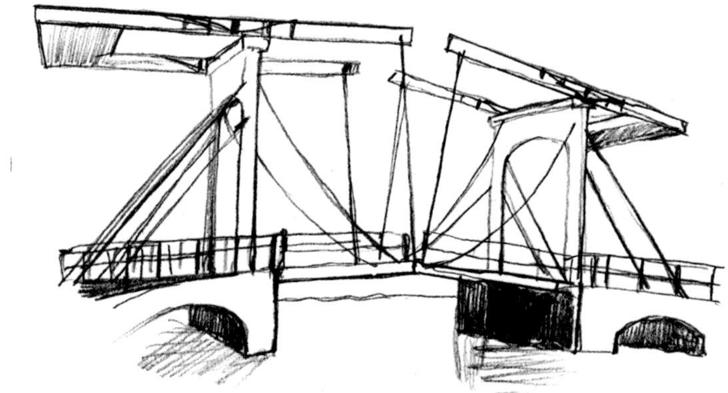

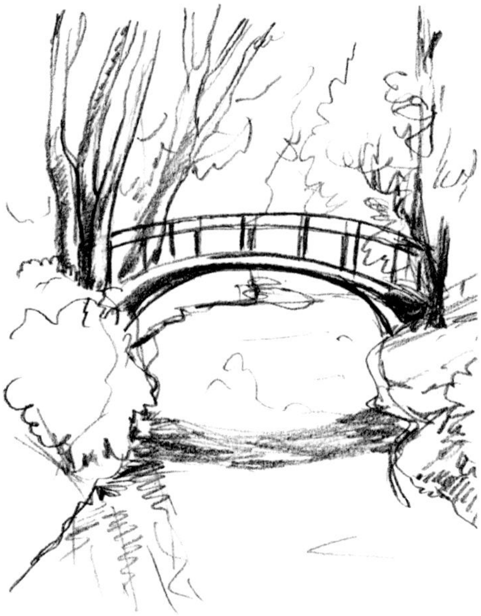

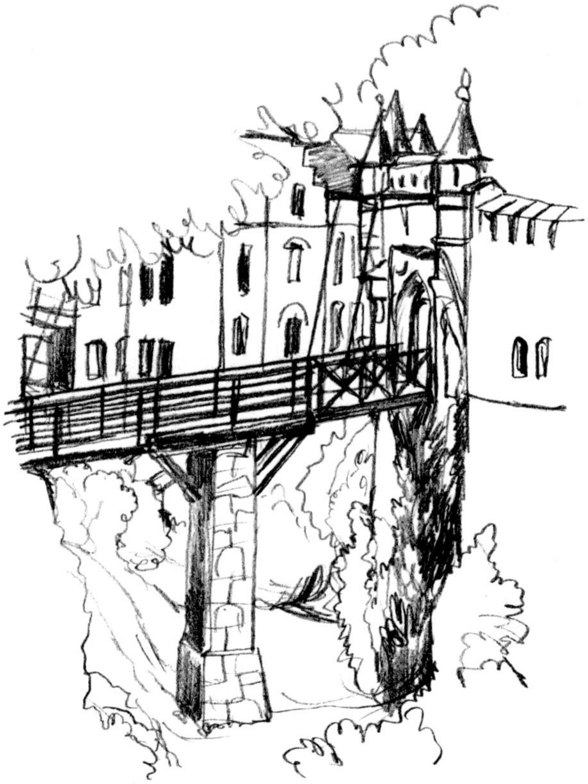

MIT BRÜCKEN PASSIERT DER MENSCH SONST UNÜBERWINDLICHE HINDERNISSE WIE FLÜSSE, GEWÄSSER, SCHLUCHTEN UND ABGRÜNDE. WIR SIND FASZINIERT VON IHRER BAUWEISE. BRÜCKEN ERMÖGLICHEN UNS, UNSEREN WEG GEFAHRLOS FORTZUSETZEN

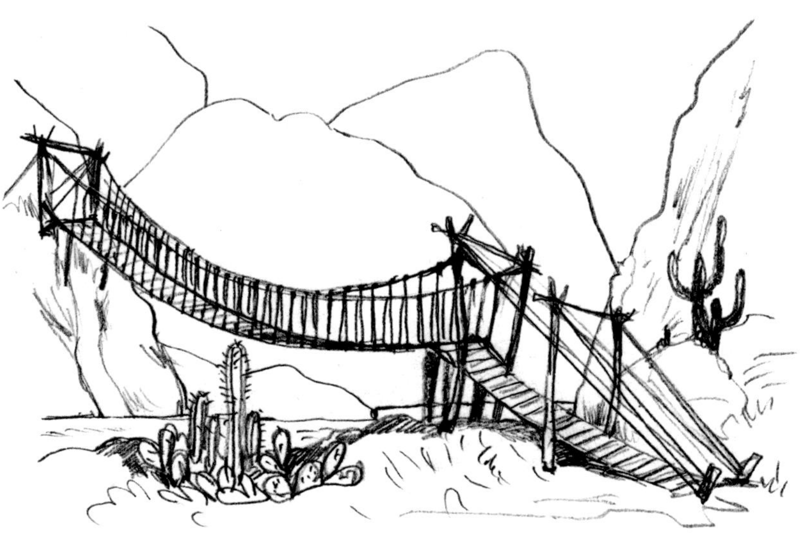

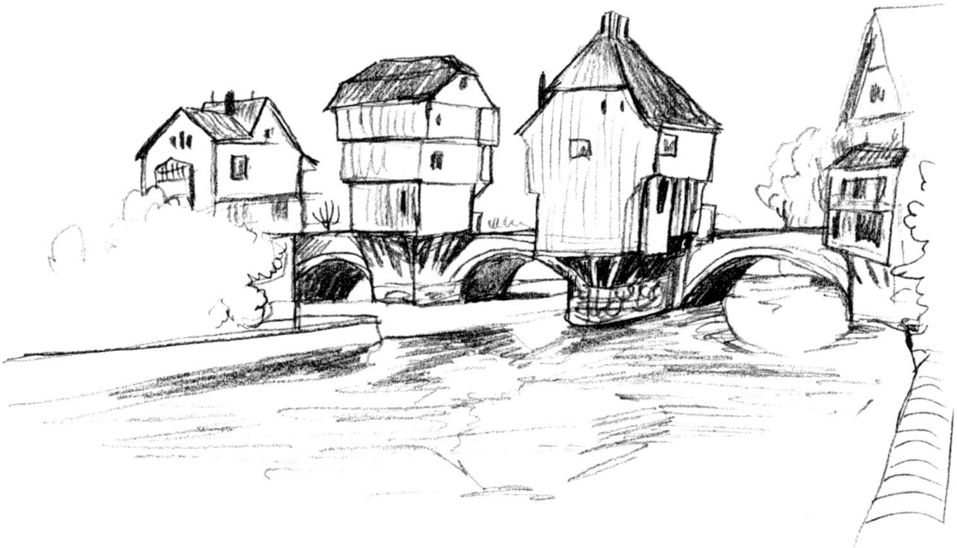

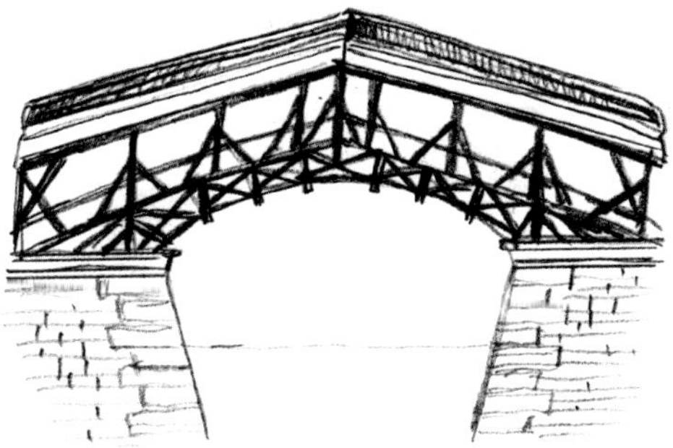

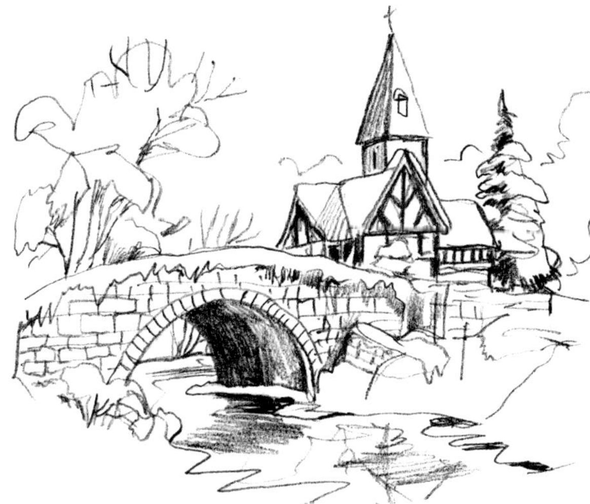

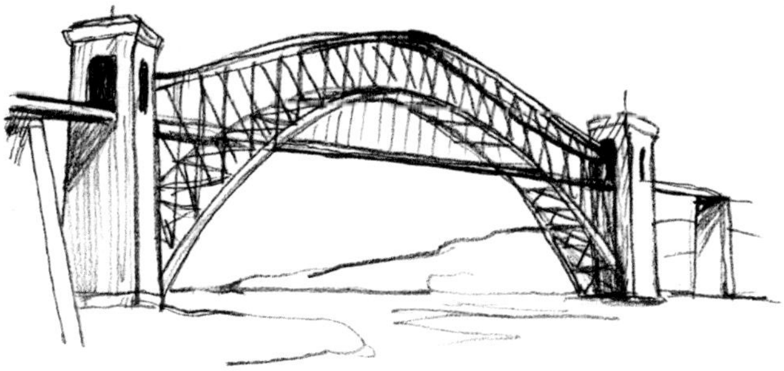

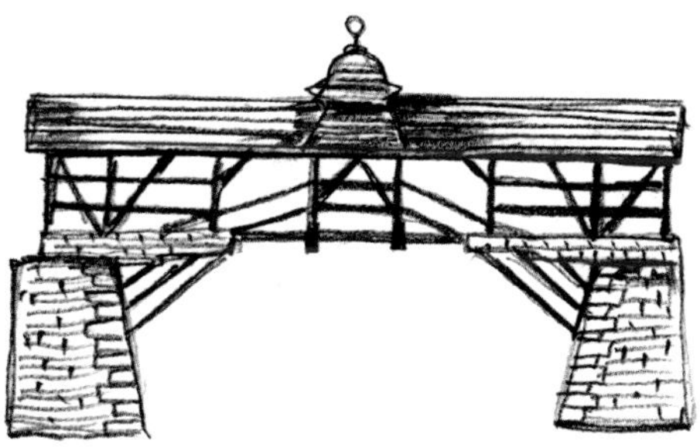

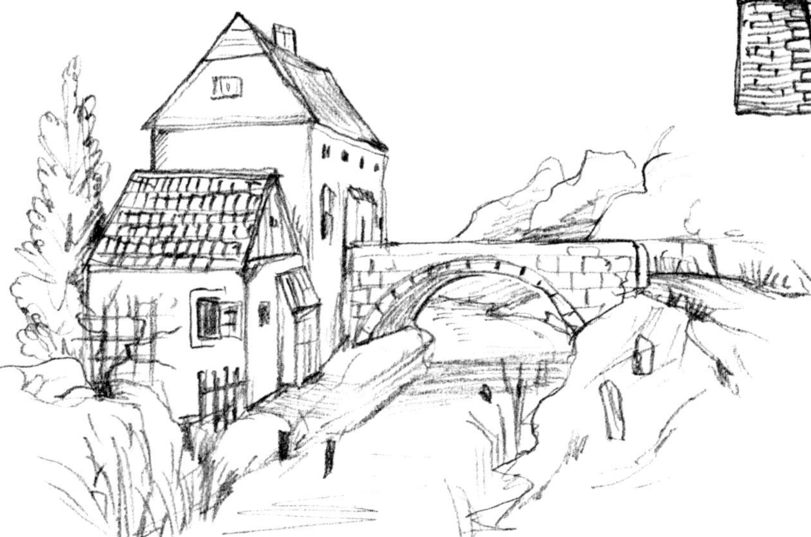

BRÜCKEN STEHEN IMMER AUCH IN ENGEM ZUSAMMENHANG MIT DEN WOHNORTEN DES MENSCHEN, MIT SEINEN HÄUSERN. MANCHERORTS WURDEN HÄUSER NICHT AN, SONDERN AUCH AUF BRÜCKEN ERRICHTET

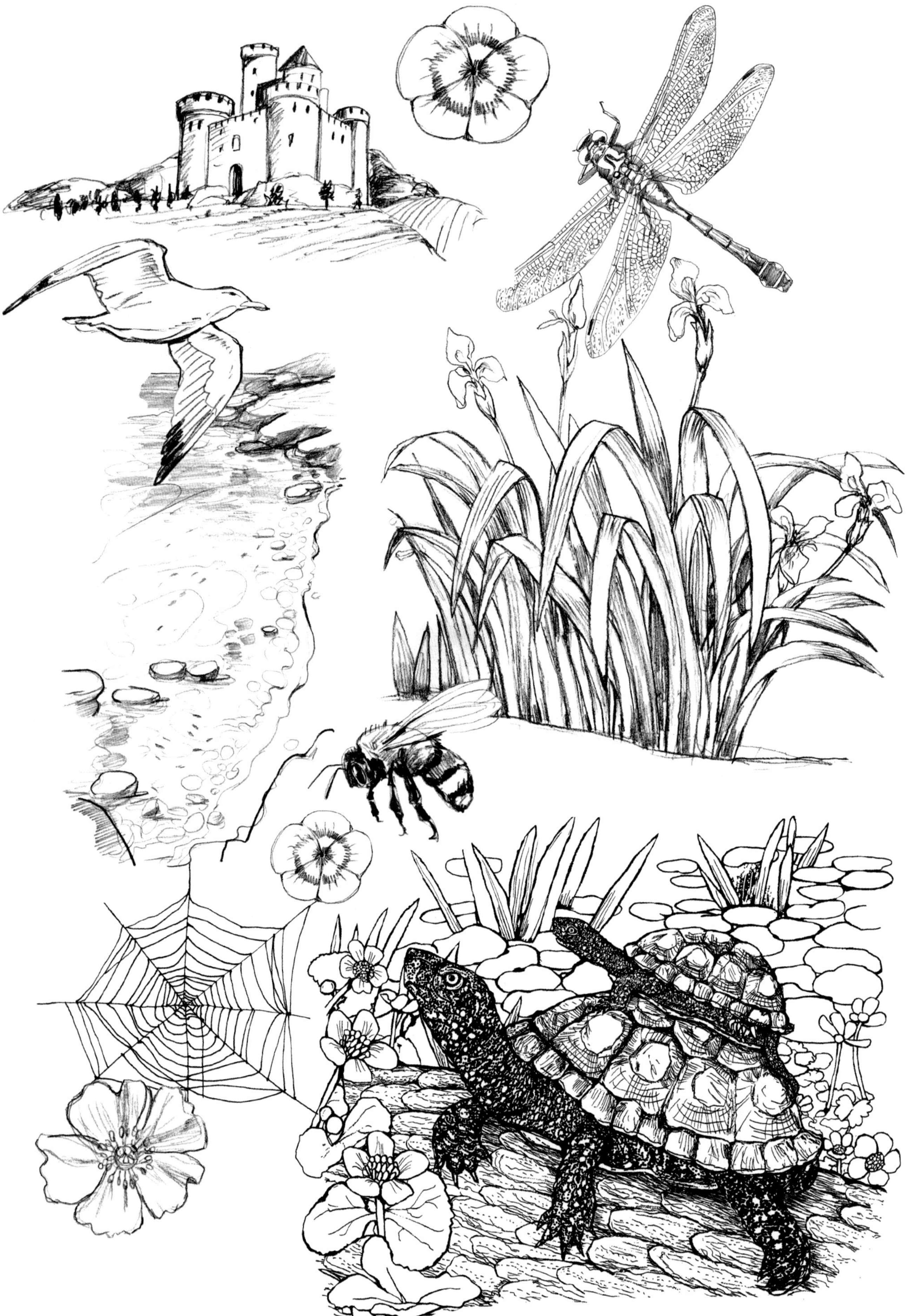

MOTIVE KOMBINIEREN

Nachdem du bis hierher ganz viele neue zeichnerische Erfahrungen sammeln konntest, möchte ich dir abschließend noch ein paar weitere Möglichkeiten aufzeigen, die über das einfache Nachzeichnen hinausgehen. Ich nenne es „das Kombinieren deines zeichnerischen Potenzials“, um neue Bildwelten und -aussagen zu schaffen.

Dazu möchte ich dir einige Anregungen in Form ausgewählter Beispiele geben. Du kannst diese gern nacharbeiten oder eigene Motive dazu kreieren. Wichtig ist, dass dir das „Neuerzählen“ einer Situation, eines Moments, eines Themas Spaß macht. Vielleicht findest du überraschende Lösungen, die du vorher nicht bedacht hattest, weil dir der Weg dahin zu kompliziert erschien? Das spielerische, experimentierfreudige Arbeiten soll jetzt im Vordergrund stehen – und schon bist du auf einem sicheren Weg in neue, zeichnerische Aussagen ...

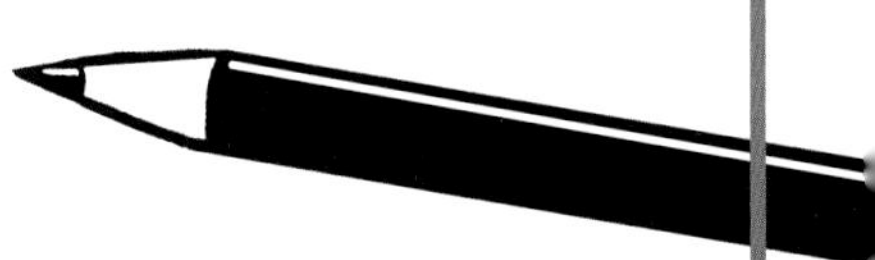

MUSTER ENTWICKELN

Die wohl einfachste Möglichkeit, mit deinem erworbenen Zeichenschatz weiterzuarbeiten, besteht im Entwickeln von Mustern. Muster bestehen aus Motiven, die als wiederholte, abgewandelte, symmetrische oder asymmetrische Formen miteinander in Beziehung stehen. Wenn du deine Motive kombinierst, vergrößert sich ihre individuelle Bedeutung. Das Nebeneinander verschiedener Mustermotive lässt etwas Neues entstehen. So wurde aus meinem Spinnennetz eine interessante Halloweendekoration.

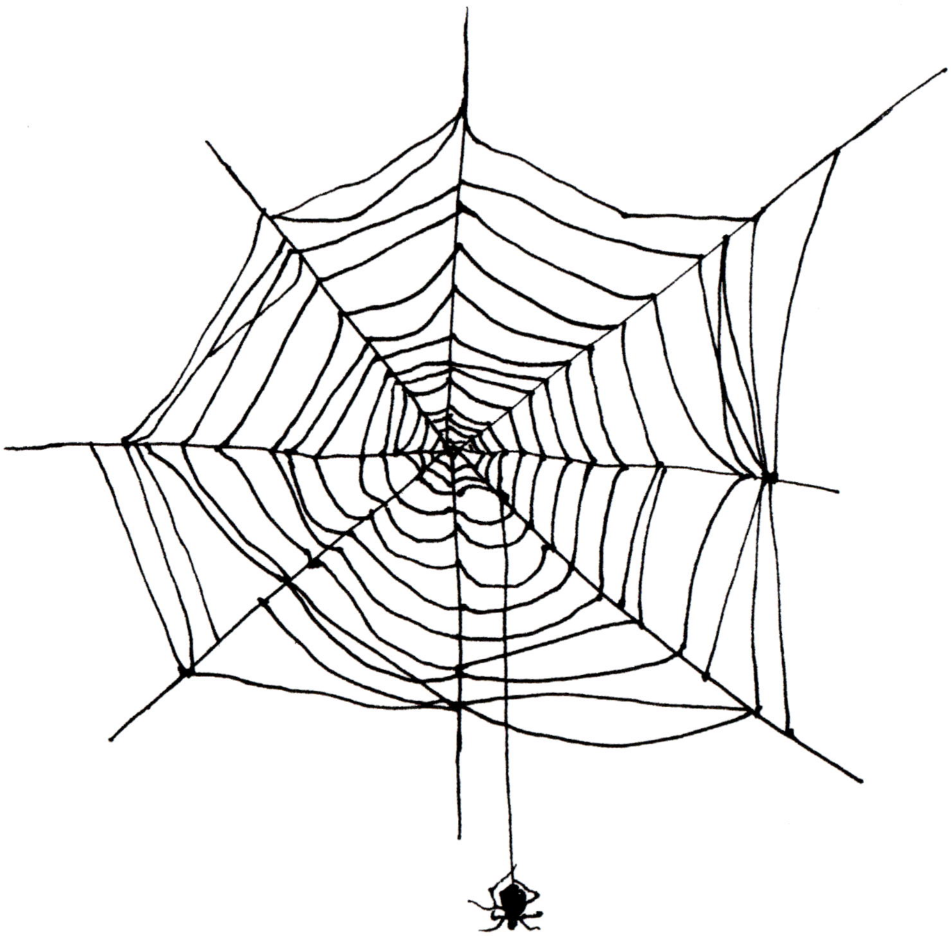

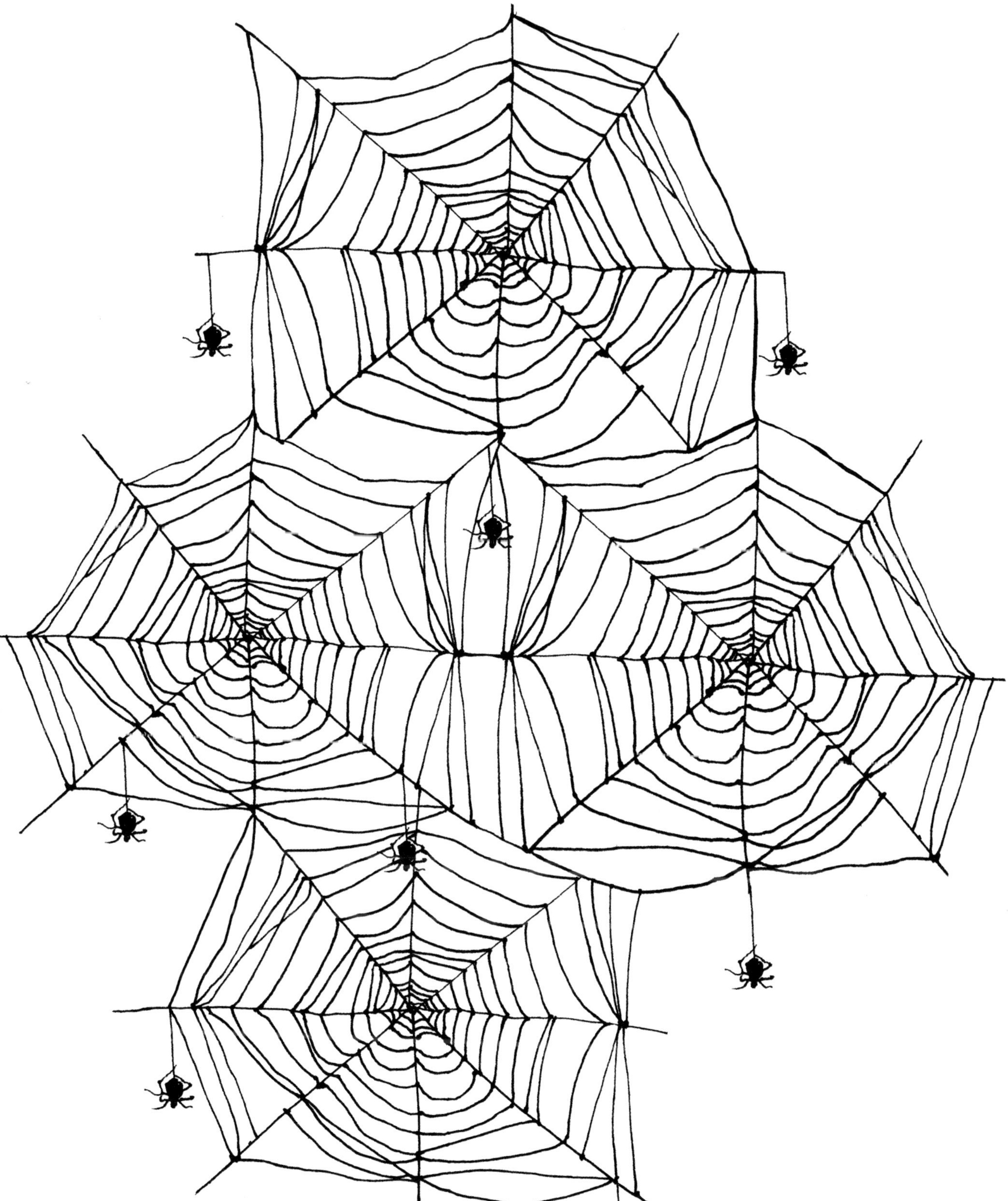

KRÄNZE FÜR JEDE JAHRESZEIT

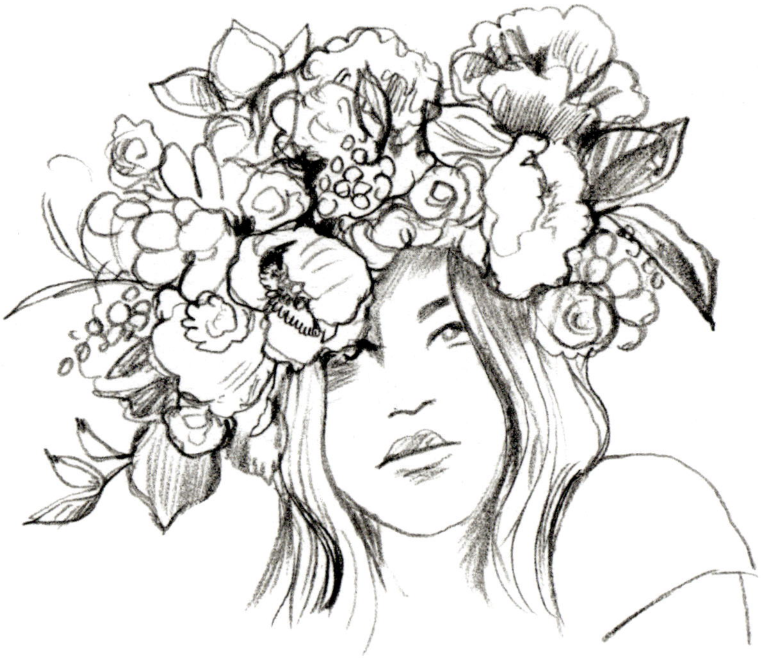

Eine weitere Möglichkeit, dein zeichnerisches Potential kreativ einzusetzen, ist das Zeichnen von Kränzen. Kränze gibt es für jede Gelegenheit. Das verbindende Element sind die im Kreis geflochtenen, dekorativen Teile von Pflanzen. Mit vielen Blätter, Blüten und Früchten kannst du einzigartige Kränze formen und mit diesen Menschen, Tiere und Objekte schmücken. Achte beim Ausformen deiner Kränze auf die Auswahl möglichst klarer, geschlossener, leicht zu erkennender Motive. Wähle kontrastreiche Formen aus und setze jedes Motiv mindestens zweimal ein.
So macht sich dieser opulente Sommerkranz wunderbar auf dem Kopf des jungen Mädchens. Beachte, dass du in diesem Fall den Kranz nicht von oben siehst, sondern nur von vorne.

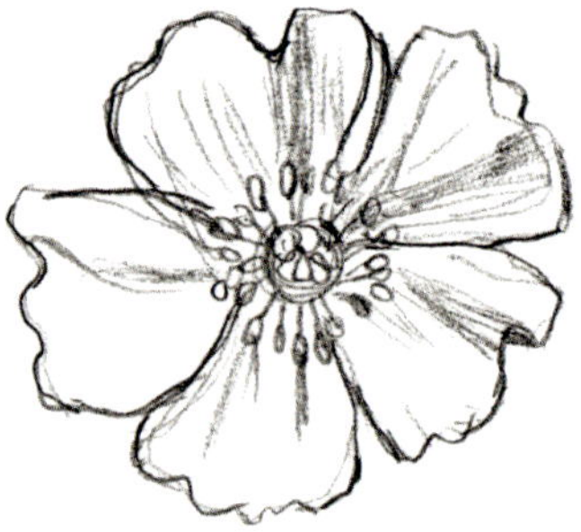

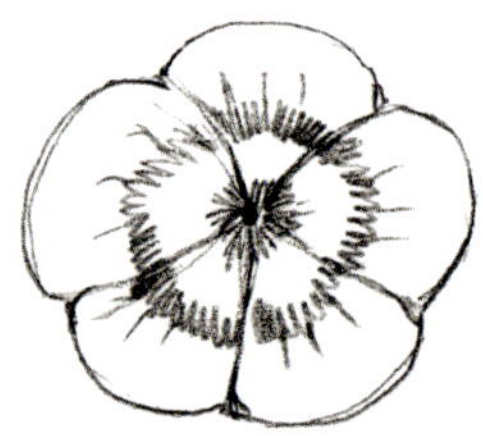

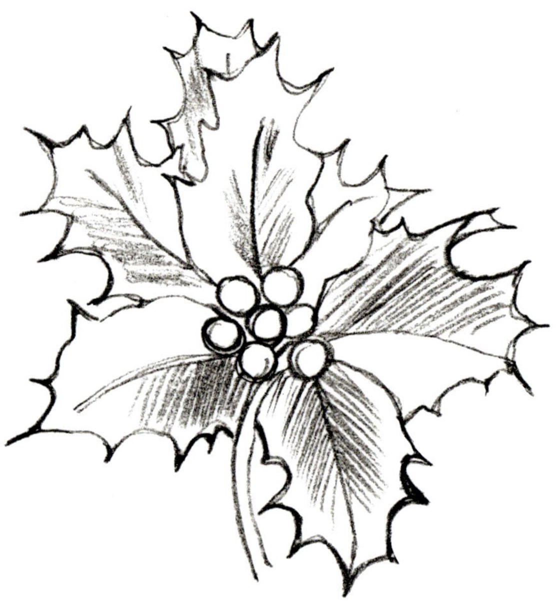

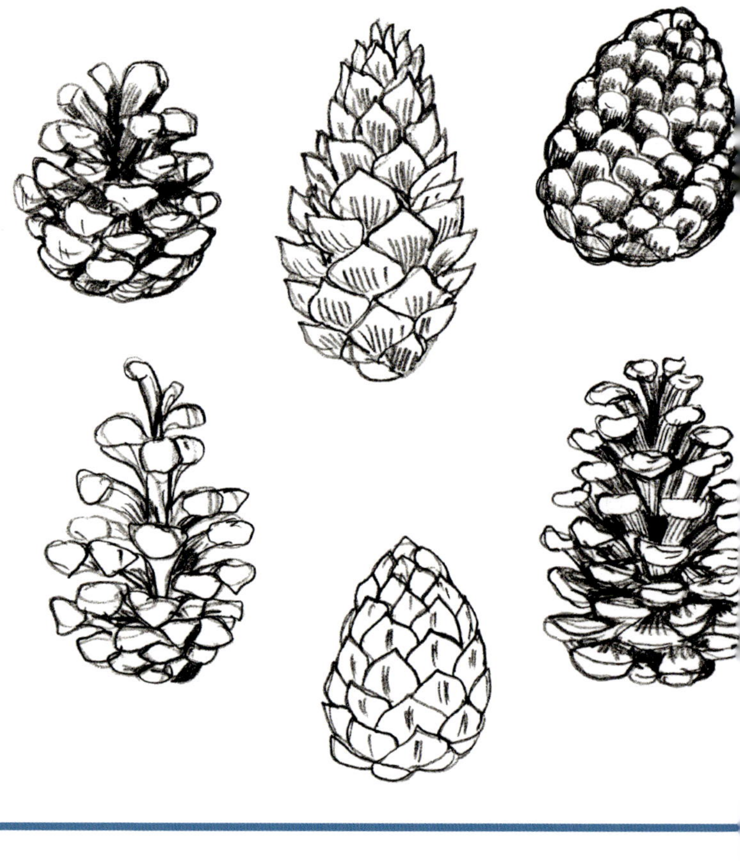

MIT EINEM STECHPALMENZWEIG ODER VERSCHIEDENEN ZAPFENFORMEN KANNST DU EIN ORIGINELLES, WEIHNACHTLICHES MUSTER ENTWERFEN.

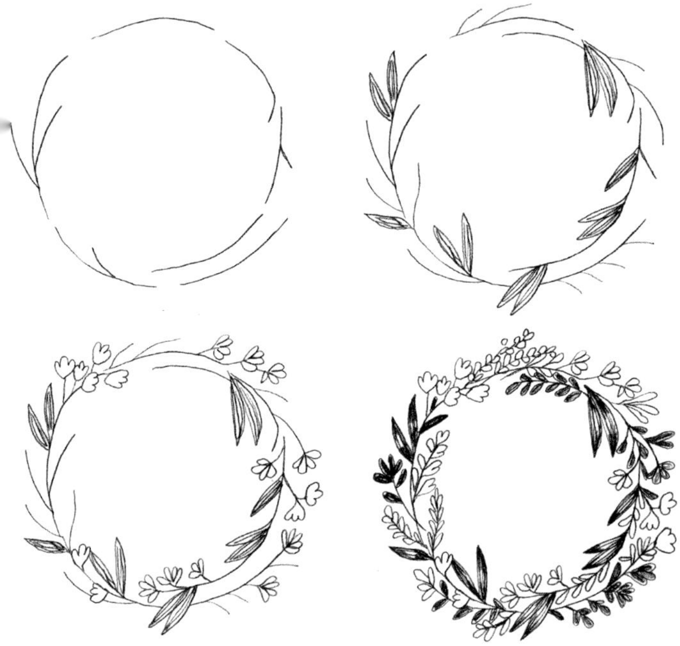

SO ZEICHNEST DU EINEN EINFACHEN KRANZ:

1 SKIZZIERE EIN PAAR NICHT DURCHGEHENDE, KREISFÖRMIGE STRICHE MIT KLEINEN ABZWEIGUNGEN

2 SCHLIESSE DEN KREIS MIT ERSTEN LANZETTFÖRMIGEN BLÄTTERN UND FÜGE WEITERE ABZWEIGUNGEN HINZU

3 VERTEILE DIE ERSTEN BLÜTEN, DIE VON DEN ABZWEIGUNGEN ABGEHEN. ÜBERSCHNEIDUNGEN MACHEN DEN KRANZ INTERESSANTER

4 VERVOLLSTÄNDIGE DEN KRANZ MIT WEITEREN BLÄTTERN. SETZE KONTRASTE, INDEM DU DUNKLE BEREICHE EINARBEITEST

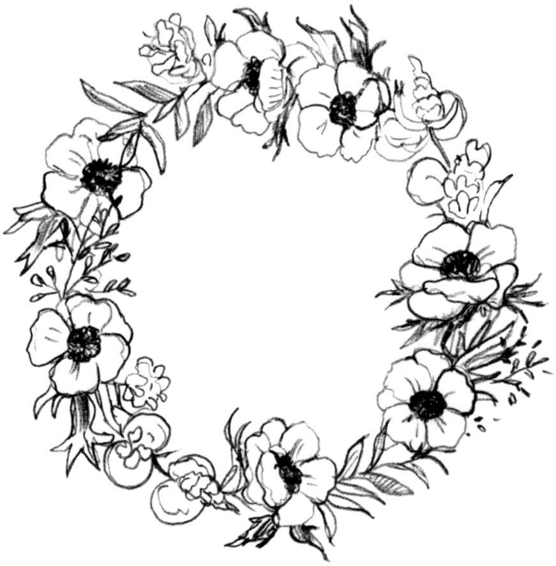

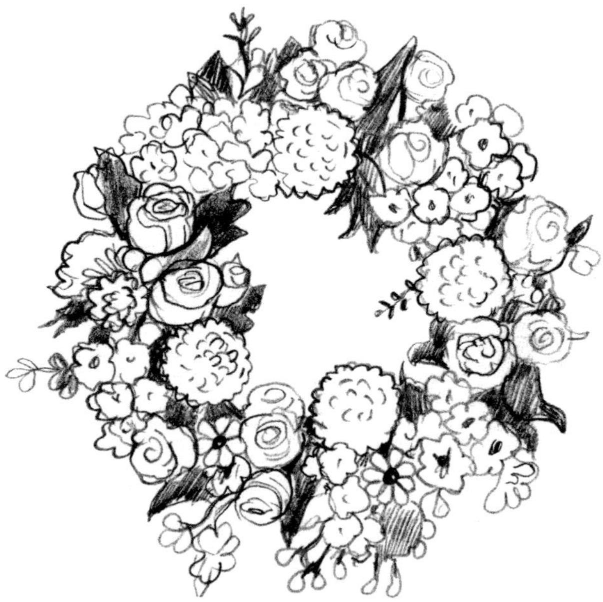

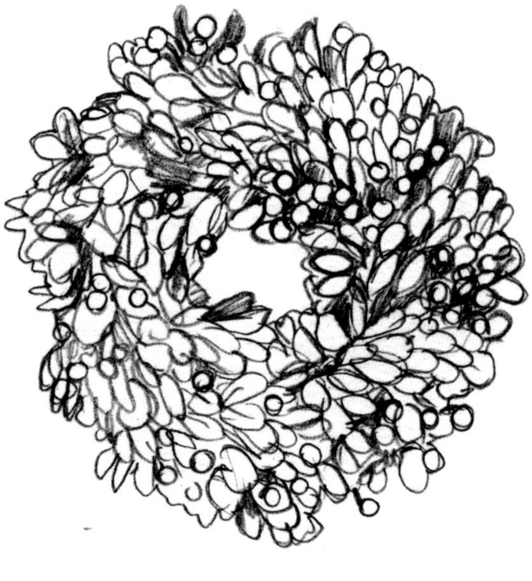

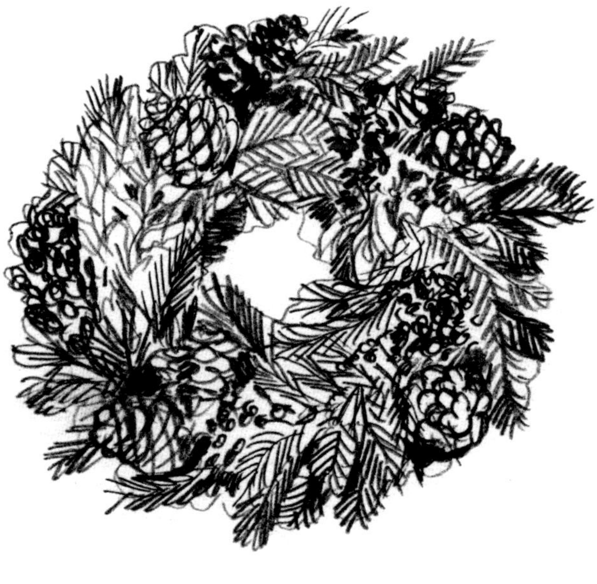

MIT GEGENSÄTZEN ARBEITEN

Du kannst mit der Kombination von Motiven aus dem Tier- und Pflanzenkapitel (s. Seite 73ff. und 113ff.) eine neue, nämlich deine Geschichte erzählen. Diesen nur scheinbar trägen, aber doch sehr wachsam abhängenden Leoparden habe ich in eine Umgebung mit rankenden Lianen und exotischen Dschungelblättern gesetzt.

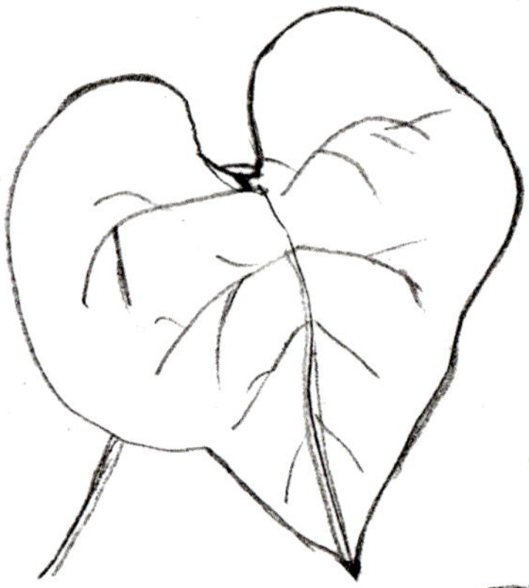

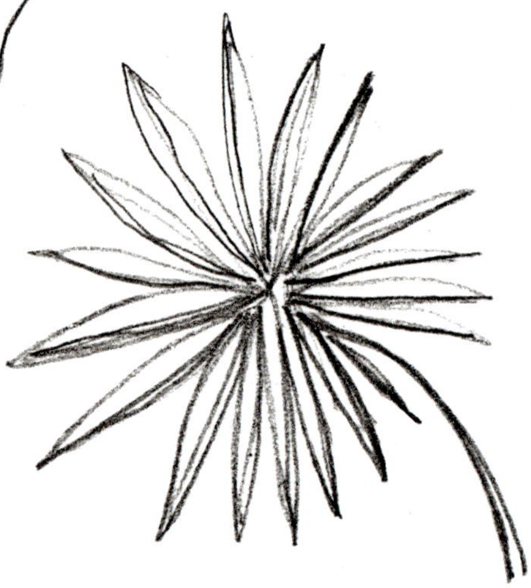

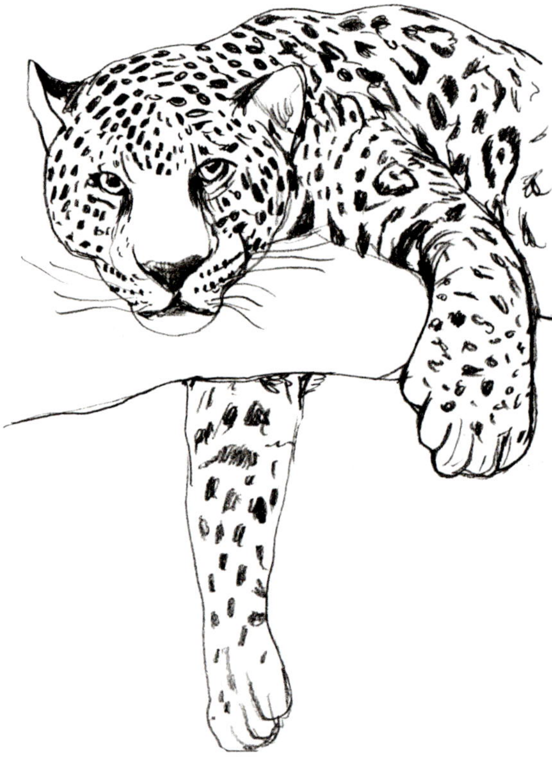

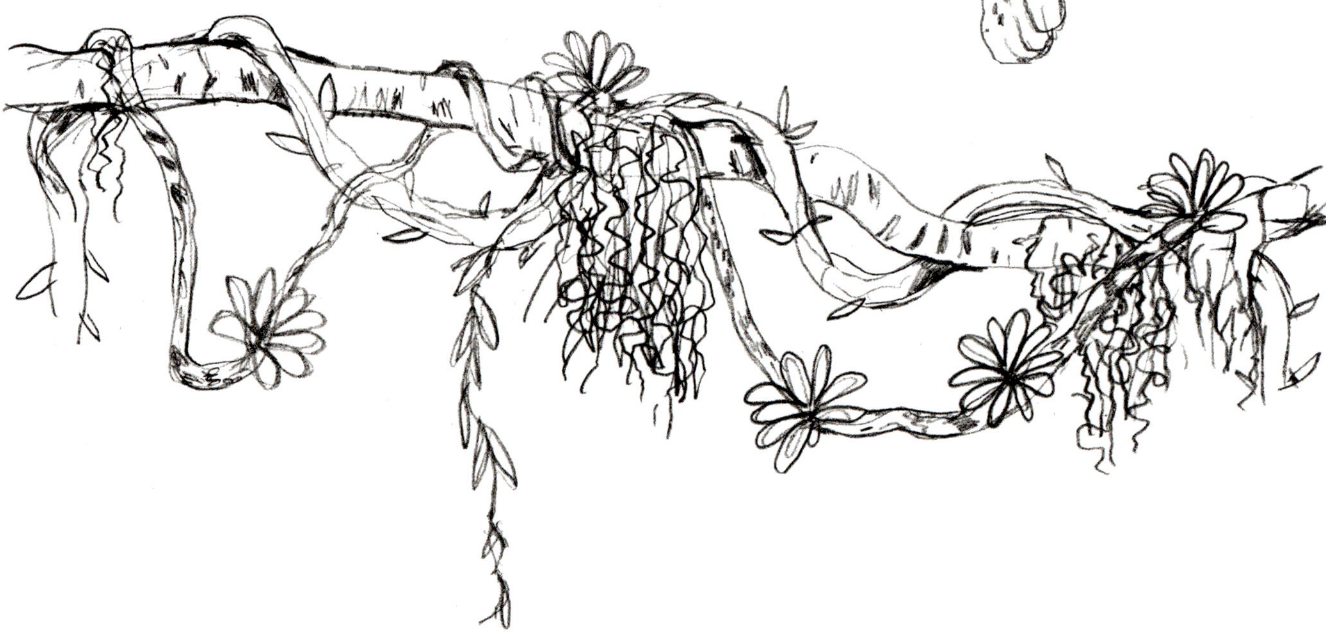

DURCH DEN GEGENSATZ VON ZEICHNERISCH STARK STRUKTURIERTEN BEREICHEN WIE BEISPIELSWEISE DEM FELL DER GROSSKATZE UND EHER OFFEN GELASSENEN BEREICHEN, WIE DU SIE AUF DEN HERZFÖRMIGEN BLÄTTERN SIEHST, ENTSTEHT EIN REIZVOLLER KONTRAST. WEIL SICH DIE EINZELNEN MOTIVE ÜBERSCHNEIDEN, ERSCHEINT DAS BILD RÄUMLICH.

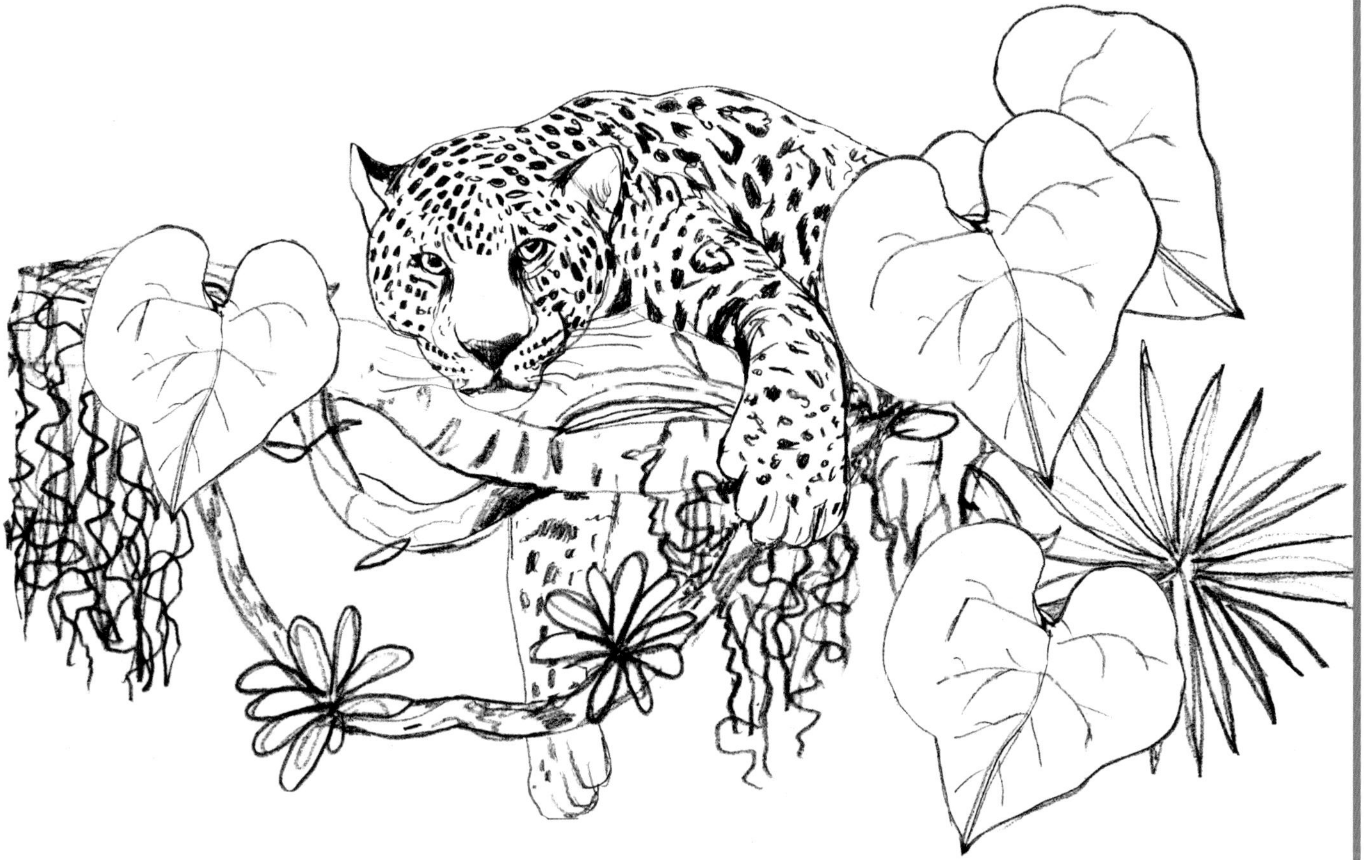

DIESES MOTIV BIETET SICH GUT AN, UM MIT FARBEN WEITERZUARBEITEN. DU KANNST NATÜRLICH JEDERZEIT DEINE BLEISTIFTZEICHNUNG KOLORIEREN! AM BESTEN EIGNEN SICH DAZU AQUARELLFARBEN. DER TRANSPARENTE, LAVIERENDE FARBAUFTRAG LÄSST DIE DARUNTERLIEGENDE ZEICHNUNG UND DEN PAPIERTON DURCHSCHEINEN.

UNTERSCHIEDLICHE GRÖSSENVERHÄLTNISSE

An diesem Beispiel möchte ich dir zeigen, wie du durch unterschiedliche Größenverhältnisse deine einzelnen Motive in ein spannungsvolles Verhältnis setzen kannst. Die räumliche Tiefe in einem sonst zweidimensionalen Bild entsteht durch das bewusste Setzen von Vorder-, Mittel- und Hintergrund.
Bienen sind nicht allzu große Insekten – hier habe ich ein kleines Motiv, eine fliegende Biene, am größten gezeichnet. Die Biene tritt dadurch automatisch in den Vordergrund. Durch die Stockrose im Mittelgrund entsteht ein Bindeglied zum eigentlichen Hintergrund, dem Gartenweg.

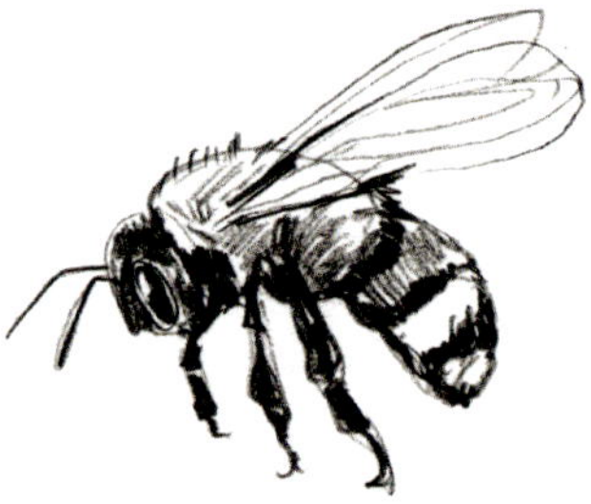

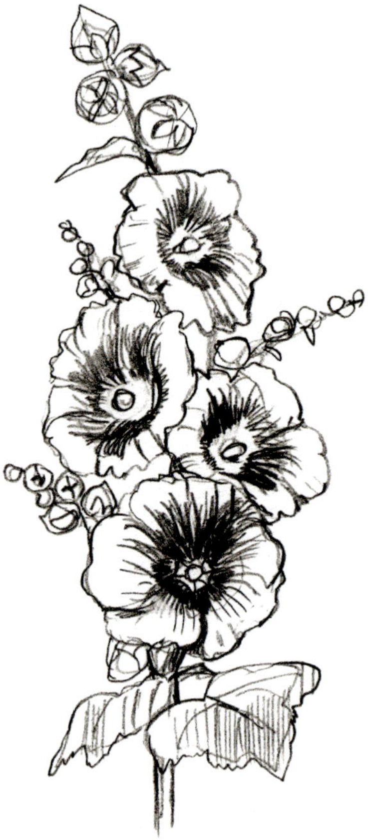

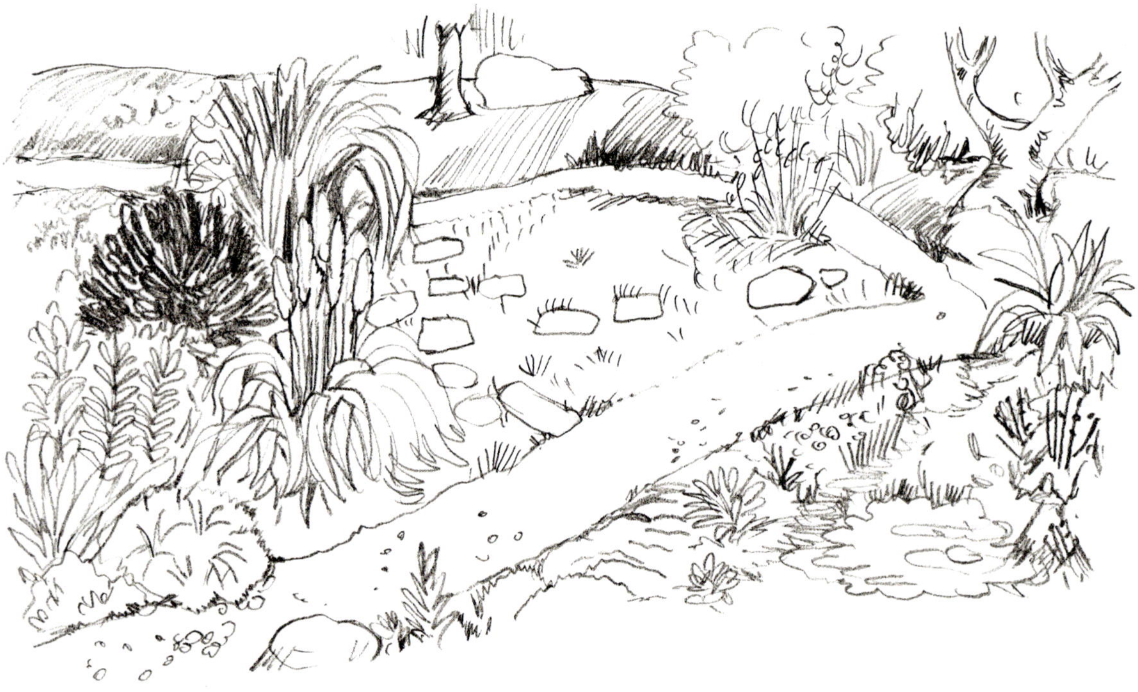

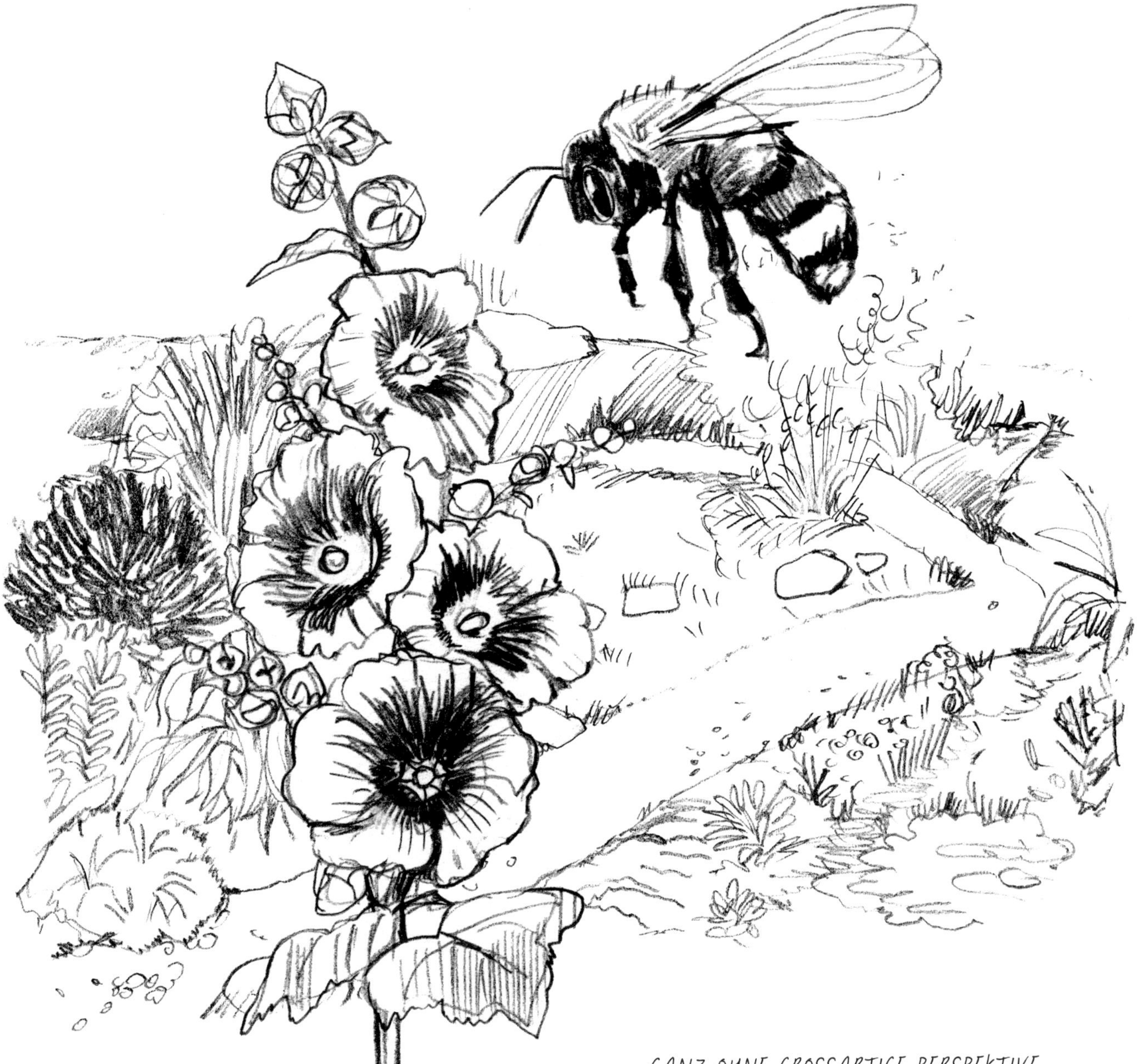

GANZ OHNE GROSSARTIGE PERSPEKTIVE, NUR MIT EINFACHEN MITTELN ENTSTEHT EINE RÄUMLICHE GESAMTKOMPOSITION. WO LÄSST DU DEINE BIENE FLIEGEN?

PERSPEKTIVE BERÜCK-SICHTIGEN

Trägt eines deiner Motive, das du kombinieren willst, starke perspektivische Züge, wie beispielsweise die Ansicht einer mittelalterlichen Burg, dann solltest du diese Perspektive auch bei der Auswahl deiner weiteren Motive mitberücksichtigen.

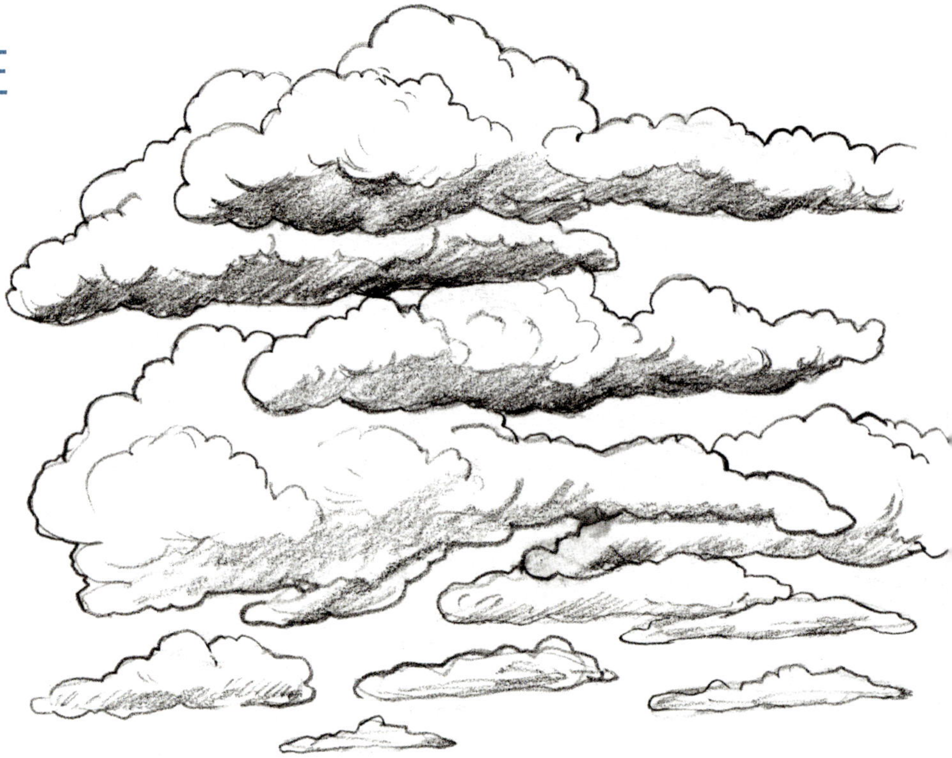

FÜR DIESEN HIMMEL HABE ICH EINE TIEFHÄNGENDE WOLKENDECKE GEWÄHLT.

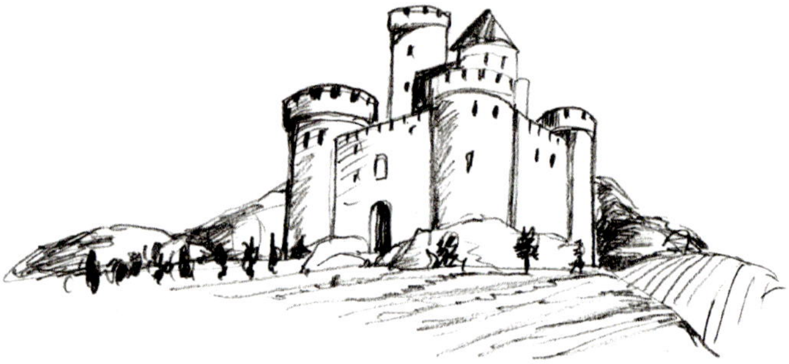

DER BLICK AUF DIE BURG IST VON EINEM TIEFERLIEGENDEN STANDPUNKT AUS GEZEICHNET. SIE ERHEBT SICH ÜBER DIE BETRACHTENDEN. DADURCH ENTSTEHT DIE MÖGLICHKEIT, EINEN GROSSEN, WEITEN HIMMEL ZU ZEICHNEN.

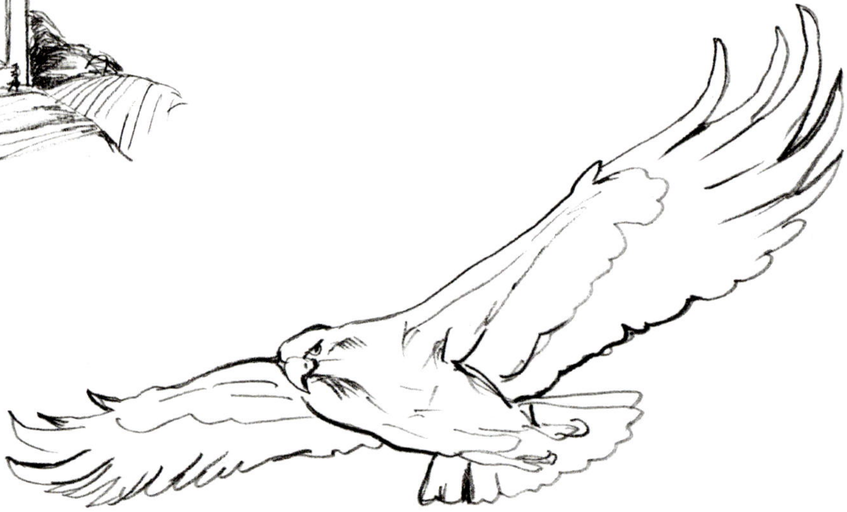

VOR DIESEM HIMMEL BREITET EIN RAUBVOGEL SEINE FLÜGEL DRAMATISCH AUS. AUCH ER IST AUS EINER UNTERSICHT GEZEICHNET. SO WIRKT DIE GESAMTKOMPOSITION WIE AUS EINEM GUSS.

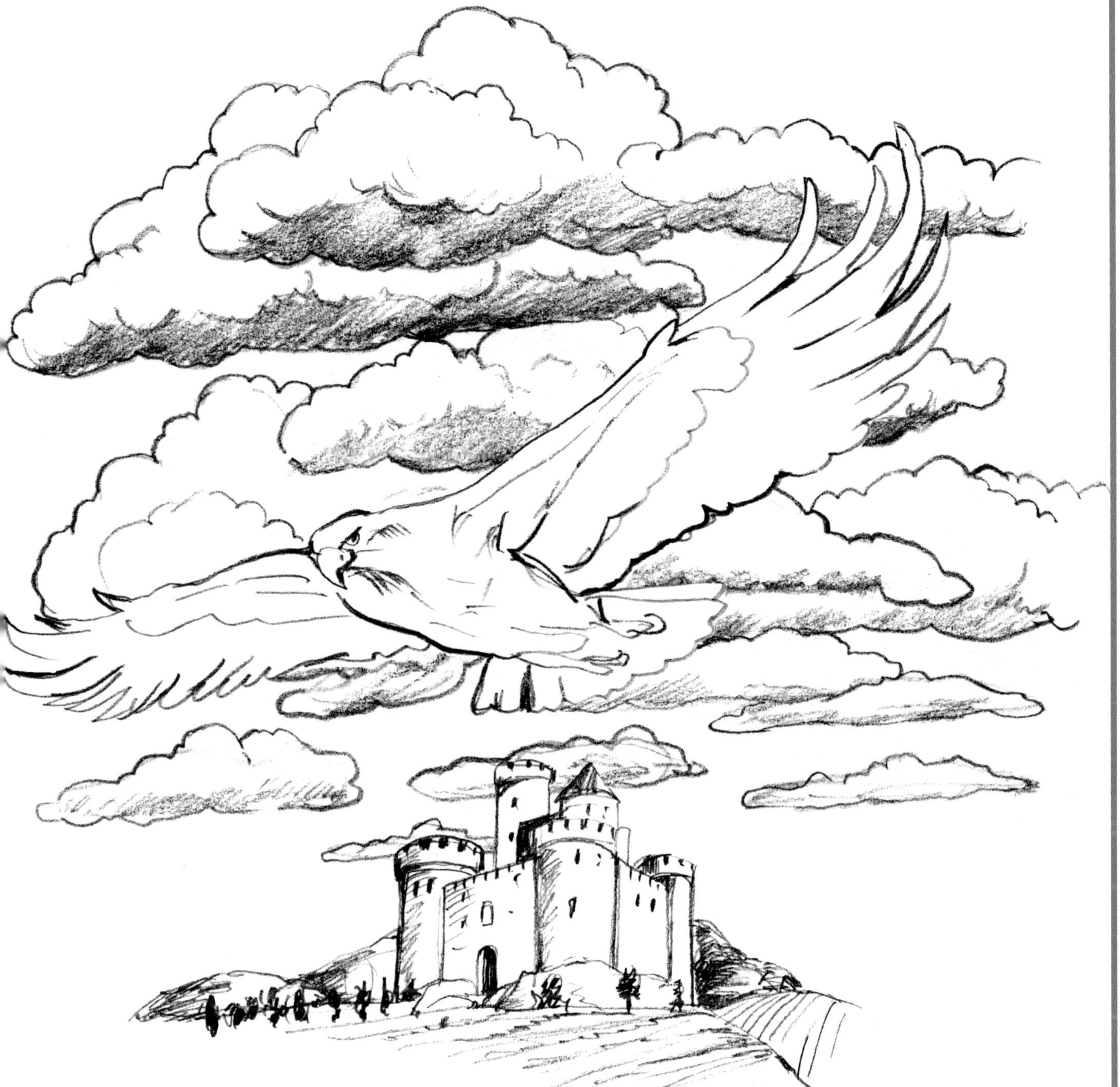

WIRKUNG EINES BILDMOTIVS VERÄNDERN

Mit diesen beiden Bildkompositionen zeige ich dir, wie sich die Wirkung eines Motivs durch die geschickte Auswahl und Platzierung eines anderen Motivs verändern lässt.

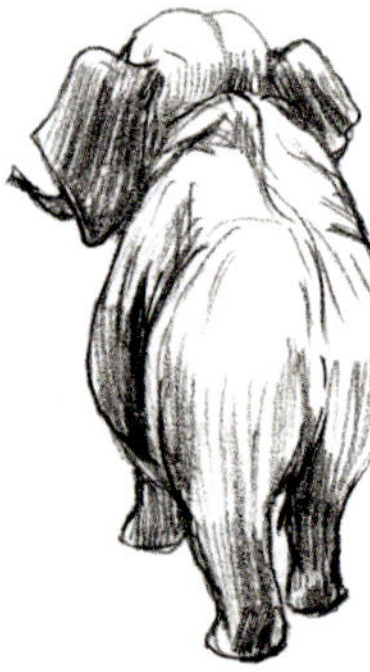

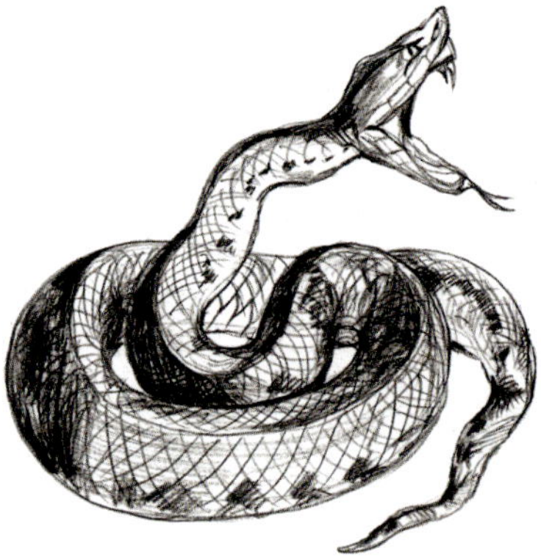

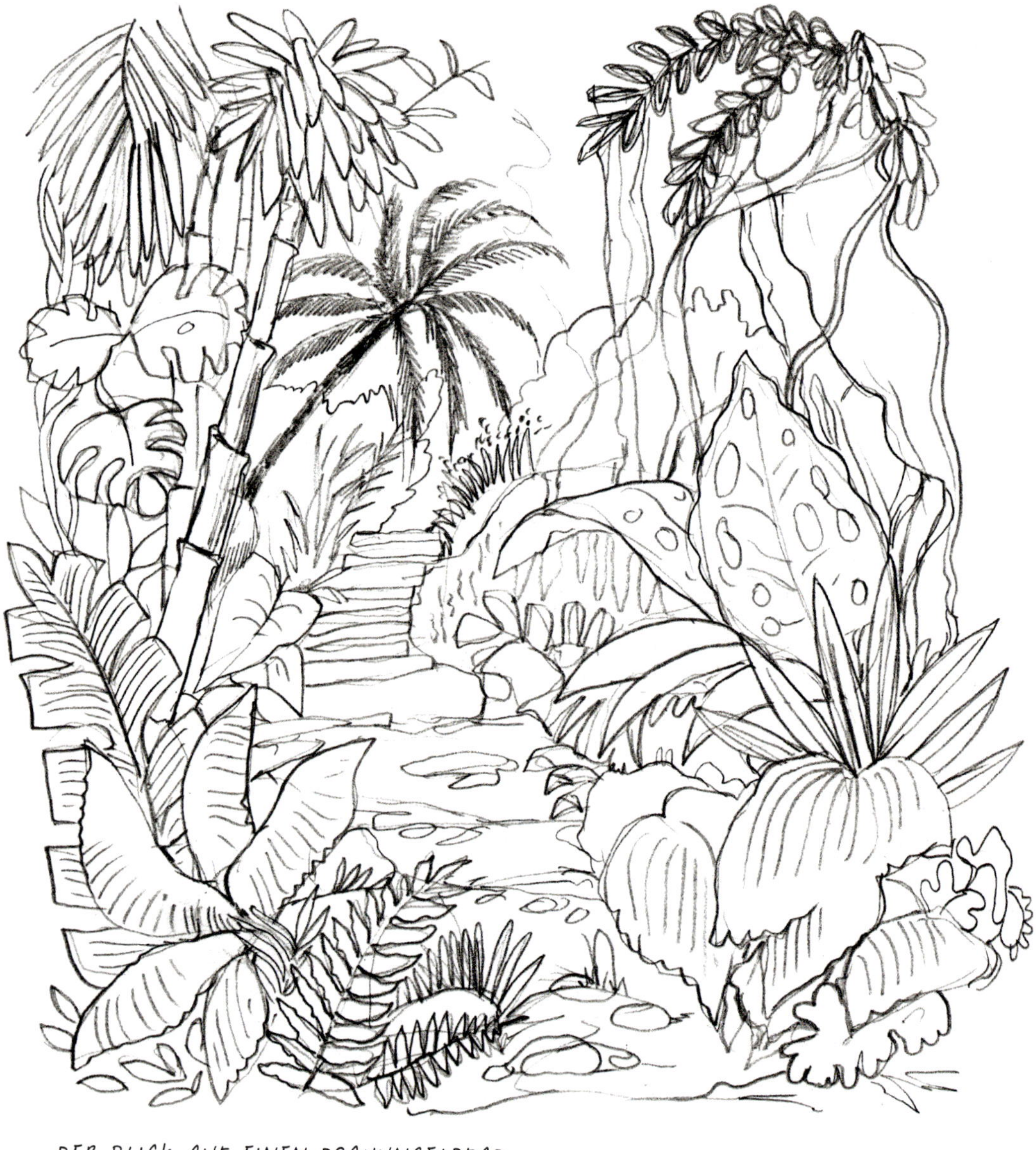

DER BLICK AUF EINEN DSCHUNGELPFAD BEKOMMT EINE GANZ ANDERE GEWICHTUNG.

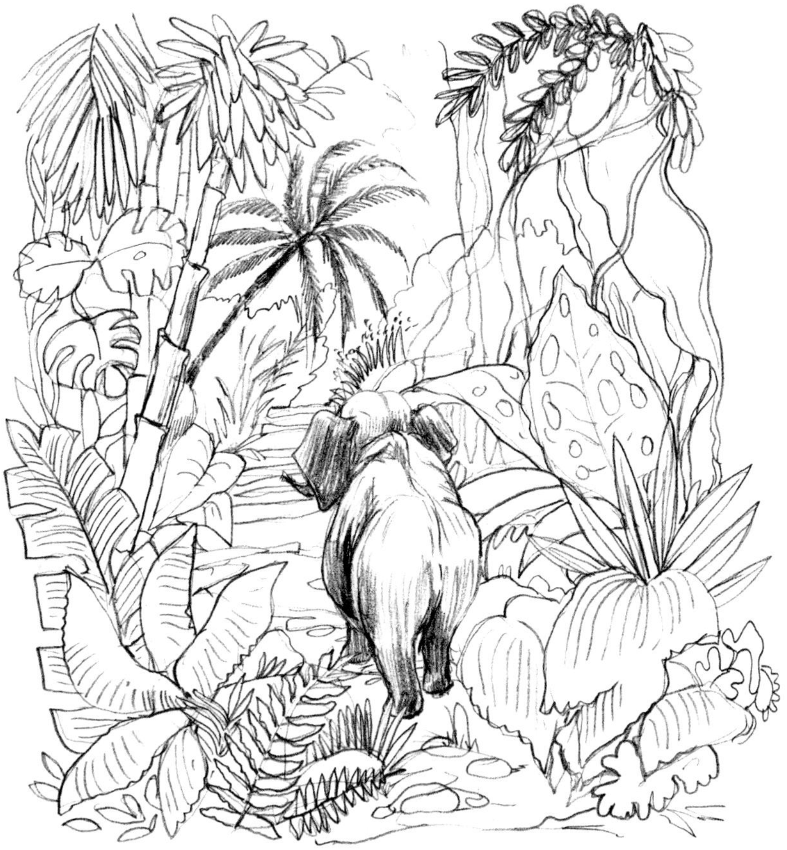

MIT DEM DARIN GEZEICHNETEN ELEFANTEN WIRKT DER DSCHUNGEL GROSS UND MÄCHTIG. ER SCHEINT DEN ELEFANTEN, DER FÜR UNS EIN GROSSES TIER IST, FAST ZU VERSCHLINGEN. DAS TIER NIMMT DEN PFAD INS DICKICHT OPTISCH AUF UND TAUCHT SCHEINBAR DARIN EIN.

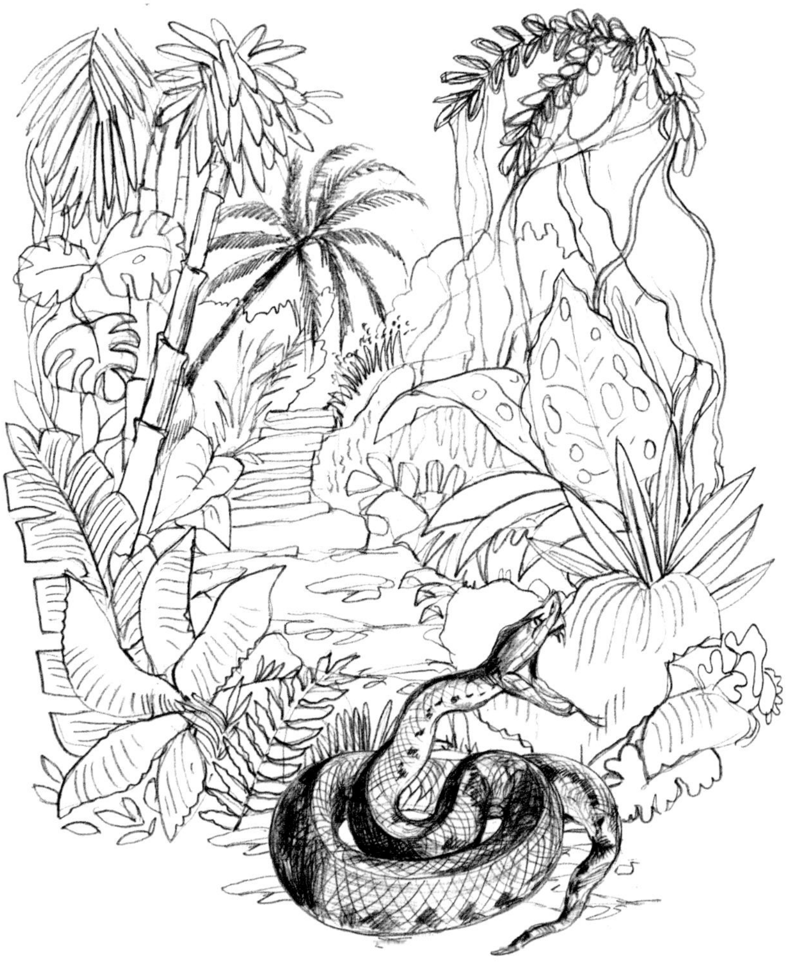

DAGEGEN WIRKT DER DSCHUNGEL IN DER ZEICHNUNG MIT DER SCHLANGE, DIE BEDROHLICH IHRE GIFTZÄHNE ZEIGT, DOCH EHER WIE EINE DEKORATIVE NEBENERSCHEINUNG. SIE SCHEINT EINE BEWOHNERIN DIESES BIOTOPS ZU SEIN. IHR GILT DIE GRÖSSTE AUFMERKSAMKEIT DER BETRACHTENDEN.

VIELE MÖGLICHE BILDAUSSAGEN

Hier möchte ich dir anhand mehrerer Variationen einer einsamen Reiterin und verschiedener Umgebungen die Vielfalt deiner Aussagemöglichkeiten deutlich machen.

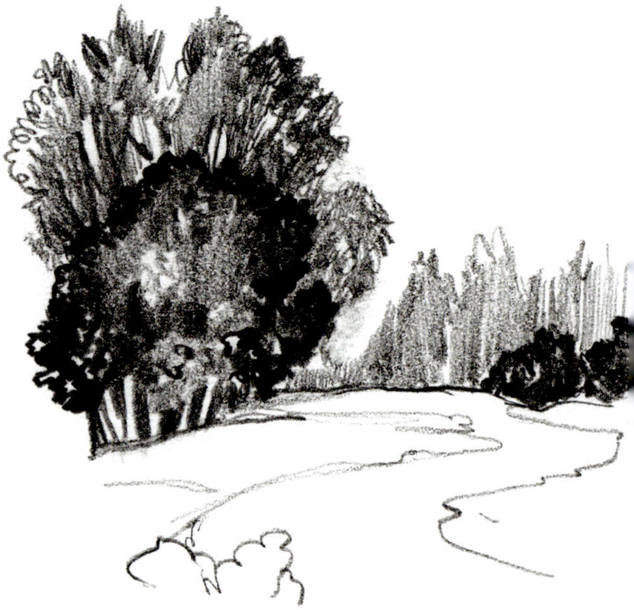

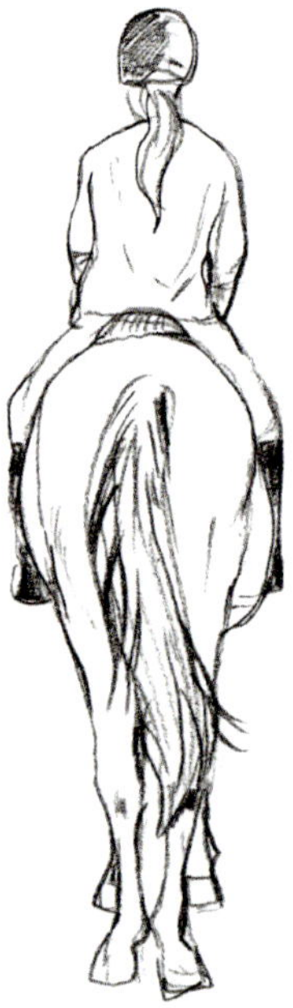

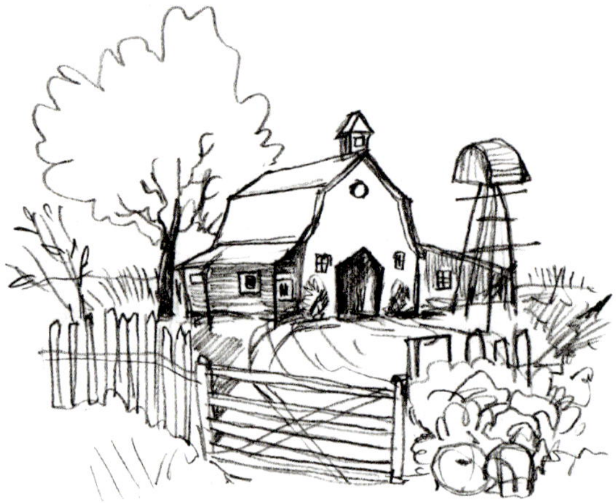

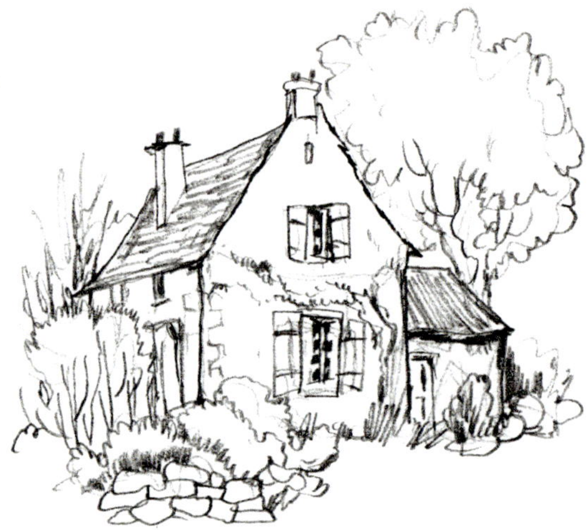

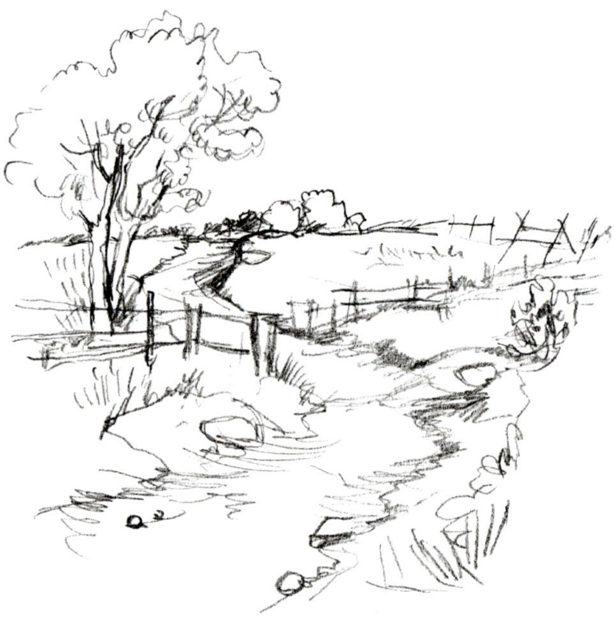

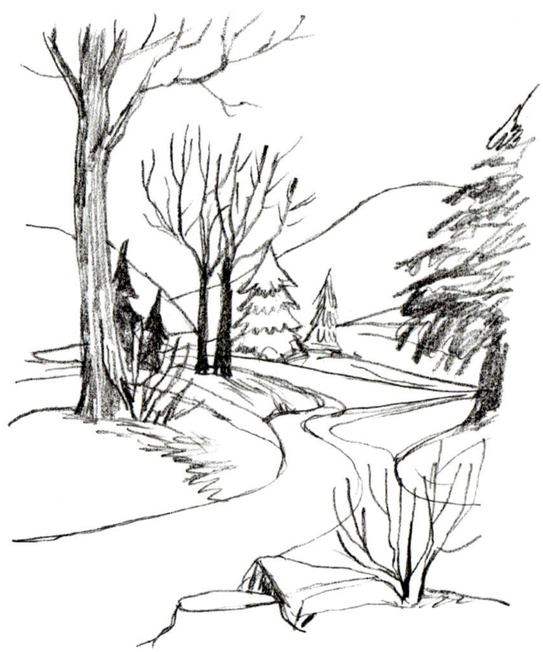

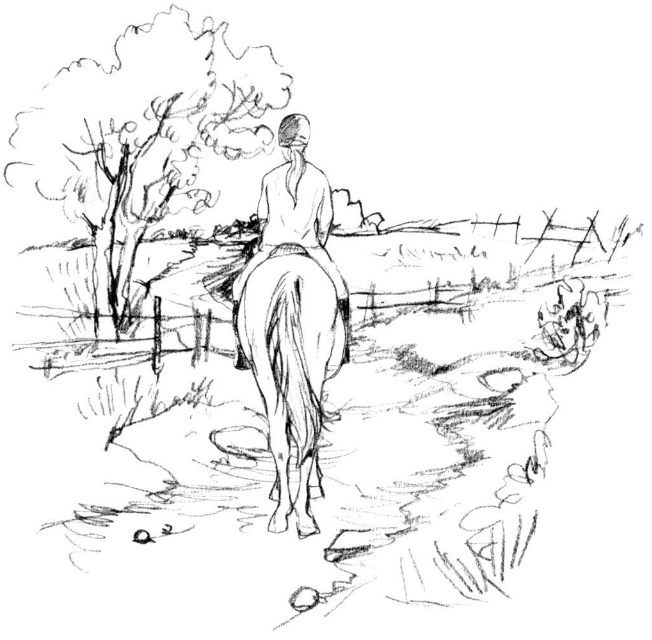

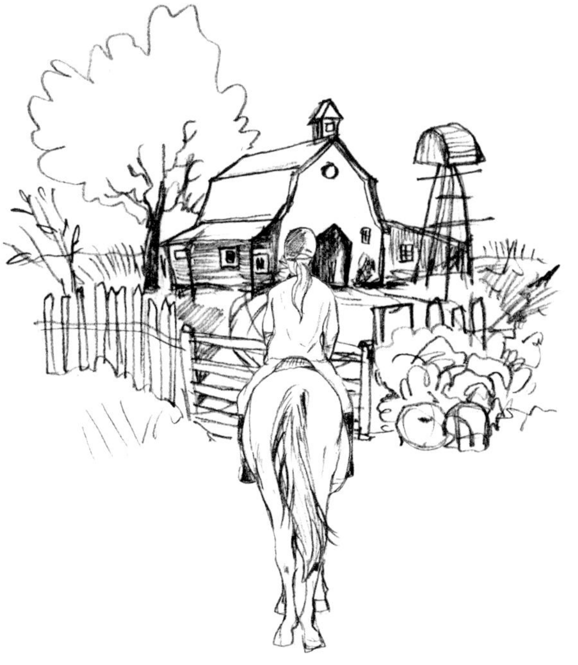

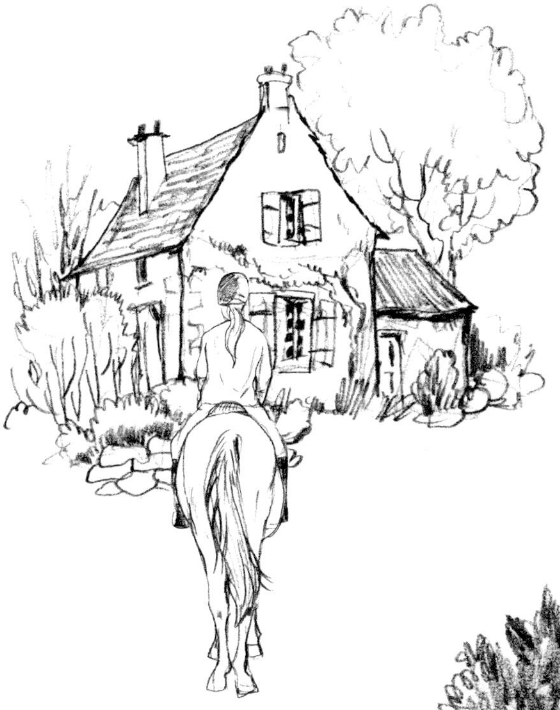

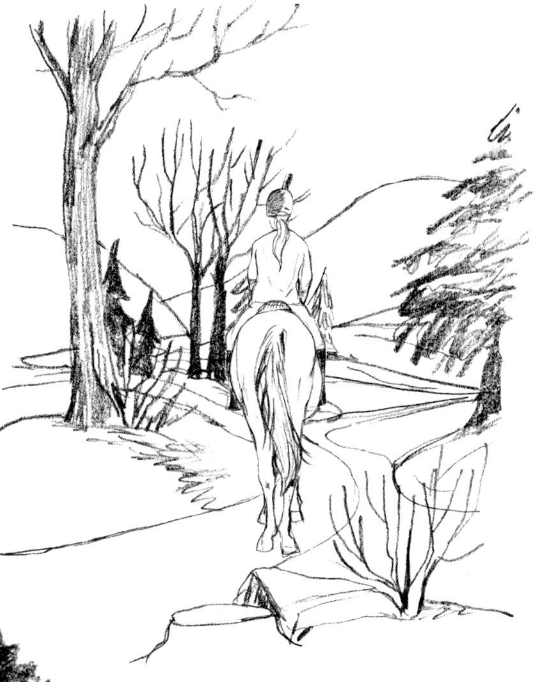

DAS KÖNNEN DIE UNTERSCHIEDLICHSTEN DINGE SEIN. JEDE NEUE UMGEBUNG ERZÄHLT UNS EINE NEUE GESCHICHTE. BRICHT DIE REITERIN GERADE AUF? LIEGT DER WEG NOCH VOR IHR? ODER KEHRT SIE GERADE HEIM NACH EINEM LANGEN AUSRITT? WAS WIRD SIE WOHL HINTER DER NÄCHSTEN WEGBIEGUNG ERWARTEN?

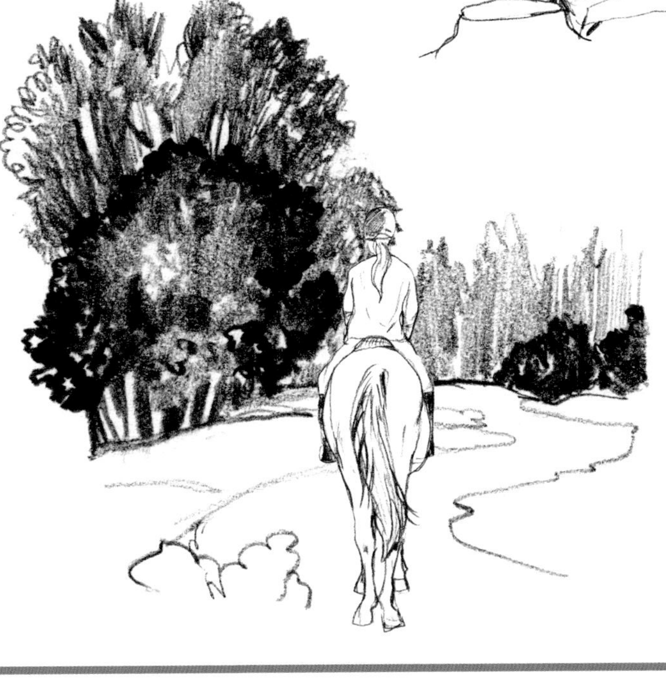

BAHN FREI FÜR DIE FANTASIE

Mit diesem letzten Beispiel möchte ich deine Fantasie beflügeln. Du siehst die scheinbar unmögliche Begegnung zwischen einem stolzen Hahn und einem Hexenhäuschen am Waldrand.

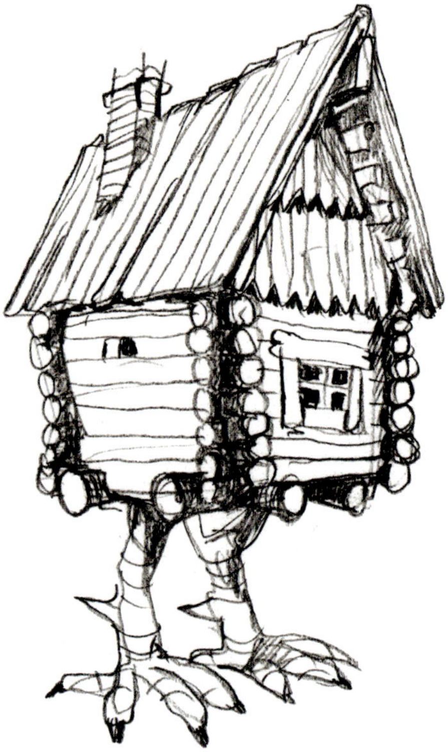

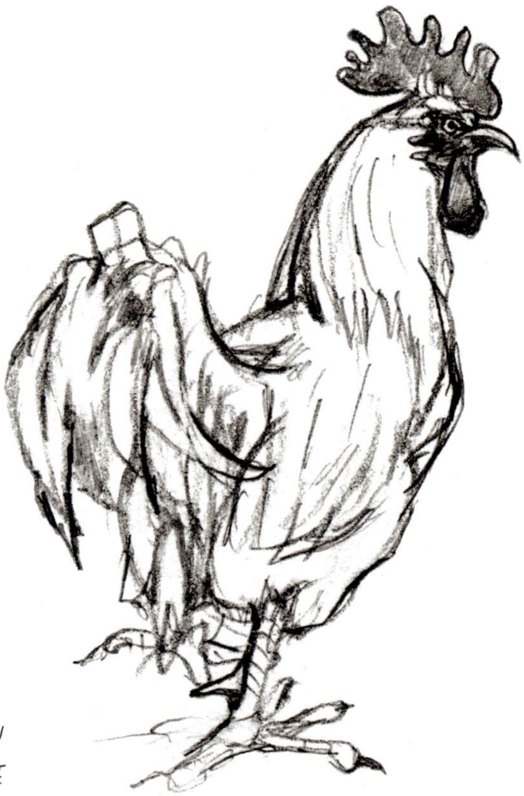

DU KANNST GEGENSTÄNDE BELEBEN UND WIE PERSONEN AGIEREN LASSEN. DU KANNST PFLANZEN MENSCHLICHE ZÜGE GEBEN ODER MENSCHEN ZU PFLANZEN WERDEN LASSEN. DEINER FANTASIE SIND KEINE GRENZEN GESETZT.

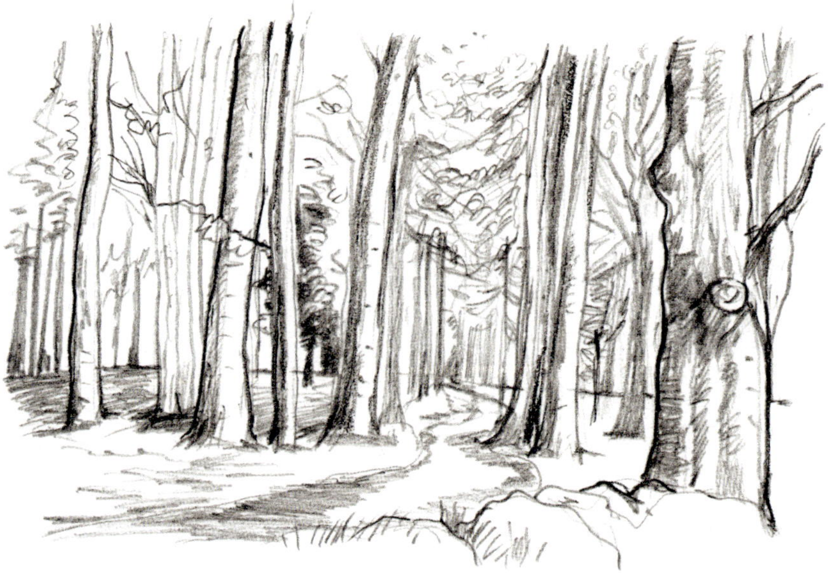

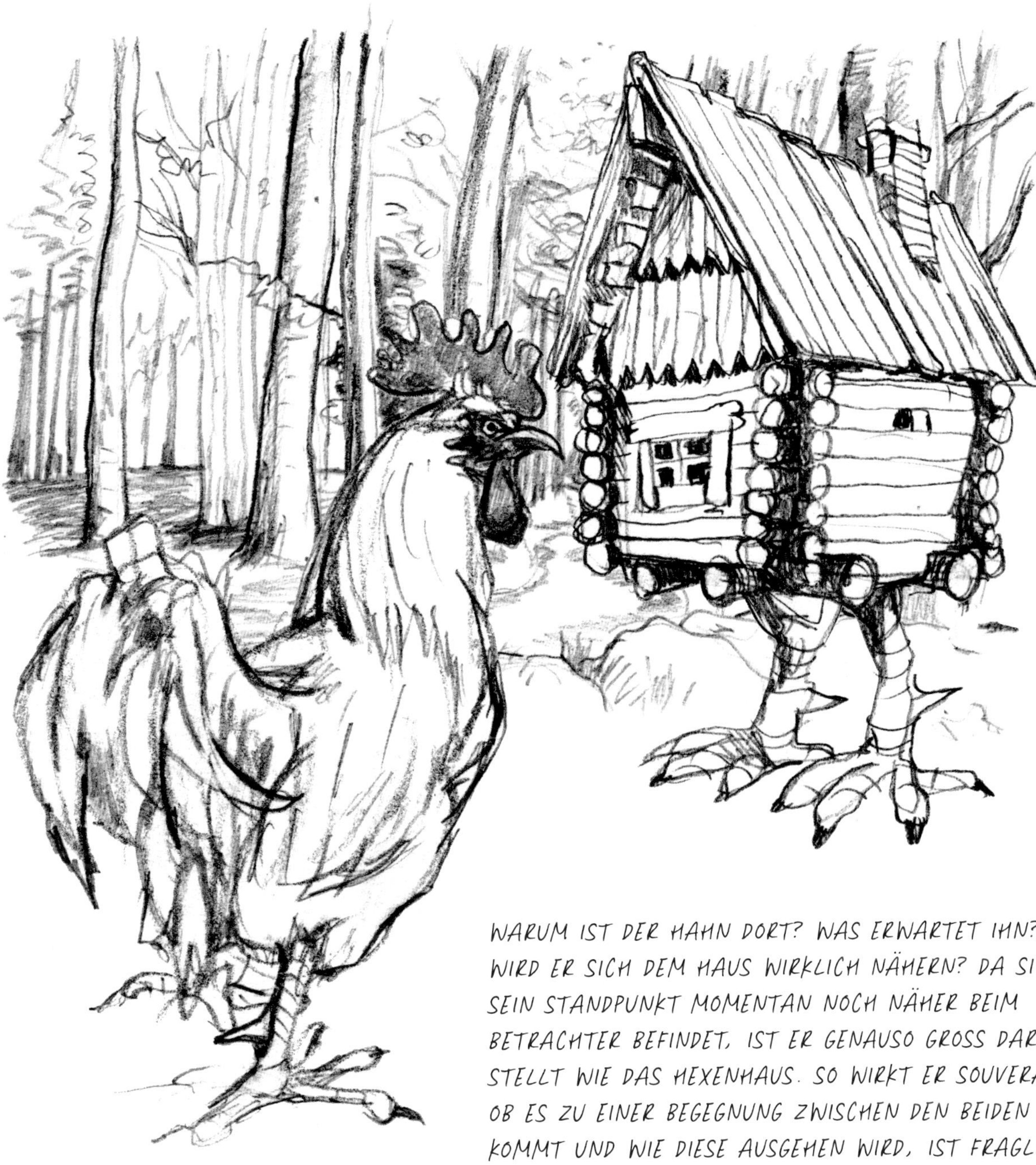

WARUM IST DER HAHN DORT? WAS ERWARTET IHN? WIRD ER SICH DEM HAUS WIRKLICH NÄHERN? DA SICH SEIN STANDPUNKT MOMENTAN NOCH NÄHER BEIM BETRACHTER BEFINDET, IST ER GENAUSO GROSS DARGESTELLT WIE DAS HEXENHAUS. SO WIRKT ER SOUVERÄN. OB ES ZU EINER BEGEGNUNG ZWISCHEN DEN BEIDEN KOMMT UND WIE DIESE AUSGEHEN WIRD, IST FRAGLICH. ABER DAVON LEBEN MÄRCHEN. DAS UNMÖGLICHE WIRD WAHR.

Buchempfehlungen für dich

Noch mehr kreative Bücher zum gleichen Thema gesucht?

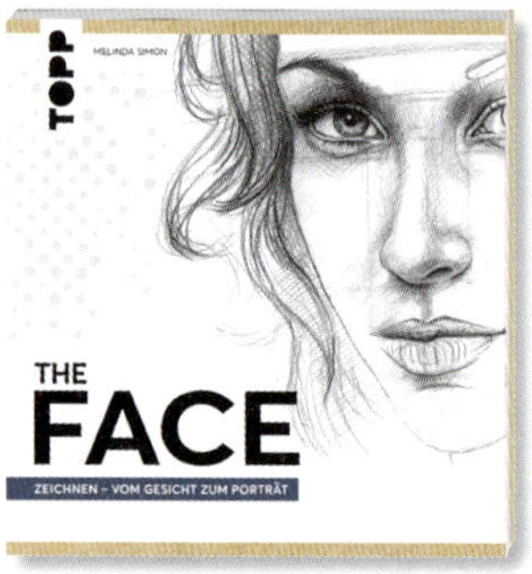

ISBN 978-3-7724-8398-1

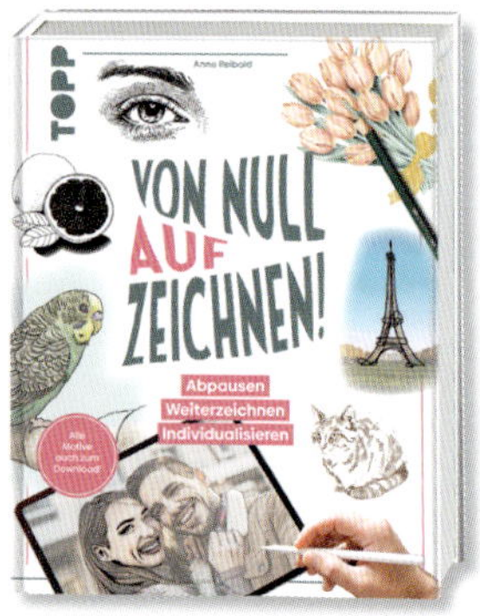

ISBN 978-3-7358-8159-5

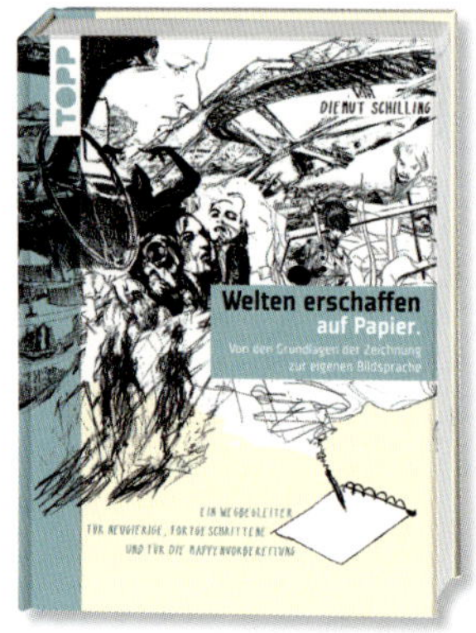

ISBN 978-3-7358-8148-9

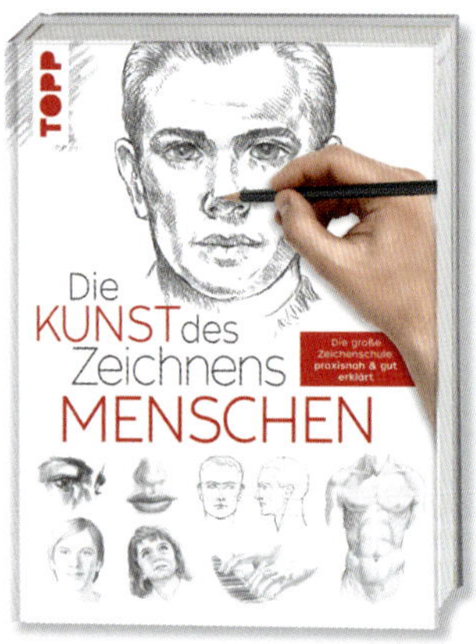

ISBN 978-3-7724-4751-8

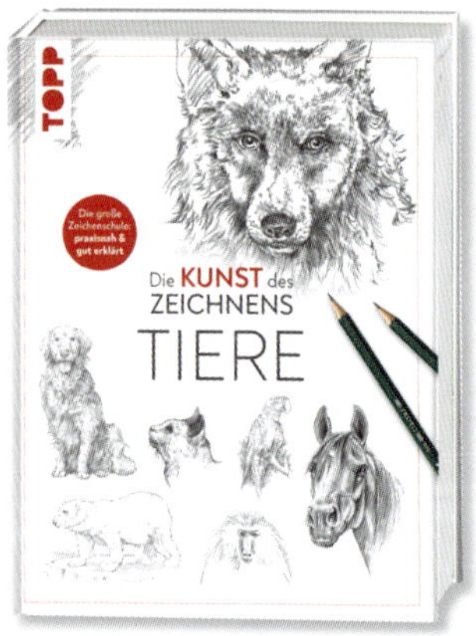

ISBN 978-3-7724-4752-5

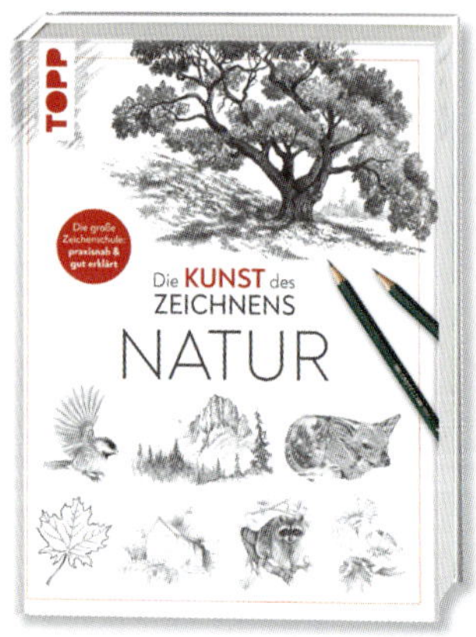

ISBN 978-3-7724-4753-2

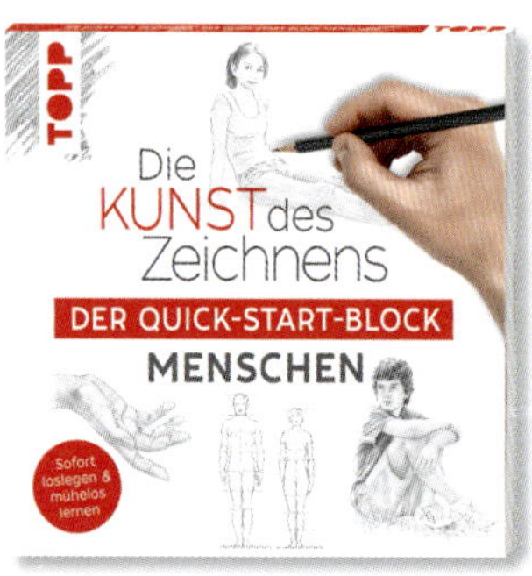

ISBN 978-3-7724-4697-9

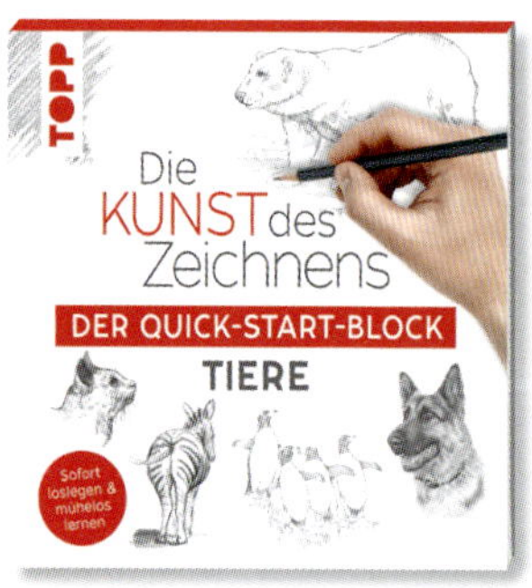

ISBN 978-3-7724-4764-8

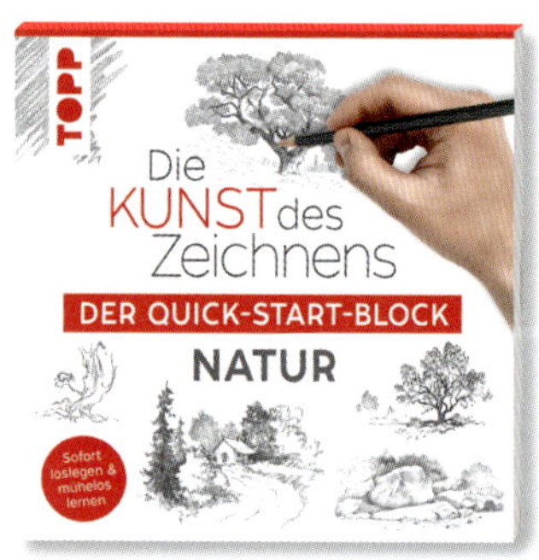

ISBN 978-3-7358-8035-2

Noch mehr Kreativ-Bücher findest du auf www.TOPP-kreativ.de

#TOPPPROJEKT

Die eigene Kreativität zeigen: TOPPprojekt mit anderen Kreativen teilen und Teil der Gemeinschaft werden.

DIY-begeistert und auf Instagram? Dann unbedingt mitmachen! Hier gibt's Tipps und Feedback zu den eigenen Projekten. Außerdem verlosen wir jeden Monat ein Überraschungspaket. Um am Gewinnspiel teilzunehmen, einfach ein Bild vom Kreativ-Projekt aus unseren Büchern mit #TOPPprojekt posten und unserem Account @frechverlag folgen. Mehr Infos auf TOPP-kreativ.de/TOPPprojekt

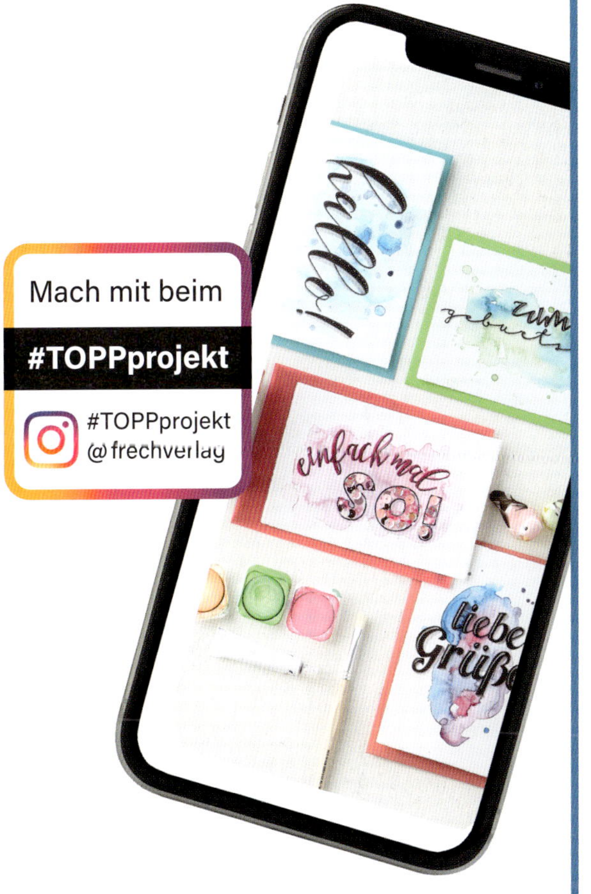

Webseite

Auf TOPP-kreativ.de gibt es ein riesiges Angebot von über 1.000 Kreativbüchern, Sets und mehr zu entdecken.

Newsletter

Immer als Erstes von unseren Neuheiten und Sonderaktionen erfahren: TOPP-kreativ.de/newsletter

Instagram

@frechverlag

Pinterest

pinterest.com/frechverlag

Facebook

facebook.com/frechverlag

DigiBib

Hier gibt es zusätzlich zu einigen unserer Bücher digitale Extras, wie Video-Tutorials, Plotter-Dateien, Vorlagen, Übungsblätter und vieles mehr. Einfach im Impressum eines TOPP-Buchs nachschauen, ob dort ein Code vorhanden ist, und exklusive Inhalte freischalten. TOPP-kreativ.de/digibib

Youtube

youtube.com/frechverlag

ÜBER DIE AUTOR:INNEN

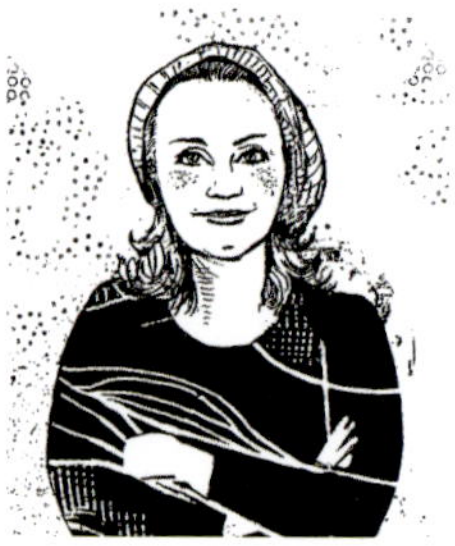

DORINA TESSMANN ist Illustratorin und unterrichtet an verschiedenen Designschulen. Ihre Arbeiten erscheinen in zahlreichen Büchern, Zeitungen und Spielen im In- und Ausland. Seit vielen Jahren gibt sie ihr Wissen und ihre Begeisterung in Kreativkursen an kleine und große Gestalter/-innen weiter.

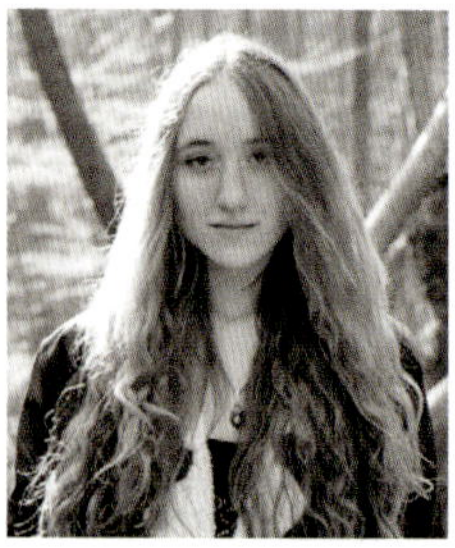

MELINDA SIMON lebt in Stuttgart und hat 2020 ihr Studium in „Freier Kunst" mit einem Diplom abgeschlossen. Seither arbeitet sie als freiberufliche Künstlerin und Buchautorin. Ihre Zeichnungen und Malereien gibt es auf dem Instagram-Account @mellelein oder auf ihrer Webseite www.melindasimon.de zu entdecken.

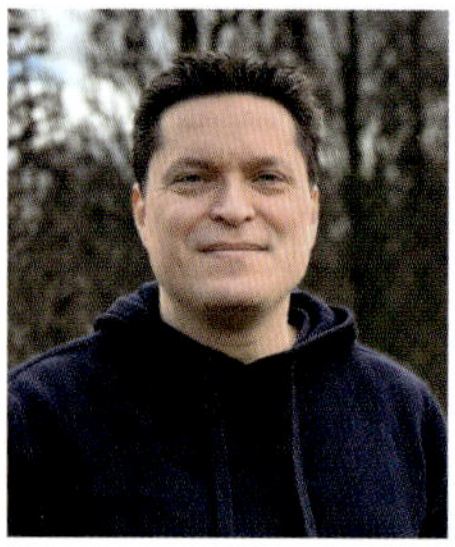

SERGEJ SCHACHOW ist Künstler und Dozent mit jahrzehntelanger Erfahrung und teilt seine umfangreichen Kenntnisse und Fertigkeiten durch eigens entwickelte Kurse oder Vorträge, die er sowohl online als auch an Akademien hält. Auf YouTube bietet er auf seinem DrawTut-Kanal eine Vielzahl an kreativen Zeichentutorials an.

ZEICHNUNGEN: Dorina Tessmann (S. 4-19, 74-189)
Melinda Simon (S. 22-41), Sergej Schachow (S. 42-71)

PRODUKTMANAGEMENT: Hannelore Irmer-Romeo

LEKTORAT: Gabriele Betz; Lektorat Text Redaktion

COVER: Lena Sofie Schmitt

GESTALTUNG: Petra Theilfarth

DRUCK UND BINDUNG: PNB Print Ltd, Lettland

Die DigiBib - Alle Updates für dich

Hier findest du alle aktuellen Infos zu deinem Produkt, außerdem Extras, Videos, Vorlagen und mehr!

www.topp-kreativ.de/digibib

Freischaltcode: 57468

1. Auflage 2024

ISBN 978-3-7358-8117-5 • Best.-Nr. 28117

MIX
Papier | Fördert gute Waldnutzung
FSC® C084698

Penguin Random House Verlagsgruppe
FSC® N001967